赣州经济技术开发区年鉴

Ganzhou Economic and Technological Development Area Yearbook

2023

《赣州经济技术开发区年鉴》编辑委员会
赣州经济技术开发区史志档案管理中心 编

方志出版社
Publishing House of Local Records

图书在版编目（CIP）数据

赣州经济技术开发区年鉴．2023 /《赣州经济技术开发区年鉴》编辑委员会，赣州经济技术开发区史志档案管理中心编．—北京：方志出版社，2023.11

ISBN 978-7-5144-5885-5

Ⅰ．①赣… Ⅱ．①赣… ②赣… Ⅲ．①经济开发区－赣州－2023－年鉴 Ⅳ．①F127.563

中国国家版本馆 CIP 数据核字（2023）第 234694 号

责任编辑：王娜
责任校对：张玉霞
责任印制：梅中英
出 版 者：方志出版社
地　　址：北京市朝阳区潘家园东里 9 号（国家方志馆 4 层）
邮　　编：100021
网　　址：http://www.zgfzcb.cn
发　　行：方志出版社图书营销中心（010-67110500）
印　　刷：赣州合信印刷有限公司
开　　本：889 毫米 ×1194 毫米　1/16
印　　张：18.25
字　　数：467 千字
版　　次：2023 年 11 月第 1 版
印　　次：2023 年 11 月第 1 次印刷
定　　价：240.00 元

《赣州经济技术开发区年鉴（2023）》编辑委员会

《赣州经济技术开发区年鉴（2023）》编辑部

总 编 辑　邹　赟

副总编辑　涂　英

编　　辑　施恩沁　王　颖

封面设计　王　颖

编辑说明

一、《赣州经济技术开发区年鉴》是由中共赣州经济技术开发区工作委员会、赣州经济技术开发区管理委员会组织，《赣州经济技术开发区年鉴》编辑委员会、赣州经济技术开发区史志档案管理中心编纂的年度资料性文献。全书以马克思列宁主义、毛泽东思想、邓小平理论、“三个代表”重要思想、科学发展观、习近平新时代中国特色社会主义思想为指导，坚持辩证唯物主义和历史唯物主义的立场、观点和方法，全面、系统、客观地记载赣州经济技术开发区（简称赣州经开区）2022 年自然、政治、经济、文化、社会和生态文明建设等方面情况，客观真实反映各行业所取得的新成就、新经验，为社会各界了解、研究赣州经开区提供资料信息，为各级领导科学决策提供参考依据，为编修地方史志积累有效史料。

二、《赣州经济技术开发区年鉴（2023）》记述时限为 2022 年 1 月 1 日至 2022 年 12 月 31 日。采用分类法编辑，分类目、分目、条目 3 个层次，设有特载、大事记、地情概览、营商环境、科技创新、数字经济、开放合作、工业、农业农村、服务业、城市建设、经济管理、公共服务、卫生健康、生态环境建设、社会治理、政治建设、辖区建设和附录。

三、全书条目标题统一用黑体字体加【 】表示。根据行文实际需要，本年鉴正文中部门单位机构名称首次出现使用全称并后括注简称，之后出现使用简称。

四、本年鉴所载稿件均由赣州经开区有关部门提供，并经过严格审核。统计数据由各主管部门提供；由于统计口径和统计时间的原因，有些数据与统计资料公布的数字可能不尽一致，引用时请斟酌。

五、本年鉴收录赣州经开区党工委、管委会，赣州综合保税区，各乡（镇、街道、管理处），区直、驻区各部门（单位），区属各国有企业领导名单均以 2022 年 1 月 1 日至 12 月 31 日在职者为准，有任免的分别作了说明。领导名单根据各地、各部门（单位）提供的资料编辑。

六、书中条目记述内容未写明时间的，均为 2022 年年度内容；随文图片说明凡 2022 年拍摄且有具体日期的均不标注年份。

七、书中记述有关耕地面积时部分仍使用“亩”为计量单位，数字用法、标点符号用法分别采用国家标准《出版物上数字用法》（GB/T15835—2011）、《标点符号用法》（GB/T15834—2011），计量单位采用国家技术监督局 1993 年 12 月发布的《量和单位》系列国家标准。

赣州经济技术

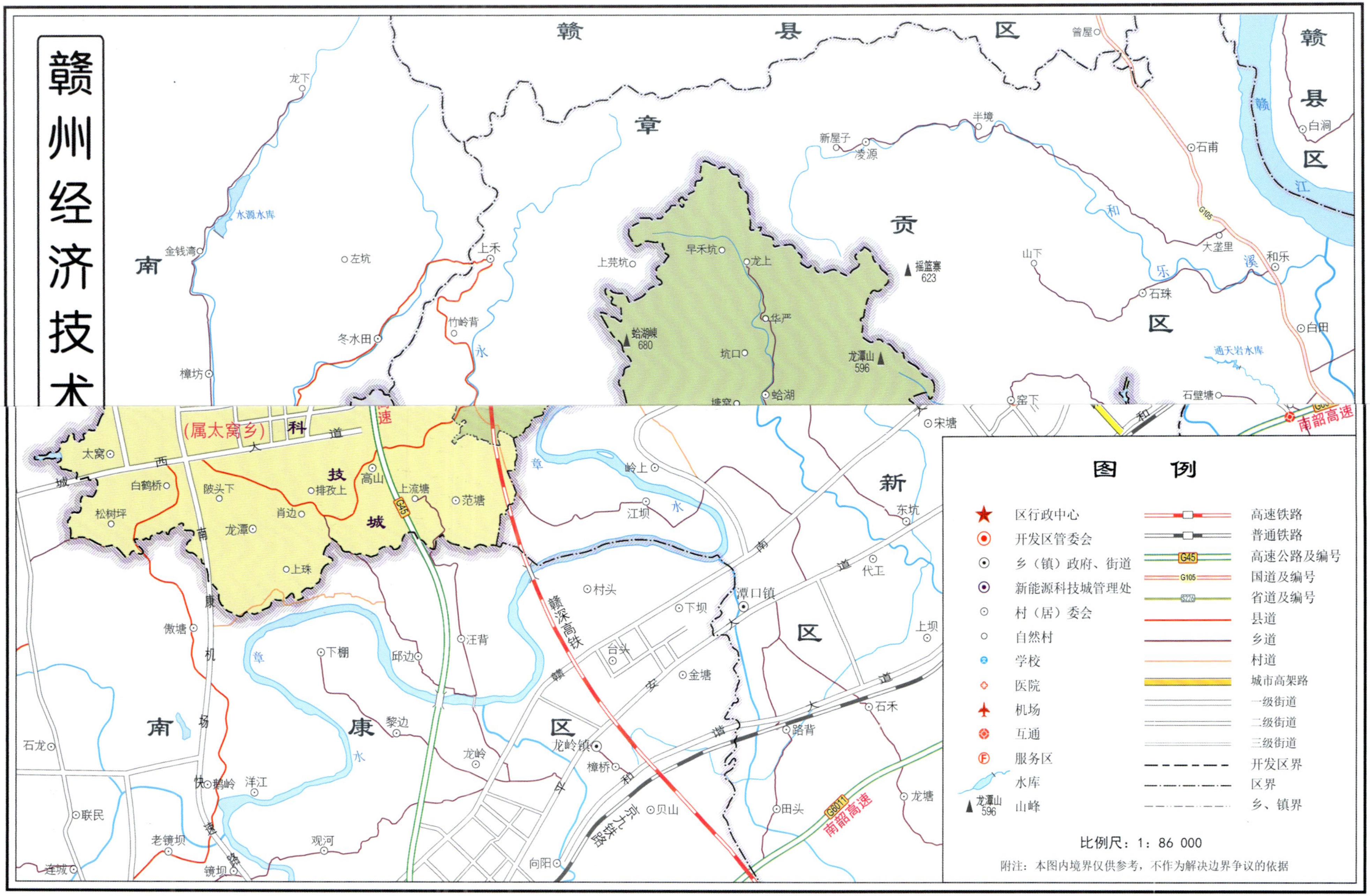

审图号：赣S（2023）189号

江西省国土空间调查规划研究院编制

2022 年度荣誉

- 位列全国国家级经开区综合发展水平考核第三十一
- 位列中部地区国家级经开区综合考评第六
- 位列全省国家级经开区综合考评第一
- 全国和谐劳动关系示范工业园区
- 省级两化融合示范园区
- 全省园区发展专项奖
- 全省开放平台先进单位

观股份
JINSEN
锦豪酒店

赣州国际企业中心　（2022 年，邓丽萍摄）

1/2

1 3月1日，赣州经开区重大项目廉洁风险防控暨"'廉'结千企·亲清有我"行动启动会在区政中心1号会议厅召开 （区融媒体中心供图）

2 11月1日，赣州经开区"贯彻落实二十大·营商环境我先行"服务承诺宣誓暨"营商环境社会监督员"聘任仪式在区政中心前广场举行 （区融媒体中心供图）

优化 营商环境

2022年，赣州经开区率先在全省打造“无证明”营商环境，110个惠企政策事项接入“亲清赣商”惠企政策兑现线上平台。实施“签约速开工”改革，探索“先建后审”监管模式，实现“承诺即发证”，在全市率先推行惠企政策“免申即享”“即申即享”。举办首个“5·20”企业家日，出台落实助企纾困“36条”、稳经济“36条”等政策措施，为企业兑现政策红利近20亿元，退税减税30.36亿元。

税收优惠促发展
惠企利民向未来
第31个税收宣传月活动
经开区“金融产品地摊”
惠金融服务中心）

优化营商环境

1/2 | 3

1 4 月 15 日，区税务局工作人员在区政务服务中心开展“税收优惠促发展，惠企利民向未来”活动，宣传税收政策　（区税务局供图）

2 5 月 11 日，区市监分局携同市综检院计量所技术人员在山东凯马汽车制造有限公司赣州分公司开展“计量精准服务企业行”活动　（钟莎莎摄）

3 11 月 2 日，赣州经开区知识产权证券化项目启动，标志着赣州经开区在全省率先探索开展知识产权证券化试点工作　（黎伦真摄）

1 | 3
2 | 4

1 6月，区政务服务大厅工作人员在办理施工许可证 （区政务服务中心供图）

2 8月，区税务局工作人员协助群众自主办税 （区政务服务中心供图）

3 8月， 区政务服务大厅工作人员接受群众惠企政策事项咨询 （区政务服务中心供图）

4 9月6日，赣州经开区纪工委工作人员在区政务服务中心开展“纪检＋”营商环境联动监督 （区纪工委供图）

优化营商环境

一网查询 一窗受理 一站兑付
惠企政策兑现窗口公告栏
亲清赣商 干就赣好
赣州经开区
惠企政策 兑现窗口
惠企政策兑现窗口

互联网+税务体验区
Internet+Tax Experience Area
自助填单区

▶ 吉利耀能新能源（赣州）有限公司俯瞰图（2022 年，区企工局供图）

1/2

1 11月1日，孚能科技30GWh（吉瓦时）新能源电池项目开工仪式在赣州新能源科技城举行（区融媒体中心供图）

2 12月27日，赣州经开区职教园区项目集中开工仪式在赣州新能源科技城举行（区融媒体中心供图）

沸腾/工业战场

2022年，赣州经开区有工业企业1300余家，其中规模以上工业企业302家。其中孚能科技（赣州）有限公司、赣州立德电子有限公司营业收入首次突破100亿元，江西金力永磁科技股份有限公司等企业营业收入首次突破50亿元。

1

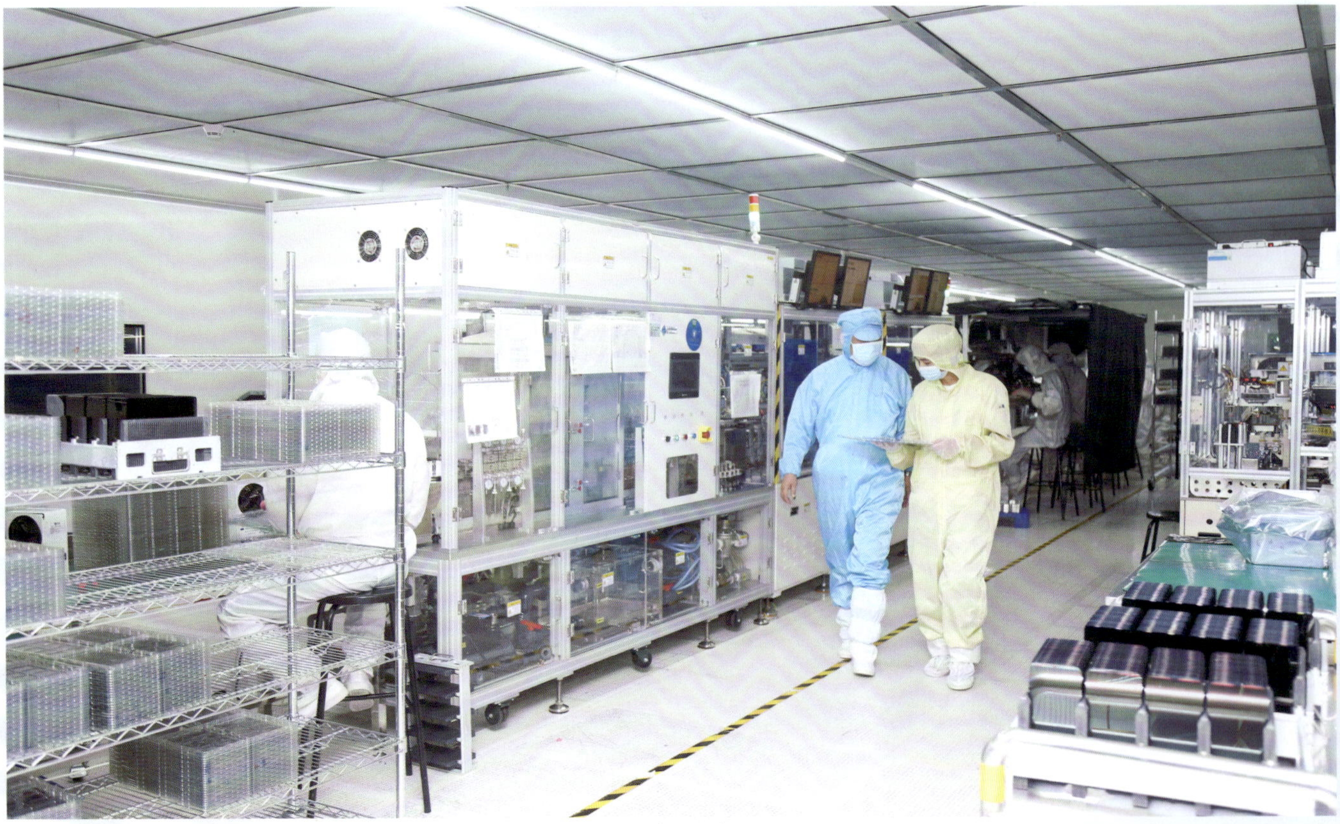

沸腾
工业战场

1/2|3

1 赣州市东磁稀土有限公司产线 （4月，区融媒体中心供图）

2 赣州立德电子有限公司生产车间 （4月，区融媒体中心供图）

3 孚能科技（赣州）股份有限公司车间 （6月，区融媒体中心供图）

赣州新能源科技城欧潭文化园俯瞰图 （2022 年，郭先明摄）

1/2

1 10 月 13 日，吉利耀能新能源（赣州）有限公司产品下线，标志着吉利（赣州）42GWh 动力电池一期项目启动运营 （区融媒体中心供图）

2 12 月 20 日，赣州经开区第二届科技创新大赛在恒科产业园举行 （区融媒体中心供图）

汇聚创新资源

截至2022年底，赣州经开区培育“独角兽”企业、“潜在独角兽”企业、“种子独角兽”企业、“瞪羚”企业、“潜在瞪羚”企业24家，国家高新技术企业218家，科技型中小企业700余家。有省级以上研发平台载体和检测机构87个，年内新增14个。有博士及同等人才899名，其中国家级高层次人才55名。

赣州好朋友科技有限公司
矿石智能分选设备和高端矿山机器人制造项目
奠基仪式

赣州经开区2022年科学技术奖、“专精特新”企业家座谈会
赣州经开区2022年科学技术奖、“专精特新”
企业家座谈会
2022年10月7日

汇聚创新资源

1|3
2|

1. 3月31日，赣州好朋友科技有限公司矿石智能分选设备和高端矿山机器人制造项目奠基仪式举行　（区融媒体中心供图）

2. 10月7日，赣州经开区2022年科学技术奖、“专精特新”企业家座谈会在区政中心2号会议厅召开　（区融媒体中心供图）

3. 11月18日，国家工业信息安全发展研究中心江西分中心暨赣州市产业技术研究院揭牌仪式在赣州经开区举行　（区融媒体中心供图）

4 月 24 日，正在建设中的赣州高铁空港新区　（廖万茂摄）

1/2

1 1月14日，江西金力永磁科技股份有限公司香港联交所主板挂牌上市仪式在赣州举行（区融媒体中心供图）

2 2月21日，赣州经开区管理委员会与清华大学附属中学基础教育战略合作协议签约仪式在北京举行 （区融媒体中心供图）

构建开放新格局

2022年，赣州经开区坚持在改革创新中探索高质量开放之路，以大招商汇聚发展新动能，以大开放拓展发展新空间。全年召开项目评审会议17次，开展项目集中签约13次。签约项目225个，签约资金1700.78亿元。引进1亿元以上项目137个，其中10亿—50亿元项目60个、50亿—100亿元项目3个、100亿元以上项目3个。

赣州经济技术开发区管理委员会　和君职业学院（和君教育小镇）
战略合作协议
签约仪式
和君职业学院
赣州经济技术开发区管理委员会

赣州经济技术开发区管委会与赣南医学院
第一附属医院合作运营区人民医院
签约仪式

构建开放新格局

1/2|3

1 2月12日，赣州经开区管委会与和君职业学院和君教育小镇战略合作协议签约仪式在区政中心2号会议厅举行

（区融媒体中心供图）

2 4月27日，赣州经开区管委会与赣南医学院第一附属医院合作运营赣州经开区人民医院签约仪式在区政中心2号会议厅举行（区融媒体中心供图）

3 11月30日，赣州经开区与泉州经开区结对共建合作备忘录签约仪式在线上举行。图为泉州签约会场

（区融媒体中心供图）

富士康工业互联智能制造项目
签约仪式
富士康工业互联网股份有限公司 赣州市人民政府 赣州经济技术开发区管委会
2022年1月26日

清華大學附屬中學
揭牌仪式
赣州市第六中學
名校長工作室
创新实验班
名师工作室

构建/开放新格局

1|2|3

1 1月26日，赣州市人民政府、赣州经开区管委会和富士康工业互联网股份有限公司富士康工业互联智能制造项目签约仪式在赣州市举行　（区融媒体中心供图）

2 4月3日，赣州市第六中学与清华大学附属中学创新实验班揭牌仪式在赣州市第六中学举行　（区融媒体中心供图）

3 9月24日，中国（赣州）跨境电子商务综合试验区俯瞰图　（赣州综保区供图）

湖边镇蛤湖村风光 （2022 年，区农办供图）

1/2

1 凤岗镇黄龙村富硒脐橙认种区 （8月，廖万茂摄）

2 三江乡阿姆源辣椒示范基地 （9月，三江乡供图）

助力乡村振兴

2022年，赣州经开区新建蔬菜基地13.33公顷，盘活扩大水产面积19.22公顷，全年农林牧渔业总产值64855万元，其中农业20546万元、林业6410万元、牧业1447万元、渔业33417万元、农林牧渔服务业3035万元。精准识别纳入“三类人员”526户2026人，因户施策消除风险68户254人，脱贫人口人均纯收入19549元，增长11.3%。

沃得
沃得
沃得

助力乡村振兴

1|2|3

1 2 7月6日，三江乡3000余亩早稻田丰收　（廖万茂摄）

3 7月9日，三江乡伍村村千亩蔬菜基地五春蔬果园大棚　（三江乡供图）

1 | 3
2 | 4

1 凤岗镇五彩城工厂化育秧中心 （8月，区融媒体中心供图）

2 湖边镇蛤湖岽千亩油茶基地 （8月，区融媒体中心供图）

3 三江乡千亩水产鲈鱼养殖区 （8月，区融媒体中心供图）

4 凤岗镇台湾部落民俗文化村 （9月，廖万茂摄）

助力乡村振兴

赣州中华汉字文化公园鸟瞰图 （4月，郭先明摄）

1/2

1 高架桥机场立交路段（7月，区融媒体中心供图）

2 赣州高铁西站快速道（8月，何素玲摄）

城市能级提升

2022年，赣州经开区海绵城市建设面积17.9平方千米，新改建城市主次干道39条33千米，新开工绿色建筑面积259.49万平方米，装配式建筑面积201.41万平方米。高铁空港新区开工项目37个，长赣高铁开工建设，蟠龙大桥主桥合龙，车都大道、横江大道等项目通车，新能源科技城新增道路长度33千米和现代电子科技城路网实现互联互通。赣州经开万达广场、世客街区开业，“城市功能与品质再提升”工作排名全市第一。

赣州经开万达广场 × J5嘉棋金街超级盛典
10月28日
万达超级盛典

万达广场
WANDA PLAZA

城市能级提升

1/2|3

1 2 10月28日，赣州经开万达广场、嘉福金街“超级盛典”启幕仪式举行（陈科贤摄）

3 10月，迎宾大道至东江源大道交会处高架桥（王子辉摄）

1/2

1 8 月 22 日，赣州高铁西站进站口 （王子辉摄）

2 8 月 31 日，湖边镇华鑫北城市棚户区改造安居小区 （何素玲摄）

城市 能级提升

赣州经开区金凤梅园风光 （2022 年，叶章发摄）

1/2

1 1月30日，黄金岭街道金凤梅图一角 （廖万茂摄）

2 5月，湖边镇蛤湖村风景图 （廖万茂摄）

改善生态环境

2022年，赣州经开区空气质量优良率97.8%，PM2.5年均浓度21微克/立方米，各考核断面水质优良率100%。推进金凤梅园水体治理，整改蛤湖河雨污管网问题91处。6月30日，SGS（通用公证行）授予金力永磁达成“碳中和”宣告核证声明证书，标志着金力永磁成为全球稀土永磁行业首家“零碳工厂”。

翠湖小游园

改善生态环境

1/2|3

1 4月19日，保税大道风景图 （廖万茂摄）

2 5月7日，黄金岭街道翠湖小游园 （叶章发摄）

3 6月30日，江西金力永磁科技股份有限公司PAS 2060碳中和达成宣告核证证书颁发现场 （区融媒体中心供图）

10 月 1 日，正在建设中的区文化艺术中心 （廖万茂摄）

增进民生福祉

2022年，赣州经开区推进提升民生品质建设项目46个，办好民生实事75件，新改扩建学校项目22个，总投资24.6亿元，新增学位数2.6万个，其中幼儿园位1080余个。与清华大学附属中学签订基础教育战略合作协议，成立清华附中创新实验班。新增路划停车泊位1385个，新增公厕13座，新增厕位141个。推进市域社会治理现代化，建成“和合”调解室79个。

1/2

1 4月12日，江西理工大学三江校区俯瞰图 （区融媒体中心供图）

2 9月1日，赣州市第十二中学外景图 （叶章发摄）

游客中心
衣冠南渡

赣州经开区黄金岭街道为民办实事·新建返迁安置房首批“交房即交证”仪式

增进民生福祉

1|3
2|

1 2月14日，赣州世界客家非遗文旅街（世客街）传统民俗表演 （区融媒体中心供图）

2 2月25日，赣州经开区黄金岭街道为民办实事·新建返迁安置房首批“交房即交证”仪式举行 （区融媒体中心供图）

3 4月29日，赣州经开区第二人民医院揭牌仪式举行 （区融媒体中心供图）

1 | 3
2 | 4

▶1 3月5日，赣州市第五中学轮滑教学课堂 （叶章发摄）

▶2 5月22日，赣州经开区第六届中小学生篮球比赛在赣州市第五中学体育馆举行 （叶章发摄）

▶3 6月5日，赣州市第五中学书法教学课堂 （叶章发摄）

▶4 6月14日，赣州经济技术开发区第二届青少年人工智能普及大赛在赣州市田心明德小学举办 （区科协供图）

增进民生福祉

1月10日“中国人民警察节”，区公安分局民警在区公安分局大楼门口举行宣誓仪式（区公安分局供图）

2022年全区党风廉政建设和反腐败工作会议
2022年全区党风廉政建设和反腐败工作会议
中共赣州经济技术开发区工作委员会
2022年1月

全区2021年度基层党建工作述职评议会
全区2021年度基层党建工作述职评议会议
2022年2月24日

党建／质量提升

2022年，赣州经开区学习宣传贯彻党的二十大精神，推动党的二十大精神进机关、进社区、进工厂、进农村。“9·7”新冠疫情期间，成立疫情防控临时党组织14个，组织400余名党员冲锋在疫情最前线。实现乡村级新时代文明实践中心（所、站）全覆盖，全区村集体经济经营性收入村均111.6万元，61个村经营性收入超20万元、占比100%，10个村经营性收入超100万元。

1/2|3

1 1月30日，赣州经开区2022年全区党风廉政建设和反腐败工作会议在区政中心2号会议厅召开（区融媒体中心供图）

2 2月24日，全区2021年度基层党建工作述职评议会议在区政中心2号会议厅召开（区融媒体中心供图）

3 5月24日，赣州经济技术开发区科级干部学习贯彻党的十九届六中全会精神专题研讨班在区政中心1号会议厅开班（区融媒体中心供图）

2021全区十大经济年度人物、2022年五一劳动奖颁奖典礼暨“喜迎二十大·逐梦欧潭”大合唱比赛（决赛）
2021全区十大经济年度人物
2022年五一劳动奖颁奖典礼
暨“喜迎二十大·逐梦欧潭”大合唱比赛（决赛）

赣州经开区“学习贯彻党的二十大 奋力开启新征程”
职工万米长跑比赛

党建/质量提升

1/2|3

1 5月20日，赣州经开区2021全区十大经济年度人物、2022年五一劳动奖颁奖典礼暨“喜迎二十大·逐梦欧潭”大合唱（决赛）在赣州市第六中学举行 （区融媒体中心供图）

2 11月6日，赣州经开区“学习贯彻党的二十大 奋力开启新征程”职工万米长跑比赛在赣州现代电子科技城举行，图为获奖选手合影 （区融媒体中心供图）

3 11月30日，学习贯彻党的二十大精神市委宣讲团报告会在区政中心1号会议厅举行 （黎伦真摄）

全区2021年第四季度项目大会战"大比武"、"沸腾四季度，奋斗新征程"八大行动总结大会暨2022年第一季度"征战两千亿，强劲开新局"八大行动动员大会
全区2021年第四季度项目大会战"大比武"、
"沸腾四季度，奋斗新征程"八大行动总结大会
暨2022年第一季度"征战两千亿，强劲开新局"
八大行动动员大会

赣州经开区2022年第二季度八大行动"快进强攻"誓师大会

1 2 | 3

1 1月16日，全区2021年第四季度项目大会战“大比武”、“沸腾四季度，奋斗新征程”八大行动总结大会暨2022年第一季度“征战两千亿，强劲开新局”八大行动动员大会在区政中心1号会议厅召开（区融媒体中心供图）

2 4月15日，赣州经开区2022年第二季度八大行动“快进强攻”誓师大会在区政中心1号会议厅召开（区融媒体中心供图）

3 10月7日，赣州经开区2022年第三季度项目大会战“大比武”、“拼搏三季度，奠定全年胜”八大行动总结大会暨2022年“决战四季度，夺取全年胜”八大行动誓师动员大会在区政中心1号会议厅召开（区融媒体中心供图）

1/2

1 7月1日，赣州国际企业中心党总支开展“不忘初心、牢记使命”主题党日活动（邓丽萍摄）

2 8月25日，赣州经开区“两新”组织党工委组织联建党支部在赣州市博物馆开展传承红色基因弘扬苏区精神”主题党日活动（区党群部供图）

目 录

特 载

赣南苏区振兴发展战略 10 周年 …………………… 1
工 作 报 告 …………………………………………… 5

大事记

1 月 ………………………………………… 32
2 月 ………………………………………… 32
3 月 ………………………………………… 33
4 月 ………………………………………… 34
5 月 ………………………………………… 35
6 月 ………………………………………… 37
7 月 ………………………………………… 38
8 月 ………………………………………… 39
9 月 ………………………………………… 40
10 月 ………………………………………… 41
11 月 ………………………………………… 42
12 月 ………………………………………… 44

地情概览

建置 区划 ………………………………………… 46
建置沿革 ………………………………………… 46
辖区概况 ………………………………………… 47
表 1 2022 年赣州经开区管辖区域情况表 ………………………………………… 48

自然地理 ………………………………………… 48
水文 ………………………………………… 48
气候 ………………………………………… 50
土地资源 ………………………………………… 50

营商环境

综 述 ………………………………………… 51
概况 ………………………………………… 51
惠企政策 ………………………………………… 51

市场环境 ………………………………………… 51
概况 ………………………………………… 51

市场准入门槛清理 …… 51
反垄断和反不正当竞争 …… 52
涉企收费专项整治 …… 52
涉企中介服务及公共资源交易领域质效提升 …… 52
市场秩序维护 …… 52
企业用工指导 …… 52
诚信政府建设 …… 53
营商环境领域作风问题专项治理 …… 53

政务环境 …… 53
概况 …… 53
市区同权改革 …… 53
惠企政策兑现 …… 54
便民办税服务 …… 54
减税降费 …… 54
工程建设项目审批改革 …… 54
“一企一码”项目 …… 55
稳经济促发展 …… 55
营商环境主题宣传 …… 55
首个房建工程实现“不见面开标+远程异地评标” …… 55
企业挂点帮扶 …… 56
区政企圆桌会议 …… 56

金融环境 …… 56
概况 …… 56
“三办一园”工作机制 …… 57
金融助企 …… 57

法治环境 …… 58
概况 …… 58
包容审慎监管 …… 58
公共法律服务体系建设 …… 58
社会信用体系建设 …… 58
监管制度创新 …… 58
涉企检查监督 …… 59
涉企司法保护 …… 59
涉企专项执法 …… 59

科技创新

科技企业 …… 60
概况 …… 60
江西金力永磁科技股份有限公司香港交易所主板挂牌上市 …… 60
企业创新 …… 60

科创载体 …… 60
概况 …… 60
创业孵化体系完善 …… 60
获评2022年度国家小型微型企业创业创新示范基地 …… 61

科技人才 …… 61
概况 …… 61
人才引进及培育 …… 61
聚才平台搭建 …… 62
人才政策兑现 …… 62

科技活动 …… 62
“双创”赋能 …… 62
大学生创业指导 …… 62
科技交流 …… 63

科技创新环境……63
科技政策……63
知识产权保护……63
科技成果转化……63

数字经济

数字化基础设施建设……64
概况……64
数字经济技术平台……64
高速网络宽带……64
物联网基础设施……64
表2 赣州经开区2022年完成IPv6升级商业网站一览表……64

数字产业化……66
概况……66
区块链产业发展……66
通信业……66

产业数字化……66
概况……66
工业数字化转型升级……67
服务业数字化转型升级……67
农业数字化转型升级……67
企业数字化转型……67
国家区块链创新应用综合性试点……67

数字社会建设……68
概况……68
智慧政务……68
智慧城管……68
智慧医疗……68
智慧住房保障……68
智慧农业……69
数字教育（互联网+教育）……69
智慧司法……69

开放合作

招商引资……70
概况……70
“四个一”招商机制建设……70
区招商服务有限公司成立……70
补强发展链条……71
对接融入粤港澳大湾区……71
“双首位”产业招商……71
新签约落户重大项目选介……71

内资外资……72
概况……72
利用省外资金……72
外资引进……72
外资政策兑现……73
外资创新……73

外贸工作……73
概况……73
政策扶持……73
外贸企业服务……73
出口预警监测……73
外贸企业选介……73

赣州综合保税区……74

概况 …… 74
招大引强 …… 74
产业发展 …… 74
表3 2020—2022年赣州综保区外贸进出口情况表 …… 74
项目建设 …… 75
东盟直通车 …… 75
数字综保 …… 75

工　业

综　述 …… 76
概况 …… 76
工业倍增升级行动 …… 76
“专精特新”企业培育 …… 76

新能源汽车产业 …… 77
概况 …… 77
产业链招商 …… 77
平台建设 …… 77
整车领域发展 …… 77
重点企业选介 …… 77
项目建设情况 …… 78

电子信息产业 …… 79
概况 …… 79
产业发展 …… 79
项目建设 …… 80
平台建设 …… 80
重点项目、企业选介 …… 80

钨与稀土新材料产业 …… 81
概况 …… 81
重点企业选介 …… 81

生物制药产业 …… 83
概况 …… 83
重点企业选介 …… 83

其他产业 …… 84
轻工纺织食品类 …… 84
印刷包装建材类 …… 84

集群式项目“满园扩园”行动 …… 84
概况 …… 84
“招商项目落地马上办” …… 84

标准厂房建设 …… 85
概况 …… 85
2022年开（竣）工项目 …… 85

农业农村

综　述 …… 86
概况 …… 86
巩固脱贫攻坚成果 …… 86

乡村产业 …… 86
种植业 …… 86
林业 …… 86
水产业 …… 87
果业 …… 87
畜牧业 …… 88
休闲农业 …… 88

农产品加工及品牌创建 …… 88
村集体经济发展 …… 88

乡村建设 …… 89
农村道路建设 …… 89
返迁房建设三年行动 …… 89
农村住房安全保障 …… 89
农村人居环境整治 …… 89
美丽乡镇建设五年行动 …… 90
农村饮水提档升级 …… 90

乡村文化 …… 90
新时代乡村文化建设 …… 90
乡村文明实践活动 …… 91

乡村治理 …… 91
乡村治理体系建设 …… 91
乡镇领导班子建设 …… 91
乡村人才队伍建设 …… 91

农业机械化 …… 91
农机推广与引进 …… 91
农机安全与监管 …… 92

水 利 …… 92
防汛抗旱 …… 92
水利建设与管理 …… 92
河（湖）长制落实 …… 92
水生态保护 …… 92

服务业

综 述 …… 93
概况 …… 93
重点服务产业 …… 93

商贸服务 …… 93
概况 …… 93
嘉福·万达综合体项目试运营 …… 93
服务业平台建设 …… 94

金融服务 …… 94
概况 …… 94
红色金融驿站 …… 94
表 4 2022 年区内银行基本情况一览表 …… 94
表 5 2022 年区内各类保险机构基本情况一览表 …… 95
表 6 2022 年区内现有上市挂牌企业一览表 …… 95
金融改革 …… 96
防范化解金融风险 …… 96

房地产业 …… 96
概况 …… 96
房地产市场管理 …… 97
房地产交易管理 …… 97
物业管理 …… 97
保障性住房管理 …… 97
既有住宅加装电梯 …… 97

物流产业 …… 97
概况 …… 97

物流共享仓 …… 98
赣州传化志申物流园 …… 98

旅游业 …… 98
概况 …… 98
旅游服务行业管理 …… 98
旅游行业安全管理 …… 98
欧潭首届啤酒节活动 …… 99
郭大力故居 …… 99
五彩阳禾劳动教育综合实践基地 …… 99
台湾部落民俗文化村 …… 99
赣州中华汉字文化公园 …… 99
赣州世界客家非遗文旅街区（世客街） …… 100
凯大樱花农场 …… 100
章贡酒文化园 …… 100

城市建设

综　述 …… 101
概况 …… 101

建设管理 …… 101
工程质量安全监管 …… 101
建筑业绿色低碳发展 …… 102
建筑业高质量发展 …… 102
工地扬尘治理 …… 102

规划管理 …… 102
概况 …… 102
国土空间规划编制 …… 102
重点工程项目规划 …… 102
人民防空 …… 103

征地拆迁与安置 …… 103
概况 …… 103
征迁指导监督 …… 103
返迁安置 …… 103
失地农民保障 …… 103
首批安置户实现“交房即交证” …… 103

公用事业服务管理 …… 104
概况 …… 104
市政道路管养 …… 104
城市绿化管理 …… 104
城市卫生管理 …… 104
垃圾分类全覆盖 …… 105
道路照明管理 …… 105
管线协调 …… 105

供水 供电 供气 …… 105
供水 …… 105
供电 …… 105
供气 …… 106

城市管理 …… 106
概况 …… 106
市容市貌整治 …… 106
“两违”整治 …… 107
城市生态环境治理 …… 107
城市运行领域安全生产 …… 107
城市行政执法 …… 108

城市交通 …… 108
概况 …… 108
交通事故预防 …… 108

交通事故处理 …… 108
交通秩序管控 …… 108
交通安全宣传 …… 109
交管业务服务 …… 109
重大安保活动 …… 109

城市消防 …… 110
队所建设与实战训练 …… 110
火灾隐患治理情况 …… 110
消防宣传 …… 110
应急救援 …… 110

经济管理

宏观经济 …… 111
经济运行监测与分析 …… 111
保障能源供应安全稳定 …… 111
项目建设 …… 111
争资争项 …… 111
综合考评争先创优 …… 112

财政管理 …… 112
财政收入与支出 …… 112
防范化解债务风险 …… 112
财政政策运用 …… 112

税务管理 …… 112
税收收入 …… 112
社保征收 …… 112
便民服务 …… 113
“云办税”服务平台 …… 113

审　计 …… 113
概况 …… 113
经济审计 …… 113
专项审计 …… 113

统　计 …… 114
概况 …… 114
统计规范化建设 …… 114
企业入规工作 …… 114

价格管理 …… 114
价格监测 …… 114
价格服务 …… 114
价格认定 …… 115
价格监管 …… 115

市场监督管理 …… 115
概况 …… 115
企业信用体系建设 …… 115
质量强区 …… 116
计量服务中小企业 …… 116
消费维权 …… 116

国有资产监督管理 …… 116
概况 …… 116
国资国企改革 …… 116
优化国资结构 …… 117
国资国企监管 …… 117
赣州建设投资控股集团有限公司 …… 117
赣州经开区工业发展投资（集团）有限责任公司 …… 118
赣州保税实业集团有限公司 …… 118

赣州满园建设开发有限公司 …………………… 119
赣州西城建设开发有限公司 …………………… 119
赣州新能源汽车科技城建设开发有限公司 …………………… 119
赣州经开区人才发展集团有限公司 …………… 120
赣州经开区招商服务有限公司 ………………… 120

自然资源管理…………………………………… 121
自然资源要素保障 …………………………… 121
土地节约集约利用 …………………………… 121
地灾防治和矿山生态修复工作 ……………… 121
监管执法 ……………………………………… 121

公共服务

教　育…………………………………………… 122
概况 …………………………………………… 122
学校建设 ……………………………………… 122
教师队伍建设 ………………………………… 122
学前教育 ……………………………………… 122
义务教育 ……………………………………… 122
高中教育 ……………………………………… 123
特殊教育 ……………………………………… 123
民办教育 ……………………………………… 123
职业教育 ……………………………………… 123
平安校园建设 ………………………………… 123
扶贫助学 ……………………………………… 123
校园德育 ……………………………………… 123
教育信息化 …………………………………… 124
“双减”一号工程 ……………………………… 124
赣州市第六中学 ……………………………… 124
赣州市第十六中学 …………………………… 125
赣州市第五中学 ……………………………… 125
赣州市第八中学 ……………………………… 125
赣州市第十中学 ……………………………… 125
赣州市第十二中学 …………………………… 125
江西理工大学附属金岭学校 ………………… 125
赣州市香江学校 ……………………………… 126
赣州市文清外国语学校 ……………………… 126
赣州市厚德学校 ……………………………… 126
赣州市蟠龙中学 ……………………………… 126
赣州市湖边中学 ……………………………… 127
赣州市第二十一中学 ………………………… 127
赣州市三江学校 ……………………………… 127
赣州市黄金实验小学 ………………………… 127
赣州市赞贤路小学 …………………………… 128
赣州市金星小学 ……………………………… 128
赣州市大坪明德小学 ………………………… 128
赣州市香江路小学 …………………………… 128
赣州市天骄小学 ……………………………… 128
赣州市杨梅小学 ……………………………… 129
赣州市紫荆路小学 …………………………… 129
赣州市灌婴小学 ……………………………… 129
赣州市田心明德小学 ………………………… 130
赣州市牡丹亭路小学 ………………………… 130
赣州市湖边中心小学 ………………………… 130
赣州市蟠龙中心小学 ………………………… 130
赣州市凤岗中心小学 ………………………… 130
赣州立德虔州高级中学 ……………………… 130
赣州经开区第一保育院 ……………………… 131
赣州经开区第二保育院 ……………………… 131
赣州经开区翠谷幼儿园 ……………………… 131
赣州经开区黄金岭街道办事处中心幼儿园 …………………… 131

赣州经开区赣港康居社区幼儿园 …………… 132
赣州经开区凤岗镇中心幼儿园 …………… 132
赣州经开区蟠龙镇中心幼儿园 …………… 132
赣州经开区三江乡中心幼儿园 …………… 132
赣州电子工业技术学校 …………………… 133
赣州华坚科技职业学校 …………………… 133
赣州光华职业技术学校 …………………… 133
赣州市军科职业技术学校 ………………… 133
赣州市科技学校 …………………………… 133
赣州科汇职业技术学校 …………………… 133

劳动保障 ………………………………… 134
概况 ……………………………………… 134
监察执法 ………………………………… 134
劳资工作 ………………………………… 134
农民工实名制信息监管 ………………… 134
法治宣传 ………………………………… 134
劳动仲裁 ………………………………… 134
工伤联合调查 …………………………… 135

就业服务管理 …………………………… 135
概况 ……………………………………… 135
创业担保贷款政策落实 ………………… 135
基层劳动保障平台建设 ………………… 135
职业技能开发 …………………………… 135
失业保险征缴 …………………………… 136
就业帮扶促脱贫 ………………………… 136
社会保障卡签发 ………………………… 136

社会保险 ………………………………… 136
概况 ……………………………………… 136
待遇发放及核查 ………………………… 136
丧葬费补助金制度 ……………………… 136
政府兜底保障 …………………………… 137

医疗保险 ………………………………… 137
概况 ……………………………………… 137
巩固医疗保障脱贫攻坚成果 …………… 137
医保基金监管 …………………………… 137
城乡居民和城镇职工基本医疗保险 …… 137

养老服务 ………………………………… 137
概况 ……………………………………… 137
养老机构及服务队伍建设 ……………… 138
特殊困难老人关照 ……………………… 138
居家及社区养老服务 …………………… 138
社保服务 ………………………………… 138

体　育 …………………………………… 138
概况 ……………………………………… 138
群众体育 ………………………………… 138
竞技体育 ………………………………… 139
体育基础设施建设 ……………………… 139
体育人才队伍建设 ……………………… 140

文　化 …………………………………… 140
概况 ……………………………………… 140
文化产业培育 …………………………… 140
文化产业建设 …………………………… 140
文艺创作 ………………………………… 140
非遗技艺传承 …………………………… 141
公共文化服务体系建设 ………………… 141
群众文化活动 …………………………… 141
文化市场管理 …………………………… 141

文化艺术中心 …… 141
《赣州经济技术开发区年鉴（2021）》获奖 …… 142
《赣州经济技术开发区年鉴（2022）》编纂出版 …… 142
大事记收录 …… 142
史志编研 …… 142
档案服务能力提升 …… 142
档案法治建设 …… 143
档案资源和信息化建设 …… 143

卫生健康

医疗卫生机构 …… 144

概况 …… 144
赣南医学院第一附属医院黄金院区 …… 144
赣州市妇幼保健院新院 …… 145
赣州经开区第二人民医院 …… 145
黄金岭街道社区卫生服务中心 …… 145
蟠龙镇中心卫生院 …… 146
湖边镇卫生院 …… 146
凤岗镇中心卫生院 …… 146
三江乡卫生院 …… 147

卫生事业建设 …… 148

概况 …… 148
疫情防控 …… 148
健康经开区建设 …… 149
区域医疗中心建设 …… 149
乡村卫生健康事业 …… 150
医药卫生体制改革 …… 150
公共卫生服务体系 …… 151
卫生健康服务能力建设 …… 151
卫生健康法治建设 …… 152

卫生健康守护 …… 152

概况 …… 152
医疗机构监督 …… 152
公共场所监督 …… 152
学校卫生监督 …… 153
生活饮用水监督 …… 153
游泳场所卫生监督 …… 153
职业卫生监督 …… 153

疾病预防控制 …… 153

概况 …… 153
疫情报告管理 …… 153
传染病防控 …… 153
艾滋病防控 …… 154
病媒生物防制 …… 154
免疫规划工作 …… 154
实验室建设 …… 154
职业健康保障 …… 155
地方病、慢性病防治 …… 155
健康教育宣传 …… 155

生态环境建设

环境影响评价 …… 156

概况 …… 156
建设项目环境影响评价 …… 156
排污许可证发放 …… 156

污染防治 …… 156

概况 …… 156
大气污染防治 …… 156
水污染防治 …… 157
土壤污染防治 …… 157
固体废物污染防治 …… 157
环保督察问题整改 …… 158
美丽赣州建设 …… 158

环境管理 …… 158
概况 …… 158
环境监控 …… 158
环境监管与执法 …… 158
环保宣传教育 …… 158
地灾防治和矿山生态修复工作 …… 158

社会治理

政法与综治 …… 159
概况 …… 159
矛盾纠纷排查调处 …… 159
基层组织网络建设 …… 159
重大决策社会稳定风险评估 …… 159
社会治安防控体系建设 …… 160

公 安 …… 160
概况 …… 160
惩治违法犯罪 …… 160
社会治安防控 …… 160
户籍行政管理 …… 161
出入境及往来港澳台管理 …… 161
网络安全监管 …… 161

检 察 …… 161
概况 …… 161
刑事检察 …… 161
民事行政检察 …… 161
公益诉讼检察 …… 162
未成年人检察 …… 162
提升群众满意度 …… 162

法 院 …… 162
概述 …… 162
刑事案件审理 …… 163
民商事案件审理 …… 163
案件执行 …… 163
参与社会治理 …… 163
便民服务与司法公开 …… 164
队伍建设 …… 164

司法行政 …… 164
概况 …… 164
依法治区建设 …… 164
基层法律服务 …… 164
法律顾问团服务 …… 165
行政复议案件审理 …… 165
律师管理 …… 165
特殊人群管理 …… 165
扫黑除恶常态化 …… 166

交通运输综合行政执法 …… 166
概况 …… 166
道路路政执法 …… 166
水上执法 …… 166
跨部门联勤联动执法 …… 167

强化安全监管 …… 167
大气污染防治管理 …… 167

防灾减灾救灾 …… 167
概况 …… 167
应急管理机制建设及救援能力提升 …… 167
森林防火 …… 168
防汛救灾 …… 168
防旱抗旱 …… 168
“10·17”赣县区森林火灾 …… 169
赣州经开区“10·29”爆炸事故 …… 169

安全生产监管 …… 169
概况 …… 169
安全生产责任制 …… 169
安全生产宣传教育 …… 169

安全生产执法 …… 169
概况 …… 169
安全生产专项整治 …… 170

食品药品监管 …… 170
食品安全监管 …… 170
药品安全监管 …… 170
化妆品安全监督 …… 171
特种设备安全监察 …… 171
计量及认证监管 …… 172
检验检测监管 …… 172
打击传销与规范直销 …… 172

信访工作 …… 172
概况 …… 172
领导责任制 …… 172
信访工作体制机制改革 …… 173
源头预防 …… 173
化解积案 …… 173

政治建设

组织工作 …… 174
概况 …… 174
非公企业和社会组织党建 …… 174
干部教育培训 …… 174
党建责任制落实 …… 174
党建促乡村振兴 …… 175
“两新”党建工作 …… 175
各领域党建工作 …… 175

宣传工作 …… 176
概况 …… 176
理论学习与研究 …… 176
理论武装 …… 176
舆论引导 …… 177

统一战线工作 …… 177
概况 …… 177
民族宗教事务 …… 177
促进非公有制经济“两个健康”发展 …… 178
港澳台服务工作 …… 178
对侨服务工作 …… 178
民主党派组织建设 …… 178
民主党派活动开展 …… 178
党外知识分子联谊会建设 …… 179

机构编制工作 …… 179
概况 …… 179
体制机制改革 …… 179
机构编制保障 …… 180
机构编制管理 …… 180

人事人才管理 …… 180
概况 …… 180
选人用人 …… 180
《赣州经开区周年纪念章颁发管理办法》出台 …… 181
人事制度改革 …… 181
雇员职员队伍建设 …… 181
“三支一扶”招录 …… 181
人才工作 …… 181

党校工作 …… 182
概况 …… 182
党性教育 …… 182
专题培训 …… 182
现场教学 …… 183

机关党建 …… 183
概况 …… 183
机关政治建设 …… 183
党史学习教育常态化 …… 184
打造模范机关 …… 184
党建质量过硬行动 …… 184
在职党员进社区 …… 185
机关离退休干部党支部建设 …… 185
推进全面从严治党 …… 185

人大、政协联络工作 …… 185
概况 …… 185
联络协调工作 …… 185
建议提案办理 …… 185
表 7 人大代表、政协委员一览表 …… 186

群众团体 …… 187
总工会 …… 187
表 8 2022 年赣州经开区获评五一劳动奖一览表 …… 189
团工委 …… 190
妇联 …… 191
科协 …… 192
关工委 …… 193
残联 …… 194
红十字会 …… 194
计生协会 …… 194

政务服务 …… 194
概况 …… 194
惠企政策兑现改革 …… 195
涉企中介服务及公共资源交易领域质效提升 …… 195
“12345”政府服务热线 …… 195
政务公开 …… 195

网信工作 …… 195
概况 …… 195
网络宣传 …… 195
网络舆情处置 …… 195
网络生态治理 …… 196
网络安全保障 …… 196

融媒体工作……196
概况……196
平台建设……196
新闻采编……196
媒体宣传……196
媒体 + 政务融合……197
校媒合作……197

文明实践……197
概况……197
文明实践志愿服务……197
文明实践品牌建设……197
先进典型选树活动……197
文明城市常态化建设……198

机关事务保障……198
概况……198
公共机构节能管理……198
办公用房管理……199
公务用车管理……199
优化服务保障……199
开展反食品浪费行动……199

纪检监察……199
概况……199
“‘廉’结千企·亲清有我”行动……199
落实中央八项规定精神……200
维护群众利益……200
反腐败斗争……200
以案促改……200
勤廉建设……200
纪检监察队伍建设……201

巡　察……201
概况……201
履行巡察工作主体责任……201
巡察工作高质量发展……201
巡察整改和成果运用……201
巡察干部队伍建设……202

人民武装……202
概况……202
思想政治建设……202
征兵工作……203
基层武装部建设……203
战备训练……203
国防动员……203
党管武装……203

退役军人事务……204
概况……204
健全服务保障体系……204
“尊崇工作法”拓展……204
拥军优属工作……204
移交安置……204

辖区建设

黄金岭街道……205
概况……205
基层党建“三化”建设……205
脱贫攻坚与乡村振兴衔接……205
民生保障……206
城乡环境整治……206
平安建设……206

蟠龙镇…… 207
概况 …… 207
基层党建“三化”建设 …… 207
脱贫攻坚与乡村振兴衔接 …… 207
征地拆迁与安置 …… 208
民生保障 …… 208
城乡环境整治 …… 208
平安建设 …… 209

湖边镇…… 209
概况 …… 209
基层党建“三化”建设 …… 209
脱贫攻坚与乡村振兴衔接 …… 209
征地拆迁与安置 …… 209
民生保障 …… 210
城乡环境整治 …… 210
平安建设 …… 210

凤岗镇…… 210
概况 …… 210
基层党建“三化”建设 …… 211
脱贫攻坚与乡村振兴衔接 …… 211
重大项目建设 …… 211
民生保障 …… 212
城乡环境整治 …… 212
平安建设 …… 212
农旅产业发展 …… 212
农业产业发展 …… 213

三江乡…… 213
概况 …… 213
基层党建“三化”建设 …… 214
脱贫攻坚与乡村振兴衔接 …… 214
征地拆迁与安置 …… 215
城乡环境整治 …… 215
平安建设 …… 215

赣州新能源科技城…… 215
概况 …… 215
基层党建“三化”建设 …… 216
脱贫攻坚与乡村振兴衔接 …… 216
征地拆迁与项目交地 …… 216
民生保障 …… 216
平安建设 …… 217

高铁新区…… 217
概况 …… 217
基层党建“三化”建设 …… 217
脱贫攻坚与乡村振兴衔接 …… 218
高铁空港新区建设 …… 218
民生保障 …… 218
城乡环境整治 …… 218
平安建设 …… 218

附 录

组织机构和负责人名录 …… 219
党政综合部门 …… 220
经济综合部门 …… 221
规划建设部门 …… 222
社会事务及综合服务部门 …… 222
综合执法部门 …… 224
区属国有企业 …… 226
人民团体 …… 227

社会团体 …………………………………… 228
乡（镇、街道、管理处） ………………… 228
市级机关（部门）以上表彰荣誉 ……… 231
表9 2022年获国家级机关（部门）奖励命名集体单位一览表 …………………………… 231
表10 2022年获省级机关（部门）奖励命名集体单位一览表 ………………………………… 232
表11 2022年获市级机关（部门）奖励命名集体单位一览表 ………………………………… 234
表12 2022年获市级以上先进个人一览表 ………………………………………………… 240
重要文件题录 ……………………………… 241
表13 赣州经开区2022年重要文件一览表 ………………………………………………… 241
表14 赣州经开区2022年重要会议一览表 ………………………………………………… 244
表15 赣州经开区2022年在省级以上媒体重要报道一览表 ……………………………… 249

索 引

主题索引 ………………………………… 257
表索引 …………………………………… 268

特　载

赣南苏区振兴发展战略 10 周年

十年感恩奋进，十年振兴发展。赣南等原中央苏区政策实施以来，在党中央、国务院深切关怀，国家部委鼎力支持，江西省委、省政府高位谋划和赣州市委、市政府正确领导下，赣州经开区牢记嘱托、感恩奋进、苦干实干，聚焦电子信息和新能源汽车"双首位产业"，奋力建设"一极两地四中心"，把政策机遇、政策红利转化为发展动力，推动赣州经开区高质量跨越式发展。

综合实力实现跨越　规模以上工业企业从 101 家增长到 292 家，增长 189%。2012—2021 年十年间赣州经开区新增工业营收超 10 亿元企业 21 家，财政收入从 2011 年的 15.9 亿元增长到 2021 年底的 82.84 亿元，同比增长 421%。2021 年，赣州经开区经济发展实现"三个首次突破"，其中工业营收首次突破 1000 亿；同兴达科技等企业营收首次突破 100 亿元；主要经济指标列"九个第一"，13 项主要经济指标中，规模以上工业营业收入、规模以上工业增加值、固定资产投资、工业固定资产投资、财政总收入、一般公共预算收入、限上社会消费品零售额、实际利用省外资金、实际利用外资、进出口总额、出口总额等 11 项指标总量位居赣州市第一，其中工业营业收入约占赣州市 1/4、固定资产投资约占赣州市的 1/5、工业固定资产投资占赣州市的 1/5、限上社会消费品零售额占赣州市的 1/5、进出口总额约占赣州市的 1/3、出口总额约占赣州市的 1/3。

产业发展蓬勃兴旺　新能源汽车产业发展势头强劲，2016 年以来，赣州市委、市政府规划建设总面积 35.2 平方千米的新能源汽车科技城作为赣州市发展新能源汽车的主阵地，2016 年 4 月启动赣州新能源汽车科技城建设。赣州经开区遵循全省建设"一核两翼"新能源汽车整车制造集群总体思路，围绕赣州市"1+5+N"产业布局，以构建"整车 + 零部件 + 研发 + 检测 + 汽车文化"全产业链为发展目标，坚定不移地走新能源汽车全产业集群式发展道路，先后获评省级新型工业化产业示范基地、省级重点产业集群、战略性新兴产业集聚区。2019 年，国机智骏、凯马汽车 2 家整车企业实现投产下线，2021 年赣州经开区聚集新能源汽车及关键零部件企业 110 余家，其中规模以上企业47家，实现主营业务收入180亿元，增速36.54%，整车年产销规模近2万辆。把电子信息产业确定为“2+N”产业体系首位产业之一，全力构建“芯、屏、端、网、器”中高端电子产业体系。2021年，赣州经开区聚集电子信息企业240家，其中规模以上企业84家，实现营收420.77亿元，增长60.55%，其中营收超10亿元企业7家，超50亿元企业3家，超100亿元企业1家，形成以手机整机、液晶电视、智能投影仪、显示模组、偏光片、背光源、导光板、5G滤波器、高端电容、精密电阻、光纤光缆等为主的产品体系。电子信息产业集群连续两年（2020—2021年）获评江西省四星级产业集群。大力实施全产业链招商，2016年以来，赣州经开区共引进电子信息产业项目179个，总投资超1500亿元，特别是引进总投资101亿元的富联精密项目，产业结构从原来以光纤光缆、电子周边件等为主导，发展至手机整机、液晶电视、平板电脑、液晶显示模组、电缆及光纤光缆、电子元器件“多元共存”，高新技术产品占比超70%，产业结构不断优化。大力实施科技创新战略，2021年，赣州经开区拥有省级以上电子信息产业创新平台47个，孚能科技获评国家级企业技术中心、同兴达电子科技等7家电子信息企业获评省级企业技术中心，好朋友科技、孚能科技2家企业获评省级工业设计中心，电子信息产业高新技术企业65家、“专精特新”企业31家、科技型中小企业50家，冠英智能、西克节能等9家企业入选江西省第一批制造业数字化转型服务商和应用案例。稀土钨新材料集群效应持续放大，在2012—2021年期间，稀土钨新材料产业逐步形成稀土氧化物—稀土荧光粉—钕铁硼合金永磁材料—永磁电机产业链和碳化钨粉—硬质合金棒材—精密刀具产业链，培育稀土钨新材料产业规模以上企业41家，获评国家新型工业化有色金属（稀土新材料）产业示范基地。2021年，赣州经开区稀土钨新材料产业继续保持高速增长，实现营业收入149.77亿元，增长40.89%，培育金力永磁、富尔特电子、荧光磁业、澳克泰工具、海盛合金等一批优质龙头骨干企业。金力永磁登陆香港联合交易所有限公司主板，成为全球第一家高性能稀土永磁材料行业“A+H”上市公司，2021年实现营收40.91亿元，获评江西省制造业单项冠军企业。

基础设施日趋完善 交通体系建设提速，2012以来，围绕“外联”和“内畅”的交通发展目标，赣州经开区高质量完成黄金机场改扩建及T2航站楼建成并投入使用；赣州西站建成通车，电子科技城、新能源科技城、高铁新区主干路网基本成型，成为赣州中心城区乃至赣州市域的交通枢纽地，对外交通核心地位日益凸显；配合市本级建成迎宾大道、东江源大道、客家大道西延、机场快速路、创业路等快速路建设，实现唐龙大桥、机场快速路跨上犹江大桥、三江公路桥通车，全面建成岗边大道、城西大道、唐龙大道、唐凤大道等主干道路，完成金岭路等主干路扩宽，大广高速科技城互通、厦蓉高速保税区互通稳步推进，“八纵十横”交通路网更加畅通。市政基础设施水平提高，赣州经开区供水保障能力进一步加强，完成赣州市第二水厂扩建，供水规模25万立方米/日，龙华水厂供水规模20万立方米/日。雨污分流体系基本形成，迎宾大道、金岭中路、客家大道等新建成的道路下均敷设雨污分流管道，“十三五”时期，赣州经开区共新建、改造雨污水管网108千米，建成海绵城市面积10.89平方千米；污水

处理能力有效突破，完成沿章江布置的截污干管和污水提升2号泵站、3号泵站、4号泵站建设，香港工业园污水处理厂一期、新能源科技城污水处理厂完工运行，结束区内污水处理设施零的历史。公共服务设施进一步提升，城市卫生环境明显改善，2016—2021年，赣州经开区建成二类以上公厕132座，8个垃圾中转站全部达到“创建国家卫生城市”标准，不断规范保洁作业标准，保洁率达96%以上。公园绿地体系逐步完善，新增修复城市园林绿化面积32万平方米，金凤梅园、蟠龙公园、唐龙公园实现开园，玉兰湖公园、欧潭公园、杨边公园等公园推进有序，建成小游园4个。商业服务设施日趋繁荣，启动嘉福万达、星洲润达、涌泉等综合体，锦辉、唐凤等商业中心服务设施建设，同时建成宝塔、华鑫北等农贸市场7个，完成湖边、杨坑、阳光等6个农贸市场提升改造。

脱贫攻坚全面胜利　三江乡新江村、凤岗镇长田村2个“十三五”省级贫困村出列，5405户19014人建档立卡贫困人口全部脱贫，贫困群众获得感、幸福感、满意度显著增强。2018—2020年，连续三年获评全省党委和政府脱贫攻坚工作成效考核“好”的等次，连续三年获评全省财政扶贫资金绩效评价“优秀”。2021年，获评全省巩固拓展脱贫攻坚成果考核“好”的等次，在功能区中排名第一。“两不愁，三保障”有效解决，100%的贫困户建档立卡以来总体生产生活状况有明显改善。2015—2021年，赣州经开区为3.6万人次贫困家庭学生发放各类学生资助金3523.09万元，全区没有因贫失学辍学现象；投入5.04亿元新建区人民医院、赣州新能源科技城医院及异地新建乡镇卫生院1所，改扩建乡镇卫生院4所，建成村卫生健康服务室42所；全面落实“四道医疗保障线”、先诊疗后付费、“一站式”结算服务等政策，脱贫攻坚期间，财政资助脱贫人口参保率100%，贫困人口住院报销比例保持在90%适度水平；对所有贫困户住房进行安全鉴定，以拆旧建新、维修加固、建设农村保障房等途径，建设农村保障房161套、实施危房改造148户，投资额1390万元；定期对农村饮用水水质进行检测，投入6899.36万元实施集中供水工程、农村饮水安全巩固提升工程、分散改水工程等7处，所有村通自来水，普及率提升至94.77%。

乡村振兴有效衔接　成立赣州经开区巩固拓展脱贫攻坚成果、乡村全面振兴行动领导小组和七个专项小组，优化完善系列配套政策，保持医疗保障、教育资助、就业扶持等主要政策总体稳定、平稳运行；对62个村（居）实行驻村帮扶、对口帮扶、网格化三类管理，做到三个“全覆盖”，选派67名干部轮换驻村，实现重点帮扶村工作队全覆盖；101名干部组成39个工作组，实现对口帮扶村、网格化管理村帮扶全覆盖；安排1661名干部结对帮扶，实现脱贫户和三类人员结对帮扶全覆盖。2021年，赣州经开区实施乡村建设项目8个，总投资9530万元。建设集中连片村庄环境整治点4个、乡村振兴示范线路3条，完成区内高速沿线房屋立面整治，打造区级“改厕样板村庄”5个，62个行政村通自来水、村组干道太阳能路灯全覆盖，5个省级重点村49个自然村中，39个自然村完成新农村建设或美丽乡村建设；投资172万元，实施乡村治理项目5个；投资25.23亿元，实施乡村社会事业项目21个，实现村村通水泥路、动力电、光纤网，农村基础设施进一步完善，创设“孝老食堂”，创新农村养老服务，

教育、医疗、文化等农村基本公共服务水平进一步提升。依托品牌、产业、产品、市场等优势，赣州建控集团、菲尔雪食品、东坚米业等企业投身“万企兴万村”行动，加快推进农村一二三产融合发展。

民生改善有力有效　教育事业蓬勃发展，赣州经开区始终坚持深化教育改革、扩大教育投入、不断提升办学水平，从最初以“教学点—村完小—乡镇中学（中心小学）”为主体的单一义务教育学校体系，到如今“城乡一体、体系完备”的学校大格局，让群众实现“在家门口上好学校”的愿望；持续深入推进“名校带动”战略，江西理工大学三江校区、江西理工大学附属金岭学校、赣州一中西城校区、清华大学附属中学创新实验班相继落户赣州经开区，在优质教育资源引进和城乡教育发展方面均呈现接连突破的良好态势；实施城乡学校建设三年行动计划（2018—2020年），投入25亿元高标准新（改、扩）建学校（幼儿园）21所，新增优质学位3.28万个，全面消除“大班额”问题，“入学难”问题大幅缓解。卫生健康事业高速发展，2012年以来，赣州经开区持续推进区域性医疗卫生中心城市建设，陆续完成各乡镇卫生院、社区卫生服务中心改扩建工程，新改建村卫生健康服务室43所、农村公厕45所；引进赣南医学院第一附属医院、赣州市妇幼保健院在赣州经开区新建主院区，均按三级甲等医院建设，同时引入优质社会医疗资源启动建设赣州仲易骨科医院项目，健全特色专科医疗建设；新建3所区级人民医院，其中赣南医学院第一附属医院托管运营区人民医院，区第二人民医院（湖边镇卫生院）揭牌运营，填补全区近十年无区级公立医院的历史空白，全区十年新增床位3400余张。民政事业生机勃勃，社会救助体系建设取得新突破。从2021年开始，低保审核确认权限下放至各乡（镇、街道、管理处），优化程序，拓宽渠道，申请方式由单一的窗口申请，增加网络自助申请。未成年人保护机制不断完善，赣州经开区成立区未成年人保护工作委员会，6个乡（镇、街道、管理处），82个村（居）均配备儿童督导员、儿童主任，基本构建“上下贯通、权责明晰、层层负责”的未成年人保护工作体系。残疾人事业获得长足健康发展，成立赣州经开区残疾人联合会，于2019年11月28日正式开展办证工作；及时落实残疾人保障政策，截至2021年底，累计为2216名残疾人发放残疾人两项补贴1271.84万元，107名贫困重度失能残疾人享受居家照护补助资金177.24万元。

（区经发局供稿）

工作报告

乘风二十大　拼出新奇迹

——在2022年工作总结表彰暨2023年工作动员大会上的讲话

（2023年1月15日）

区党工委书记 陈水连

同志们：

时间的长河奔涌向前，奋斗的脚步永不停歇。今天，在这里召开赣州经开区2022年工作总结表彰暨2023年工作动员大会，主要任务是：以习近平新时代中国特色社会主义思想为指导，深入贯彻党的二十大及中央经济工作会议、省委经济工作会议、市委六届四次全会精神，回顾总结2022年工作，表彰先进，部署2023年工作，动员全区上下拼经济、拼发展、拼项目，纵深推进“一极两地四中心”建设，开启全面建设社会主义现代化赣州经开区新篇章。

上午举行项目大会战“大比武”，现场检阅17个攻坚项目。刚才，表彰先进集体和先进个人，获得表彰的招商引资工作先进代表、先进企业代表、先进单位和先进个人代表作了发言，讲得都很好。在此，我代表区党工委、管委会，向受到表彰的先进企业、先进单位和先进个人表示热烈的祝贺！希望受到表彰的先进珍惜荣誉、再接再厉，争取再立新功、再创佳绩。希望大家见贤思齐，学先进、赶先进、当先进。会上通报了相关工作的完成情况，丁盛主任对全区工作作了总结部署，讲得很好，我完全赞同，请大家认真抓好落实。

下面，我代表区党工委强调三个方面的意见。

一、不寻常的2022，一路走来真不容易！

如果用一个字来表达2022的心情，很多人可能都会说“难”字。这一年，面对疫情和发展的双重考验，困难很多、压力很大，干得很苦、大家很拼。可越是风高浪急，越考验每一位渡河的人；越是山高林深，越能领略到绝美风景。在困难和挑战面前，全区上下风雨同舟、顽强拼搏，科学应对、高效统筹，认真抓好“三件大事”：疫情要防住、经济要稳住、发展要安全，在党的二十大召开之年，取得喜人成绩。

此时此刻，回望过去一年的风风雨雨，那些或喜悦或苦涩的情绪片段，或振奋或负重的记忆碎片，凝结成八个方面的感受，与大家共勉：

第一，千条万条，奋勇争先是头条。牢记习近平总书记“作示范、勇争先”重要要求，把争先作为经开区的使命。这些年经开人“有第一就争，见红旗就扛”，争取越来越多“第一”，创造越来越多“唯一”。比如，区经发局牵头的地方政府专项债储备、数字经济发展、高新技术企业培育、重大项目建设等多项工作均列全市第一；区企工局牵头的产业培育、企业扶持等工作，专精特新企业、省级企业技术中心、省级智能制造标杆企业获评数量均列全市第一。区招商局牵头的招大引强、开放型经济、国评工作均刷新历史记录。区财政局牵头的财政总收入连续12年全市第一，向上争资、新增债券额度、信贷通发放、留抵退税等多项工作位列全市第一。过去一年，正是在全区各地各单位奋勇争先的拼搏下，赣州经开区实现两个历史性突破：在2022年国家级经开区综评中，排名全国第三十一位、中部第六、全省第一，创造历史最好成绩；在2022年全市项目大会战流动现场会中，赣州经开区7年来首登榜首。

第二，千选万选，招大引强是首选。一个好项目可以振兴一方经济，一个大企业可以改写一地格局。曾经我们面对大项目、好项目，很想追，但不敢追、不会追。但当我们引进富联精密、吉利等大项目后，深深地感受到，有大项目就是不一样！有大企业就是响当当！让人欣喜的是，过去一年，我们的招大引强工作又站在聚光灯下。比如，项目个数和投资额再创新高，全年共签约项目225个（2021年是137个），签约金额1700亿元（2021年是1314亿元）；百亿项目个数再创新高，引进富联精密等3个百亿项目；项目层次再创新高，继吉利科技42GWh动力电池项目之后，又引进富联精密项目，是赣州有史以来引进的世界500强排名最靠前的企业。

第三，千拼万拼，主攻工业要最拼。赣州经开区靠什么来强势崛起？靠什么去赢得未来？——唯有一门心思干工业！纵观全国的开发区，无一例外都是工业尖子生、实业优等生。虽然赣州经开区工业底子薄、起步慢，但经过这几年的努力，产业有“看头”、企业有“块头”、发展有“盼头”。比如，新能源及新能源汽车产业，营收实现260亿元。电子信息产业营收实现550亿元，占赣州电子信息产业带的46%。数字经济产业营收实现445亿元，占全市37%。再比如，立德电子103亿、孚能集团160亿（孚能赣州公司98亿、孚能镇江公司62亿）、江钨新材109亿、同兴达科技（工业总产值114亿）、赣州卷烟厂100亿。

第四，千算万算，产城一体最划算。“产”与“城”不是选择题，而是综合题。坚持产城一体同推进，以产兴城、以城促产，是一座城市最划算的良性循环。坦白来讲，过去经开区给人的印象，就是一个搞工业的大园区，“工业灰”是当时的主流色。但坚持走产城融合发展之路，经过这些年的蓄力运动，这里的“人气红”更加鲜艳、“天青蓝”更加靓丽、“都市味”更加浓郁，已经成为“生产—生活—生态”三生一体的产业新城。比如，拉开城市骨架，2022年全区建成区面积60.16平方千米，增长量（5.66平方千米）全市第一。提高城市品味，逐渐成为新市民的置业首选地，成为中心城区最热的买房板块。再如，发力商圈建设，商贸综合体从2019年的3家增加到2022年的建成7家、在建4家，建筑面积从7.5万平方米增加到77万平方米，特别是9月29日经开万达广场盛大开业，为赣州经开区长期没有自己的大型综合体的历史画上句号。建成夜间经济集聚街区——世客街，日人流量最高达8.2万人。拉动汽车消费，全年汽车消费71亿元；建成50万平方米建材大市场，全年建材消费110亿元，成为赣南地区的“汽车选色卡”、中心城区的“建材衣帽间”。加快建设总投资255.4亿元的15个重大文旅项目，全年接待游客562万人次，增长107%，旅游收入71.5亿元，增长75%。围绕群众“9个位”急难愁盼问题，下大决心、出重金，比如，累计完成返迁安置房建设总建筑面积439.2万平方米，累计安置9180户、分配20460套，分配安置数超前10年总和，彻底解决返迁安置历史欠账。再如，实施名校合作办学、名医院合作办医，“清华附中创新实验班”“清华附中名校长工作室”“清华附中名师工作室”相继落地。

第五，千难万难，咬紧牙关就不难。过去一年，接连遭遇文明城市保牌战、极端旱情保卫战、疫情防控阻击战、森林山火歼灭战。“9·7”疫情发生后，13个工作组火线组建，4000多名工作人员下沉826个网格，晚上不回家、小区门口搭帐篷。工作极为辛苦、付出极大努力，用7天时间实现社会面动态清零，12天解除临时静态管理，用“超常”努力，守护市民的“如常”生活。“10·17”山火蔓延到赣州经开区后，全区广大干部响应号召、闻令而动，第一时间赶往山火现场，车里过夜、日夜盯守、上阵打火，有力阻击火势的进一步蔓延。8月底迎接文明城市复检“烤”验，战高温、斗酷暑，在酷热骄阳下坚守，在大街小巷中忙碌，用汗水擦亮全国文明城市金招牌。

第六，千招万招，改革创新是绝招。经开区作为全市改革的“试验田”，创新是每个经开区人最鲜明的精神旗帜。一年来，赣州经开区大刀阔斧搞改革、风生水起抓创新。比如，向“开工慢”的问题开刀，推动“签约速开工”改革，符合条件的项目1天内可办好施工许可证；向“快递不快”的问题亮剑，区新时代文明实践促进中心牵头凤岗镇、三江乡等乡镇，在全国率先探索推行“文明实践+便民快递”，打通快递入村的最后一公里；向金融创新的蓝海进发，落地江西省乃至中部六省首单QFLP业务、进资7150万美元，在全省率先探索开展知识产权证券化试点工作，首单知识产权证券化产品发行申请获深交所审核通过，区金融服务中心、区市监分局做了大量工作，为便利境外资金来赣投资开辟了“直达通道”。再如，把创新摆在发展的逻辑起点，放在现代化建设的核心位置，培育高新技术企业218家；独角兽、瞪羚企业24家，占全市37%；省级以上专精特新、小巨人、单项冠军企业100家以上，其中国家专精特新“小巨人”企业7家，占全市26%。金力永磁成为全球单厂产能最大的高性能稀土永磁材料生产商；宝明复合铜箔建成全球规模最大的单一液晶面板薄化基地，解决动力电池易燃的世界性难题，是新能源领域颠覆性的创新产品。

第七，千靠万靠，党的领导最牢靠。必须清醒认识到，现在取得的一切成绩，都是党中央关心关怀的结果，都是省委、市委正确领导的结果。比如，在统筹疫情和发展的关键切换期，以习近平同志为核心的党中央及时召开经济工作会议，提出“两个毫不动摇”、给出“五个方面政策”，强调把握好“六个统筹”、做好“三稳”工作，为做好今后工作定调指向。再如，在疫情最吃紧的时候，市委把前方指挥部设在赣州经开区，忠琼书记、克坚市长亲自指挥、运筹帷幄，为打赢疫情防控阻击战提供科学指导、注入强大信心。在战斗最白热的时候，35个临时党支部日夜轮转，180余个党员先锋队冲锋在前，让党的旗帜在战疫一线高高飘扬。

第八，千忙万忙，不抓落实就白忙。一年来，虽然取得的成绩可圈可点、可赞可叹，但落实不力的情况还是一定程度存在。比如，疫情防控问题，指挥部的指令不能快速准确传递到前线，有的工作人员讲政策不清不楚、抓落实得过且过，一些硬杠杠、铁规矩到了基层就走样变形，导致出现前哨失灵、职校失守等情况，付出惨痛代价、教训十分深刻。比如，经济发展问题，大项目还不多，签项目时轰轰烈烈，说落地时冷热不均。再如，干部作风问题，个别干部“忙忙碌碌装样子，平平庸庸混日子，年年都是老样子”，一问“在干什么”就忙这忙那，一问“干成什么”就支支吾吾，这种“伪忙碌、真滑头”千万要不得。新征程上，我们一定要担当作为、狠抓落实，把“规划图”

变成“施工图”，把“时间表”变成“计程表”，以实干成就梦想，让蓝图成为现实。

二、不平凡的2023，奋斗再创新的奇迹！

2023年是全面贯彻落实党的二十大精神开局之年，也是加快建设全国一流现代化国家级经开区的关键之年，做好今年工作意义重大。今年工作总体要求是：以习近平新时代中国特色社会主义思想为指导，全面贯彻党的二十大精神，认真落实中央和省委经济工作会议以及市委六届四次全会等相关会议精神，深入贯彻习近平总书记视察江西和赣州重要讲话精神，扎实推进中国式现代化，坚持稳中求进工作总基调，完整、准确、全面贯彻新发展理念，加快构建新发展格局，更好统筹疫情防控和经济社会发展，更好统筹发展和安全，把实施扩大内需战略同深化供给侧结构性改革有机结合起来，突出做好稳增长、稳就业、稳物价工作，有效防范化解重大风险，全面加强党的建设，深入实施“三大战略、八大行动”，加快建设“一极两地四中心”，奋力谱写建设全国一流现代化国家级经开区的新篇章。

做好2023年工作，必须把握好六对辩证关系：

一要正确看待“机遇”和“挑战”。既要辩证看待“危”与“机”，又要科学把握“时”与“势”，切实增强机遇意识、忧患意识和风险意识，发扬斗争精神，善于化危为机，不断提高驾驭复杂局面的能力，坚决有力防范化解各种风险挑战，牢牢把握工作主动权。

二要正确处理“继承”与“创新”。一方面要保持战略定力，咬定“一极两地四中心”目标不动摇，全面巩固既有成果、努力实现更可持续发展。一方面要因势而谋、应势而动、顺势而为，紧密结合自身实际，创造性地抓好贯彻落实，努力走出一条符合赣州经开区实际、彰显赣州经开区特色的高质量发展之路。

三要正确把握“稳住”与“进好”。一方面，要坚持稳字当头、稳中求进工作总基调，突出做好稳增长、稳就业、稳物价工作，坚决有力防范化解重大经济金融风险，牢牢守住不发生区域性系统性风险底线。一方面，要在稳的基础和前提下能快则快、质量并进，以更高质量的进巩固更加全面的稳。

四要更好统筹“城市”和“产业”。坚持产城融合，点亮“城市之眼”和“章江之眼”，唱好“双城记”、建好“两区景”、绘好“两圈图”，加快建设赣州新能源科技城、赣州现代电子科技城、高铁空港新区、欧潭新区、“城市之眼”商务圈、“章江之眼”生态圈等重点板块，不断提升城市能级和品质，打造产城融合示范区。

五要更好统筹“全局”与“重点”。要坚持两点论和重点论相结合，尤其是要把大抓项目作为牵引经济社会发展的“牛鼻子”，把全区各项工作落在“八大行动”一个个具体项目上，切实以“工作项目化、任务实体化、责任清单化”推动工作部署落地落实。2023年计划安排“八大行动”项目819个，总投资4818.13亿元，年度计划投资1173.94亿元。

六要更加注重“主观”和“客观”。既敢于正视经济发展中的客观困难，又引导各级领导干部迎难而上、担当作为，争做有干劲、有闯劲、有拼劲、有韧劲、有钻劲的“五劲”干部，以主观上的努力来弥补客观上的不足。有干劲，一天当作两天用、两步并作一步走。有闯劲，善解“无解之解”、善答“无问之答”，让“不可能”变为“可能”。有拼劲，尽最大努力，争取最好结果。

有韧劲，咬定青山不放松，不达目标不罢休。有钻劲，成为懂政策、懂产业、懂项目的行家里手。

着重抓好以下八个方面的工作：

第一，要以更大力度推进工业倍增升级，加快建设现代化产业体系

始终坚持一门心思干工业，着力推动首位产业高端化、企业发展梯队化、数字产业化、发展项目化、园区现代化，全年安排工业倍增升级行动项目 280 个，总投资 3049.31 亿元，年度计划投资 693.44 亿元。

*一要全力推动首位产业高端化。*坚持“2+N”产业发展格局，着力打造产业链链长制升级版。新能源及新能源汽车产业要链式增长。要加速盘活“整车链”，全力支持国机智骏、凯马汽车靠大联强，加快推动国机智骏引进战略投资。要乘势壮大“动力电池链”，抢抓锂电产业风口期，加快孚能科技 39GWh 新能源电池及 PACK 电池项目、吉利 42GWh 动力电池项目、力合厚浦正极材料等重大项目建设。要加快补强“三电零部件链”，全力招引培育一批正负极材料、隔膜、锂电池回收等上下游配套企业和车联网、智能座舱、自动驾驶等项目。电子信息产业要块状扩张。紧盯富联精密、宝明显示、同兴达科技等“链主”企业，加快引进上下游配套企业，着力把富联精密打造成为新的制造中心。持续做强“芯屏端网器”电子信息产业体系。稀土永磁电机产业要抢占“新赛道”。要深化编制稀土永磁电机产业招商图谱，围绕金力永磁等龙头企业开展上下游招商，引进 5 个以上电机项目，同时开辟伺服电机、通用电机、风力电机等产业“新赛道”，加快与中国稀土集团、中科院赣江创新研究院签订战略合作协议，着力打造全国知名永磁电机产业集聚区。要大力推进钨产业数字化转型，推动澳克泰工具、京瓷、精密海盛硬质合金等企业实现“老树发新枝”。要建设经开区工业设计馆和工业产品超市，充分展示我区工业设计水平和工业产品丰硕成果。

*二要全力推进企业发展梯队化。*大力实施领航企业培育计划，培育壮大具有行业引领力的链主企业、头部企业、具有潜在颠覆力的颈部企业、具有强大爆发力的腰部企业，促进大中小企业协同发展。要启动千百亿企业扩容工程，升级“大象起舞”行动，助推同兴达科技、立德电子等百亿企业继续发展壮大，今年要重点培育富联精密、金力永磁营收突破 100 亿元。要吹哨百家企业赛马比拼，推动宝明显示、澳克泰工具等骨干企业增资扩产，力争全区 95% 以上的企业实现盈利，年内力争培育营收超 50 亿元企业 10 家，营收超 15 亿元企业 18 家。力争全年净增规上企业 180 家以上，总数达到 962 家以上，其中工业企业净增 50 家以上，总数 350 家以上；商贸企业（含大个体）净增 50 家，总数 238 家以上；服务业净增 25 家以上，总数 97 家以上；建筑业净增 50 家，总数 235 家以上；房地产法人净增 5 家，总数 42 家以上。要打造两新两特产业园，依托涌泉、秋葵、长岗等科技园，打造新材料、新型显示等 2 个新兴产业园和稀土永磁电机、人工智能特色产业园，力争今年获评省级以上专精特新企业 30 家以上，省级以上专精特新“小巨人”企业总数达到 110 家，新增独角兽、瞪羚企业 5 家，总数达到 28 家。

*三要全力聚焦数字产业化。*要深入实施数字经济做优做强“一号发展工程”，大力发展普惠性“上云用数赋智”和智能制造升级工程，充分发挥国家工业信息安全发展研究中心江西分中心和赣州产业技术研究院智库作用，推动“产业大脑”

建设应用，助推新链金融、裕丰智能、西克节能、巨鲸科技等数字经济企业做优做强，在加快建设赣深数字经济走廊中展现更大作为。要充分发挥国家区块链创新应用综合性试点优势，举办第二届全球区块链创新发展大会，加快推动区块链产业园二期建设，加快把金凤数创园打造成为全市乃至全省数字经济标杆示范园，力争全年落地区块链典型应用示范10个以上，引进培育区块链龙头企业5家以上。

四要全力推进发展项目化。要强力推进“四大攻坚行动”，持续开展项目建设季度“大比武”和“重点攻坚项目”争先赛，确保项目个数、投资总额、年度计划投资、一季度投资、所占份额全市第一。要坚持“项目为王”，坚持节假日“重大项目不停工、重点企业不停产、招商队伍不停跑、商贸文旅不停业、安全监管不停休”，坚持和完善“三同三会、三员三办”服务体系，推动金力磁材等112个项目早日实现开工，推动孚能科技9GWh及PACK等66个项目竣工投产，推动富联精密、吉利12GWh动力电池等102个项目达标达产，着力形成“大项目顶天立地，小项目铺天盖地”的生动局面。要加强项目全生命周期管理，做好立项审批和要素配置工作，有效推进用地、用林、用能以及融资、用工等精准落实，实现快审快批、高效落地。要扎实做好第五次全国经济普查工作。

五要加快实现园区现代化。要坚持产城融合发展，不断提升园区综合承载力和竞争力。赣州新能源科技城要加快唐凤商业综合体和“美食街”建设，推动科技城医院尽快投入使用。要全力夯实园区水电气等要素保障，确保富联精密、吉利科技等重点企业用能需求，加快科技城集中供热管网、燃气供应项目建设。要加快启动赣州新能源科技城“东扩计划”，今年要实现客家大道三江段、大广高速科技城互通道路部分通车。赣州现代电子科技城要全力实施畅循环“织网”行动，加快推进富强路、岗边路等31条道路建设，切实解决已建成道路“断头路”问题，加速畅通“大中小”循环路网。要加快官田科技园、长岗科技园等标准厂房建设，研究建设电子信息产业技术学校和园区卫生服务中心，加快建成完善涌泉商业综合体、涌泉智慧公园等商业生活配套服务。赣州综保区要加快空港产业园一期和综保区振兴科技园二期建设，自贸小镇A区今年要力争完工，B区、C区要完成工程量50%，进一步丰富商业综合体、智慧公园等配套服务业态。要推动旭日科技园二期等58个工业标准厂房项目建设。要加快建设物流共享仓，让园区有更多产业空间。

第二，要以更深内力推进科技创新赋能，强化现代化建设战略支撑

始终坚持科技是第一生产力、人才是第一资源、创新是第一动力，深入实施创新驱动发展战略，让创新活水持续赋能高质量发展。全年安排科技创新赋能项目77个，总投资612.18亿元，年度计划投资223.62亿元。

一要铺设“投—孵—产”衔接的创新跑道。研发投入要放水养鱼。深入开展全社会研发投入强攻行动和企业创新能力提升行动，引导规上企业、高等院校、科研院所提高研发覆盖广度和投入强度，力争全区R&D经费支出占GDP比重超3%，“四上”企业R&D经费支出占营业收入比重超1.5%，规上工业R&D经费支出占营业收入比重超1.8%，规模以上工业企业中有研发活动企业占比超60%，新获批省级企业技术中心6家以上，新增授权专利达1200件以上，技术合同交易额12亿元以上。

科技型企业要加速破壳。加快推进“小升高”“高升规”“规转高”工作，构建“科技型中小企业—高新技术企业—独角兽瞪羚企业—上市企业”梯次培育体系，力争年内新增高新技术企业40家，总数达到230家以上；新增科技型中小企业超50家，总数达到700家以上。科创平台要变笋成林。进一步健全“众创空间—孵化器—加速器”的全链条孵化体系，探索建立“科技企业加速器”，力争全年新增国家级科技企业孵化器1家、省级孵化器（众创空间）2家，实现院士工作站“零突破”。要推动南方新能源汽车工程研究中心投入使用，加快建成吉利科技与江西理工大学联合稀土实验室，推动金力永磁获批组建国家企业技术中心。科技成果要“沿途下蛋”。用好中国创新创业成果交易会成果转化基地、国家工信安全中心等大院大所，推动更多科技成果沿途转化。要深化与赣州智研院合作，推动院士专家成果转化平台示范园尽快投入使用，打造融湾数字孵化园。要加快与江西理工大学、赣州职业技术学院、江西环境工程职业学院共建产学研成果转化基地，常态化开展大学生创新创业项目路演6场以上。

*二要开辟“引—育—用”并举的人才通道。*深入实施人才强区战略，真心爱才、悉心育才、倾心引才、精心用才，打造近悦远来的“人才磁场”。要坚持“靶向引才+下沉用才”。建立“2+N”产业人才需求清单，确保全年引进高层次人才项目12个、各领域高层次人才55名（国家级高层次人才5名以上），总数达955名以上；引进行业急需紧缺人才300名以上，总数达3000名以上。要探索组建国家级高层次人才工作室（工作站），组织开展“百名人才进百企”，为区内企业提供“问诊式”人才服务。要深化“政府用人、院校上编、企业发薪”“周末工程师”“双聘制”等柔性引才方式，全力吸引各方面人才集聚经开区。要坚持“平台聚才+服务暖才”。做大做强区人才集团，不断提升市场化运营水平，加快组建人才交流实训中心，推动欧潭传媒公司实质化运营。探索建立数字化人力资源统筹平台，持续做优人才一站式服务平台。要全力支持人才创新创业，年内发放创业担保贷款1.6亿元。要坚持“职教育才+就地留才”。以育“技能高才”、聚“名匠大师”、塑“职教高地”为目标，加快高铁新区职教园区、科技城职教园区以及赣州市青年科技职业技术学校等9所职校建设，推动赣州经开区职业院校与大湾区职业（技工）院校开展实质性合作，今年要吸引6000名以上高校毕业生“留赣干”。要开展“百师大显身手”技能大比武活动，激发高技能人才活力。全年开展招聘活动18场以上，确保完成富联精密（赣州厂区）10700人招工任务，为企业解决用工30000人以上。

*三要拓宽“政—银—企”一体的投融渠道。*要办好银企相亲会。持续深化“政银担企”对接机制，坚持每季度举办产融对接活动，今年要帮助民营企业解决市场化融资需求增长10%以上，完成直接融资增长10%以上。要做优做强数字金融产业园，今年要力争引入金融、类金融机构50家。新设银行等金融机构2家。要做活产业基金蓄水池。深化QFLP业务试点，争取年内引进外资2亿美元。引导QFLP基金投向区内更多优质企业和项目，并为区内导入更多高质量产业项目。做大做优50亿元重大项目产业基金，设立新能源产业基金、电子信息产业基金等“2+N”产业子基金。探索引导基金与头部投资机构“双GP”专项基金合作模式。要敲响企业上市钟。深入实施企业上市“映山红

行动”升级工程，推动富尔特电子、立昌科技、冠英智能、鑫冠科技等企业加快上市步伐，力争今年新增挂牌上市企业2家以上，报辅企业2家以上，股改企业5家以上。同时要持续抓实争资争项工作，谋划储备地方政府专项债储备项目70个，年内要争取省级以上项目及政策100个以上、政府专项债50亿元以上、上级资金15亿元以上。

第三，要以更强魄力推进深化改革开放，不断增强现代化建设动力和活力

坚持以更深层次的改革、更高水平的开放，持续激发市场活力和社会创造力。

一是招商引资要优化战术。作战体系要持续完善。全面推行“1/3”工作法，大力实施招商引资“赛马比拼”，发扬“五皮精神”（硬着头皮、厚着脸皮、磨破嘴皮、饿着肚皮、踏破脚皮），扎实开展“五大专项行动”，形成“开放办—牵头抓总‘作战部’、追梦办—攻坚头部‘尖刀连’、小分队—链式招商‘突击队’、招商公司—专业招商‘特种兵’”的大兵团招商体系。作战目标要高举高打。大力招引头部企业和专精特新项目，力争年内引进工业项目160个，其中亿元以上项目110个、10—50亿元项目35个、50—100亿元项目12个、100亿元以上项目6个；引进跨国公司2家，世界500强2家，中国200强5家，其中追梦办年内至少要引进2个100亿元、5个50亿元以上项目。要继续坚持每月举行招商引资项目集中签约仪式，持续浓厚招大引强氛围。作战链条要精准发力。不断深化产业链链长制，学习威海市“拆解8000个零部件”专业精神，开展骨干企业拓链招商行动。要通过摸排富联精密、吉利科技、同兴达科技、金力永磁、宝明显示等区内骨干企业的产供需求，广泛收集与主导产业相契合的项目信息，对链上每个细分领域的头部企业认真梳理、精准出击，确保招商更加有效、链条更加完善。作战盟军要持续扩员。持续优化“四个一”招商机制，充分发挥商会、协会、龙头企业作用，今年要新聘请一批高端专业投资（咨询）机构、行业协会和知名投资人加入招商盟军，在深圳（大湾区）、上海（长三角）、北京（京津冀）设立招商点，强化与政府驻外机构、协会和境外机构合作，完成区级商会和各乡（镇、街道、管理处）商会成立工作，力争引进更多优质企业。作战成果要严格考核。坚持“以落地比高低”，组建招商合同履约监督小组，对项目是否按时完成固投、营收、税收等履约情况进行全方位督查。进一步完善标准厂房长效管理机制，开展标准厂房闲置问题专项整治，为优质项目落地腾出更多空间。

二是外贸进出口要扩量升级。持续推进高水平对外开放，以更大力度扩增量、稳存量、提质量。要做大外贸体量。加强外贸企业培育，推动富联精密项目投产后开展一线进出口业务、凯马汽车尽早实现整车出口，新增2家海关AEO高级认证企业。要鼓励企业“出海抢单”，抱团开拓国际市场，同时要用好“白名单”制度，推动惠企资金及时兑付，全力支持重点外贸企业稳订单、稳生产。综保区要换壳重生。全力支持蓝芯科技、讯海数码等重点企业扩大产能，推动赣州综保区一期尽快满园达产。要加快综保华瑞新材料、江西中石新材料等企业研发设计中心建设，确保研发设计中心实现“零突破”。要持续做大做强1210跨境电商出口，

力争全年完成跨境电商90万单以上。要加快保税物流中心（B型）申报前期准备工作，适时向上申报设立赣州空港综保区，形成“一区两片”发展格局。要加强对外联姻。强化与广州开发区、大亚湾经开区、泉州经开区、丽水经开区深度合作，全力争取深赣经济特别合作区落地，力争打造成为湾区与老区协同推进共同富裕的“样板地”、湾区带动老区崛起的“示范地”、内陆与沿海协同开放的“先行地”。

三是改革经验要出彩出新。营商环境要“放”到最宽、“改”到最简、“服”到最优。全面实行“网上办、零见面”服务模式，全面推动“赣服通”赣州经开区分厅迭代升级，大力实施智慧税务改革行动，实现所有行政受理事项“一窗通办”。要全面落细落实惠企政策，力争全年为市场主体减负30亿元以上，新增市场主体2.5万户以上。要实施新一轮对标大湾区优化提升专项行动，坚持和完善企业“安静生产期”等制度，巩固拓展“四大专项治理”成果，各责任单位负责同志要采取“四不两直”方式，亲身体验办事流程，及时解决堵点难点问题。要积极探索政务服务帮办代办新模式，力争把“经开帮办”打造成为全省乃至全国先进示范亮点。要做好“城市大脑”建设前期基础工作。国企改革要体量做大、结构做优、工程做精。赣州建控集团要加快向产业链运营平台转型，力争取得AAA信用评级。区工发集团年内力争取得AA信用评级。赣州保税实业集团年内力争取得AA信用评级。赣州国瑞新能源公司要加快检验检测中心、光伏发电、储能电站、广告宣传等项目建设。区人才集团要加快人才服务综合体项目建设，全年引进高层次人才项目6个；区招商公司要与3家以上知名招商机构开展委托招商合作，至少引进1个100亿元、3个50亿元、15个10亿元以上项目。改革品牌要立得住、叫得响、传得开。加大QFLP基金、知识产权证券化、“文明实践+便民快递”等特色改革事项推广力度，探索推进绿色低碳示范园区试点改革、土地资源集约利用综合评价改革、“空间再造+点式回收”城市更新模式，让更多的经开改革经验在全市乃至全省立得住、叫得响、传得开。

第四，要以更高站位推进乡村全面振兴，加快建设农业现代化强区

坚持农业农村优先发展战略，抓好以乡村振兴为重心的“三农”各项工作，大力推进农业农村现代化。全年安排乡村全面振兴行动项目52个，总投资64.93亿元，年度计划投资20.98亿元。

一要筑牢粮食安全“基本盘”。牢牢扛起粮食安全责任，确保全区粮食生产面积稳定在5.25万亩，总产稳定在2.15万吨。要强化农业科技和装备支撑，加快推进3个水稻全程机械化育秧中心、综合农事服务中心建设。要持续推进水利高质量发展，今年要完成全区水网规划编制，加快科技城提灌工程，以及章江、上犹江护岸工程等水利项目建设，加快肖边堤、科技城拦河坝前期工作。

二要完成有效衔接“主任务”。严格落实“四个不摘”要求，扎实开展国家后评估和省考核反馈问题整改，强化对“三类人员”动态监测和帮扶机制，有效巩固“一收入两不愁三保障”成果，确保脱贫人口和监测对象生产经营性收入稳步提升，坚决守住不发生规模性返贫底线。

三要做大乡村产业“强引擎”。大力实施预制菜“‘预’见‘味’来”计划，引导阿姆源、祥善、煌德、赣云食品等餐饮企业积极延伸发展预制菜

加工、中央厨房等新业态，各乡（镇、街道、管理处）年内至少要引进预制菜相关项目1个以上。要纵深推进特色农业产业三年行动，推动峨眉村中草药种植示范基地、天子地村裕丰数智农旅生态小镇、桃芫村田园牧歌项目和斜角富硒蔬菜基地等项目加快落地建设。要认真做好“土特产”文章，持续打响农产品精深加工品牌，充分发挥裕丰智能等农业科技企业技术优势，推动“5G、物联网、云计算、大数据、VR”等新一代信息技术在农业生产中的广泛应用和深度融合，建设一批智慧农场、智慧果园、智慧渔场。

四要绘就秀美乡村“新画卷”。扎实推进美丽乡镇建设五年行动计划，实施乡村建设行动项目11个、总投资19.05亿元。要积极探索蟠龙镇、湖边镇、凤岗镇改设街道、三江乡改设镇，积极推进撤销村民委员会改设居民委员会。要全力推进农村环境综合整治，加快“四好农村路”建设和乡村振兴示范村“白改黑”工程，所有行政村基本实现通宽5米以上的四级公路、所有自然村均通宽3.5米以上硬化道路。要继续推进农村厕所革命，新改建农村户厕96户，加强55座已建成农村厕所管理，打造1个市级“改厕样板村庄”，加快补齐农村基础和公共服务设施短板。

第五，要以更宽视野推进城市能级提升，构建高质量发展的产城空间体系

始终坚持“四精”理念，大力实施城市功能品质再提升行动，加快建设高品质生活新中心。全年安排城市能级提升行动项目341个，总投资992.15亿元，年度投资209.7亿元。

一要隆起核心板块，内外兼修提品质。稳步提升“两城”“两区”“两圈”基础设施水平，欧潭新区要全力推进欧潭路、龙腾路等一批城市路网建设，畅通城市“动脉”。要大力实施“绣美欧潭”行动，以“城市之眼”为核心区域，对标“净、齐、通、绿、亮、便、平、品、美”九字标准创建城市精细化管理示范街区。要实施城市“金角银边”景观提升行动，打造更多“游憩、观赏、生态、共享、娱乐”等功能于一体的“口袋公园”。高铁空港新区要扎实推进62个重点项目建设，加快推进滨江大道16.3公里等14个道路项目建设，以及高铁西站邻里中心、赣州航空服务中心、赣州西综合客运枢纽建设，加快推动国际会议会展中心、五星级酒店建成运营。要深入实施城市棚户区改造攻坚行动，年内新开工三江棚改、二糖厂棚改等7个棚改项目（5959套），加快推进客家大苑、叶山棚改、黄金A8地块、凤岗嘉苑等15个续建项目建设，新增建设面积119万平方米。加快推进空港高铁产业园保障性租赁住房等18个保障性租赁住房项目，开工（筹集）住房10200套，为群众筑起更多“幸福屋”。要持续推进违章建筑拆除，年内要完成拆除违章建筑83处、面积约6800平方米。要坚持全国文明城市常态化建设，加强卫生城市常态化管理。

二要点燃消费热潮，打好促消“组合拳”。把恢复和扩大消费摆在优先位置，扎实推进总投资214.35亿元的37个现代服务业项目。要推动中恒富春园、涌泉商业中心等2个综合体年内完工，同步推进唐凤、杨梅商业、星润国际等城市综合体建设，与“城市之眼”经开万达综合体等周边商圈集群发展，加快形成“4S一条街”、建材一条街、酒吧一条街以及世客街等4条特色消费街区格局，联动打造经开“大商圈”。要全力推进汽车消费升级，持续优化全区汽车消费场景，不断浓厚汽车消费氛围，加快中恒二手车市场建设，

力争打造成为全省最大的二手车交易市场。要全面开展“文化旅游暨消费提升年”活动，做到季季有主题、月月有抓手、周周有成效，加快繁荣发展首店经济、首发经济、网红经济、夜间经济、赛事经济、会展经济等新业态。要持续壮大文旅产业，成立全区旅游协会，加快推进台湾部落等15个文旅项目建设，台湾部落民俗文化村要以4A级景区标准提升改造、世客街要申报3A级景区。要大力发展章贡酒业、菲尔雪等一系列工业旅游项目，充分激活全区消费活力，打响“千年欧潭”旅游品牌。

三要推进“空间再造”，盘活闲置“金土壤”。要成立空间再造指挥部，对迎宾大道两侧闲置低效用地进行“块状盘活”+“点式回收”，盘活“散乱污”低效园区，探索导入科技产业、楼宇经济、数字经济、区块链等高端业态，加快把迎宾大道打造成为链接“两区”和“两城”的科创走廊。要提升要素配置效率，大力推进低质低效用地、企业闲置土地“腾笼换鸟”“工业上楼”行动，年内要盘活存量土地8000亩以上，清理批而未用土地5000亩以上，向上争取用地指标5000亩以上，全面完成国土空间规划编制。要强化“亩均论英雄”“创新论英雄”“绿色论英雄”导向，建立健全亩产效益综合评价标准体系，根据企业规模能级、科技创新水平和绿色安全发展等情况，把园区企业分为A、B、C、D四类，对A类、B类企业给予积极支持，对C类、D类企业反向倒逼。要持续推行“标准地+承诺制”，确保新引进项目亩均投资强度超400万元、营业收入超400万元、亩均税收超25万元。要探索实施“零增地”技改、产业用地混合利用等节约集约用地模式，让经开大地每一寸土地都发挥最大价值。

四要完善基础设施，夯实发展“硬条件”。要加速推进15个基础设施项目和1个铁路项目（长赣铁路赣州段）、1个民航项目（赣州黄金机场T1航站楼二期改造工程）、2个高速公路项目（大广高速公路科技城互通与城西大道连接线、大广高速太窝互通新建项目）、1个客运枢纽项目（赣州西综合客运枢纽项目）建设。要加快推进常规配电网项目建设，完成蛤湖、凤岗110KV输变电等5个项目前期工作，同时要加快推进全区城镇燃气管网建设，实现供气管网全覆盖。要持续畅通物流通道，加快出台全区物流业高质量发展三年行动计划，年内要建成圆通速递智创园、恒慧智慧冷链、中邮集团邮件处理中心等物流项目，加快打造全国货运物流重要节点、全市乃至全省货运物流中心。要全面推进建筑业高质量发展，构建覆盖“建设主管部门、参建企业、工程项目”三级联动的“智慧工地”管理体系，实行建筑工地星级管理，力争区内代建项目、返迁房项目、棚改项目获评更多“市优”以上工程，实现“鲁班奖”和省“杜鹃花奖”的“零突破”。

第六，要以更严标准推进美丽欧潭建设，促进人与自然和谐共生

良好生态环境是最普惠的民生福祉。要协同推进降碳、减污、扩绿、增长，厚植美丽欧潭绿色发展底色。全年安排美丽赣州建设行动项目14个，总投资9.81亿元，年度计划投资2.4亿元。

一要持续降低园区“含碳量”。要坚持不懈打好污染防治攻坚战，全面推进新八大标志性战役、30个专项行动，持续深入打好蓝天、碧水、净土提升攻坚战，确保PM2.5平均浓度控制在26微克/立方米以内，空气质量优良比例达95.3%以上；地表水监测断面水质优良比例达到98.6%，国考

断面水质优良比例达到96.2%，饮用水水源地水质达标率100%；受污染耕地安全利用率达93%以上；持续推进市第二水厂水源地保护工程项目建设，新建污水管网12千米，对蛤湖河、社官背河、下雨塘河、刘家坊河等辖区内7条支流进行清淤整治。探索实施排水许可证制度，从源头解决雨污管网错接混接等问题，在项目验收过程中，要将排污口验收作为“必检项”；力争生活垃圾分类设施在建成区小区实现全覆盖，生活垃圾焚烧处理率达到95%，实现农村无害化卫生厕所基本覆盖；配合做好2023年省环保督察工作，组织开展为期两个月的生态环境保护督察工作，对历次环保督察反馈问题和交办信访件共68个问题全面开展“回头看”，切实筑牢绿色屏障。

二要大力提升发展“含绿量”。要实施碳达峰“十大行动”，推进零碳排放区示范工程，适时制定出台碳达峰碳中和行动实施方案和“工业+园区”等重点行业领域达峰方案，加快构建系统完备的政策体系。要建立健全工业企业“两高”技改项目清单，坚决遏制“两高”项目盲目发展。要全面落实能耗“双控”制度，积极推荐企业申报绿色技术创新企业，打造绿色产品、绿色工厂、绿色园区、绿色供应链。要支持园区工厂屋顶建光伏储能电站，自发自用，余电上网，为厂区提供清洁能源用电，有效降低企业能耗成本。要组织一批企业、社区、学校积极申报省市低碳试点，树立绿色低碳发展标杆。要大力推进绿色建筑、装配式建筑和海绵城市建设，力争年内取得绿色建筑星级评价项目面积5万平方米以上，海绵城市建设面积达到建成区面积的38%。

三要转化绿水青山“含金量”。要开展“扮靓欧潭·绿满经开”专项行动，完成6800亩飞播造林、1600亩低质低效林改造、2250亩灾害林人工更新、1000亩增绿复绿工作，打造林长制升级版。要坚持打通“两山”转化通道，发展绿色产业，提升林下经济，做大做强油茶产业，纵深推进森林旅游和康养产业开发。要落实河（湖）长制，加快推进山水林田湖草沙生命共同体示范区建设。要着力打造“章江之眼”生态圈，规划建设欧潭农耕文化主题园、朝阳公园、上犹江右岸生态公园、520生态岛等项目，努力打造成为践行习近平生态文明思想的承载地、展示地、体验地。

第七，要以更实举措推进民生品质提升，不断实现人民对美好生活的向往

始终坚持以人民为中心的发展思想，着力改善和保障民生，不断提高人民群众的获得感、幸福感、安全感。全年安排推进民生品质提升行动项目55个，总投资89.75亿元，年度投资23.8亿元；安排民生实事项目77个，总投资344.59亿元，年度投资86.43亿元。

一要织密基本民生“保障网”。高质量解决好高校毕业生、退役军人、农民工、脱贫劳动力、城镇困难人员等重点群体就业工作，深入实施职业技能提升行动，加快把赣州经开区零工市场打造成全市最高规格的零工市场。要持续推进全国和谐劳动关系示范区建设，加大欠薪治理力度。要加快推进基本养老服务体系建设，年内要新增居家养老服务中心7家以上。要深化社会救助改革创新试点，扎实做好城镇困难群众解困脱困工作，确保困难群众应保尽保、应兜尽兜。

二要办好群众关切“大小事”。要办好人民满意教育，加快实施城乡学校建设五年行动计划，重点推动香江路中学、牡丹亭路小学、振兴小学、紫荆路小学二期，以及君兰半岛、云星华府、嘉

福樾府等3所配套园今年秋季开学投入使用，兴国路中学、凤岗路塘幼儿园等项目年内实现完工，开工建设龙岗路小学，改建新增16个托育班，新增托位320个，各乡（镇、街道、管理处）今年秋季开学前建立1个以上公办托育机构。要巩固提升“双减”成效，落实义务教育教师工资“不低于”政策，深入实施“名校带动”战略，深化与江西理工大学、清华大学附属中学合作办学，年内完成与赣南师大等合作办学。要深化健康欧潭建设。因时因势优化疫情防控措施，按照“乙类乙管”总体方案要求，着力保健康、防重症，确保平稳转段和社会秩序稳定。要加快科技城医院建设进度，推进区人民医院、仲易骨科医院年内投入使用。积极引进广东省肿瘤医院等市内外三甲医院与区内医院开展合作办医，年内实现与名医院合作办医2家以上，建成公立示范医养结合机构1个以上。要持续深化“三医”联动改革，深入实施基层公共卫生和乡村两级医疗卫生人才订单式培养计划，进一步提高全区健康医疗水平。要丰富文化服务供给。加快“体育强区”建设，区文化体育中心年内要实现完工，汉字文化公园要完成运营招商，实现场馆正式开业。要深入实施文化惠民工程，举办送戏下乡、非遗展示展演等品牌演出800场以上。要推进全民健身“六个身边”工程，加快中恒·市民体育健身中心建设进度，举办首届全区运动会、第二届游泳锦标赛等赛事。同时，统筹推进停车场、公共厕所建设，年内新（续）建17个停车场、提供车位6200余个。

三要筑牢平安法治“防护墙”。深化平安经开区、法治经开区建设，持续推进市域社会治理现代化，完善网格化管理、精细化服务、信息化支撑的基层治理平台，健全社会治安立体化防控体系，着力打造社会治理现代化赣州经开区样板。要坚持法律顾问团制度，对重大政策、重大项目、重大事项进行法务审查，尤其是加强对招商引资合同的法务审查，切实防范风险。要严格落实领导包案、定期接访、带案下访等制度，充分发挥“和合调解”作用，全面推进“数字信访”建设，把矛盾隐患解决在萌芽状态，确保年内进京赴省赴市上访量下降5%以上。要强化社会治安整体防控，常态化推进扫黑除恶斗争，年内重大刑事案件侦破率达到80%以上，严厉打击电信网络诈骗等各类违法犯罪活动，缉毒执法打击效能保持全市第一。要持续做好公众安全感、政法满意度“双提升”工作，确保全区公众安全感进入全省24个同类开发区前3名、“公检法司”满意度排名均有提升。

四要打好化解风险“主动仗”。要全力防范化解重大风险，落实融资平台优化升级实施方案，坚决遏制增量、化解存量，强化隐性债务问责机制，严禁各种变相举债行为；要有效防范化解房地产风险，全力以赴“保交楼”；要严格落实安全生产责任制，紧盯城镇燃气、消防、建筑施工、道路交通、危化品、自建房等重点领域，牢牢守住不发生重特大事故的底线。

第八，要以更优作风推进党建质量过硬，坚定不移全面从严治党

全面贯彻新时代党的建设总要求，不断提升新时代党建工作质量和水平，努力把赣州经开区打造成为最讲党性、最讲政治、最讲忠诚、最讲担当的地方。

一要在绝对忠诚中激发奋进力量。要全面加强政治建设，深刻领悟“两个确立”的决定性意义，

坚持“每月学习日”和“第一议题”学习制度，全年组织召开区党工委理论中心组学习会20次以上，全覆盖开展巡听指导，各级党委（党组）理论学习中心组要建立以考促学制度，按照上级部署要求扎实开展主题教育。要提高政治判断力、政治领悟力、政治执行力，做到党中央和省委、市委有部署，赣州经开区第一时间学习领会、不折不扣贯彻落实，以一流的担当作为诠释对党的绝对忠诚。

*二要在凝心铸魂中锻造信仰力量。*要精心组织开展各类活动学习宣传贯彻党的二十大精神，持续推动进机关、进企事业单位、进城乡社区、进校园、进各类新经济组织和新社会组织、进网站。要全力推进“文明实践＋便民快递”服务模式，争取全区三星级以上新时代文明实践所（站）达到75%。要加快实施郭大力故居及周边改造利用提升工程，将其打造成爱国主义教育基地、传承红色基因教学基地、党史学习教育重要基地。要全面落实意识形态工作责任制，巩固壮大奋进新时代的主流思想舆论。要巩固深化大统战工作格局，依法加强宗教事务管理，狠抓党管武装各项制度落实，发挥好工会、共青团、妇联等群团组织作用，凝聚强大工作合力。

*三要在强基固本中厚植优势力量。*要坚持大抓基层的鲜明导向，统筹做好农村、社区、机关、企业、学校等各领域党建工作。要加强新经济组织、新社会组织、新就业群体党的建设，全面理顺园区企业党建工作体系。要常态化整顿软弱涣散基层党组织，持续推进村集体经济提质增效三年行动计划，确保所有村集体经营性收入稳定在20万元以上、15个村超100万元。要充分发挥党员先锋模范作用，深化结对共建、党员到社区报到等工作。要进一步完善网格长、单元长、楼栋长“三长”联动机制，推动网格党组织建成率和专职网格员配备率达到100%。要加强社区物业党建联建，打造“红色物业”，推动物业服务管理与社区治理深度融合。

*四要在增氧造血中培育骨干力量。*要注重在经济发展最前沿、项目建设主战场、急难险重“热锅”上磨练干部，组织开展“书香欧潭·阅见未来”读书活动，在懂政策、懂产业、懂项目上下足功夫，努力成为行家里手、内行干部。要做好新一轮干部人事制度改革，重组全区“三定方案”，积极探索“小管委会＋大公司”模式，在项目审批、人员进出、干部报酬等方面拿出更加管用的措施、争取更大的政策支持，让我区成为最有干劲、冲劲、拼劲的地方。要进一步完善“团圆机制”、雇员职员管理办法，优化雇员职员招聘工作，坚持好家属座谈会、政治家访等制度，激励各级干部努力创造新时代“第一等”工作。

*五要在去腐生肌中增强保障力量。*要坚定贯彻中央八项规定及其实施细则精神，持续纠治“四风”问题。要巩固深化政治巡察，落实巡察全覆盖任务，完善巡察制度，加强巡察整改和成果运用。要深入开展“‘廉’结千企·亲清有我”行动，服务保障上级决策部署扎实推进。要推动“三不腐”同时发力、同向发力、综合发力，加大征地拆迁、工程招投标、金融、国企管理、项目建设、自然资源、医疗、教育、政府采购等重点领域腐败惩治力度，让清风正气充盈欧潭大地。

三、奋进新征程，誓要夺取更大胜利！

新征程上，我们要拿出愚公移山的志气、滴水石穿的毅力，脚踏实地，埋头苦干，积跬步以至千里，一步一个脚印加快把“路线图”

变成“实景图”。

一要弘扬“事事马上办、个个敢担当”的尽责精神。实践反复证明，只要大家心往一处想、劲往一处使，同舟共济、众志成城，就没有干不成的事、迈不过的坎。要在实干中笃定前行。对区党工委、管委会的决策部署、交办的任务，要第一时间响应、第一时间落实，定了就干、干就干好，始终保持高效运转的工作状态，决不能在执行上拖拖拉拉、不鞭不走、缺斤少两。要坚持“十个手指弹钢琴”，推动多目标协调、多战线协同、多举措协作，找准平衡点、寻求最优解，做到既立足当前、解决面临的紧迫问题，又着眼长远、做好打基础增后劲的工作。要在细微处落实见效。坚持从细节抓起、从小处严起，加强全过程细节管理，避免大而化之、笼统模糊。特别是党的二十大报告蕴含重要思想、重要观点、重大战略、重大举措，我们要深刻领悟，做到知其言更知其义、知其然更知其所以然，在此基础上，结合赣州经开区实际，谋划完善工作思路、优化创新政策举措、提升强化工作措施，全力推动中央宏观决策、省市中观实施、基层微观落地全线高效贯通，层层放大，形成滚雪球效应。要在疾风中彰显担当。各级干部要在其位，谋其事，尽其责。区领导要发挥头雁效应，以上率下、示范引领。区“八大行动”牵头单位要对照年度目标任务，拉单算账、查缺补漏，倒排工期、挂图作战，确保一级抓一级、层层抓落实。各地各单位要坚持工作项目化、项目清单化、清单具体化，主要负责同志要带头拿出“人一之我十之、人十之我百之”的劲头，坚定“越是艰险越向前”的气魄，一鼓作气冲到前、攻到底、拼到赢，营造“头雁做给干部看、干部带着群众干”的干事氛围。

二要强化“做就做极致、干就干出彩”的价值追求。勇争一流是党员干部应有的价值理念。要始终聚焦“作示范、勇争先”目标要求，锚定卓越、追求卓越、成就卓越。要拉高标杆勇争先。牢固树立“不在上游、就是下游，不争第一、就是落后”的争先理念和卓越意识，敢于同强者“比拼”、与快者“赛跑”，推动各项工作纵向有进度、横向有进位、整体上台阶，做到有特色、有地位、有影响。要敢闯敢试出经验。坚持不懈解放思想，坚持“变中求新、变中求进、变中突破”的方法论，坚决破除“遇事找文件、凡事按惯例、事事等指示”的因循守旧观念，敢从无路处踏新路，于荆棘中辟坦途，积极探索“出海招商”“空间再造”等系列新打法，努力在新的赶考之路上闯出新天地、交出高分卷。要苦练“五劲”强“内功”。要让“五劲”（有干劲、有闯劲、有拼劲、有韧劲、有钻劲）在全区成为一种自觉、一份特质、一道风景，各级党员干部是中坚力量，必须发挥引领带头作用。要增强斗争本领，大兴调查研究之风，多到基层一线去，多到困难多、群众意见集中、工作打不开局面的地方去，体察实情、解剖麻雀，分析症结、解决问题，增强推动高质量发展本领、服务群众本领、防范化解风险本领。

三要树牢“按贡献论英雄、凭业绩排高低”的鲜明导向。考核是“指挥棒”“评判器”“识别仪”，考核的导向直接影响行为取向和工作成效。要精文减会提效率。力戒形式主义、官僚主义，严格落实精文减会“八条”，坚持“无会周”制度，开展督查考核“瘦身计划”，今年督查频次要下降10%，考核指标力争减少20%，切实为基层“减负松绑”。各级领导干部要牢固树立正确的政绩观，坚持“一线工作法”“践诺工作法”，多到一线解决问题，多用身影带头示范，切实把问题发现在一线、解决在一线，成效体现在一线。要赏罚分明辨英雄。树立鲜明的选人用人导向，持续开展“奔牛奖”“蜗牛奖”评选，坚持“三晒两查”述职评议，健全落实“赛马”制度，完善“末位淘汰”机制。要结合月度重点工作、季度主题冲刺、半年述职评议，优化完善宽带薪酬体系和考核评价机制，提高绩效考核的精准度、科学性和公平性，切实把绩效考评与座次、奖惩、待遇等挂钩，与“面子”“位子”和“票子”挂钩，让吃苦的吃香、让四平八稳的不稳，让干部敢为、地方敢闯、企业敢干、群众敢首创。要真督实导浓氛围。区党政办、区“八大行动”办要严把督查关，对区党工委、管委会的决策部署持续跟踪问效，把握工作节奏，实时把评价“计分牌”拿出来晒一晒、比一比，督查情况要作为领导班子考核和绩效管理的重要内容，确保督查跟着工作走、围绕落实转。区党群部、融媒体中心要牵头大力宣传推进“八大行动”中涌现出来的好做法、好经验、好典型，持续营造比学赶超的干事创业浓厚氛围。

同志们，路虽远，行则将至；事虽难，做则必成。回首过去一年，我们在迎难而上、战风斗雨中难中求成、收获喜悦，极为不易，在此，向大家道一声辛苦了！走过千山万水，仍需跋山涉水。新的一年，我们正豪情万丈走在前人没有走过的新路上，让我们更加紧密团结在以习近平同志为核心的党中央周围，笃定信心、担当实干、奋勇争先，加快建设“一极两地四中心”，奋力谱写全面建设社会主义现代化赣州经开区新篇章！

埋头苦干　拼搏奋进
加快建设全国一流现代化国家级经开区

——在2022年工作总结表彰暨2023年工作动员大会上的讲话

（2023年1月15日）

区党工委副书记、管委会主任 梁丁盛

同志们：

刚才，对2022年涌现出的先进企业、先进单位、先进个人进行表彰，部分代表也作了很好的发言，在此向受到表彰的先进企业、集体和个人表示热烈的祝贺！大家要向先进学习，向榜样看齐，奋进新征程、建功新时代。下面，根据会议安排，由我对全区经济工作作总结部署。等下，水连书记将作讲话，我们要认真学习领会，一并抓好落实。

一、走过极为难忘的2022：我们迎难而上、承压前行，交出了全区经济回稳向好的精彩答卷

过去的2022年，是党的二十大召开之年，也是赣州经开区发展进程中极不平凡、极不寻常的一年。在市委、市政府和区党工委的坚强领导下，面对疫情、汛情、旱情、火情等多重冲击，全区上下坚持以习近平新时代中国特色社会主义思想为指导，深入贯彻习近平总书记视察江西和赣州重要讲话精神，坚决落实党中央“疫情要防住、经济要稳住、发展要安全”的重要要求，踔厉奋发、顶压前行，高效统筹疫情防控和经济社会发展，纵深推进“三大战略、八大行动”和“一极两地四中心”建设，全区经济实现回稳向好，主要经济指标保持全市第一方阵，高质量发展取得新成效。在2022年国家级开发区综合考评中挺进全国第31位，跃升前移21位，位列中部第六、全省第一，取得历史最好成绩；在全市2022年项目大会战流动现场会上勇夺第一，连续四年实现进位赶超。

一年来，主要抓好以下五个方面工作：

（一）全力稳经济保增长，发展态势巩固向好。扩投资力度加大。争取专项债、政策性开发性基金、中央预算内资金等上级资金超60亿元，争取资金额度超前三年总和，获批专项债项目个数、债券额度均位居全市第一。深入开展工业项目“赛马比拼”重点攻坚项目争先赛，678个“八大行动”项目、49个省大中型项目完成年度投资835亿元、289亿元，富联精密、江钨产业园、富尔特电子等67个项目实现开工，吉利科技、杉达精密等61个项目竣工投产。促消费复苏加速。经开万达广场开业，国庆期间日均人流量突破10万，世客街开门迎客，举办欧潭首届啤酒节等系列促消费活动。台湾部落、五彩城等景点成为网红打卡地，全区实现旅游收入71.5亿元、增长75%。完成商品房销售面积134.8万平方米，占中心城区三区（章贡、经开、蓉江）总和的52.4%。稳外贸推进加快。在全省率先启用退货中心仓，提供供应链金融服务60亿元，实现跨境电商9710出口52.7亿元，1210出口订单超348万单，是2021年订单数的6.9倍。全年实现工业营业收入、财政总收入、一般公共预算收入等9项指标总量位居全市第一，其中财政总收入首次突破90亿元大关，夺取12连冠；外贸进出口340亿元、增长50.6%，其中出口250亿元、增长55.4%；赣州综保区进出口首次突破200亿元大关，总量实现翻番，首进中西部前20强，排名第18位、前移25位。

（二）全力强产业促升级，发展动能稳步增强。推进工业倍增升级，工业营收总量占全市1/4，规上工业增加值增长9.3%，获评“四星”国家新型工业化产业示范基地、省政府园区发展专项奖。产业加速升级。新能源及新能源汽车产业聚集企业120余家，实现营收260亿元、增长45%。吉利动力电池产品下线、富联精密项目全面封顶、孚能科技30GWh动力电池项目顺利开工、国机智骏引进战投取得实质性进展，凯马汽车获得省发改委客车生产资质项目备案，实现产销超2.4万辆，产能利用率达120%、全省第一。电子信息产业汇聚相关企业266家，实现营收550亿元、增长30%，占赣州电子信息产业带的46%，连续2年获评全省四星级产业集群。数字经济产业实现营收445亿元、占全市37%，获评全市唯一的江西省区域型数字化转型促进中心、省级“两化”融合示范园区，区块链技术产业园被工信部评为“区块链十大经典案例”。企业加速壮大。新增入规工业企业55家、数量全市第一，总数302家；新增2家营收超50亿元企业、总数8家，其中立德电子营收103亿元、增长46.7%，金力永磁营收66.5亿元、增长62.6%。同兴达科技、立德电子、金力永磁获评全省50家优强企业，同兴达科技、立德电子获评2021年度江西民企100强，金力永磁、富尔特电子获评省级智能制造标杆企业。金力永磁成为全球单厂产能最大的高性能稀土永磁材料生产商、全球稀土永磁行业首家“零碳工厂”。创新加速涌动。全区社会R&D经费支出占GDP比重达3.15%，新增专利1354件、有效发明专利196件，新增高新技术企业44家、科技型中小微企业206家、省级瞪羚企业5家、数量均列全市第一，培育省级以上专精特新、小巨人、单项冠军企业100家，其中国家级7家。国家工信安全中心江西分中心暨赣州市产业技术研究院揭牌成立。获评国家级科技企业孵化器2家、国家级小微企业创业创新示范基地2家、省级企业技术中心6家、数量均为全市第一，金力永磁获评第四届江西省井冈质量奖，实现全市“零”的突破。招才引智取得实效，引进各领域高层次人才55名、总数899名，引进行业急需紧缺人才300余名。

（三）全力抓改革扩开放，发展活力更加强劲。营商环境全面优化。率先在全省打造“无证明”营商环境，110个惠企政策事项接入“亲清赣商”线上平台、数量稳居全市第一。坚持“三同三会、三员三办”企业服务制度，举办首个“520·企业家日”，出台落实助企纾困“36条”、稳经济“36条”等政策措施，累计兑现企业政策红利近20亿元，退税减税30.36亿元、总量全市第一；新增各类市场主体2.4万户、增长26.4%，数量和增幅均居全市第一；帮助企业招工2.69万人，完成富联精密招工任务。重点改革全力推进。赣州建控集团资产突破1000亿元，累计获得3家资信评级机构AA+主体信用评级；区工发集团资产突破100亿元，增长69%，获得保理公司经营牌照；赣州保税实业集团资产突破100亿元、增长100%，国瑞新能源公司资产突破10亿元，率先成立区人才集团、区招商服务公司。通过各类方式解决企业资金需求511.6亿元，落地全省首单QFLP业务、首单知识产权证券化项目，QFLP实现外汇进资7150万美元；金力永磁成为我市第一家、全省第三家“A+H”上市企业，播恩集团通过发审会，立昌新材料完成股改。在全国率先探索推行“文明实践+便民快递”服务模式。融湾合作全速加快。全年签约项目225个，签约金额1700亿元，签约项目个数、资金额创历史新高，其中工业项目153个、10亿元—50亿元项目60个、50亿元—100亿元项目3个、100亿元以上项目3个，尤其是富联精密项目成为赣州有史以来引进排名最靠前的世界500强企业。全年引进粤港澳大湾区项目141个，金额1094.5亿元。

（四）全力强功能提品质，城乡面貌绽放新颜。城市能级实现新提升。全区新改建39条城市主次干道33公里，建成区面积60.16平方公里。高铁空港新区框架全面拉开，37个重点项目全部开工，赣州市第二十一中学、社区医院等4个项目投入使用；新能源科技城“七横五纵”和现代电子科技城“两横三纵”路网实现互联互通，吉利110kV变电站工程建成交付。在全市率先建设物流共享仓，开工建设30万平方米，建成12万平方米。城乡环境得到新改善。拆除违章建筑3.4万平方米，新改造老旧小区6个，通过全国文明城市暗访测评。新开工绿色建筑面积、装配式建筑面积均列全市第一。建设新农村建设点29个，建成集中连片村庄环境整治点4个，新改建农村公路20公里。美丽欧潭取得新进展。全区PM2.5年均浓度下降4.3%，各考核断面水质、二水厂饮用水水源水质优良率均达100%，国考断面水质综合指数全市第一。金凤梅园水体污染问题整改销号，中央、省环保督察反馈问题全部完成整改。

（五）全力惠民生保稳定，人民福祉持续增进。民生支出24.5亿元，占一般公共预算支出的54%。新增“九个位”4.5万个。乡村振兴扎实推进。精准识别纳入“三类人员”526户2026人，因户施策消除风险68户254人，脱贫人口人均纯收入19549元、增长11.3%。通过全省巩固拓展脱贫攻坚成果考核、财政衔接资金项目绩效评价。社会事业蓬勃发展。职教园区破土动工，赣六中“清华附中创新实验班”揭牌成立，赣州第十二中学等8所学校投入使用、新增学位8260个，双减工作入选教育部优秀案例，“三个课堂”应用案例获全国创新案例。与赣医一附院合作运营区人民医院正式签约，区第二人民医院正式揭牌，成功处置“9·7”突发疫情。区文体中心“六馆”主体封顶，区第二体育馆揭牌启用。郭大力故居被列入江西省第二批不可移动革命文物名录。社会保障体系健全。新增城镇就业11594人，创建全国和谐劳动关系示范工业园区。全市首家养老行业协会揭牌成立。扎实推进返迁安置房建设三年行动，累计安置9180户20460套，分配安置数超前10年总和。1万套保障性租赁住房、7007套棚改房全面开工。安全稳定底线筑牢。金融、房地产市场平稳健康发展，政府债务控制在合理区间。深入推进安全生产专项整治三年行动，全面开展城镇燃气、建筑施工、消防安全、食品安全等重点领域安全大排查大整治。扎实推进市域社会治理现代化，赴京、赴省、赴市访批次分别同比下降60%、88.2%、81.7%，连续三年获评“全面依法治市优秀单位”。认真落实“一年两征”，获评全市征兵先进单位。

过去一年，面对重重考验和挑战，能够取得这些来之不易的成绩，最根本在于习近平新时代中国特色社会主义思想的科学指引，在于省委省政府、市委市政府和区党工委的坚强领导，在于全区广大干部群众的团结奋斗、拼搏进取！在此，向奋战在发展一线的各位企业家和广大干部群众，向所有关心支持赣州经开区发展的同志们、朋友们，表示衷心的感谢和崇高的敬意！

在肯定成绩的同时，也要清醒地看到存在的问题和不足：一是经济总量依然不大，虽然赣州经开区近年来发展较快，工业营收突破千亿，但总量还是偏小，与南昌高新区相比，地区生产总值、工业营收不到南昌高新区的一半。二是稳增长压力依然较大，受多重超预期因素影响，预计GDP、固投、工业固投、社会消费品零售总额等5项指标增幅低于全年计划，尤其是固投、工业固投同比负增长。三是产业竞争力依然不强，大企业、大项目还不多，链主型、头部企业偏少，创新能力还不强；企业经营困难增多，中小企业每百元营收成本上升，企业利润率降低，工业增加值下降。四是重点领域风险依然存在，政府债务还本付息压力较大，房地产市场供需两端依然低迷，民生保障、社会治理、安全生产等领域还存在不少短板。

二、踏上征途如虹的2023：我们埋头苦干、拼搏奋进，续写全区经济持续向好的绚丽篇章

2023年是全面贯彻落实党的二十大精神开局之年，也是加快建设全国一流现代化国家级经开区的关键之年，做好今年工作意义重大。总体要求是：以习近平新时代中国特色社会主义思想为指导，全面贯彻党的二十大精神，认真落实中央和省委经济工作会议以及市委六届四次全会等相关会议精神，深入贯彻习近平总书记视察江西和赣州重要讲话精神，扎实推进中国式现代化，坚持稳中求进工作总基调，完整、准确、全面贯彻新发展理念，加快构建新发展格局，更好统筹疫情防控和经济社会发展，更好统筹发展和安全，把实施扩大内需战略同深化供给侧结构性改革有机结合起来，突出做好稳增长、稳就业、稳物价工作，有效防范化解重大风险，全面加强党的建设，深入实施“三大战略、八大行动”，加快建设“一极两地四中心”，奋力谱写建设全国一流现代化国家级经开区的新篇章。

今年主要预期目标是：实现GDP440亿元、增长8%左右，工业营收1600亿元、增长23%以上，规上工业增加值增长9%以上，财政总收入100亿元、增长8.5%，一般公共预算收入28.08亿元、增长5%，固定资产投资增长10.5%以上，工业固定资产增长10.5%以上，社会消费品零售总额增长9%以上，限上消费品零售额增长8%以上，实际利用省外资金185亿元、增长10%以上，实际使用外商直接投资额2.2亿美元、增长20%以上。

要紧紧围绕区党工委提出的总体要求、预期目标、重点任务，笃定信心、狠抓落实，高质量完成各项目标任务。重点抓好六个方面工作：

（一）坚定不移扩投资、稳增长

1.要坚定大招商、招大商。一要全力主攻优强项目。深入开展招大引强大会战、招商引资“赛马比拼”，大力发扬“五皮”精神，紧盯大企业、大项目招商，向100亿元、50亿元项目和专精特新项目冲锋，集中力量向世界500强、国内200强、央企和行业头部企业强攻，力争全年引进工业项目160个，其中10亿元—50亿元项目35个、50亿元—100亿元项目12个、100亿元以上项目6个；引进跨国公司2家，世界500强2家，中国200强5家。二要精准开展链条招商。聚焦赣州经开区“2+N”产业细分领域，精准用好“两图一册”（电子信息产业链招商图谱、新能源及新能源汽车产业链招商图谱、双首位产业链重点招商目标企业册），全力开展产业链条式招商。新能源及新能源汽车产业重点引进正负极材料、隔膜、铜铝箔、电池回收及电池管理系统等电池产业配套企业；引进驱动电机、电机控制器、集成式电驱动系统和轴承及盖板、控制模块等电机电控制造企业。光伏产业重点引进光伏组件、逆变器等生产企业。电子信息产业重点引进主板、摄像模组、传感器等智能终端配套企业；引进显示面板、玻璃基板、偏光片、彩色滤光镜、导光板、背光源等新型显示产业企业；引进先进IC封装测试生产线及靶材半导体材料生产企业；引进车用传感系统、智能仪表盘、车载影音等汽车电子配套企业。新材料产业重点引进高分子材料、高性能纤维材料及复合材料、3D打印材料等生产企业。三要加快转变招商方式。推行市场化、产业链、资本化、专业化招商，扎实开展“三请三回”“三企入赣”“三百工程”“产业链招商”等“五大专项行动”，办好新能源及新能源汽车、动力电池、电子信息、新材料、数字经济等专题产业招商推介会。充分发挥产业发展引导基金杠杆作用，做大用好50亿元重大项目产业基金，设立新能源、电子信息等“2+N”产业子基金，探索引导基金与头部投资机构“双GP”专项基金合作模式，以资本助力招商。聘请一批专业投资机构、专业咨询公司、行业协会和知名投资人为招商盟军，落实相应奖励机制，以市场化手段助推招商。加强区追梦办、区招商公司等专业招商队伍建设，区追梦办要引进2个100亿元、5个50亿元以上项目，区招商公司要与3家以上知名招商机构开展委托招商合作，引进1个100亿元、3个50亿元、15个10亿元以上项目。

2.要坚决大干项目、干大项目。坚持重大项目不停工、重点企业不停产、招商队伍不停跑、商贸文旅不停业、安全监管不停休，持续掀起项目建设新热潮。一要大干项目。深入实施六大领域“项目大会战”和项目建设“四大攻坚行动”，确保项目个数、投资总额、年度投资、所占份额全市第一。实施全区“八大行动”819个，完成投资1173.94亿元，建成蟠龙大桥、光伏新能源发电、富联精密10千伏供配电外线工程等项目，加快长赣铁路、黄金机场三期扩建、黄金机场T1航站楼二期改造工程、科技城集中供热管网建设等项目建设。二要干大项目。深入开展项目建设季度“大比武”重点攻坚项目争先赛，组建项目推进专班，强力推动力合厚浦正极材料、孚能科技30GWh动力电池、金力永磁高性能磁材、立德电子液晶显示等112个项目开工建设，富联精密、孚能科技9GWhPACK电池、吉利12GWh动力电池等66个项目加快投产，晶格新材料等102个项目达产满产。三要大抓履约。抓好已签约和落地项目的跟踪服务，加强全过程全要素保障，推动招商项目快落地、快开工、快投产。建立招商项目履约情况督查机制，组建履约监督小组，对项目是否按时完成固投、营收、税收等履约情况进行全方位督查。持续优化招商考核机制，将落地企业履约情况与招商引资引进单位的绩效考核挂钩，对未履约企业的引进单位撤回有关考核奖励。完善标准厂房长效管理机制，开展标准厂房闲置问题专项整治。

3.要坚持大挖潜力、大促消费。深入实施商贸消费提质扩容三年行动，开展文化旅游暨消费提升年活动，坚持有节过节、无节造节，分主题开展汽车、商品房、家具家电、建材、文化旅游等系列促消费活动，充分发挥政府消费券拉动作用，加速恢复和释放消费活力。一要全面激活消费商圈。经开万达广场要引进更多品牌、首店，加快打造成为具有全省影响力的高品质城市核心商圈。大力推进世客街二期项目建设，因地制宜举办音乐节、啤酒节、美食节等各类主题节会，形成世客街、4S一条街、建材一条街、酒吧一条街等更多特色商业消费街区。加快推动中恒富春园、涌泉商业中心等2个综合体年内完工，同步推进星润国际、唐风、杨梅等商业综合体建设。大力发展首店经济、网红经济、夜间经济、会展经济等新业态，全面激活消费活力。二要直线拉升大宗消费。用好促进房地产健康发展“市28条”、扩大汽车消费“区12条”等政策措施，开展汽车消费、建材消费在经开活动，常态举办汽车交易会、房地产促销会、建材展销会，力争把中恒二手车市场建设成为全省最大的二手车交易市场，全面提振汽车、房地产、建材等大宗商品消费。三要点燃做旺文旅消费。学习借鉴上饶等地做法，推动台湾部落、五彩城、汉字文化公园等景区景点提档升级，大力培育乡村旅游、康养旅游、研学旅游等多元业态，举办民宿文化节、烟火晚会等活动，打造一批网红景区、网红打卡点。依托区内工业资源，大力发展章贡酒业、菲尔雪等工业旅游项目。加快郭大力故居、欧潭农耕文化主题园等15个重点文旅项目建设，编制《旅游宣传营销方案》，打响“千年欧潭”旅游品牌。

（二）坚定不移扶企业、兴产业

1.首位产业要根壮链强。狠抓工业倍增升级，持续深化产业链链长制，推动首位产业高质量发展。新能源及新能源汽车产业重点要加快国机智骏引进战略投资者、凯马汽车满产扩产，推进孚能科技30GWh动力电池及9GWhPACK电池、吉利42GWh动力电池、力合厚浦正极材料、赛克韦尔电池循环利用等项目建设，培育壮大正负极材料、铜箔、电池回收、电机、汽车零部件等上下游企业，力争新能源及新能源汽车产业营收达400亿元。电子信息产业要大力发展新型显示、智能终端、汽车电子、功率芯片、芯片封装测试、传感器、复合铜箔等领域，推动富联精密、同兴达科技三期、宝明复合铜箔等龙头企业达产达标，持续做强“芯屏器核端”电子信息产业体系，力争营收突破700

亿元。新材料产业要加快发展稀土和钨深加工应用、永磁电机等特色产业，持续推进稀土和钨产业数字化转型，开辟伺服电机、通用电机、风力电机等产业“新赛道”。

2. 重点企业要扶优扶强。深入实施企业梯次培育行动，推动企业做大做强。千百亿方阵持续扩容，启动百千亿扩容工程，助推同兴达科技、立德电子百亿企业继续发展壮大，培育富联精密、吉利科技、金力永磁3家企业营收突破100亿元。骨干企业增资扩产，加大营收超5亿元企业走访服务力度，加快能之光、澳克泰工具、京瓷、海盛硬质合金等骨干企业技改升级，推动研创光电、好朋友科技、时代高科等创新型企业竣工投产，力争培育营收超50亿元企业10家、营收超15亿元企业18家。净增“五上”企业180家以上，总数达962家，其中工业企业50家、商贸企业（含大个体）50家、服务业25家、建筑业50家、房地产法人5家。优质企业迅速成长，加强优质企业梯度培育，新增省级以上专精特新企业30家以上，总数达110家；新增独角兽、瞪羚企业5家，总数28家以上。

3. 数字经济要做优做强。深入推进数字经济做优做强“一号发展工程”，加大数字经济招商力度，做大新链金融、裕丰智能、西克节能、巨鲸科技等一批数字经济企业，力争数字经济产业营收突破500亿元。大力推动区块链产业发展，以国家区块链创新应用综合性试点为载体，举办第二届全球区块链创新发展大会，加快区块链产业园二期建设，把金凤数创园打造成为全市乃至全省数字经济标杆示范园，力争全年落地区块链典型示范应用10个以上，培育区块链龙头企业5家以上。大力推动产业数字化升级，充分发挥国家工业信息安全发展研究中心江西分中心作用，加快“上云用数赋智”和智能制造升级，力争新增上云企业200家，培育吉利耀能科技、宝明科技、东磁稀土等企业成为“两化”融合、数字化改造、智能制造标杆示范。新建5G基站100个以上，探索推进森林防火、防汛、城管、信访、政务服务数字化建设，做好“城市大脑”建设前期基础工作，提升“数治经开”水平。

（三）坚定不移推改革、强动能

1. 要以改革聚合力。一要更大力度推进国企改革。赣州建控集团要加快向产业链运营平台转型，总资产突破1100亿元，力争取得AAA信用评级。区工发集团要总资产达220亿元，力争取得AA信用评级。赣州保税实业集团实现总资产130亿元，力争取得AA信用评级，提供供应链金融服务70亿元。国瑞新能源要加快检验检测中心、光伏发电等项目建设。区人才集团要加快人才服务综合体项目建设，引进高层次人才项目6个，新设2个以上省外工供基地。二要更实举措推进金融改革。坚持每季度开展产融对接活动，全年通过各类方式解决企业市场化融资需求550亿元以上、增长10%以上。加快推进普惠金融改革，做优做强数字金融产业园，力争全年引入金融科技、金融、类金融机构50家。深化QFLP业务试点，力争引进外资突破2亿美元；推进知识产权证券化（ABS）改革，力争3月底前正式发行全省首单规模2亿元、期限3年的知识产权证券化产品。大力推进企业上市“映山红”行动升级工程，加快富尔特电子、立昌科技、冠英智能、鑫冠科技等企业上市，新增挂牌上市企业2家以上、报辅企业2家以上、股改企业5家以上。三要更高质量打造改革品牌。探索推进智慧税务、农民建房审批、“文明实践+

便民快递”服务模式、绿色低碳示范园区试点、土地资源集约利用综合评价、“空间再造+点式回收”城市更新模式、投资项目履约跟踪问效、和谐劳动关系等重点领域和关键环节改革，打造一批在全市乃至全省立得住、叫得响的改革品牌。

2. *要以创新强动力*。大力推进全社会研发投入强攻行动、企业技术创新能力提升行动、高新技术企业梯次培育三年行动，持续增强科技创新驱动力。一要打造更优创新平台。加快赣州工业数字研究院、南方新能源汽车工程研究中心等创新平台建设，促进吉利科技与江西理工大学联合稀土实验室投入使用，推动金力永磁获批组建国家企业技术中心，力争新增国家级创新平台1个、国家级孵化器（众创空间）1个、省级创新平台5个、省级孵化器（众创空间）2家、省级企业技术中心6家，实现院士工作站“零突破”。二要推动更多创新成果转化。深化产学研用合作，推动与中国稀土集团、中科院赣江创新研究院签订战略合作协议，与赣州智研院合作建设院士专家成果转化平台示范园、融湾数字孵化园，与江西理工大学共建产学研成果转化基地，实施澳克泰工具高硬度、超耐磨化学气相沉积TiB2涂层开发等14个技术攻关、成果转化项目，力争新增授权专利达1200件以上，完成年度技术合同交易额12亿元。制定“高精尖缺”人才需求清单，力争引进高层次人才项目12个、各领域高层次人才55名，其中国家级高层次人才5名，行业急需紧缺人才300名。三要培育更强创新能力。建立健全研发投入联席会议制度，发挥工信等行业主管部门作用，落实科技型中小企业研发费用加计扣除比例提高至100%的政策，确保规上工业企业研发机构建有率达60%以上。完善科技型中小企业、高新技术企业、独角兽瞪羚企业、上市企业梯次培育体系，用抓工业企业入规的模式抓高新技术企业培育，力争新增高新技术企业40家、科技型中小企业超50家，全社会研发经费支出占GDP比重超3%，“四上”企业研发投入占营收比重超1.5%，规上工业R&D经费支出占营收比重超1.8%，高新技术产业增加值增长20%。

3. *要以开放增活力*。一要做优开放合作平台。加快申报设立赣州空港综保区、保税物流中心（B型），实现“一区两片”发展。加快综保区签约项目和在建项目竣工投产，蓝芯科技、讯海数码等重点企业扩大产能，江西中石新材料等企业研发设计中心建设，推动赣州综保区一期尽快满园扩产，做大1210跨境电商出口，全年完成跨境电商90万单以上。二要壮大外资外贸体量。建立重点外资项目工作服务专班，对港泰安电子、三色电子、绿能国际等新引进外资企业，围绕投资准入、企业设立、建设运营等环节，在外汇管理、工商注册、进资路径渠道等方面进行全程跟踪服务。做优同兴达科技、大田精密、東薪、禾江科技等“20强”外贸进出口企业服务，加强企业通关、出口退税、外汇管理等方面政策业务培训，解决好退税、通关等困难，力争外贸进出口超400亿元、占全市40%。三要开拓抢占海外市场。支持企业以“境内线上对口谈、境外线下商品展”等方式，参加高交会、广交会、进出口博览会、国际车展等境内国际性重点展会，扩大贸易成交额。鼓励企业走出国门开拓市场，推动富联精密、凯马汽车开拓外贸业务，新增2家海关AEO高级认证企业，支持企业在重点市场和中欧班列主要节点城市布局海外仓，推动创新、绿色、高附加值产品企业实现自营出口。四要加快推动合作共建。

推进与广州开发区、大亚湾经开区、泉州经开区深度合作，力争与上海地区开发区开展合作共建，加快推动与深圳龙华区合作事项、深赣经济特别合作区落地，构建内陆双向开放新高地。

（四）坚定不移抓产城、促融合

1.要推动基础设施建设提速。围绕加快推进“五区”一体化，加大力度建设交通、能源、保障住房等基础设施，提升与中心城区互联互通水平。一要提速“大交通”互联。加快推动大广高速太窝互通、客家大道西延、东江源大道快速路北延、金湾大道、车都大道、黄金大道、三江大桥等项目建设，推动黄金大道快速路、唐龙大道、横江大道、虎笑岭路、龙岗路等项目建成通车，提升交通互联水平。二要提速“大能源”供给。加快凤岗、蛤湖、科技城3个110千伏输变电和吉利110千伏变电站外线供配电工程，新改建10千伏线路19.8公里、低压线路21.6千米，同步加快中石油科技城城镇燃气供应项目建设，加强用电用气保障。大力发展工业“绿电”，推进孚能科技5.99毫伏光伏发电、横江科技园等6个新能源发电项目建设，新增装机容量25毫伏。三要提速“大棚改”保障。实施城市棚户区改造攻坚行动，加快推进三江棚改、八〇三厂棚改、蟠龙棚改等22个棚改项目建设，完工12个项目，新增建设面积119万平方米，开工5959套；加快空港高铁产业园等18个保障性租赁住房项目建设，完工4个项目，新增建设面积56.73万平方米，开工10200套、建成2867套；加快凤凰居·章田、凤凰居·飞翔、凤凰居·黄金人才公寓等4个人才公寓项目建设，新增建设面积36万平方米，优化完善全区住房保障体系。

2.要推动城市功能品质提升。实施城市功能品质再提升行动，全年安排城市能级提升行动项目341个、完成年度投资210亿元，新改建21条城市主次干道37公里、2座桥梁，推进文化艺术中心“六馆两宫一剧院”、中恒·市民体育健身中心、郭大力故居提升改造等项目建设，加快建设高品质生活新中心。全力提升城市美化靓化水平，实施绣美欧潭行动，完成拆除违章建筑6800平方米，持续推进迎宾大道两侧城市更新，加快赣州新能源科技城、赣州现代电子科技城、赣州综保区、西城区增绿复绿，推进上犹江右岸生态公园、欧潭人才公园等一批公园建设，坚持全国文明城市常态化建设、卫生城市常态化管理。全力提升现代服务业发展水平，实施物流业高质量发展三年行动，推动圆通速递智创园、恒慧智慧冷链、万达颐华酒店等37个现代服务业项目建设。全力提升建筑质量水平，加强“智慧工地”管理，力争获评更多“市优”以上工程，实现“鲁班奖”和省“杜鹃花奖”零的突破。

3.要推动产业平台承载能力提级。赣州新能源科技城要加快城西大道三江段、枫林大道等17条道路建设，推动客家大道三江段、唐龙大道、唐凤大道等7条道路建成通车，加快唐凤商业综合体、科技城酒店、科技城医院等项目建设。赣州现代电子科技城要加快推进富强路、岗边路等31条道路建设，加快建成完善涌泉商业综合体、涌泉智慧公园等商业生活配套设施。高铁空港新区要扎实推进会展中心、五星级酒店、空港产业园、高铁西站邻里中心等62个重点项目建设，加快推进滨江大道、滨江南路等14条道路建设。要持续推动旭日科技园二期、官田科技园等58个工业标准厂房项目建设，力争建设标准厂房面积280万平方米以上。加快建设总面积100万平方米物流共享仓，让园区有更多产业空间。

4. 要推动乡村振兴全面提质。全力推进52个乡村振兴项目建设，完成年度投资20.98亿元，加快建设农业农村现代化。一要做大乡村产业。引导阿姆源、祥善、煌德、赣云食品等区内龙头餐饮企业发展预制菜加工、中央厨房等新业态，加快培育成为预制菜龙头企业。持续推进特色农业产业三年行动，加快天子地村裕丰数智农旅生态小镇、桃芫村田园牧歌、峨眉村中草药种植示范基地等项目落地建设。充分发挥裕丰智能等农业科技企业技术优势，建设一批智慧农场、智慧果园、智慧渔场。全力抓好粮食生产，确保全区粮食生产面积稳定在5.25万亩，总产稳定在2.15万吨。二要做好脱贫攻坚成果巩固拓展。严格落实"四个不摘"要求，抓好"三类人员"防止返贫动态监测和帮扶，常态化开展监测对象识别退出工作，持续巩固"一收入两不愁三保障"成果，牢牢守住不发生规模性返贫底线。扎实开展国家后评估和省考核反馈问题整改，确保中央财政衔接资金投入产业比例不低于60%，实现脱贫人口和监测对象产业经营性收入稳步提升。三要做美乡村环境。扎实推进美丽乡镇建设五年行动计划，探索蟠龙镇、湖边镇、凤岗镇设街道、三江乡改设镇，重点推进凤岗、三江圩镇整体提升改造，加快道路白改黑、农贸市场改造、排污设施改造。全力推进农村环境综合整治，抓好4个集中连片村庄环境整治点，新改建农村户厕96户，打造1个市级"改厕样板村庄"。

（五）坚定不移保要素、优环境

1. 要优化营商发展环境。深化"放管服"改革，推进工业项目"拿地即开工、竣工即投产""无实体印章、无纸质证明"，惠企政策免审即享、即申即享等改革，升级"赣服通"赣州经开区分厅、"亲清云监督"等平台，实行"网上办、零见面"服务模式，力争实现95%以上依申请政务服务事项网上可办，90%以上高频政务服务事项掌上可办。全面落实助企纾困各项政策措施，力争全年为市场主体减负30亿元以上，新增市场主体2.5万户以上。实施对标大湾区优化提升专项行动，坚持"三同三会、三员三办"、企业"安静生产期"等服务制度，巩固拓展"四大专项治理"成果，确保企业问题办结率达95%以上。

2. 要优化绿色生态环境。一要提高生态质量。持续深入打好蓝天、碧水、净土提升攻坚战，全面推进新八大标志性战役、30个专项行动，确保PM2.5平均浓度控制在26微克/立方米以内，空气质量优良比例达95.3%以上；地表水监测断面水质优良比例达98.6%，国考断面水质优良比例达到96.2%，饮用水水源地水质达标率100%；受污染耕地安全利用率达93%以上，推动生态环境持续改善。配合做好2023年省环保督察工作，对68个历次环保督察反馈问题和交办信访件全面开展"回头看"。

二要建设绿色园区。打造河（湖）长制、林长制升级版，实施"扮靓欧潭、绿满经开"专项行动，对6800亩飞播造林，完成1600亩低质效林改造、2250亩灾害林人工更新。加快打造"章江之眼"生态圈，规划建设朝阳公园、"520"生态岛等项目，推进绿色发展。力争新开工装配式建筑面积30万平方米以上，海绵城市建设面积达到建成区面积的38%。三要加快低碳发展。实施碳达峰"十大行动"，制定出台碳达峰碳中和行动实施方案和"工业+园区"等重点行业领域达峰方案，全面落实能耗"双控"，打造绿色食品、绿色工厂、绿色园区、绿色供应链，争创一批省市低碳试点。

3. 要优化要素保障环境。一要提高土地利用能效。大力推进盘活低质低效用地、企业闲置土地“腾笼换鸟”、“工业上楼”等行动，探索“零增地”技改、产业用地混合利用等节约集约用地模式，建立健全亩产效益综合评价标准体系，把园区企业分为A、B、C、D四类，对A、B类企业给予积极支持，对C、D类企业进行反向倒逼。强化“亩产论英雄”，持续推行“标准地+承诺制”，确保新引进项目亩均投资强度超400万元、营业收入超400万元、亩均税收超25万元。全年盘活存量土地8000亩以上，清理批而未用土地5000亩以上，向上争取用地指标5000亩以上。二要提高争资争项质效。抢抓国家政策“窗口期”，围绕地方政府专项债、政策性开发性金融工具、中央预算内投资等重点投向，大力包装申请项目，谋划储备地方政府专项债项目70个，争取省级以上项目及政策100个以上、政府专项债50亿元以上、上级资金15亿元以上。三要提高企业招工成效。加快高铁新区职教园区、科技城职教园区以及赣州市青年科技职业技术学校等9所职校建设，推动赣州经开区职业院校与大湾区职业（技工）院校开展实质性合作。全年至少开展招聘活动18场，吸引6000名以上大学毕业生“留赣干”，完成富联精密10700人招工任务，确保为企业解决用工30000人以上。

（六）坚定不移惠民生、护稳定

1.要全面提高民生品质。大力推进55个民生品质提升行动项目、77个民生实事项目，分别完成年度投资23.8亿元、86.43亿元。一要办好人民满意教育。推进学前教育普及普惠和义务教育优质均衡，实施教育事业高质量发展三年行动，投入16.65亿元启动23个学校、幼儿园建设，新增优质学位1.79万个。重点推动香江学校中学部、牡丹亭路小学、振兴小学、紫荆路小学二期4所学校，以及君兰半岛、云星华府、嘉福樾府等3所配套园今年秋季开学使用，兴国路中学、凤岗路塘幼儿园2个项目年内完工。二要提升健康医疗水平。全面把握和执行新阶段疫情防控各项举措，加强救治体系和应急处置能力建设，着力保健康、防重症。加快科技城医院建设，推进区人民医院、仲易骨科医院年内投入使用，完成凤岗镇中心卫生院提升改造，积极引进广东省肿瘤医院等市内外三甲医院与区内医院开展合作办医，实现与名医院合作办医2家以上。三要繁荣文化体育事业。实施文化惠民工程，区文化体育中心年内实现完工，新建2座城市书房，全年开展送戏、送“影”下乡等各类活动800场以上；推进全民健身“六个身边”工程，举办第二届游泳锦标赛、首届羽毛球锦标赛等系列体育赛事，努力建设文化强区、体育强区。

2.要全面加强社会保障。加快养老服务体系建设，推进高铁新区养老服务中心、黄金岭街道社区居家养老服务中心建设，新增居家养老服务中心7家以上，金凤梅园养老服务中心建成运营，3家乡镇公办敬老院达到一级或二级标准。新续建17个停车场、6200余个车位，新建公厕10座、厕位100个。持续推进全国和谐劳动关系示范区建设，加大欠薪治理力度，建立“监察+仲裁+工会+法援”联动维权机制，打造四星级劳动仲裁院。

3.要全面筑牢稳定底线。全力防范化解重大风险，制定出台政府融资平台优化升级实施方案，有序化解政府隐性债务存量；支持刚性和改善性住房需求，做好保交楼、保民生、保稳定各项工作。大力推进市域社会治理现代化，深化“和合”调解室建设，常态化推进扫黑除恶专项斗争，持续做好“双提升”工作，确保进京赴省赴市上访量

赣州经开区城市风景图 （2022 年，区融媒体中心供图）

下降 5% 以上。严格落实安全生产责任制，深入开展城镇燃气、消防、建筑施工、道路交通、危化品、自建房等重点领域专项整治，统筹做好防汛抗旱、地质灾害、消防安全等防灾减灾救灾工作，有效遏制各类安全事故。

同志们，区党工委对今年工作作出了全面部署，蓝图在手，重任在肩，关键在于抓好落实。全区政府系统要把大抓落实作为第一要务。一要提高站位抓落实。深学笃行习近平新时代中国特色社会主义思想和党的二十大精神，坚定捍卫“两个确立”、做到“两个维护”，不折不扣推动中央、省市和区党工委各项部署要求落实见效。二要实干争先抓落实。始终把拼经济、拼发展作为工作主旋律，履职尽责、实干担当，更好统筹疫情防控和经济社会发展，千方百计稳增长、防风险、保稳定、惠民生，尤其是要全力奔跑第一春、誓夺开门红，推动各项工作站前列、争一流。三要勤廉奋进抓落实。坚持干净担当、勤政廉政，深入推进勤廉欧潭建设，深化整治权力集中、资金密集、资源富集领域腐败，持续纠治形式主义、官僚主义，严格依法行政，始终把全部精力和心思聚焦到加快发展、狠抓落实上。

同志们！号角激昂，催人奋进。让我们更加紧密团结在以习近平同志为核心的党中央周围，在省市和区党工委的坚强领导下，全力拼搏、奋勇争先，确保圆满完成全年各项目标任务，奋力续写全区高质量发展更加精彩绚丽篇章！

（区党政办供稿）

大事记

1月

14日　江西金力永磁科技股份有限公司香港联交所主板挂牌上市仪式在赣州举行。金力永磁为全市第一家、全省第三家“A+H”上市企业，也是全球高性能稀土永磁材料行业“A+H”第一股。

26日　赣州市人民政府、赣州经开区管委会和富士康工业互联网股份有限公司签订《投资合作协议》，富联精密智能制造项目在赣州经开区正式落地，签约金额101亿元。

27日　赣州经开区举行2022年第一批招商引资项目签约仪式，签约项目4个，签约金额125.6亿元。

28日　赣州经开区召开2021年工作总结表彰暨2022年工作动员会。区党工委书记陈水连出席会议并讲话。

29日　赣州经开区召开全区领导干部会议，宣布关于赣州经开区管委会主要领导的任免决定。经省委提名、省人民政府研究决定：梁丁盛任赣州经开区管委会主任（试用期一年）。经市委研究决定：梁丁盛任赣州经开区党工委副书记。

2月

11日　央视网发布《江西：绘制改革攻坚“实景图”打好优化营商环境“组合拳”》，市政府副市长、区党工委书记陈水连在全省优化营商环境对标提升工作新闻发布会上答记者问，并作推介发言。

12日　赣州经开区管委会与和君职业学院战略合作签约仪式举行。和君集团董事长、和君职业学院董事长王明夫，市政府副市长、区党工委书记陈水连等出席签约仪式。

16日　在富尔特电子年产5000吨稀土永磁材料项目现场，赣州经开区以视频连线方式参加2022年省市县三级联动重大项目开工暨“项目大会战”动员大会。市政府副市长、区党工委书记陈水连向市主会场报告赣州经开区协同联动开工重大项目有关情况。

21日　赣州经开区与清华大学附属中学基础教育战略合作协议签约仪式举行。清华大学附属中学校长王殿军、党委书记方妍、区党工委书记陈水连、沐华清诚公司总经理王宏生等出席签约仪式。

24日　赣州经开区2021年度基层党建工作述职评议会议召开。市政府副市长、区党工委书记陈水连主持会议并讲话。

28日　赣州经开区2022年开放型经济工作动员大会召开。市政府副市长、区党工委书记陈水连出席会议并讲话。区党工委副书记、管委会主任梁丁盛主持会议。

同日　赣州经开区举行2022年第三批招商引资项目集中签约仪式，签约项目10个，签约金额86亿元。

同月　省科技厅印发《关于公布2021年度省级科技企业孵化器认定、众创空间省级备案名单的通知》，位于赣州经开区的西城科技园认定为2021年度省级科技企业孵化器。

3月

1日　赣州经开区重大项目廉洁风险防控暨"'廉'结千企•亲清有我"行动启动会召开。市政府副市长、区党工委书记陈水连出席会议并讲话。区党工委副书记、管委会主任梁丁盛和全体在家区领导出席会议。

同日　金融机构支持赣州经开区经济高质量发展2022年第一季度产融对接活动举行。

同日　市政府副市长、区党工委书记陈水连带队到赣州职业技术学院和江西环境工程职业学院等院校，对接富联精密（赣州）项目用工保障工作。

2日　市政府副市长、区党工委书记陈水连会见浦发银行南昌分行行长黄旭东一行，就加强融资合作进行交流。

同日　市政府副市长、区党工委书记陈水连到区政务服务中心各窗口了解各项业务办事流程和服务质量，体验优化营商环境升级"一号改革工程"工作成效，调研居民、企业办理行政审批事项情况。

同日　区党工委副书记、管委会主任梁丁盛赴上海开展招商引资活动，先后拜访华虹集团华力集成电路制造有限公司、华虹集团集成电路研发中心有限公司、深兰科技（上海）有限公司、达闼机器人有限公司等企业，推介赣州及赣州经开区营商环境和投资政策，洽谈项目合作。

4日　市委常委、常务副市长胡剑飞到赣州经开区调研新能源及新能源汽车产业链发展工作。

同日　区党工委副书记、管委会主任梁丁盛现场调研赣州经开区数字经济"一号发展工程"工作，与区内14家数字经济代表性企业负责人进行座谈。

6日　市政府副市长、区党

3月1日，金融机构支持赣州经开区经济高质量发展2022年一季度产融对接活动在区政中心2号会议厅召开　（区融媒体中心供图）

工委书记陈水连主持召开加快高铁新区建设协商会议。

8日　省统计局党组书记、局长方向军一行到赣州经开区调研一季度经济形势。

同日　赣州经开区2022年安全生产工作会召开。区党工委副书记、管委会主任梁丁盛出席会议并讲话。

9日　省工信厅发布2021年江西省制造业单项冠军企业名单，赣州经开区企业江西金力永磁科技股份有限公司入选。

11日　《2022年赣州经济技术开发区数字经济工作要点》正式公布。

12日　赣州经开区深化发展和改革双“一号工程”推进会召开。市政府副市长、区党工委书记陈水连出席会议并讲话，区党工委副书记、管委会主任梁丁盛主持。

同日　赣州经开区新冠疫情防控工作会议召开。市政府副市长、区党工委书记陈水连主持会议并讲话，区党工委副书记、管委会主任梁丁盛对全区疫情防控工作进行重点部署。

14日　赣州经开区召开学习贯彻全国两会精神部署会。市政府副市长、区党工委书记陈水连主持会议并讲话，区党工委副书记、管委会主任梁丁盛，全体在家区领导出席会议。

15日　市政府副市长、区党工委书记陈水连主持召开赣州综保区招商引资工作推进会。

19日　赣州经开区应对新冠肺炎疫情工作领导小组（扩大）会议召开。市政府副市长、区党工委书记陈水连主持会议并讲话。区党工委副书记、管委会主任梁丁盛布置全区疫情防控工作。

20日　赣州经开区在大型应急采样点（华坚二手车市场）举行应对2022年新冠疫情处置应急演练。

21日　国家工业信息安全发展研究中心与区管委会正式达成合作协议，在赣州经开区落户国家工业信息安全发展研究中心江西分中心。

28日　赣州经开区2022年第一季度政企圆桌会议召开。区党工委副书记、管委会主任梁丁盛出席并讲话。

30日　赣州经开区举行2022年第四批招商引资项目集中“云签约”仪式，签约项目21个，签约金额295.72亿元。

31日　赣州好朋友科技有限公司矿石智能分选设备和高端矿山机器人制造项目开工仪式举行。

同月　省工信厅公布江西省制造业数字化转型服务商、解决方案及应用案例。赣州经开区西克节能入选制造业数字化转型服务商和解决方案，冠英智能入选制造业数字化转型服务商，孚能科技、澳克泰工具、富尔特电子、金信诺电缆、同兴达科技、曼妮芬、荧光磁业7家企业入选制造业数字化转型应用案例。

同月　赣州经开区首家QFLP（合格境外有限合伙人）基金——赣州苏区崛起私募股权投资基金（合伙企业），首笔出资6000万美元汇入企业资本账户，标志着赣州经开区成为江西省首个实现QFLP基金业务试点落地的地区，是中部六省首个实现QFLP基金业务试点落地的区域。

4月

3日　赣州市第六中学与清华大学附属中学创新实验班揭牌仪式在赣州市第六中学举行。“清华大学附属中学创新实验班”“清华大学附属中学名校长工作室”“清华大学附属中学名师工作室”在赣州经开区正式落地。

7日　赣州经开区举行与国家工业信息安全发展研究中心合作项目线上联络对接会。

10日　赣州经开区2022

年第一季度项目大会战“大比武”“征战两千亿，强劲开新局”八大行动总结大会暨2022年第二季度“快进二季度，强攻双过半”八大行动动员大会召开。市政府副市长、区党工委书记陈水连出席会议并讲话。区党工委副书记、管委会主任梁丁盛主持。

14日　“赣服通”赣州经开区分厅微信小程序版上线试运行，“新能源汽车产业一链办”等一批区内特色事项进驻分厅。

15日　赣州经开区生态文明建设（碳达峰碳中和工作）领导小组、推动长江经济带发展领导小组暨生态环境保护委员会召开2022年第一次会议。市政府副市长、区党工委书记陈水连出席会议并讲话。区党工委副书记、管委会主任梁丁盛主持。

18日　赣州经开区高铁新区建设推进会召开。市政府副市长、区党工委书记陈水连出席并讲话。区党工委副书记、管委会主任梁丁盛主持。

19日　赣州经开区强力推进“六个江西”建设工作调度会召开。市政府副市长、区党工委书记陈水连出席会议并讲话。区党工委副书记、管委会主任梁丁盛主持。

20日　赣州经开区西城科技园、恒科产业园创业孵化基地、赣州国际企业中心获评“江西省创业孵化示范基地”。

4月30日，赣州经开区2022年第五批招商引资项目集中云签约仪式在区政中心2号会议厅举行　（区融媒体中心供图）

25日　赣州经开区粤港澳大湾区招才引智工作站揭牌仪式在深圳举行。

26日　赣州经开区管委会廉政工作会议召开。区党工委副书记、管委会主任梁丁盛出席会议并讲话。

27日　赣州经开区管委会与赣南医学院第一附属医院合作运营的赣州经开区人民医院签约仪式举行。市政府副市长、区党工委书记陈水连，区党工委副书记、管委会主任梁丁盛等出席活动。

29日　赣州经开区第二人民医院揭牌仪式举行。市政府副市长、区党工委书记陈水连，市政协副主席，市卫健委党组书记、主任刘春文出席。区党工委副书记、管委会主任梁丁盛主持。

30日　赣州经开区2022年第五批招商引资项目集中云签约仪式举行，签约项目12个，签约金额110.3亿元。

同月　在市委宣传部、市文明办公布的2022年第一期“赣州好人榜”中，赣州经开区三江司法所所长黄明、党政办谢玉流、交警大队曹勇、赣州新能源科技城管理处村尾村朱同敏4人上榜。

5月

5日　省发展和改革委发布《江西省促进开发区改革和创新发展领导小组关于全省开发区

2021年度争先创优综合考评有关情况的通报》，赣州经开区以总分87.87分的成绩位列全省开发区第二、全省10家国家级经开区第一，获评全省国家级开发区综合先进单位，获得省委、省政府通报表扬。

9日　2021年度全市综合考核表扬通报会召开。赣州经开区获评“2021年度高质量发展先进县（市、区）”一类县（市、区）第一名，“2021年度工业倍增升级先进县（市、区）”重点县（市、区）第一名，“2021年度开放型经济工作先进县（市、区）”一类县（市、区）第一名。

13日　赣州经开区巩固拓展脱贫攻坚成果同乡村振兴有效衔接（乡村全面振兴行动）领导小组会议召开。市政府副市长、区党工委书记陈水连出席会议并讲话。区党工委副书记、管委会主任梁丁盛主持会议。

19日　市政府副市长、区党工委书记陈水连主持召开赣州综保区招商引资工作专题调度会。

同日　赣州经开区2022年第二季度政企圆桌会议召开。区党工委副书记、管委会主任梁丁盛主持并讲话。

20日　赣州经开区举行2021全区十大经济年度人物、2022年五一劳动奖颁奖典礼暨“喜迎二十大·逐梦欧潭”大合唱决赛活动。

同日　赣州经开区举办首个“520·企业家日”“感恩奋进·强攻快进”主题论坛。市政府副市长、区党工委书记陈水连出席活动并讲话。区党工委副书记、管委会主任梁丁盛主持。

24日　赣州经开区科级干部学习贯彻党的十九届六中全会精神专题研讨班开班。市政府副市长、区党工委书记陈水连作开班动员和辅导报告。

28日　赣州经开区2021年度争先创优总结表彰暨2022年度综合考评工作动员部署大会召开。市政府副市长、区党工委书记陈水连出席会议并讲话。区党工委副书记、管委会主任梁丁盛主持。

同日　赣州经开区“感恩有您长相伴·携手挺进三十强”机关干部家属代表座谈会举办。市政府副市长、区党工委书记陈水连出席会议并与干部家属座谈交流。区党工委副书记、管委会主任梁丁盛出席并介绍全区经济社会发展情况。

30日　赣州市第六届“十大科技创新人物”名单发布，区内企业播恩集团股份有限公司董事长邹新华获评赣州市“十大科技创新人物”荣誉，赣州有色冶金研究所有限公司党委书记、执行董事、总经理管建红获评赣州市

5月28日，赣州经开区“感恩有您长相伴·携手挺进三十强”机关干部家属代表座谈会在区政中心2号会议厅举办　（区融媒体中心供图）

“十大科技创新人物”提名奖。

31 日　赣州经开区举行 2022 年第六批招商引资项目集中签约仪式，签约项目 17 个，签约总额 130.8 亿元。

同月　赣州市文明城市创建指挥部下发《关于表彰 2021 年度深化全国文明城市建设工作先进集体和先进个人的通报》。赣州经开区黄金岭街道办事处等 7 个单位获评 2021 年度深化全国文明城市建设工作先进集体荣誉，郭声琪等 14 人获评 2021 年度深化全国文明城市建设工作先进个人荣誉。

6 月

1 日　赣州经开区第二体育馆揭牌仪式暨首届游泳锦标赛开幕式在赣州市大坪明德小学举行。市政府副市长、区党工委书记陈水连出席活动并宣布开幕。区党工委副书记、管委会主任梁丁盛致辞。

4 日　赣州世界客家非遗文旅街开街暨燃情六月消费促进月启动仪式在金凤梅园世客街举行。市政府副市长、区党工委书记陈水连，市商务局局长华晓斌，市文广新旅局局长李俊锐出席仪式并致辞。区党工委副书记、管委会主任梁丁盛主持。

9 日　庆祝赣州经开区关工委成立 15 周年暨全区关心下一代工作表彰大会召开。市政府副市长、区党工委书记陈水连，市关工委主任赖义金出席会议并讲话。区党工委副书记、管委会主任梁丁盛主持。

13 日　市政府副市长、区党工委书记陈水连召开数字经济“一号发展工程”现场推进会。

同日　以“数创发展 虔引未来”为主题的 2022・赣州经开区数字经济产业招商推介会在赣州恒科产业园云数字共享中心举行。市政府副市长、区党工委书记陈水连出席会议并致辞。现场举行数字经济项目签约仪式。签约项目 20 个，涉及电子元器件、元宇宙、物联网、智能终端、网络技术开发与服务、大数据服务等领域。

同日　市政府副市长、区党工委书记陈水连主持召开物流共享仓推进工作情况汇报会。

14 日　全国政协常委、民盟省委会主委刘晓庄一行到赣州经开区开展盟务工作调研，为郭大力故居“江西民盟传统教育基地”、民盟赣州经开区支部“盟员之家”揭牌。

17 日　赣州市 2022 年节能宣传周活动暨曼妮芬屋顶分布式光伏电站并网发电启动仪式在江西曼妮芬服装有限公司举行。市政府副市长、区党工委书记陈水连出席仪式并宣布启动令。

20 日　赣州经开区强力推进“六个江西”建设第二季度交账暨第二次工作推进会召开。市政府副市长、区党工委书记陈水连出席会议并讲话，区党工委副书记、管委会主任梁丁盛主持。

同日　赣州经开区党群部、赣州经开区企工局获“全市服务非公有制经济发展先进单位”称号；赣州经开区财政局胡昊、赣州经开区经发局杨昭辉获“全市服务非公有制经济发展先进个人”称号；赣州市同兴达电子科技有限公司、赣州立德电子有限公司、孚能科技（赣州）股份有限公司、赣州澳克泰工具技术有限公司、立昌科技（赣州）有限公司获“赣州市先进非公有制企业”称号；赣州市柏瑞凯电子科技有限公司总经理汪斌华、赣州金信诺电缆技术有限公司总经理桂宏兵、江西曼妮芬服装有限公司总经理何喆获“赣州市优秀中国特色社会主义事业建设者”称号；赣州富尔特电子股份有限公司总经理喻玺、江西裕丰智能农业科技有限公司总经理李麟、赣州能之光新材料有限公司董事长张发饶获“赣州市优秀创业者”称号。

22日　“擦亮城市之眼 拉动消费升级”万达广场开业倒计时“百日攻坚”誓师大会在赣州经开区万达广场举行。市政府副市长、区党工委书记陈水连，区党工委副书记、管委会主任梁丁盛出席活动并授旗。

27日　省政府发布《江西省人民政府关于2021年度江西省科学技术奖励的决定》，江西金力永磁科技股份有限公司的高性能、低重稀土磁体关键技术开发及稀土永磁电机产业化应用获得科学技术进步奖一等奖，江西龙正科技发展有限公司的新型多功能涂料防护关键技术及产业化获得技术发明奖二等奖，赣州有色冶金研究所有限公司的金属矿山采空区生态治理关键技术及工程应用及江西胜华光电科技有限公司的高性能纳米复合有机硅大功率LED封装材料关键技术集成与应用获得科学技术进步奖三等奖。

29日　赣州区块链技术产业园项目开工仪式在赣州经开区举行。市政府副市长、区党工委书记陈水连出席活动并下达开工令。区党工委副书记、管委会主任梁丁盛，清华大学信息产业学院副院长邢春晓，太一集团董事长邓迪出席并致辞。粤港澳大湾区区块链联盟秘书长任豪出席活动。

30日　江西金力永磁科技股份有限公司联合国际公认的测试、检验和认证机构SGS举行证书发布会，SGS向金力永磁颁发稀土永磁行业全球首张PAS 2060碳中和达成宣告核证证书。

7月

2日　2022年“赣州经开区杯”网球大赛暨赣州网协第三十七届网球赛开幕，此次大赛是赣州经开区举办的第二次网球大赛。

5日　全省扩大开放领导小组发布关于2021年度全省开放型经济工作先进单位的通报，赣州经开区获评全省开放平台先进单位。

5—6日　第五届“中国创翼”创业创新大赛江西省选拔赛决赛暨颁奖仪式在南昌举行，区内企业赣州力健新材料有限公司的“锂云母冶炼渣高效清洁资源化综合回收”项目获得主体赛制造业组三等奖，江西善纳新材料科技有限公司的“玻璃节能防晒的领航者”项目获得主体赛制造业组优秀奖。

11日　市工信局、市财政局、国家税务总局赣州市税务局联合公布2022年（第1批）赣州市市级企业技术中心名单，区内赣州澳克泰工具技术有限公司技术中心等17家企业技术中心被认定为市级企业技术中心，获批数量位居全市第一。

13日　全区安全生产工作会议召开。市政府副市长、区党工委书记陈水连出席会议并讲话，区党工委副书记、管委会主任梁丁盛主持会议。

15日　金融机构支持赣州经开区经济高质量发展2022年第二次产融对接活动在赣州经开区举办。

21日　中国台湾部落民俗文化村创始人、江西客家红文化发展有限公司董事长钟曼红获评2021年赣州市旅游产业发展突出贡献个人。

22日　赣州经开区举行2022年第八批招商引资项目集中签约仪式，签约项目21个，签约金额259.3亿元。

23日　全区2022年第二季度项目大会战“大比武”“快进二季度，强攻双过半”八大行动总结大会暨“拼搏三季度，奠定

7 月 25 日，赣州经开区举行江西三晶电气智能制造产业园项目开工仪式
（区融媒体中心供图）

全年胜”八大行动誓师动员大会召开。市政府副市长、区党工委书记陈水连出席会议并讲话，区党工委副书记、管委会主任梁丁盛主持会议。

25 日　赣州经开区举行江西三晶电气智能制造产业园项目开工仪式。市政府副市长、赣州经开区党工委书记陈水连出席活动并下达开工令。区党工委副书记、管委会主任梁丁盛出席并致辞。

29 日　全区警示教育大会暨全面建设勤廉欧潭推进会召开。市政府副市长、区党工委书记陈水连出席会议并讲话。区党工委副书记、管委会主任梁丁盛主持会议。

31 日　2022 年全区旅游产业发展大会召开。市政府副市长、区党工委书记陈水连，市文广新旅局局长李俊锐出席并讲话。区党工委副书记、管委会主任梁丁盛主持。

8 月

3 日　“拼搏三季度 奠定全年胜”全市重大项目联动开工活动举行。赣州经开区集中开工项目 34 个，涵盖产业升级、公共服务两大领域，总投资 282 亿元，其中 5 亿—20 亿元项目 16 个，100 亿元以上项目 1 个。

同日　赣州经开区举行建业智能、森灿科技、盛邦尔科技、阿姆源智能、贝菱电器项目开工仪式。市政府副市长、区党工委书记陈水连出席并下达开工令。区党工委副书记、管委会主任梁丁盛致辞。

同日　赣州经开区数字经济协会成立大会举行。会议选举产生赣州经开区数字经济协会第一届理事会会长、副会长、监事长、秘书长，审议并通过《赣州经开区数字经济协会章程》《赣州经开区数字经济协会第一届理事会选举办法》。

4 日　全区“招大引强大会战”动员大会召开。市政府副市长、区党工委书记陈水连出席并讲话。区党工委副书记、管委会主任梁丁盛主持。

8 日　赣州市公安局开发区分局户政综合窗口上线。

10 日　全区“和合”调解室建设现场推进会召开。市政府副市长、区党工委书记陈水连出席会议并讲话。

16 日　由中国机械工业金属切削刀具技术协会主办，赣州澳克泰工具技术有限公司承办的中国刀协第六届第三次理事（扩大）会议暨“第八届中国先进切削技术高峰论坛”在赣州经开区开幕。市政府副市长、区党工委书记陈水连，赣州澳克泰工具技术有限公司总经理殷磊等分别致辞。

20 日　2022 江西“百城百夜”·赣州经开区文化和旅游消费季暨欧潭首届啤酒节在世客街正式开幕。市政府副市长、区党工委书记陈水连宣布开幕。区党工委副书记、管委会主任梁丁盛致辞。

23日　省人民政府下文表彰2019—2021年度加快工业发展加速工业崛起先进单位，赣州经开区获全省“园区发展专项奖”，区内企业江西金力永磁科技股份有限公司、赣州立德电子有限公司、赣州市同兴达电子科技有限公司获全省“优强企业专项奖”。

同日　赣州经开区全区数字经济做优做强“一号发展工程”推进会召开。区党工委副书记、管委会主任梁丁盛主持会议并讲话。

24日　赣州经开区与孚能科技年产9GWh动力电池模组、PACK及电芯生产线项目签约仪式举行。市委常委、市政府副市长何琦出席并致辞。市政府副市长、区党工委书记陈水连主持。区党工委副书记、管委会主任梁丁盛，孚能科技董事长王瑀代表双方签约。

同日　赣州经开区举行2022年第九批招商引资项目集中签约仪式，签约项目14个，签约金额137.15亿元。

同日　省高院下发《关于表彰2020—2021年度全省优秀法院（法庭）优秀法官（工作人员）的决定》，赣州经开区法院获评全省优秀法院。

27—28日　全区2022年上半年“三晒两查”（晒进度、晒亮点、晒作风，查欠账、查原因）述职评议会召开。市政府副市长、区党工委书记陈水连出席会议并讲话。区党工委副书记、管委会主任梁丁盛主持。

31日　市政府副市长、区党工委书记陈水连主持召开赣州综保区招商引资和项目建设工作专题调度会。

同日　全国台企联福建·江西片区地方台商协会会长及台商代表到赣州经开区实地考察并参加联谊会。市政府副市长、区党工委书记陈水连，区党工委副书记、管委会主任梁丁盛参加相关活动。

同日　由赣州市公安局开发区分局选送的信息化创新项目“企业服务助手”在省公安厅、省总工会共同举办的“天工杯”劳动和技能竞赛暨“智慧公安我先行”基层技术革新评比中获二等奖。

同月　省工信厅公示“2022年江西省智能制造标杆企业名单”，区内企业江西金力永磁科技股份有限公司、赣州富尔特电子股份有限公司入围。

同月　省工信厅公示全省通过第四批专精特新“小巨人”企业名单。赣州富尔特电子股份有限公司、江西荧光磁业有限公司、赣州市东磁稀土有限公司、赣州西维尔金属材料科技有限公司4家企业入选。

9月

1日　赣州市香江学校小学部正式投入运营，850余位小学生报名入学。

同日　赣州市凤岗中学新校区正式投入使用，并更名为赣州市第二十一中学。

19日　省工信厅发布2022年江西省“专精特新”中小企业公示名单，赣州市宝明科技有限公司、赣州讯康电子科技有限公司、赣州市领沃电子科技有限公司等37家企业入围。

同日　第四届江西省井冈山质量奖获奖候选对象结果公示。区内企业江西金力永磁科技股份有限公司入围候选对象企业名单，为赣州市首家上榜企业。

同日　赣州经开区疫情防控低风险区生产生活“重启”。

20日　近6万名学生返校复课。这是月初赣州经开区突发新冠疫情以来的首次复课。

同日　市数字经济创新发展工作领导小组办公室公布赣州市第一批数字经济重点企业名单，赣州经开区7家企业入选。分别是赣州市同兴达电子科技有限公司、赣州中芯一峰电子有限公司、讯海（赣州）数码科技有限公司、睿宁高新技术材料（赣州）有限公司、孚能科技（赣州）股份有限公司、江西裕丰智能农业科技有限公司、赣州新链金融信息服务有限公司。

22日　全国和谐劳动关系创建示范经验交流电视电话会议在北京举行。赣州经开区成功创建全国和谐劳动关系示范工业园区。

27日　赣州经开区党工委作风建设专题分析会暨“七个有之”专项治理工作会议召开。市政府副市长、区党工委书记陈水连主持会议并讲话。区党工委副书记、管委会主任梁丁盛出席会议。

同日　赣州经开区第三季度政企圆桌会暨新材料上下游产品对接交流会举行。区党工委副书记、管委会主任梁丁盛出席会议并讲话。

29日　赣州经开区强力推进“六个江西”建设第三次推进会召开。市政府副市长、区党工委书记陈水连主持会议并讲话。区党工委副书记、管委会主任梁丁盛出席会议。

30日　赣州经开区举行2022年第十批招商引资项目集中签约仪式。此次集中签约项目38个，签约总金额339.8亿元。其中工业项目27个，均为电子信息、新能源及新能源汽车双首位产业项目。

同日　赣州经开区在赣州锦江国际酒店举行援区抗疫人员欢送仪式。

同月　市委、市政府出台《关于支持赣州经济技术开发区建设全国一流国家级经开区的若干意见》。

10月

7日　赣州经开区2022年第三季度项目大会战“大比武”“拼搏三季度，奠定全年胜”八大行动总结大会暨2022年第四季度“决战四季度，夺取全年胜”八大行动誓师动员大会召开。市政府副市长、区党工委书记陈水连出席会议并讲话。区党工委副书记、管委会主任梁丁盛主持会议。

同日　赣州经开区2022年科学技术奖、“专精特新”企业家座谈会在区政中心2号会议厅召开。区党工委书记陈水连出席会议并讲话、区党工委副书记、管委会主任梁丁盛主持。

9日　省发改委印发《2022年第二批省重点建设项目计划》，赣州经开区总投资101亿元富联精密科技（赣州）有限公司新建厂房及配套设施项目和孚能科技（赣州）股份有限公司三期年产30GWh新能源电池项目列入。

11日　赣州经开区召开推进基层协商民主建设领导小组（扩大）会暨工作推进会。市政府副市长、区党工委书记陈水连出席会议并讲话。

12日　赣州经开区首家园区人大代表联络工作站正式揭牌成立，并开展首次代表活动。

13日　吉利耀能新能源（赣州）有限公司工厂在赣州经开区新能源科技城落成暨产品下线，标志着吉利（赣州）42GWh动力电池一期项目启动运营。市委副书记、市长李克坚，吉利科技集团CEO徐志豪，孚能科技（赣州）股份有限公司董事长王瑀致辞。市领导胡剑飞出席活动，市政府副市长、区党工委书记陈水连主持，区党工委副书记、管委会主任梁丁盛参加。

14日　赣州市公共资源交易中心赣州经开区站依托江西省公共资源交易平台，与赣州市公共资源交易中心瑞金市分中心合作完成富联精密科技（赣州）有限公司新建厂房及配套设施项目一期一标段机电安装工程，首次实现“不见面开标+远程异地评标”。

17日　赣县区五云镇发生森林火灾，在北风影响下一路向南蔓延至章贡区水西镇，于18点40分左右先后进入赣州经开区湖边镇善边、官田、涌泉、横江、蛤湖5个村交界处。截至10月20日凌晨4点30分，赣州经开区山火完全扑灭。

21日　中德产业合作交流视频会暨江西省赣州经济技术开发区产业推介会召开。来自德国、广东、贵州、赣州经开区、太仓5个分会场的政商界代表、科研院校代表“云上”相聚，共叙友情、共商合作。

28日　赣州经开万达广场、嘉福金街超级盛典启幕仪式举行。市政府副市长、区党工委书记陈水连，区党工委副书记、管委会主任梁丁盛出席开幕仪式。

29日　赣州经开区2022年第十一批招商引资项目集中签约仪式举行。签约项目21个，签约金额20.25亿元。其中工业项目5个，数字经济项目13个，跨境电商项目3个。签约项目涉及汽车零配件、电子元器件、数字化安防、智慧水务、智慧农业管理及物联网应用服务、区块链、元宇宙、跨境电商等众多领域。

同日　20时30分许，赣州经开区湖边镇纬一路赣州虔城老巷子早餐店店面发生燃气爆炸事故。

31日　工信部发布2022年度国家中小企业公共服务示范平台公示名单，赣州西克节能自动化设备有限公司入选。

同月　2022年江西省管理创新示范企业名单公布，赣州立德电子有限公司和赣州好朋友科技有限公司入选。

同月　省市监局公示2021年度江西省守合同重信用单位，赣州经开区22家企业入选。

同月　省工信厅发布2022年江西省“专精特新”中小企业认定名单，赣州市宝明科技有限公司、赣州讯康电子科技有限公司、赣州市领沃电子科技有限公司等36家企业入选。

10月29日，赣州经开区2022年第十一批招商引资项目集中签约仪式在区政中心2号会议厅举行　（区融媒体中心供图）

11月

1日　赣州经开区举办“贯彻落实二十大·营商环境我先行”服务承诺宣誓暨“营商环境社会监督员”聘任仪式。市政府副市长、区党工委书记陈水连，区党工委副书记、管委会主任梁丁盛以及全体在家区领导等出席开幕仪式。

同日　孚能科技年产30GWh新能源电池项目开工。市委副书记、市长李克坚出席活动并宣布项目开工。市领导胡剑飞，孚能科技（赣州）股份有限公司董事长王瑀致辞。市政府副市长、区党工委书记陈水连主持。区党工委副书记、管委会主任梁丁盛出席。

同日　赣州经开区柳树路、

枫林路、梅花路竣工通车。

同日　工信部发布《关于2022年度国家小型微型企业创业创新示范基地名单的公示》，赣州市小微企业创业孵化基地、赣州西城科技园成功入选，数量占全省三分之一。

2日　赣州经开区举行知识产权证券化改革项目启动仪式，标志着赣州经开区在全省率先探索开展知识产权证券化试点工作。

4日　省工信厅发布《关于2022年江西省两化融合示范园区认定名单的公示》，赣州经开区被认定为二星省级数字化转型方向两化融合示范园区。

9日　赣州市市场监督管理局（知识产权局）公布2022年度赣州市知识产权优势企业名单，赣州经开区孚能科技（赣州）股份有限公司、赣州富尔特电子股份有限公司、赣州澳克泰工具技术有限公司、江西龙正科技发展有限公司、立昌科技（赣州）有限公司、赣州有色冶金研究所有限公司、江西冠英智能科技有限公司7家企业入选。

14日　省工信厅发布《江西省工业和信息化厅关于印发2022年江西省小型微型企业创业创新示范基地名单的通知》，赣州市西城节能科技有限公司、赣州恒科产业园科技有限公司入选。

11月16日，赣州经开区售价公办社区嵌入式医养中心揭牌仪式举行（区人社养老服务中心供图）

16日　赣州经开区首家公办社区嵌入式医养中心（赣州经开区康养中心）、高铁新区首家居家养老服务中心（复兴路社区居家养老服务中心）揭牌运营。

17日　金融机构支持赣州经开区经济高质量发展2022年第三次产融对接活动举行，现场举行项目签约仪式，签约项目30个。

同日　5G应用产业方阵（5G AIA）发布《5G应用解决方案供应商推荐名录（第一批）公示》，全省7家企业入库，区内企业江西裕丰智能农业科技有限公司被评定为“智慧农业”行业领域5G应用解决方案供应商。

18日　国家工业信息安全发展研究中心江西分中心和赣州市产业技术研究院在赣州经开区正式揭牌。国家工业信息安全发展研究中心主任赵岩、副主任何小龙，省科技厅副厅长鄢帮有，省工信厅一级巡视员王亦斌，市领导田辉、何琦等出席活动。市领导陈水连主持揭牌仪式。

22日　赣州经开区双“一号工程”推进会召开。市委常委、市政府副市长、区党工委书记陈水连出席会议并讲话。区党工委副书记、管委会主任梁丁盛主持。

同日　赣州经开区举办“科技创新赋能经济发展”早餐会。市委常委、市政府副市长、赣州经开区党工委书记陈水连参加。

26日　赣州经开区新的社会阶层人士联谊会（简称新联会）换届大会暨第二届第一次理事会召开。

29日　省工信厅公布2022年（第25批）江西省省级企业技术中心拟认定名单，赣州市宝明科技有限公司、赣州市柏瑞凯电子科技有限公司、江西荧光磁业有限公司、赣州市东磁稀土有限公司、赣州柯百微科技有限公司、赣州荣辉建设工程有限公司6家企业入选。

11月26日，赣州经济技术开发区新的社会阶层人士联谊会换届大会暨第二届第一次理事会在赣州西城科技园召开　（区融媒体中心供图）

30日　赣州经开区与泉州经开区结对共建合作备忘录线上签约仪式举行。市委常委、市政府副市长、区党工委书记陈水连，泉州经开区党工委书记丁峰出席并致辞。区党工委副书记、管委会主任梁丁盛，泉州经开区党工委副书记、管委会主任林荣川代表双方签约。

同日　赣州经开区2022年第十二批招商引资项目集中签约仪式举行。此次签约活动采用线上签约和线下签约相结合的方式，签约项目25个，签约金额136.35亿元。其中电子信息、新能源及新能源汽车双首位产业项目15个，签约金额114.55亿元。

同日　中华全国工商业联合会办公厅发布《全国工商联办公厅关于认定2021—2022年度全国“四好”商会的通报》，赣州市工商联赣州经开区分会获全国“四好”商会荣誉。

同月　省商务厅会同省工信厅、省税务局、江西银保监局、南昌海关、中国进出口银行江西省分行、中国信保江西分公司建立江西省外贸产业链核心企业“白名单”，全省47家企业入围。区内企业赣州市同兴达电子科技有限公司、江西大田精密科技有限公司入围。

12月

2日　《赣州经济技术开发区关于扩大汽车消费若干政策举措》正式发布。

同日　省人民政府公布2022年江西省第四届井冈质量奖获奖名单，江西金力永磁科技股份有限公司被授予“井冈质量奖”。

5日　赣州经开区开展中小学晚托服务试点。

7日　赣州市四套班子领导带领各县（市、区）和赣州经开区、赣州蓉江新区党政主要负责同志到赣州经开区，集中察看吉利（赣州）42GWh动力电池项目、宝明显示科技有限公司平板显示器（含铜箔）项目、赣州经开区万达广场项目。

8日　“贯彻二十大　同心创未来”2023年赣州经开区企业年会在恒科产业园云数字共享中心举行，全区300余名企业家代表赴会。

20 日　赣州经开区第二届科技创新大赛决赛举行。此次大赛由赣州经开区管委会与赣州市科学技术协会联合举办，以“智汇经开　创赢未来”为主题，旨在整合创新创业要素，搭建创新创业平台，提升中小企业自主创新能力，为加快建设“一极两地四中心”赋能。

27 日　赣州经开区职教园区项目集中开工仪式举行。市委常委、市政府副市长、区党工委书记陈水连出席仪式并下达开工令，区党工委副书记、管委会主任梁丁盛主持开工仪式。

28 日　省委宣传部、省民政厅发布《关于开展 2022 年度“江西最美城乡社区工作者”学习宣传活动的通知》，赣州经开区黄金岭街道民生路社区党支部书记、居委会主任谢勇获评 2022 年度江西最美城乡社区工作者。

同日　省社会科学界联合会印发《江西省社会科学界联合会关于公布第五批江西省社科普及基地和重新发布前四批已命名省社科普及基地名单的通知》和《江西省社会科学界联合会关于公布 2022 年江西省社科普及基地创新普及项目资助名单的通知》，赣州经开区新增三江乡郭大力故居省级社科普及基地。

29 日　省企业联合会、省企业家协会发布 2022 江西企业 100 强榜单及《2022 江西企业 100 强发展报告》，其中，区内企业孚能科技（赣州）股份有限公司上榜。

30 日　金融机构支持赣州经开区经济高质量发展 2022 年第四次产融对接活动举行。

31 日　赣州经开区 2022 年第十三批招商引资项目集中签约仪式举行。此次签约活动采用线上签约和线下签约相结合的方式，签约项目 30 个，签约金额 59.06 亿元。其中电子信息、新能源及新能源汽车双首位产业项目 21 个，签约金额 50.56 亿元，现代服务业项目 6 个。

同日　2022 年赣州经开区高层次人才联谊会举行，70 余名来自全区各行各业的高层次人才共叙友情、共商发展。

同日　由赣州经开区党工委、管委会主办的“奋进新时代　书写新荣光”主题文艺晚会在赣州市第六中学学术报告厅举行。市委常委、市政府副市长、区党工委书记陈水连，全体在家区领导出席。区内高层次人才、优秀企业家代表，全区各地各部门（单位）干部职工代表共 1200 余人参加。

同日　赣州经开区“践行二十大　奋进新征程”职工迎新健步走活动在新能源科技城欧潭文化园举行。市委常委、市政府副市长、区党工委书记陈水连出席并宣布活动开始。区党工委副书记、管委会主任梁丁盛参加。

本栏编辑：施恩沁　王　颖

地情概览

建置 区划

【建置沿革】 1990年7月23日，赣州行署批准成立赣州市经济技术开发区领导小组。7月25日，赣州市经济技术开发区工程指挥部成立。8月1日，地委、行署在赣南宾馆会堂举行赣州市经济技术开发区成立大会。10月5日，在青光岭举行赣州市经济技术开发区建设工程开工典礼，规划面积1.88平方千米，首期开发0.53平方千米。

1991年12月，赣州市经济技术开发区改称黄金岭经济技术开发区，并成立黄金岭经济技术开发区管理委员会，定为副县级单位，主管单位为赣州市人民政府。1993年8月23日，赣州黄金岭经济开发区经江西省人民政府批准为省级开发区，并正式定名。1994年3月，赣州地委、行署确定赣州黄金岭经济开发区管委会升格为正县级单位。1997年6月5日，江西省民政厅批复，将赣州市水南乡金星村委会，湖边乡杨梅、大坪村委会成建制析出，组建设立黄金岭街道办事处，属赣州市政府派出机构，由赣州黄金岭经济开发区管委会代管。

1993年8月，为加快赣南高新技术产业发展，赣州地委、行署决定在赣州地区畜牧研究所基础上成立赣南科技城。1996年8月30日，在赣南科技城基础上成立赣南高新技术产业开发区。1997年8月27日，赣南高新技术产业开发区经江西省人民政府批准为省级开发区，占地面积1.15平方千米，为正县级事业单位。

1999年7月，赣州地区撤地设市，赣州黄金岭经济开发区上收赣州市管辖。1999年10月，经赣州市委、市政府批准成立赣州市黄金新区开发建设领导小组，决定合并赣州黄金岭经济开发区和赣南高新技术产业开发区。

2000年3月，赣州黄金岭经济开发区和赣南高新技术产业开发区合并更名为赣州市黄金开发区。原赣州黄金岭经济开发区和赣南高新技术产业开发区经省政府批准的有关管辖范围、管理权限、配套政策不变，由赣州市黄金开发区统一管理并执行。2000年5月，赣州市黄金开发区挂牌成立。2000年6月，南康市潭东镇划归赣州市黄金开发区管辖。2000年8月10日，赣州市黄金开发区管委会与章贡区人民政府完成蟠龙镇、黄金岭街道的事权交接，正式接管两镇一街道；至此，赣州市黄金开发区占地面积 119.87 平方千米。

2004 年 6 月 30 日，赣州市黄金开发区更名为赣州经济技术开发区。2004 年 7 月 21 日，赣州市黄金开发区管理委员会更名为赣州经济技术开发区管理委员会，保留赣南高新技术产业开发区牌子。

2007 年 5 月 9 日，国务院批准，在赣州经济开发区内设立江西赣州出口加工区，规划面积 2.93 平方千米。

2008 年 3 月，经市委研究并报省编委批复同意，设立赣州出口加工区管理委员会。赣州出口加工区管理委员会与赣州经济技术开发区管理委员会合署办公。2008 年 5 月，江西赣州出口加工区海关监管隔离设施及相关配套设施经海关总署等部委联合验收小组验收合格。2008 年 9 月，赣州市委作出决定，章贡区湖边镇、南康市潭口镇划归赣州经济技术开发区管辖；至此，赣州开发区辖蟠龙镇、潭东镇、湖边镇、潭口镇和黄金岭街道四镇一街道，面积 219 平方千米。

2009 年 2 月，赣州经济技术开发区更名为赣州开发区并成立赣州开发区党委。2009 年 6 月，赣州市委、市政府决定对赣州开发区主要职责、内设机构和人员编制进行调整，成立赣州开发区管理委员会，负责所辖区内经济发展、招商服务、基础设施建设和乡镇行政管理工作，为赣州市人民政府派出机构，按副厅级机构配备干部；保留赣州出口加工区、赣南高新技术产业开发区、赣州经济技术开发区、赣州香港产业园牌子；内设 7 个工作机构，均为副县级。

2010 年 3 月 21 日，国务院批复同意赣州开发区升级为国家级经济技术开发区，定名为赣州经济技术开发区。

2014 年 4 月，赣州市委、市政府决定对赣州经济技术开发区主要职责、内设机构和人员编制进行调整，成立中共赣州经济技术开发区（赣州出口加工区）工作委员会、赣州经济技术开发区（赣州出口加工区）管委会，负责对辖区政治、经济、文化、社会及生态等各项事务实行统一领导和管理，为中共赣州市委、赣州市人民政府派出机构，副厅级；保留赣南高新技术产业开发区、赣州香港产业园牌子；内设 10 个工作机构，均为副处级。2014 年 9 月，设立赣州综合保税区管理委员会，为赣州市人民政府正处级派出机构，不再保留赣州出口加工区管委会牌子。

2016 年 3 月 9 日，南康区唐江镇的章良村、村尾村、横江村，太窝乡的太窝村、洋田村、龙潭村、中边村、高山村、范塘村 9 个村划归赣州经济技术开发区管理；2016 年 3 月 24 日，设立赣州新能源汽车科技城管理处，负责新划入 9 个村和赣州新能源汽车科技城开发建设管理。2016 年 8 月，潭东镇、潭口镇全域，以及蟠龙镇武陵村、坝上村、当塘村、虎形村、箩渡村 5 个村和黄金岭街道坪路村、新路村 2 个村，移交蓉江新区；同月，南康区的凤岗镇、三江乡的事权整建制划归赣州经济技术开发区管理。

2017 年 4 月 21 日，章贡区水西镇坳头村、横江村 2 个村整建制划归赣州经济技术开发区管理。

2019 年 8 月 7 日，设立赣州经济技术开发区高铁新区服务中心。

2020 年 7 月 6 日，章贡区水西镇蛤湖村整建制划归赣州经济技术开发区管理。

【辖区概况】 赣州经开区位于赣州市中心城区西城区，2022 年辖黄金岭街道、蟠龙镇、湖边镇、凤岗镇、三江乡、赣州新能源科技城，总面积 229.33 平方千米。

2022年赣州经开区管辖区域情况表

表1

乡（镇、街道、管理处）	居民委员会（个）	村民委员会（个）	户籍人口数（万人）	面积（平方千米）	行政区划代码	邮政编码	行政区划隶属
黄金岭街道办事处	9	4	5.71	16.67	360702005	341000	章贡区
湖边镇	5	12	4.83	66.58	360702108	341002	章贡区
蟠龙镇	4	9	3.03	27.33	360702107	341003	章贡区
凤岗镇	2	16	5.13	60.87	360703101	341412	南康区
三江乡	0	11	3.45	29.13	360703204	341412	南康区
赣州新能源汽车科技城管理处	1	9	2.49	28.75	360703203 360703100	341411	南康区

自然地理

【水文】 赣州经开区水资源丰富，有大小河流9条，总长约130.33千米。境内河流章江属长江水系的赣江流域，章江呈“S”形从中部蜿蜒而过，上犹江、蛤湖河、社官背河、红溪河、禾斋河、黄龙河、下雨塘河汇入章江，刘家坊河经章贡区汇入赣江。年径流量7382万立方米。

章水——古称溢浆水，又称章江，系赣江一级支流，发源于崇义县聂都乡夹州村竹洞坳，河源位于北纬25° 27′、东经 114° 01′，自西南向东北流经油罗口水库、大余县南安镇、南康市蓉江镇，纳上犹江于赣州市南康区市湖头圩三江口，至赣州市八境台下汇入赣江，河口位于北纬 25° 53′、东经 114° 56′。流域中上游多山地，植被较好，下游多丘陵岗地和河谷平原，植被较差。农业以粮食种植为主，土特产较多，矿产资源丰富。流域内河系发达，河流水质良好。上游河道窄深，河床稳定，多砾石、卵石，中下游河道宽浅，河宽大致在100—250米，河床以卵石和粗细沙为主，河道两岸多冲积沙壤土，抗涝防冲能力差。林业、矿产、水利资源丰富。流域面积7700平方千米，主河道长度235千米，主河道纵比降0.842‰，流域长度128千米，形状系数0.21。

上犹江——又名犹川江，曾名溢浆水、彭山水，系赣江二级支流，章水一级支流，发源于湖南省汝城县土桥乡金山村，河源位于北纬 25° 37′、东经 113° 43′。自西南向东北流经汝城县益将、集龙，进入江西省境内，沿途流经上犹江水库、南河水库、仙人陂水库、罗边水库，至赣州市南康区三江乡三江口汇入章水，河口位于北纬25° 49′、东经 114° 49′。流域中上游属中低山地形，间有低丘、谷地，森林茂盛，植被良好，河床多砾石、卵石；下游属丘陵岗地和较广阔的河谷平原，森林稀疏，植被较差，沿河两岸多冲积沙壤土，抗涝防冲能力差。流域内河系发达，河流水质良好。上游河道窄深，河宽一般为40米，下游河道宽浅，河宽一般在100—200米，河床多沙。流域面积4647平方千米，主河道长度204千米，主河道纵比降

三江乡新江村风光　（2022年，三江乡供图）

1.49‰，流域长度114千米，形状系数0.35。

黄龙河——起点及河源位于赣州经开区凤岗镇黄龙村石梅坑，北纬25°54′47.69′、东经114°46′40.84′，终点为凤岗镇长江村碓撑陂，北纬25°51′31.63′、东经114°47′58.1′。在此汇入禾斋河，黄龙河主河道长度9.1千米，流域长度8.2千米，流域面积15.5平方千米。主河道纵比降9.14‰，流域平均坡度9.90，形状系数0.23。流经凤岗镇黄龙村、天子地村、长江村。

禾斋河——起点位于赣州经开区凤岗镇长胜村与章贡区水西镇永安村岗山里交界处，北纬25°53′59.61′、东经114°48′3.65′（河源位于赣州市章贡区水西村三十六坳），终点为凤岗镇横江村齐溪口，北纬25°49′9.51′、东经114°46′59.39′，在此汇入上犹江。禾斋河主河道长度21.4千米，流域长度17.6千米，流域面积64.5平方千米。主河道纵比降6.02‰，流域平均坡度6.79。形状系数0.21。流经凤岗镇长胜村、长田村、长江村、龙泉村、横岭村、大塘村。

太和水——上犹江一级支流，起点及源头位于赣州经开区太窝乡龙潭村傲塘，北纬25°44′57.96′、东经114°44′55.19′，终点为三江乡东红村三江口，北纬25°48′28.30′、东经114°48′44.05′，汇入上犹江。太和水主河道长度15.5千米，流域长度13.9千米，流域面积32.7平方千米。主河道纵比降1.83‰，流域平均坡度1.88，形状系数0.17。太和水流经太窝乡龙潭村、洋田村、中边村，唐江镇章良村，三江乡饶家陂村、新红村、东红村。

下雨塘河——起点位于赣州经开区凤岗镇塘屋村塘屋组，北纬25°50′45.08′、东经114°48′53.51′，终点为凤岗镇岗孜村马坳背（马坳桥），北纬25°49′09.65′、东经114°50′56.99′。在此汇入章江，下雨塘河主河道长度7.9千米，流域长度6.2千米，流域面积10.1平方千米。主河道纵比降 3.03‰，流域平均坡度 3.50，形状系数 0.26。流经凤岗镇塘屋村、路塘村、岗孜村。

社官背河——起点位于赣州经开区湖边镇坳头村桥头组，北纬 25° 54′ 13.42′、东经 114° 49′ 33.60′（河源位于赣州市章贡区水西镇沙皮安），终点为凤岗镇岗孜村马坝背（马坝桥），北纬 25° 49′ 09.62′、东经 114° 50′ 56.92′。在此汇入章江，社官背河主河道长度 12.4 千米，流域长度 11.4 千米，流域面积 32.3 平方千米。主河道纵比降 4.47‰，流域平均坡度 2.03，形状系数 0.25。流经湖边镇坳头村，蟠龙镇桃芫村、车头村、杨边村，凤岗镇岗孜村。

蛤湖河——起点位于赣州经开区湖边镇叶山村黄坑里，北纬 25° 52′ 28.53′、东经 114° 51′ 19.53′（河源位于赣州市章贡区水西镇上禾村大水坑），终点为蟠龙镇寺背村欧潭组，北纬 25° 49′ 44.40′、东经 114° 52′ 39.50′，在此汇入章江。蛤湖河主河道长度 18.2 千米，流域长度 14.4 千米，流域面积 34.3 平方千米。主河道纵比降 5.67‰，流域平均坡度 6.79，形状系数 0.17。流经湖边镇横江村、叶山村，蟠龙镇水碓村、杨坑村、田心村、河坝村。

刘家坊河——赣江一级支流，起点位于赣州经开区湖边镇善边村青明岭下，北纬 25° 54′ 49.32′、东经 114° 53′ 20.17′（河源位于赣州市章贡区水西镇窑下村龙潭山），终点位于湖边镇岗边村刘家坊，北纬 25° 54′ 13.61′、东经 114° 55′ 00.03′。流经章贡区水西镇罗边、黄沙，于和乐汇入赣江。刘家坊河主河道长度 15.9 千米，流域长度 9.8 千米，流域面积 73.1 平方千米。主河道纵比降 5.67‰，流域平均坡度 2.82，形状系数 0.76。流经湖边镇涌泉村、梨园村、岗边村。

【气候】 赣州经开区属典型亚热带丘陵区湿润季风气候，气候温和，四季分明，雨量充沛，光照充足，无霜期长，生长季长，冷暖变化显著，降水率大。春季气温渐升，雨日渐多，冷暖气流交替频繁，天气变化无常，常有阴雨和低温天气出现，时有雷雨大风、冰雹、春寒等灾害天气；夏季海洋季风强盛，天气高温，形成大范围降雨或暴雨，降水量大而集中；秋季太平洋副热带高压减弱，受北冷高压控制，秋高气爽，昼夜温差较大，湿度小，有风和日丽的小阳春天气；冬季天气干燥寒冷，受西伯利亚冷空气影响，有时会出现雨雪天气，但降雨量不大。

全区年平均气温为 20.2℃，年降水量 1283.9 毫米，降水多集中在春、夏两季，降水局地性强，雨量分布时空不均。7 月为最热月，累年月平均气温 29.4℃，1 月为最冷月，累年月平均气温 8.0℃；年日照时数为 1888.5 小时，日照百分率为 42%；常年主导风向为北风，一般每年 9 月至次年 3 月盛行偏北风，4—6 月南北风势均力敌，仍以北风稍多，7—8 月南风最多，年平均风速 1.9 米 / 秒，最大风速 18 米 / 秒。

【土地资源】 赣州经开区山地多、平原少，耕地面积小、耕地后备资源不足；土地绝对数量大，具有人均占有量少的特点；受地质构造关系和成土诸因素影响，形成土地类型地域性强、土地利用差异明显特点。年内，全区划定城镇开发边界规模 10106 公顷，耕地保有量 3489 公顷，永久基本农田保护面积 1378 公顷。

（曾 玲 黎柏茜）

本栏编辑：施恩沁

营商环境

综　述

【概况】　2022年，赣州经开区率先在全省打造“无证明”营商环境，110个惠企政策事项接入“亲清赣商”惠企政策兑现线上平台。实施“签约速开工”改革，探索“先建后审”监管模式，实现“承诺即发证”，在全市率先推行惠企政策“免申即享”“即申即享”。出台《赣州经济技术开发区优化营商环境2022年工作要点》《2022年赣州经济技术开发区优化营商环境对标提升实施方案》《赣州经济技术开发区深化“放管服”改革 打造新时代“第一等”营商环境工作方案》等文件，深入推进营商环境优化升级“一号改革工程”。

【惠企政策】　建立“三同三会三员”（同蹲点、同推进、同监督；政企圆桌会、述职评议会、政企夜话会；首席服务员、科技特派员、上市辅导员）企业服务体系，安排332名干部蹲点344个项目。举办首个“5·20”企业家日，出台落实助企纾困“36条”、稳经济“36条”等政策措施，为企业兑现政策红利近20亿元，退税减税30.36亿元。新增各类市场主体2.4万户、比上年增长26.4%。帮助企业招工26978人。

市场环境

【概况】　2022年，赣州经开区以市场主体需求为导向，按照“分级负责、谁主管谁负责”原则，在全区范围开展市场准入门槛清理、行政审批中介服务规范治理、多领域维护市场秩序专项整治等行动。维护市场主体权益，破除不平等体制机制障碍，构建开放、平等、有序的市场环境。

【市场准入门槛清理】　2022年，赣州经开区围绕“是否存在有关机构违背市场准入负面清单”“是否存在市场主体违规进入市场准入负面清单禁止或限制进入行业、领域、业务”“是否违规设置市场准入负面清单、市场壁垒”等内容，在全区范围内对违背市场准入负面清单情况开展排查。对照省发展和改革委通报的23起违背市场准入负面清单的典型案例及处理情况全面排查、逐一梳理，年内未发现违背市场准入负面清单的案例。

【反垄断和反不正当竞争】 2022年，赣州经开区贯彻落实《关于切实做好公平竞争审查工作的通知》，围绕全区供水、供电、供气、通信、公共交通、殡葬等民生和消费领域开展反垄断和反不正当竞争行为专项整治。全年出动执法人员80余人次，检查各类营业场所50余处，开展“保护商业秘密”宣传1次，移交虚假宣传违法线索8条。通过宣讲、培训、合规指导等方式宣传5批次。

【涉企收费专项整治】 3月27日，印发《赣州市市场监督管理局赣州经济技术开发区分局关于开展涉企收费专项检查实施方案》，进一步加强涉企收费管理、减轻企业负担，推动各项降费政策落到实处。强化区属行业协会商会乱收费治理，重点整治机场、高铁西站、汽车南站等区域不执行政府定价、指导价，不按规定明码标价，对明令取消的收费项目继续收费以及价格欺诈等违法行为。督促供水、供电、供气企业梳理自查现行收费项目及标准。加强工程安装、维护维修领域的价格监管。联合区经发局、区税务局等部门核查辖区内稀土开采、冶炼分离、贸易企业37家。检查供电公司1家，转供电企业2户，电信资费业务收费单位1个，学校34所。

【涉企中介服务及公共资源交易领域质效提升】 5月20日，印发《赣州济技术开发区开展行政审批中介服务规范治理专项行动工作方案》，进一步清理中介服务事项、破除中介服务垄断、切断中介服务利益关联、规范中介服务收费，实行中介服务清单管理。全年通过中介服务超市选取中介机构1347家，节支率57.96%，公共资源交易工作站电子化交易率100%。探索推行行政审批和技术审查相分离，组织专家评审项目124个，确保评审过程的专业性和合理性。

【市场秩序维护】 2022年，区市场稽查分局围绕群众反映强烈、社会舆论关注和市场监管风险压力大的突出问题，开展民生领域“铁拳”行动。查处民生领域价格违法违规案9件、肉制品质量安全案7件、涉及老年人消费不当竞争案4件、使用超期未检电梯案2件、面向未成年人“无底线营销”食品案1件、“神医神药”虚假广告案1件、医疗美容领域虚假宣传案1件和“减肥壮阳”食品非法添加案1件。

【企业用工指导】 2022年，区综合执法大队通过召开企业用工指导培训会、上门宣传等形式，帮助企业抓好和谐劳动关系建设、防范化解劳动关系矛盾风

12月20日，区市监稽查分局工作人员在药房开展疫情期间药品价格执法检查 （区市监稽查分局供图）

险。全年走访企业350余家，解决企业用工问题近600个。5月24日，在区人力资源产业园举办企业劳动用工风险知识讲座，针对新冠疫情期间的惠企政策（社会保险缓缴、稳岗补贴、工伤保险补充险等政策）进行宣讲，参会人员200余人。

【诚信政府建设】 2022年，赣州经开区强化公职人员诚信教育，推动政府采购、政府和社会资本合作、招标投标、招商引资领域、地方政府债务等领域政务诚信建设。贯彻落实《关于进一步做好公务员录用、调任人选社会信用记录查询工作的通知》《关于开展2022年度政务失信治理工作的通知》《关于加强信用记录、信用报告及公共信用综合评价结果应用的通知》文件要求，引导各单位将信用信息查询使用嵌入行政监管和服务工作流程中。在实施行政许可、财政支持、政府采购、政府投资项目招标、表彰奖励、资金奖补等前期工作中查询使用信用信息，确保按照履职需要“应查尽查”“奖惩到位”，推动在行政管理和行政事务中普遍使用信用记录和信用报告。

【营商环境领域作风问题专项治理】 4月14日，赣州经开区印发《关于开展“小鬼难缠”“中梗阻”等营商环境领域作风不实问题专项治理的工作方案》，围绕营商环境领域作风不实问题开展“新官不理旧账”、行政审批中介服务、招投标领域问题、营商环境领域腐败和作风问题四大专项治理行动，打通服务企业“最后一公里”。截至年底，收集“新官不理旧账”问题线索5件，办结5件；行政审批中介服务问题6件，办结6件；招投标领域问题16件，办结16件。推动解决营商环境领域腐败和作风问题36起60人涉及6个单位，督促解决涉企问题259个。

（唐怀智 李敏春 成福英）

政务环境

【概况】 2022年，赣州经开区精简、清理各类行政审批事项及流程，规范行政审批行为。推动“互联网+政务服务”改革，依托“一窗办”平台和网上审批系统，高频事项“网上办”占比100%，网上可办率、即办件占比、承诺时限压缩比、综合窗口设置率等审批改革指标居全市第一。

【市区同权改革】 2022年，赣州经开区探索建立市区联动审批服务，推动经开区“园区事园区办”，减少企业办事跑腿次数。3月19日，印发《赣州经济技术开发区承接落实“市区同权”改革实施方案》。3月底，在区政务服务大厅设立“市区同权”专窗并配有专岗人员。8月25日，召开区“市县联办”平台操作培

8月25日，赣州经开区“市县联办”平台操作培训会暨“市县同权”改革工作调度会在区政务服务中心召开 （区政务服务中心供图）

训会暨“市县同权”改革工作调度会，对相关改革事项及业务系统进行指导。全年承接“市区同权”事项55个，受理“市区同权”办件244件。

3月28日，区税务局建立税收优惠政策落实“绿色通道”，为纳税人提供“简办快办”服务　（区税务局供图）

【惠企政策兑现】　1月27日，印发《赣州经济技术开发区惠企政策兑现“线上一网+线下一窗”改革工作方案》，全区65%的惠企政策兑付实现“免申即享”，兑付时间相比改革前压缩30%以上，兑现和补贴各类惠企利民政策资金10.24亿元，惠及企业2万余户次。创新优化惠企政策信息化平台，全年梳理惠企政策“免申即享”“即申即享”等事项清单100余条，接入“赣服通”“亲清赣商”平台惠企政策事项110项。3月8日，印发《赣州经济技术开发区惠企政策专项资金管理办法》，通过线上线下兑现奖补资金10亿余元，完成留抵退税10.46亿余元，涉及企业1543户次。实行招商引资合同政策兑现限时办结机制，10个工作日内办结，提高兑现效率。全年受理企业申请93件，兑现各类奖补资金3.75亿元。

【便民办税服务】　2022年，区税务局选派业务骨干组成业务处理中心，通过纳税服务热线、远程交互、行业企业微信群等渠道，实时为纳税人缴费人解答问题。设立“简事易办”窗口，简单事项当即办结，疑难事项容缺办理，办理时长缩短至5分钟。采取“中午错时、下午延时”措施，配备自助办税终端10台，确保24小时纳税服务不断档，涉税事项当天受理。成立税收政策定制等服务团队4个，组织90名首席服务员结对180户企业，为招商引资企业提供数据分析、产业链和供应链查询服务。

【减税降费】　2022年，赣州经开区落实退税减税30.36亿元。其中，留抵退税1747户次13.64亿元，出口退税11.15亿元，增长79.55%。采取“行业集中、分类审批”模式，梳理出高中风险点9个、低风险点26个，事前阻断27户企业近7000万元的退税申请，事后复核追缴135户3753万元。留抵退税做法推送参加全国先进事迹评选。

【工程建设项目审批改革】　3月16日，赣州经开区出台《赣州经济技术开发区招商引资工业重大项目“签约速开工”改革实施方案（试行）》。符合条件的项目由企业提出“签约速开工”申请，审批部门及建设单位即对项目制发前期工作意见函、规划预审同意函和施工登记意见函。通过优化审批流程、实行以函代证、推行信用承诺等改革举措，大幅压减审批时限，提升审批效率。

【“一企一码”项目】 2022年，赣州经开区推行“一企一码”改革，创新公安线上服务企业模式。企业入职员工自主扫码录入个人信息，实现数据自动采集，后台数据自动比对，有效规避用人风险。该平台在工业园区内试点运行，采集数据同步纳入居住登记，满足半年条件后网上直接申领居住证。全年采集园区各类信息3万余条，覆盖辖区企业95%以上，为企业排查出有前科劣迹人员217名，挽回经济损失100余万元，工业园区派出所辖区电信网络诈骗发案数下降59.8%。8月31日，“一企一码”改革项目在省公安厅、省总工会共同举办的“天工杯”劳动和技能竞赛暨“智慧公安我先行”基层技术革新评比中获二等奖。

【稳经济促发展】 围绕普惠性纾困扶持、餐饮住宿及批发零售业纾困扶持、文化旅游业纾困扶持、交通物流业纾困扶持措施、工业纾困扶持、农业纾困扶持6个方面制定政策措施36条。6月12日，赣州经开区印发《赣州经济技术开发区稳经济促发展保就业若干措施》，围绕进一步落实惠企纾困、进一步加快项目建设、进一步释放消费潜力、进一步强化保通保畅、进一步提升双“一号工程”、进一步保障就业民生、进一步夯实安全稳定7个方面制定36条政策措施。9月30日，赣州经开区印发印发《赣州经济技术开发区切实稳住经济发展若干接续措施》，围绕抢抓政策机遇扩大投资，扎实推进工业倍增升级，推动消费加快恢复提振，精准施策助企纾困解难，促进房地产业健康发展，保持就业物价总体稳定，牢牢守住安全发展底线7个方面制定政策措施30条。

【营商环境主题宣传】 11月1日，赣州经开区“贯彻落实二十大营商环境我先行”服务承诺宣誓暨营商环境社会监督员聘任仪式举行，区党工委主要领导及全体参会领导干部集体重温“赣州经开区营商环境宣誓词”，参会区领导为来自企业、律师事务所、学校等各行各业的20名“营商环境社会监督员”颁发聘书。通过线下线上联动的方式，向社会各界广泛宣传相关政策措施，提高社会各界对优化营商环境的认识。

【首个房建工程实现“不见面开标+远程异地评标”】 10月14日，赣州市公共资源交易中心赣州经开区站依托江西省公共资源交易平台，与赣州市公共资源交易中心瑞金市分中心合作完成富联精密科技（赣州）有限公司新建厂房及配套设施项目一期一标段机电安装工程，首次实现“不见面

11月1日，赣州经开区“贯彻落实二十大 营商环境我先行”服务承诺宣誓暨营商环境社会监督员聘任仪式在区政中心广场举行

（区融媒体中心供图）

5月20日，"感恩奋进·强攻快进"赣州经开区首个"520·企业家日"主题论坛在赣州格兰云天·阅酒店举办　（区融媒体中心供图）

开标+远程异地评标"。项目总投资约3.46亿元，有14家投标企业直接通过"不见面开标大厅"在线参与投标，采取"不见面开标+远程异地电子化评标"方式进行，以互联网信息技术为依托，打破地域空间限制，以赣州市公共资源交易中心赣州经开区工作站为主场，瑞金市分中心为副场，实现"线下不见面、线上面对面"远程"同框"评标。评标过程全程监控、全程留痕、可溯可查，有效减少人为干扰和评标过程中的廉政风险，降低招投标成本。

【企业挂点帮扶】 2022年，赣州经开区通过每月"企业服务日"活动、微信群、宣讲会等方式，全覆盖发放《惠企政策摘编》《奖励政策口袋书》《项目推进手册》《项目推进手册（租厂房项目）》，广泛宣传惠企政策。2月11日，印发《关于做好2022年派驻首席服务员、科技特派员、上市辅导员挂点联系帮扶企业的通知》，派驻364名首席服务员挂点联系625家工业企业。开展企业服务活动19次，积极送策入企、助企纾困，为企业提供"店小二"式服务。4月4日，印发《关于成立赣州经济技术开发区企业发展解难办公室的通知》，健全企业反映问题收集整理、分解落实、督察督办工作机制，实现企业服务工作常态化、制度化、规范化。5月，举办"致敬逐梦者·千人进千企"走访、"感恩奋进·强攻快进"首个"520·企业家日"主题论坛。年内，成立招工工作专班，开展高校毕业生进园区、岗位招聘对接会、送岗下乡、直播带岗等活动，为富联精密、吉利耀能等130家企业解决用工26978人。

【区政企圆桌会议】 2022年，赣州经开区常态化落实政企圆桌会议机制，畅通政企沟通渠道。定期梳理企业问题和需求，将需区级层面协调解决的复杂重大问题，纳入区综合性政企圆桌会议研究解决，明确解决措施和办理时限。全年召开政企圆桌会议8次，解决企业诉求44个。

（唐怀智 成福英 陈晓乐）

金融环境

【概况】 2022年，赣州经开区建立"三办一园"（"上市办""融资办""基金办"和数字金融产业园）工作机制，围绕企业的资产端、负债端、权益端发力，推进金融创新为主线，培育企业发展沃土，持续赋能实体经济。全年为区内各类市场主体办理无还本续贷11.65亿元；通过减免手续费、延期还款付息、降低利率等方式让利3.35亿元；通过各种融资方式帮助民营企业解决市场化资金需求。

【“三办一园”工作机制】 年内，赣州经开区通过打好“三办一园”组合拳，以“上市办”为企业上市增动力，“融资办”为企业发展添活力，“基金办”为企业提效力，做优做强数字金融产业园工作思路，为企业发展保驾护航。

1月14日，“上市办”协助金力永磁正式挂牌香港联交所主板，成为全市第一家、全省第三家“A+H”上市企业；5月19日，富尔特电子完成新三板创新层调层；冠英科技和立昌新材料完成股改；协助孚能科技（赣州）股份有限公司成功定向增发33.18亿元；12月29日，协助播恩集团通过证监会发审会。

“融资办”通过各种融资方式帮助民营企业解决资金需求，包括通过银行机构争取资金支持、通过供应链解决企业融资需求、通过融资租赁解决企业融资需求、直接融资。

“基金办”按照“以投促引、以投引资、以投做优”思路，专项投资赣州富尔特电子股份有限公司2128万元并协助其完成7600万元定增；通过投外引内推动微克科技在赣州经开区投资1.6亿元智能穿戴设备研发生产项目；结合合作投资机构项目资源，引进深圳同昇光电、北京维盛复材投资赣州经开区；通过服务中传金控，设立规模合计16.35亿元人民币的赣州苏区崛起基金、阿卡普斯2支QFLP基金。

12月30日，金融机构支持赣州经开区经济高质量发展2022年第四次产融对接活动在区政中心2号会议厅举行（区金融服务中心供图）

数字金融产业园围绕“金融赋能科技，科技赋能金融”两条主线，坚持“数字+金融+产业”融合发展，引入金融科技、金融、类金融机构90家，创设赣州市普惠金融纠纷调解中心，自主研发“调诉保”产品，受理市内金融纠纷案129件，案件总金额489万元。创新打造电子保函特色普惠数字金融产品，服务区内企业137家，担保金额7.7347亿元。数字金融产业园被选定为全省普惠金改2周年现场会唯一县区展示点。

【金融助企】 2022年，区金融服务中心深化“政、银、担、企”对接机制，分别于3月1日、7月15日、11月17日、12月30日召开金融机构支持赣州经开区经济高质量发展产融对接活动，签约项目110个，签约金额143.39亿元。收集企业融资需求158件，3个月以内解决融资需求占比79.63%，1个月内解决融资需求占比13.71%，引导建设银行开辟绿色通道为康达新能源提供900万元贷款支持。组织召开助企纾困协调会，赴农业银行江西省分行、赣州银行总行等上级金融机构沟通对接，协助赣州宝明科技股份有限公司融资2

亿元，推动区内重点项目建设。协调赣州银行突破限制，为国机智骏1.5亿元贷款展期1年。协调区工发集团、市发投等机构为山东凯马汽车赣州分公司提供过桥资金支持；与市金融专家服务团邮储银行赣州分行组建工作专班，深入园区开展百万金融人才培训120余人次。

（李　旺）

法治环境

【概况】　2022年，赣州经开区全面落实《关于开展优化法治化营商环境专项行动工作方案》《关于进一步推进优化法治化营商环境工作的通知》，推进“五化”（行政高效化、监管执法规范化、司法保护平等化、政务服务标准化、法律服务多元化）措施，明确48项具体工作任务及方法步骤、工作时限，推动全区加快形成稳定、公平、透明、可预期的法治化营商环境，增强各类市场主体信心。

【包容审慎监管】　2022年，区司法分局严格规范公正文明执法，为各类企业发展提供更加包容的法治环境。推行“首违不罚”“轻微不罚”的柔性执法方式，梳理公示《赣州经济技术开发区轻微违法行为不予处罚清单》（第一批），形成轻微违法不予处罚事项119项，督促区其他行政执法单位结合工作实际自行梳理并公示轻微不予处罚清单85项（第二批）。规范涉企行政执法检查，实行涉企行政检查备案制度，落实“入企扫码”报备制度，解决涉企现场检查事项多、频次高、随意检查等问题。

【公共法律服务体系建设】

2022年，区司法分局以区内5个司法所为依托，推动公共法律服务工作站与司法所一体规划、一体建设、资源共享，规范化开展法治宣传、人民调解、法律援助等公共法律服务。全年开展法律宣传160余次，发放宣传资料1600余份，提供现场法律咨询100余次。开展“法援惠民生”七大品牌活动，加大对老年人、残疾人、农民工、未成年人、妇女、军人军属、退役军人群体的法律援助力度。全年受理法律援助案件245件，其中民事案件122件、刑事案件123件，提供法律咨询253件。

【社会信用体系建设】　5月，区信用联席办印发《2022年赣州经开区社会信用体系建设年度工作要点》《赣州经济技术开发区社会信用体系建设宣传工作方案》。截至年底，全区信用数据报送176.73万条、双公示数据29419条、红黑名单842条、新闻资讯30条、信用承诺2万余条，各项数据量均居全市前列，获市信用联席办通报表扬。

【监管制度创新】　9月5日，赣州经开区印发《赣州经济技术开发区市场监管领域部门联合“双随机、一公开”监管联席会议工作制度》《赣州经济技术开发区市场监管领域部门联合“双随机、一公开”抽查工作细则》《赣州经济技术开发区市场监管领域部门联合“双随机、一公开”抽查事项清单（2022版）》《赣州经济技术开发区市场监管领域部门联合“双随机、一公开”检查事项及检查依据清单（2022版）》，建立“双随机、一公开”部门联合监管机制，明确抽查事项37项，实现“进一次门、查多项事”。年内完成联合部门检查事项37项，完成率100%，除重点监管外“双随机”覆盖率100%，低风险市场主体“无事不扰”实现率90.79%。

【涉企检查监督】 2022年，区检察院坚持服务企业、打击犯罪与维护企业权益“三结合”，办理破坏社会主义市场经济秩序和侵害企业权益的犯罪案件22件31人，提起公诉8件8人；办理企业合规案件2件。开展“企业服务日”、检察开放日、非公维权联席会活动，“送法进企”260余次，办理企业诉求65件。6月8日，编发《企业法律风险防范手册》，对企业经营、项目推进中的常见法律风险进行预警。10月24日，赣州经开区出台《关于建立赣州经济技术开发区涉案企业合规第三方监督评估机制的实施办法（试行）》《赣州经济技术开发区涉案企业合规机制专业人员选任管理办法（试行）》，打造更优法治化营商环境。

【涉企司法保护】 2022年，区法院成立速裁、快执团队，推动涉企案件实现快立案、快审理、快执行，办理涉企案件3647件，为1109家企业执行到位金额约2.67亿元，盘活土地资源约540.6亩。推进破产审判工作，强化破产府院联动，妥善处置破产案件14件，清理债权约5.3亿元，盘活土地约39.4亩、房产2.4万平方米，安置企业职工18人。主动延伸司法服务，安排14名“首席服务员”挂点23家重点企业，协调解决困难问题160余件次。

【涉企专项执法】 2022年，区市场稽查分局开展多领域专项执法行动维护市场秩序。

食品安全专项执法 开展元旦、春节期间食品安全、中央电视台“3·15”晚会曝光酸菜食品、“塔斯汀”类餐饮食品、进口冷链食品等专项检查，累计出动执法人员600余人次，检查各类经营单位300余家，对无证经营、非法添加、私屠滥宰、经营不合格食品等违法行为立案121件。

药品安全专项执法 检查药品、药械、化妆品经营主体79家，对经营非法添加“那非”类药物的保健食品、经营未经批准备案的进口化妆品、购进使用的医疗器械未建立并执行进货查验制度记录等违法行为立案14件。

特种设备使用单位安全生产专项执法 围绕使用单位特种设备的定期检验情况、人员持证上岗情况等开展执法检查，检查特种设备使用单位38家，下达《特种设备安全监察指令书》9份，立案2件。

校园周边环境专项执法 针对中央电视台“3·15”晚会曝光多地小学周边文具店、小卖部存在售卖抽奖游戏产品现象，对区内校园周边经营场所开展排查整治。检查经营主体19家，查扣“三无产品”15类计75件（套），下达《责令改正通知书》2份。

价格违法行为专项执法 严厉查处不执行政府定价、政府指导价等价格违法行为，严厉打击停车服务违规收费。下达《责令改正通知书》3份，立案6件。检查区内9家涉粮企业执行国家粮食价格政策情况，下达《责令改正通知书》1份。

“战疫情 保春耕”农资打假及农资价格专项执法 聚焦种子、农药、肥料、饲料等重点农资产品，严查掺杂掺假、以次充好、以假充真、虚假宣传、以不合格产品冒充合格产品和哄抬农资价格等违法行为。检查农资经营者3家。

开展成品油专项执法 对无照经营和经营不合格成品油等违法行为重点查处，检查加油站9家，摸排“黑加油站（点）”3家。

（郭艳红 李敏春 张国翠 易庆华）

本栏编辑：王 颖

科技创新

科技企业

【概况】　截至2022年底，全区培育独角兽企业、潜在独角兽企业、种子独角兽企业、瞪羚企业、潜在瞪羚企业24家，国家高新技术企业218家，科技型中小企业700余家，其中，培育全省首家独角兽企业——孚能科技（赣州）股份有限公司。年内新增瞪羚企业5家、国家高新技术企业44家、科技型中小企业206家。培育省级以上专精特新“小巨人”、单项冠军企业100家以上，其中国家专精特新“小巨人”企业7家。

【江西金力永磁科技股份有限公司香港交易所主板挂牌上市】

1月14日，高新技术企业江西金力永磁股份有限公司在香港交易所主板挂牌上市，成为全市第一家、全省第三家“A+H”（既作为A股在上海证券交易所或深圳证券交易所上市又作为H股在香港联合交易所上市）上市企业。

【企业创新】　2022年，江西金力永磁科技股份有限公司、江西龙正科技发展有限公司分别获省科学技术进步奖一等奖、省技术发明奖二等奖；赣州有色冶金研究所有限公司“复杂难采脉钨矿床安全开采关键技术”、赣州好朋友科技有限公司“新一代XRT矿石智能拣选装备研制与应用”等9个项目获市级技术革新奖。

（廖志华　刘谊秋）

科创载体

【概况】　截至2022年底，赣州经开区有省级以上研发平台载体和检测机构87个，新增14个。其中，有国家级科技创新平台载体21个，新增2个。有国家级孵化器（众创空间）5个和各类科技型企业孵化平台载体30个，孵化面积101万余平方米，在孵企业2250家，孵化科技型中小企业600余家。金岭科技园、香江科技园培育省级“专精特新”企业1家、规模以上企业3家、科技型中小企业7家。指导善纳新材料、虔博新材料、研创光电等在孵企业获得授权发明专利10个。

【创业孵化体系完善】　2022年，赣州经开区整合各类资源，构建一站式孵化服务体系，推动企业发展软环境升级。全年举办项目评审会3期，参加路演企业15家。积极宣传“科贷通”“创业信贷

赣州市小微企业创业孵化基地 （2022 年，市科创中心供图）

通”“小微信贷通”等政策，摸清企业融资需求，定期组织“资本相亲会”等对接活动，强化“政银企”全程联动。帮助在孵企业解决融资需求 6600 余万元。

【获评 2022年度国家小型微型企业创业创新示范基地】 11 月，市科创中心运营的赣州市小微企业创业孵化基地获评 2022 年度国家小型微型企业创业创新示范基地（全省 6 家）。基地建筑面积 4.3 万平方米，在孵企业 100 余家，配备视频会议室、创业咖啡、路演厅、创业培训电教室、多功能厅等公共服务区域。搭建企业科技资源对接平台，拥有产业信息数据库 12 个，智库专家 300 余人，专业创业导师团队 28 人，入驻投融资、知识产权、法务等合作服务机构 11 家，吸引 11 名国家级高层次人才在基地创业发展。

（刘谊秋）

科技人才

【概况】 截至 2022 年，全区有博士及同等人才 899 名，其中国家级高层次人才 55 名。年内，落实“4 个 4000 万”（4000 万元资金支持、4000 万元创业补贴、4000 万元科技强企奖励、4000 万元上市奖励）人才政策，组建运营区人才集团，加强科技人才培养，推动各项政策落实落地。

【人才引进及培育】 2022 年，赣州经开区常态化召开高层次人才项目服务推进会，评选出“欧潭麒麟”5 名，获评市“双向双聘”专家 31 名。外出招才引智、接待人才 300 余批次，举办线上线下人才招聘会等 29 场，引进国家级人才项目 10 个，引进或培养行业急需紧缺人才 300 名，各类高层次人才 55 名（其中国家级人才 14 名）。5 月 30 日，播恩集团股份有限公司董事长邹新华获评市第六届“十大科技创新人物”，赣州有色冶金研究所党委书记、执行董事、总经理管建红获“十大科技创新人物”提名奖，赣州市烯鼎科技有限公司国家级人才闵永刚、赣州中芯动力电池有限公司国家级人才马昕当选俄罗斯工程院外籍院士，尼博微电子（赣州）有限公司高层次人才刘焕明当选加拿大工程院院士。

【聚才平台搭建】 2022年，全区有各类聚才平台164个，其中国家级工程（技术）研究中心、科技企业孵化器、众创空间等科技创新及基础服务平台21个，“海智计划”工作站、博士后科研工作站（创新实践基地）等省级服务平台87个。年内建成赛可韦尔动力电池、江西北正干细胞生物科技等科创飞地2个，人才驿站20余个，新增“国字号”人才创新创业平台2个，省级创新创业平台14个。4月25日，在深圳挂牌成立粤港澳大湾区招才引智工作站。

【人才政策兑现】 2022年，赣州经开区兑现国家级人才项目支持资金2250万元，发放人才特殊津贴、个税返奖、大学生生活补贴等417万元，建设（筹集）人才住房3215套。组织开展赣州经开区集中疗养（国情研修）、高层次人才联谊会、青年人才交友会等活动，落实区党工委联系服务专家制度，走访慰问高层次人才84人，发放慰问金16.8万元，解决人才住房、子女（转）入学等问题90余个。

（周加相 丁国熙 刘谊秋）

科技活动

【“双创”赋能】 2022年，赣州经开区以高质量活动激发创新活力、浓厚创业氛围。全年举办项目路演、创业辅导、银企对接等科技赋能活动12场，辅导推荐在孵企业参加“中国创翼”等各类创新创业大赛，获省级奖项2个，市级奖项4个。探索“金融+大赛”新模式举办全区第二届科技创新大赛，吸引60余个创业项目、十余家金融机构参与，为获奖项目颁发奖金26.4万元、金融授信额度2900万元。12月16日，联合广州市科协举办2022年中国创新创业成果交易会系列活动之“湾区苏区齐携手 科创联盟入赣行”活动，签约广东省科学院工业分析检测中心等湾区项目5个。

【大学生创业指导】 5月15日，赣州经开区联合江西理工大学举办江西建材杯第八届中国国际“互联网+”大学生创新创业大赛江西理工大学校赛决赛，决出金奖7个、银奖11个、铜奖17个。联合江西理工大学开展大学生创新创业基础课走进“双创”平台活动3期，邀请

12月16日，2022年中国创新创业成果交易会系列活动之“湾区苏区齐携手 科创联盟入赣行”活动西城科技园主会场 （区科协供图）

企业家分享创业故事。联合市智能产业创新研究院在赣南师范大学、江西理工大学开展“数字经济＋职业规划”主题活动2期。与市内高校共建产学研成果转化基地1家，挂牌成立大学生创业实训基地7家。

【科技交流】 9月1—15日，赣州经开区组织区内10家科技型企业“走进创交会”线上参展交流，展示科技成果50多项。5月30日至6月3日，赴华南新材料创新园、云创智谷、江西理工大学双创园等地，学习交流科技创新孵化体系建设、企业培育等方面的经验。深化与江西理工大学、赣南师范大学、赣州职业技术学院等科研院所、高校的交流互动，开展走访对接交流活动10余次。促进创新资源加速集结，推动在孵企业江西众安检测有限公司与赣南师范大学化学化工学院共建教育实践基地。

（刘谊秋）

科技创新环境

【科技政策】 2022年，赣州经开区印发《进一步强化科技创新赋能的若干政策措施》《赣州经济技术开发区科技创新券管理办法（暂行）》等文件，通过“免申即享”兑现科技惠企政策4000余万元，惠及企业160余家。设立引导企业购买科技服务的专项资金，降低市场主体创新成本，全年兑现81家企业100个项目补助资金297万元。通过“科贷通”解决33家民营企业融资需求1.11亿元。

【知识产权保护】 2022年，赣州经开区新增专利授权1354件，其中新增企业有效发明专利196件，比上年增长24.84%。每万人有效发明专利拥有量33.47件，为市平均水平的6.27倍。开展商标专项整治行动30余次，出动执法人员150余人次，对全区30余家商场超市开展假冒专利和专利标识标注不规范检查，对15个知识产权代理机构代理的涉及全区300件非正常专利申请进行核查，并要求相关专利代理师限期整改，查处专利标注不规范案件5起。全年受理商标注册800件，含后续业务624件。4月，赣州经开区举办全区知识产权质押融资银企对接会，立昌科技、银盛电子等4家企业与交通银行赣州分行现场签约。10家企业盘活“知产”，办理知识产权质押融资贷款8650万元，同比增长154.41%。7月，印发《赣州经济技术开发区开展知识产权证券化试点工作的实施方案》，率先在全省探索知识产权证券化试点工作，赣州经开区成为全省首个正式启动知识产权证券化工作的地区。11月2日，赣州经开区知识产权证券化项目启动仪式在恒科产业园举行。

【科技成果转化】 2022年，赣州综保华瑞新材料有限公司与中科院赣江创新研究院共同研发的高性能再生稀土永磁材料关键制备技术产业化项目实现产业化。运用江西裕丰智能农业科技有限公司遥感科技、大数据、物联网等技术建设的凤岗镇黄龙村“智慧果园”，实现果园精细化、科学化生产管理。

（汪志华 刘谊秋 侯椿鹏）

本栏编辑：王 颖

数字经济

数字化基础设施建设

【概况】 2022年，赣州经开区开展5G网络建设攻坚行动，加快数字化基础设施建设，大力发展数字经济。截至年底，全区新建5G基站165个，累计建成开通1265个。

【数字经济技术平台】 2022年，国家工业信息安全发展研究中心江西分中心、赣州市产业技术研究院落户赣州经开区。11月，区管委会牵头申报的区域型项目入围区域型、行业型省级数字化转型促进中心。

【高速网络宽带】 2022年，赣州经开区推进高速光纤网络等信息通信基础设施建设，实施千兆宽带部署工程，加快网络IPv6升级改造；完成赣州经开区人才网、赣州人事人才网、赣州经开区就业网、赣州国际企业中心等43家属地政府和商业网站IPv6升级改造，基本实现商住小区、住宅小区、医院、学校等企事业单位千兆宽带网络全覆盖。

【物联网基础设施】 2022年，赣州经开区加速构建NB－IoT（窄带物联网）网络基础设施，建立协同发展的NB－IoT\4G\5G移动物联网综合生态体系，围绕产业数字化、治理智能化、生活智慧化三大方向满足行业不同需求，推进物联网在智慧城市、车联网、能源互联网等领域的建设应用。

（肖远明）

赣州经开区2022年完成IPv6升级商业网站一览表

表2

公司名称	网址
江西省誉都信用管理有限公司	www.yuduxy.cn
赣州稀有金属交易所	www.gzrme.com
赣州经开区人才网	www.gzjkqrc.com
赣智汇公共服务平台	www.jxipo.cn
江西离子型稀土工程技术研究有限公司	www.jxlzxxt.com

续表 2

公司名称	网址
江西章贡酒业有限责任公司	www.jxzgjy.com
江西客家人环境管理有限公司	www.0797kjr.cn
赣州富尔特电子股份有限公司	www.fortune-e.com
赣州国际企业中心	www.gziceo.com
赣州经济技术开发区就业网	www.gzjkqjyw.com
江西龙正科技发展有限公司	www.jxlongzheng.com
赣州人事人才网	www.797rs.com
江西华冠钢结构有限公司	www.gzhggzg.com
创新易公共服务平台	www.cxechina.com
江西赣南海欣药业股份有限公司	www.gnhxyy.com
江西天域工程检测技术有限公司	www.gzzygcjc.com
杨梅渡企业网	www.yangmeidu.cn
赣州市华龙钢构材料有限公司	www.gzhlsteel.com
智能红色旅游	www.ganzhouii.com
红色初心地图	www.buwangchuxin.com
赣州市倞华菲尔雪食品有限公司	www.jxfex.com
江西智民大数据服务有限公司	www.zmdsj.ltd
江西瑞融科技服务有限责任公司	www.jxrr2019.com
江西华泰钢结构有限公司	www.jxhtgjg.com
赣州新东方烹饪学校	www.gzxdfpr.com
赣州市臻艺装饰工程设计有限公司	www.jxgz-zhenyi.com
江西亚美达科技有限公司	www.ymeda.com
新江南教育培训学校	www.zjxjn.com
智能云测评	www.yunceping.net
赣州学聘网	www.0797xp.com
赣州市四叶草教育咨询有限公司	www.91dooya.com
看医生智能科技有限公司	www.ganzhoukys.com
赣州市华尚玻璃钢化有限公司	www.gzhsbl.com
江西赣云食品机械有限公司	www.tmspjx.com
江西福格新能源传动技术有限公司	www.fullgear.com.cn
江西曼妮芬服装有限公司	www.huijiegroup.net

数字产业化

【概况】 2022年，赣州经开区在全市率先成立数字经济协会，通过数字经济产业招商推介会引进数字经济产业项目39个，30余家企业被纳入全市数字经济重点产业赛道，7家企业入选全市首批数字经济重点企业名单。年内引进孚能30GWh、孚能9GWh、富联精密科技（赣州）智能制造、赣州市宝明显示科技等数字经济项目，签约数字经济项目44个，签约资金12.35亿元。

【区块链产业发展】 9月30日，赣州经开区出台《赣州经济技术开发区区块链产业“十四五”时期发展规划》。全年区块链产业园新增入驻企业75家，汇聚区块链+金融、智慧农业等领域创新企业185家，营业收入14亿余元。区块链产业园二期项目完成“三通一平”（通电、通水、通路，土地平整）和二次平场。区块链技术产业园新增入驻企业48家，汇聚区块链、金融、智能供应链等领域企业156家，营业收入13亿余元。

【通信业】 移动 2022年，中国移动通信集团江西有限公司赣州经开区分公司营业收入3.4亿余元，比上年增长8%。客户规模40万余人，在网客户70万余人，其中5G用户占比51%；宽带用户15万余户，其中互联网电视用户6.1余万户。建有4G基站1160个、5G基站496个，实现4G、5G信号在城区、公园、重点景区、交通干线深度覆盖和行政村全覆盖。全年办理助农资助6000余户，免费为农村家庭安装网线和电视机顶盒1500余户，消费帮扶20万余元。完成南北大市场、精品建材街、杨坑和大坪菜场等12个小区线缆整治工作，整治光缆长度135千米、入户皮线1000余户。

8月3日，赣州经济技术开发区数字经济协会成立大会在恒科产业园举行
（区融媒体中心供图）

电信 2022年，中国电信赣州分公司经开蓉江区分局完成综调系统障碍工单3097张、天网工单1037张；完成金星村、七一九社区、大坪新村等背街小巷整治；完成改迁工作1060处、维护工作982处、重大抢修18次；完成4G、5G网络覆盖率95%，农村光纤宽带通达率100%；完成经开区5G建设491站。

（肖远明 成福英 黄 欣）

产业数字化

【概况】 2022年，赣州经开区以“推动数字经济高质量跨越式发展”为主题，推进数字经济与实体经济深度融合。3月11日，出台《2022年赣州经济技术开发区数字经济工作要点》《赣州经济技术开发区进一步做优做强数字经济实施方案》。5月24日，出台《赣州经济技术开发区支持数字经济加快发展若干政策措施》，持续完善数字经济产业链。在全省率先启用跨境电商退货中心仓，建立保税进口商品退货快处快退机制，实现退货“一站式”办理。

【工业数字化转型升级】 2022年，赣州经开区持续推进制造业数字化转型，加快培育数字经济新业态、新模式向高端迈进。江西金力永磁科技股份有限公司、赣州富尔特电子股份有限公司获评省级智能制造标杆企业；江西裕丰智能农业科技有限公司、赣州市钜磁科技有限公司获评2022年第五届“绽放杯”5G应用征集大赛江西区域赛优秀奖；赣州银盛电子有限公司获评全省大数据应用推广示范企业；江西冠英智能科技股份有限公司获评省级工业互联网平台；赣州西克节能自动化设备有限公司入选2022年度国家中小企业公共服务示范平台；赣州富尔特电子股份有限公司、江西曼妮芬服装有限公司、赣州澳克泰工具技术有限公司等7家企业获评省级“两化”（制造业数字化转型、智能化升级）融合示范企业，赣州经开区获评省级“两化”融合示范园区。

【服务业数字化转型升级】 2022年，赣州综保区建成全市首个跨境电商监管中心，与省跨境电商线上综合服务平台实现互联。自建运行“赣州保税商城”线上购物商城和线下实体体验店、跨境电商展厅，实现跨境电商线上线下联动。常态化运营跨境电商保税云仓，相继引进菜鸟国际中心仓平台，多多国际云仓等国内平台接入设仓，入区美妆、洗护等进口产品超3000个品类，进口入区备货值突破1.45亿元。推进国家电子商务示范城市创建，提档升级电子商务，加速电子商务产业集聚发展，做大做强网络零售额总量。

【农业数字化转型升级】 2022年，全区442户经营主体完成国家质量安全追溯平台注册，7家企业纳入江西省农产品质量安全大数据智慧监管平台监管，生成农产品电子合格证2476张。江西裕丰智能农业科技有限公司和江西东坚农业发展有限公司入选省级农业物联网示范企业。引入江西裕丰智能农业科技有限公司遥感科技、大数据、物联网等技术，将凤岗镇黄龙村的30亩田园牧歌果园打造成包含环境数据传感系统、水肥一体化系统、轨道机器人系统、农户云平台系统和区块链溯源系统的“智慧果园”，实现果园生产环境的智能感知、智能预警、智能决策、智能分析。

【企业数字化转型】 2022年，赣州经开区开展企业“上云赋智”行动，加快推进数字技术应用场景建设，把引导中小微企业“上云”作为工业互联网建圈强链、推动企业数字化转型的重要内容。截至年底，全区有制造、商贸、服务等各类“上云”企业2970余家，年内新增520家。

【国家区块链创新应用综合性试点】

11月17日，赣州市国家区块链创新应用综合性试点工作座谈推进会在赣州区块链技术产业园召开，重点协调解决试点过程中存在的问题。12月4日，制定《赣州经开区推进国家区块链创新应用综合性试点工作方案》，完善区块链创新应用和产业发展相关支持政策，激发各类市场主体积极性。10月25日，印发《关于组织开展2022年全市区块链应用场景案例征集工作的通知》，征集区块链应用场景案例10个，其中赣州新链金融信息服务有限公司的“数字乡村链”项目为江西省唯一入选2022年全国区块链典型应用的案例。出台数字经济专项支持政策及兑现办法26项，培育赣州新链金融信息服务有限公司、江西开创数码科技有限

赣州区块链技术产业园外景图　（2022 年，区金融服务中心供图）

公司、江西裕丰智能农业科技有限公司、赣州雨清信息技术有限公司等一批区块链创新企业。开工建设占地面积 3.47 万平方米的赣州区块链技术产业园二期项目，组建赣州链运营服务中心。

（肖远明 陈宣明 谢晓慧）

数字社会建设

【概况】　2022 年，赣州经开区加快推进数字社会建设，在智慧政务、智慧城管、智慧医疗、智慧教育、智慧司法等领域积极拓展云服务场景，赋能政务管理与生产生活，智慧城市建设步伐持续加快。

【智慧政务】　4 月 14 日，“赣服通”赣州经开区分厅微信小程序版试运行，上线特色政务服务事项 100 个。新能源汽车全产业“一链办”“亲清赣商”“招工就业”等一批特色专区进驻分厅。在“欧潭融媒”设置“赣服通”便民服务链接，嵌入赣服通便民服务事项，实施“新闻 + 政务服务商务”，推进高频政务服务线上办理，建成“经开通”智慧政务办公平台，推行无纸化办公，大幅减少纸张浪费。

【智慧城管】　2022 年，赣州经开区将涉及城市管理、与市民生活密切相关的环境卫生、市政设施、城市绿化、夜景亮化、广告牌匾、供水排水、公共交通、城市防汛、垃圾围城等各类民生问题纳入数字城管的“天眼”内，实行“全覆盖”的监督管理机制。全年收到市指挥平台派遣城市管理问题立案 40611 件，结案 40600 件，结案率 99.97%；“12345”服务热线接收案件 3516 起，结案 3516 起，结案率 100%，满意率 98.7%；受理信访平台案件 33 起，结案 33 起，结案率 100%；受理“问政”平台投诉件 435 起，结案 435 起，结案率 100%。

【智慧医疗】　2022 年，赣州经开区推进“互联网 + 医疗健康”信息化建设，聚焦群众“看病难”问题，启动健康信息平台、区域影像等平台建设。全年通过远程视频会议系统召开工作调度、学习培训等各类视频电话会议 100 余次，服务全区医疗机构干部职工 1000 人次。赣南医学院第一附属医院黄金院区及赣州市妇幼保健院新院医院实现通过 App、公众号预约诊疗、支付、化验报告推送等功能。58 个乡村一体化管理村卫生室完成家庭医生签约、医保报账系统升级，将收费、药品供应、诊疗服务纳入卫健系统统一管理监测，居民看病就医享受医保报销及药品“零差价”政策。

【智慧住房保障】　2022 年，赣州经开区推进“互联网 + 住房保障服务”，常态化开展公租房网上受理审核工作。通过网站和微信小程序，实现公租房和租赁补贴无纸化“24 小时”在线申请，公租房申请配租、入住办理、合同管理、业务受理全过程线上操作。通过大数据比对，实现部门盖章“零证明”。全年受理新申请家庭资料 1407 户。

【智慧农业】 2022 年，赣州经开区围绕“山上有果、田间有米、水里有鱼、四季有花”的智慧生态产业圈建设理念，与江西裕丰智能农业科技有限公司合作，在凤岗镇打造全区首个智慧果园。凤岗镇黄龙村共享智慧农场引入环境数据传感、轨道机器人、区块链溯源等五大系统，新增果园生产环境的智能感知、智能预警、智能决策、智能分析，实现传统农业向科技农业的质变，脐橙每年产量提升 11%、精品果率提升 17%、避免经济损失 10 万元以上、综合减少人工成本 22%，数据准确率和产品收益率大幅提高。

【数字教育（互联网 + 教育）】 2022 年，赣州经开区投入 3274 万元采购赣州市第十二中学、第二十一中学、香江学校和章江幼儿园南区、力高水投君逸府等小区配套园等新建学校和新增班级的教育装备。添置云计算机教室 6 间、精品录播教室 2 间，安装 LED 护眼灯教室 400 余间，为两所高中配备新高考改革信息化设备、走班排课系统和图书馆。“专递课堂”应用覆盖所有教学点和多数村小，“三个课堂”应用被中央电化教育馆评为全国创新案例。

凤岗镇黄龙村田园牧歌智慧果园 （2022 年，区农办供图）

【智慧司法】 2022 年，赣州经开区推进一站式多元解纷和诉讼服务体系建设，加速推进智慧法院建设。引进智能导诉、风险评估及智能法官留言系统等前端设备进驻诉讼服务大厅，方便群众网上自助立案、查询。推进“移动微法院”App、“多元化解 e 平台”、“道交一体化平台”等多个在线诉讼服务渠道一体化，让当事人不出家门即可完成资料上传、在线调解等流程。依托“多元化解 e 平台”的远程视频调解系统推行在线调解，实现诉讼服务现场与远程、网上与网下、实体与网络的立体衔接。全年网上立案 1492 件、网上调解 490 件、电子送达 16568 次、网上调解案件 490 件。

（唐怀智　华珍　陈宣明）

本栏编辑：王　颖

开放合作

招商引资

【概况】 2022年，赣州经开区坚持在改革创新中探索高质量开放之路，以大招商汇聚发展新动能，以大开放拓展发展新空间。全年召开项目评审会议17次，开展项目集中签约13次。签约项目225个，签约资金1700.78亿元。引进1亿元以上项目137个，其中10亿—50亿元项目60个、50亿—100亿元项目3个、100亿元以上项目3个。

【“四个一”招商机制建设】

2022年，赣州经开区实施“四个一”（“一办”即成立招大引强追梦办；“一院”即与清华大学经管学院合作，组建产业政策研究院；“一军”即组建社会化招商盟军；“一杠”即用小财政撬动大资本，吸引大项目落户）招大引强计划，做大招商格局。

成立“招大引强追梦办” 抽调各部门人员成立“追梦办”针对各大产业集群追逐大项目、强项目。对接国药、正威、广达等世界500强企业，立讯精工、康佳、三诺等中国500强企业，中国兵工、国机汽车、中化等央企，促成孚能科技投资30GWh新能源电池项目、富联精密（赣州）项目签约。

形成“社会化招商盟军” 通过整合信息流、资源流、资金流、人才流，对接各产业龙头产业开展社会化招商。全年发放招商信息奖励3批次65万元，其中发放单笔最大招商信息奖励30万元。

组建“产业经济政策研究院” 整合优秀研究团队，围绕“2+N”产业布局重大战略性问题，从政策研究、产业发展、远景服务等方面，为全区产业发展提供高水平的研究成果和智力支撑。出台《赣州经济技术开发区支持数字经济加快发展若干政策措施》《赣州经开区稳外资促发展的实施意见》等招引政策，完善“2+N”产业布局政策基础。

推动发挥“一杠”作用 以对接融入粤港澳大湾区、打造省域副中心为契机，以12.5亿元工发引导基金为抓手，以打造金融创新平台、推进区域性金融中心建设为目标，加速构建经开区“1+N”基金生态体系。

【区招商服务有限公司成立】

8月29日，赣州经开区制定《赣州经济技术开发区招商服务有限公司组建方案》。9月29日，区招商服务有限公司挂牌成立，公司的成立标志着赣州经开区在全市率先开启市场化招商之路，推动招商方式由传统的行政资源招商向专业化、市场化招商转变。年内对接国际“一带一路”建设发展总商会、昆山（江西）商会、上海中产集团等市场力量招大引强。与区招商局一道，引进维盛复合材料、绿能国际、洲祥光电等 12 个工业项目，其中投资 10 亿元以上项目 9 个（含投资 50 亿元以上项目 2 个、投资 20 亿元以上项目 1 个）。

【补强发展链条】 2022 年，赣州经开区制定《孚能科技（赣州）有限公司上下游产业链招商方案》《孚能科技（赣州）股份有限公司上下游产业链企业发展支持政策》，从专项投资优惠政策、承接平台建设、上门对接孚能科技、编制上下游企业名录、开展上门招商、推动储能电站建设六个方面入手，培育完善的新能源汽车电池产业集群。推动“双首位”（新能源及新能源汽车和电子信息）产业上下游产业链招商，引进新能源汽车产业项目 32 个，签约资金 658.27 亿元；引进电子信息产业项目 104 个，签约资金 923.86 亿元；引进外资外贸项目 14 个。

【对接融入粤港澳大湾区】 2022 年，赣州经开区围绕粤港澳大湾区多次开展“三请三回”、“数创发展虔引未来”2022·赣州经开区数字经济产业招商推介会、集中签约仪式等活动，举办（参加）产业招商推介会 7 次。把招大引强工作作为绩效考核的重要内容，调动全区“抓招商”“抓商务”的积极性。全年签约大湾区项目 141 个，签约资金 1094.5125 亿元，引进大湾区投资 1 亿元以上项目 103 个，其中 10 亿—50 亿元项目 47 个、50 亿—100 亿元项目 1 个、100 亿元以上项目 2 个。

【“双首位”产业招商】 2022 年，赣州经开区聚焦“双首位”产业体系，组建 12 支招商小分队围绕孚能科技、同兴达科技、金力永磁等龙头企业开展产业链招商。2 月 19 日，印发《赣州经济技术开发区支持双首位产业工业企业 2022 年营收过百亿的暂行办法》，对年内营收首次超过 100 亿元（含税）“双首位”工业企业给予政策支持。全年引进新能源及新能源汽车、电子信息双首位产业项目 136 个，签约金额 1582.1325 亿元。

【新签约落户重大项目选介】

孚能科技（赣州）30GWh 动力电池项目 3 月，孚能科技（赣州）股份有限公司在赣州投资建设 30GWh 动力电池项目，项

6 月 13 日，“数创发展 虔引未来”2022·赣州经开区数字经济产业招商推介会数字经济推介会在赣州恒科产业园云数字共享中心举行

（区融媒体中心供图）

目总投资185亿元，占地面积80万平方米。其中，一期18GWh项目于11月1日开工，总投资114亿元，占地面积约48万平方米；二期12GWh项目总投资71亿元，占地面积约32万平方米，主要从事新能源电池的生产制造。

富联精密智能手机部件生产、智能制造赋能、高端装备智能制造项目　1月，在赣州投资建设智能手机部件生产、智能制造赋能、高端装备智能制造项目，项目总投资101亿元，占地面积约62.4万平方米。主要生产显示模组和手机中框、高端装备及其核心元器件、机器人及其核心元器件等智能制造相关核心硬件，以及从事智能中控系统、智能运维系统、工业软件、工业人工智能、工业大数据等工业互联网相关核心软件的开发运营。项目于8月3日开工。

（朱博焘）

11月25日，正在建设中的富联精密（赣州）项目　（赵国梁摄）

内资外资

【概况】　2022年，赣州经开区利用省外项目资金实际进资165.3亿元，增长10.16%。实际利用外资18076万美元，比上年增长42.17%，占全市现汇总量的48.48%。实际利用外资总额首次排名全省国家级开发（工业园）区第一。

【利用省外资金】　2022年，赣州经开区新增纳入内资项目50个，其中投资2000万元（含）—1亿元项目27个，1亿元以上项目23个（含10亿元以上重大项目3个），比上年增长38.89%。引进吉利（赣州）42GWh动力电池生产一期项目、金力永磁三期、同兴达科技三期等重大项目，工业项目占比86%。

【外资引进】　2022年，赣州经开区新设立外商投资企业11家，其中合同外资额超1000万美元3家，最大的赣州阿卡普斯股权投资合伙企业（有限合伙）项目合同外资额约10亿元人民币。年内，积极参加省、市联动举办的　经贸活动、招商引资活动。7月22—24日，参加“进博会走进江西”经贸合作推介会、重点客商撮合会等系列活动，对接三星电子全球副社长、中国三星首席副总裁王彤，三星（中国）投资有限公司高级总监卞睿；11月2日，参加2022江西省与跨国公司（上海）合作交流会，会议期间签约三色智慧屏电脑及笔记本研发外资项目2亿美元；11月5—6日，参加第五届中国国际进口博览会系列招商活动，会议期间签约孚能科技56亿9GWh动力电池模组、PACK及电芯生产线项目；12月8日，参加“江西省海外招商（日本·东京）网上推介会”。

【外资政策兑现】 2022年，赣州经开区贯彻落实《赣州市人民政府办公室印发关于落实“六稳”要求促进全市经济平稳健康发展的若干措施的通知》要求，持续做好外资“稳存量、促增量、保质量”工作，6月8日，印发《赣州经开区稳外资促发展的实施意见》惠企政策。全年为区内6家外资企业申报市、区外资扶持资金。

【外资创新】 2022年，赣州经开区以江西建设内陆开放型经济试验区为契机，探索推进QFLP（合格境外有限合伙人，由外国企业参与设立外商投资股权投资企业，以非公开方式向境内外投资者募集资金，投资境内非上市公司股权）业务改革试点，落地江西省乃至中部六省首单QFLP业务。3月18日，进资6000万美元，全年进资7150万美元。

（曾钰婷 韩系海）

外贸工作

【概况】 2022年，赣州经开区有进出口实绩的外贸企业176家，实现进出口总额358.39亿元，同比增长58.73%，其中出口总额264.68亿元，同比增长64.44%，进口总额93.71亿元，同比增长44.53%，生产型企业出口总额218.30亿元，同比增长183%。

【政策扶持】 6月8日，赣州经开区印发《赣州经开区进一步支持外贸企业稳定发展的实施意见》，加大对外贸企业的扶持力度，缩短政策兑现时间。组织区内6家外贸企业申请区级出口信用保险政策，申报补贴金额11.12万元。根据省市相关政策文件，省级文件给予投保费用50%支持，市级文件给予投保费用40%支持，对应出台文件对区内企业投保出口信用保险业务给予10%的保费扶持。

【外贸企业服务】 2月25日，举办进出口企业座谈会，邀请赣州海关工作人员进行海关政策宣讲，全区31家企业负责人参加会议。7月8日，召开全区外贸、口岸惠企政策业务知识培训会，宣讲国家、省、市外贸相关扶持政策，国际贸易“单一窗口”平台使用方法，出口信用保险、展会及市场开拓等业务知识，区内企业参会50人。全年为56家外贸企业申请省、市、区外贸扶持资金。

【出口预警监测】 2022年，区招商局提高出口预警监测能力建设，安排专人负责直接统筹，每月初报送当月区内重点外贸企业进出口数据，实时跟踪企业运营情况，及时发现企业问题，帮助企业分析问题，制定应对策略。

【外贸企业选介】 赣州禾江科技有限公司 公司成立于2020年12月30日，注册资金2亿元，在深圳、赣州设立双总部。赣州总部位于赣州经开区恒科产业园18栋7楼。公司专注于为大型生产制造企业提供综合供应链管理服务，是生产型企业“非核心技术外包”的重要伙伴，提供原材料境内外采购执行和分销执行服务，提供一体化进出口业务的订单管理、数据管理、报关报检、国际国内空海运综合管理、贸易结算等服务。客户为全球优秀的半导体制造，各类高端模组制造，消费电子ODM、OEM等大型生产制造企业。出口国家主要有美国、加拿大、韩国、阿联酋、印度、印度尼西亚等全球40多个国家和地区。

赣州市同兴达电子科技有限公司 公司成立于2011年8月，是一家集专业研发、设计、生产、销售触控显示一体化模组的高新技术企业。先后获评赣州市纳税大户、纳税大户上阶企业、国家高新技术企业、江西省名牌企业、江西省智能制造试点示范项目、江西省企业技术中心、江西省百强企业、赣州市科技创新示范企业、赣州市“两化”深度融合企业、市级创新型成长型企业、赣州市2017年度主攻工业成长型企业奖、赣州市智能制造试点示范项目、经开区主任质量奖。年内实现出口总额93751.28万元。

江西大田精密科技有限公司 公司成立于2011年，为台湾大田精密工业股份有限公司在赣州经开区设立的外商投资企业。2013年6月正式投产，2017年底将深圳公司的产能全线迁移至赣州。高尔夫产品主要外销日本及美国市场，为全球知名高尔夫品牌大厂，是一家研发实力强、产品品质优良、服务完善的专业高尔夫ODM（原始设计制造商）厂商。年内实现出口总额87854.34万元。

金进实业（赣州）有限公司 公司成立于2008年6月，是一家外商投资企业。主要生产高精密马达、口腔护理产品及其他高科技电子产品，产品全部外销，出口至美国、欧洲、日本、澳大利亚等地。年内实现出口总额41518万元。

江西金力永磁科技股份有限公司 公司为一家集研发、生产和销售高性能钕铁硼永磁材料于一体的高新技术企业，是国内新能源和节能环保领域核心应用材料的供应商。产品广泛应用于风力发电、新能源汽车及汽车零部件、节能变频空调、节能电梯、机器人及智能制造等领域。年内实现出口总额51981.96万元。

（徐子文）

赣州综合保税区

【概况】 2022年，赣州综保区克服新冠疫情影响，发挥综保区的口岸功能和平台优势，实现一线进出口额212.05亿元，完成现汇进资6705万美元，完成争资任务1244万元。在2021年度全国综保区发展绩效评估中，全国排名第67位。

【招大引强】 2022年，赣州经开区落实“1231”（普通干部每人招引1个项目、科级干部每人招引2个项目，县处级干部每人招引3个项目，经开区每个部门招引1个项目落地综保区）招商任务，聚焦主导产业强链补链、延链，加快跨境电商、保税维修等优势特色产业发展。积极参与引进富联精密智能制造项目、湖南湘港投资集团有限公司国际加工贸易及集散分拨中心全产业链项目等重大项目，全年签约引进项目57个，签约资金505.5亿元。

【产业发展】 2022年，赣州综保区以产业发展为引擎，推

2020—2022年赣州综保区外贸进出口情况表

表3

年份	进出口总额（亿元）	同比增长（%）	占全市比重（%）	占全区比重 （%）
2020	31.6	348.8	6.28	30.5
2021	120.28	280.5	42.88	53.34
2022	212.05	76.3	21	60

赣州综合保税区 （2022 年，赣州综合保税区供图）

动保税加工、保税贸易、保税物流三大产业发展壮大。智能终端生产基地落户企业 30 余家，形成以蓝芯科技、讯海科技、海富莱科技为代表的电子信息集聚区。以“赣州—香港”货运直通车、“赣州—东盟”跨境直通车为代表的保税物流产业蓬勃发展。

【项目建设】 2022 年，赣州经开区实施集群式项目“满园扩园”行动，推进招商引资项目及基础设施项目建设。中石、泓宇、宝百、开元稀土等项目开工建设，华瑞新材料、广仑电子、创越新能源、墨彩等项目实现投产或试生产，蓝芯、凯普勒等项目加速满产。综保区一期建成标准厂房、仓库、宿舍 90 万平方米，在建 162 万平方米。开发利用土地面积 2438.8 亩，占验收面积的 91%。

【东盟直通车】 2022 年，赣州综保区推进“物流分拨中心”建设，在全省率先开通赣州—东盟直通车，积极拓展智能终端产品、芯片、电子、服装等进出口分拨业务，改变赣州到东盟国家及香港货物需要中转的局面，补齐赣州与东盟地区的物流链，货物可当日运抵香港，两日可运抵越南等东盟国家，实现“接近空运的时效，媲美海运的价格”。截至年底，开行赣州至东盟货运直通车 1105 车次，货值 4.03 亿美元。

【数字综保】 2022 年，赣州综保区推广数字赋能综保运营管理，加快数字卡口建设，推进分类监管系统和一般纳税人资格试点卡口改造，实现监管功能及卡口通行效率“双提升”。探索“提前关联、卡口验放、快速分流、智能跟踪”物流验放模式，提升物流周转效率 30% 以上，实现更加便捷、更加高效、更加优质的通关服务。建立赣州综保区跨境电商业务数据中心平台，动态显示跨境电商实时订单数据及热销商品，实现跨境电商核心业务的数字化、智能化、可视化。

（戚箭斌）

本栏编辑：王 颖

工　业

综　述

【概况】　2022 年，赣州经开区有工业企业 1300 余家，其中规模以上工业企业 302 家。其中孚能科技（赣州）有限公司、赣州立德电子有限公司主营业务收入首次突破 100 亿元，江西金力永磁科技股份有限公司、赣州海富莱电子有限公司主营业务收入首次突破 50 亿元。在 2022 年全国国家级经开区综合考评中，赣州经开区排名第三十一，位列全省第一、中部地区第六；获评全省国家级开发区综合先进单位、“全省园区发展专项奖”“全省开放平台先进单位”等荣誉。

【工业倍增升级行动】　2022 年，赣州经开区开展工业倍增升级行动，落实“疫情要防住、经济要稳住、发展要安全”要求，推动工业经济高质量发展。围绕“2+N”（“2”即新能源及新能源汽车、电子信息产业，“N”即稀土和钨后端应用、稀土永磁电机、数字经济等 N 个硬科技核心领域优势产业）产业体系实施延链、补链计划，针对孚能科技（赣州）有限公司、江西金力永磁科技股份有限公司等龙头企业出台上下游招商政策，推动产业强链、延链、补链的“链式”发展。在全市率先出台“双奖双补”（对满足条件的规上工业企业给予交易双方奖励）政策，引导企业实现区内配套。按照“六个一”（一员、一宝、一册、一榜、一会、一评）推进举措，落实“重大项目专班推”“重点项目部门推”“招引项目专员推”工作机制，运行项目落地“马上办”，为项目落地提供全生命周期服务。开展“同办公、同吃住、同推进”活动，掀起全区抓项目、干项目热潮。全年推动项目开工 67 个、项目竣工投产 61 个，83 个项目入选全市招商引资重点工业项目建设“赛马比拼”项目库。

【“专精特新”企业培育】　2022 年，赣州经开区对“2+N”重点产业链领域培育库企业实施定向培育，支持企业加大技术研发投入，提升自主创新能力和产品品牌质量。积极开展中小企业服务月活动，充分发挥中小企业服务平台支撑作用和双创示范基地的聚集效应，助力企业做专、做精、做大、做强。赣州富尔特电子股份有限公司、江西荧光磁业有限公司、赣州市东磁稀土有限公司、赣州西维尔金属材料科技有限公司4家企业获评国家第四批专精特新“小巨人”企业，赣州市宝明显示科技有限公司、赣州讯康电子科技有限公司、赣州市领沃电子科技有限公司等36家企业获评2022年省级“专精特新”中小企业。

（袁金风　钟　平）

新能源汽车产业

【概况】　2022年，全区有新能源汽车及关键零部件企业120余家，主要产品为整车、动力电池、驱动电机及变速器等配套产品。其中，规模以上企业48家，主营业务收入260亿元。主要企业有国机智骏汽车有限公司、山东凯马汽车制造有限公司赣州分公司、孚能科技（赣州）有限公司、吉利耀能新能源（赣州）有限公司等。

【产业链招商】　年内，赣州经开区引进新能源产业上下游配套项目32个，总投资600亿余元。引进总投资185亿元的孚能科技年产30GWh新能源电池项目、总投资56亿元的孚能科技9GWh动力电池模组及PACK项目、总投资60亿元的宝明科技锂电池复合铜箔项目、总投资1.15亿元的汇宁电气永磁同步电机及相关产品制造等一批重大产业项目。

【平台建设】　赣州新能源科技城是赣州市实施“主攻工业”发展战略、承接新能源汽车及其核心零部件项目主平台。截至年底，一期19.02平方千米“七通一平”（通给水、通排水、通电、通信、通路、通燃气、通热力以及场地平整）工程完工，主要道路硬化、亮化和绿化约48千米，循环路网基本成形，水电气等配套正式供应。规划建设标准厂房园区4个，总建筑面积104万平方米。与大余县合作共建赣州新能源科技城大余配套产业园，落户一批汽车轮毂、空调、线束等配套项目。规划面积5.92平方千米的教育园区，落户江西理工大学、赣州职业技术学院、赣州经开区技工学校等院校，有师生3万余人。各院校设有汽车、机械、电子、材料、信息等汽车设计制造及相关专业，为新能源汽车产业发展提供人才、智力、研发、成果转换等有力支撑。南方新能源汽车工程研究中心成为“政校企”多方合作的产业研究、关键技术研发及产业化平台。

【整车领域发展】　年内，赣州经开区有国机智骏汽车有限公司、山东凯马汽车制造有限公司赣州分公司2家具有工信部《车辆生产企业及产品公告》资质的乘用车、商用车生产企业，有江西玖发专用车有限公司、赣州江钨汽车改装有限公司、赣州腾锋机械制造有限公司3家改装车生产企业。1月7日，江西中电汽车有限公司列入工信部第352批拟发布的新增车辆生产企业公告目录。江西中电汽车有限公司、赣州市亿源机械设备有限公司、江西蓝天路之友环卫设备科技有限公司取得专用车生产资质，多款车型列入工信部产品公告目录。

【重点企业选介】　**山东凯马汽车制造有限公司赣州分公司**　公司隶属于中国机械工业集团旗下的凯马汽车制造有限公司的整车分厂项目，致力于商用车整车设计、制造、销售。项目位于赣州新能源科技城，占地59.73万平方米，投资15.1亿元，有职工860余人，产能规模5万辆（含燃油车及新能源轻卡、微卡）。赣州凯马主要产品为“凯马牌”轻微卡系列产品和“东风牌”微卡、新能源系列产品等，凯马锐捷V15、锐

山东凯马汽车制造有限公司赣州分公司 （2022年，刘晓玲摄）

捷V16六轮微卡、锐捷V16四轮微卡、锐捷S6封闭式物流车、锐捷ES纯电动封闭式物流车和东风御风EM26电动封闭式物流车、东风“小霸王”W18微卡系列产品均在赣州分公司批量生产。年内生产汽车23383辆，销售23515辆，年内公司实现主营业务收入8.24亿元。

孚能科技（赣州）股份有限公司 公司于2009年在赣州注册成立，主要从事新能源车用锂离子动力电池及高性能储能电池的研发、生产和销售，是省、市战略性新兴产业重点项目，是赣州市主导产业新能源汽车产业的核心企业。年内实现主营业务收入52亿元，同比增长114%。

【项目建设情况】 **吉利（赣州）42GWh动力电池项目** 项目总投资300亿元，占地面积约1平方千米。其中，一期12GWh项目计划总投资85亿元，占地面积34.66万平方米。主要从事12GWh动力电池生产线及相关配套生产。二期30GWh项目总投资215亿元，占地面积约65.33万平方米。主要从事动力电池电芯、模组、PACK的生产制造。10月13日，吉利耀能新能源（赣州）有限公司工厂在赣州经开区新能源科技城落成暨产品下线，标志着吉利（赣州）42GWh动力电池一期项目启动运营。

腾锋机械年改装4000辆改装车产业园项目 腾锋专用汽车产业园位于赣州经开区新能源科技城，由赣州腾锋机械制造有限公司投资建设。项目总投资10亿元，规划用地面积约3.33万平方米，总建筑面积约3万平方米，主要生产专用车整车及零部件。截至年底，项目完成前期工作，处于厂房建设阶段。

“洪荒之力”新能源汽车零部件产业园项目 项目由东莞市洪荒之力新能源科技有限公司投资建设，总投资6.5亿元，其中固定资产投资5亿元，流动资金1.5亿元。主要生产五金钣金冲压件、锌铝合金压铸件、紧固件、塑胶配件。截至年底，项目完成前期工作，处于厂房建设阶段。

力博汽车零部件生产项目 项目位于赣州经开区新能源科技城内，西至车都大道，南至湘江路，由长沙力博汽车零部件有限公司投资建设，占地面积约为3.33万平方米，主要生产汽车冲焊件及其他配件制造。截至年底，项目完成前期工作，处于厂房建设阶段。

年产2万吨锡基合金低温焊锡项目 项目由赣州市晶格新材料有限公司投资建设，总投资50亿元，分二期建设，占地面积7.49万平方米，总建筑面积15万平方米。截至年底，项目完成前期工作，处于厂房建设阶段。

铜锡产品精深加工项目 项目由赣州瀚昇新材料有限公司投资建设，位于东至开源项目、南至力博项目用地、西至车都大道、北至旭日大道，总投资10亿元，占地面积4.73万平方米，总建筑面积11万平方米，主要生产工业性铜锡产品及电子产品的高稳定性配套材料，铜杆盘拉、铜丝、锡丝、锡铂。截至年底，项目完成前期工作，处于厂房建设阶段。

孚能科技30GWh动力电池项目 项目由孚能科技（赣州）股份有限公司投资建设，位于赣州市新能源科技城车都大道以东，城西大道以北，科技大道以西，总投资约185亿元，占地面积约64.73万平米，规划建筑面积约55万平米。主要建设电极装配车间、化成车间、PACK车间、中试车间、测试中心、研发及办公大楼、市政、消防等其他项目配套工程。于11月1日开工建设，截至年底，项目处于前期建设阶段。

孚能科技9GWh动力电池项目 项目于8月24日签约，租赁新能源科技城唐龙科技园1—5号厂房，占地面积约14万平方米。总投资56亿元，其中固定资产投资20.5亿元、流动资金35.5亿元。建设内容包含模组、PACK产线及新能源电池中试线，拟配套配料系统、搅拌机、涂布机 、叠片机、组装线、模组线等设备。11月15日设备陆续进场，12月20日进场装修。

三晶智能制造产业园项目 项目位于赣州经开区新能源汽车科技城内，由广州三晶电气股份有限公司投资建设，总投资约10亿元，其中固定资产投资总额约7亿元，流动资金3亿元。占地面积43.33万平方米，总建筑面积约10.99万平方米，主要生产光伏并网逆变器、储能逆变器及系统、电机驱动与控制产品新能源储能逆变器、分布式光伏并网逆变器、传动控制变频器等。截至年底，项目处于前期建设阶段。

（肖 宇 袁金凤）

电子信息产业

【概况】 2022年，赣州经开区规划建设32.5平方千米的赣州现代电子科技城，重点发展智能终端、新型显示、半导体、汽车电子等细分领域。汇聚电子信息类企业266家，其中规模以上企业85家，企业产品涵盖手机整机、液晶电视、智能投影仪、显示模组、偏光片、背光源、导光板、5G滤波器、高端电容、精密电阻、光纤光缆等领域。

【产业发展】 2022年，赣州经开区坚持育强培优，打造以赣州市同兴达电子科技股份有限公司、赣州立德电子有限公司、赣州市宝明显示科技有限公司等龙头企业为基础，富联精密等未来链主企业为“引擎”的电子信息产业矩阵。电子信息产业规模以上营业收入同比增长30%，赣州立德电子有限公司迈入“百亿”方阵，与赣州市同兴达电子科技有限公司双双获评全省2019—2021年度加快工业发展加速工业崛起“优强企业专项奖”。赣州经开区电子信息产业连续两年获评江西省四星级产业集群。

【项目建设】 赣州经开区坚持项目为王，发挥项目落地“马上办”和项目挂点帮扶作用，成立富联精密等重大项目工作专班，落实“签约速开工”。常态化召开月度推进会、“十天一调度”现场推进会，全流程、全链条推动项目建设。年内，实现42个电子信息项目开工，宝明铜箔等35个电子信息项目竣工投产。在2022年赣州市项目大会战流动现场会中，赣州经开区位列全市第一。

【平台建设】 截至年底，赣州现代电子科技城累计征地约2.4万亩，完成场地平整约9500亩；建成循环路网约58.6千米，铺设供水管道约37.2千米、供电管线约58.7千米。赣州现代电子科技城“大循环”路网基本畅通，“中、小循环”路网全面完工。其中，横江大道等14条道路完工，忠妙大道等9条道路通车，水、电、气等配套设施健全完备；涌泉综合体项目处于装修施工阶段，涌泉智慧公园建设进展顺利，园区生活配套日益完善。

【重点项目、企业选介】 **赣州市潜行科技有限公司年产5万台水下智能机器人建设项目** 赣州市潜行科技有限公司是深圳潜行创新科技有限公司子公司，是一家专注于研发、生产和面向全球销售消费级水下无人机、轻工业级专业级水下机器人以及便携式水域智能无人装备的高新技术企业。公司年产5万台水下智能机器人建设项目位于华昌科技园A4栋，总投资13亿元，2021年7月开工建设，2022年1月正式投产。

赣州市同兴达电子科技有限公司 公司成立于2011年8月，是一家集专业研发、设计、生产、销售于一体的触控显示模组高新技术企业。集合行业内优秀研发团队、生产管理团队、品质管理团队和销售团队，位列触控显示一体化模组行业民营企业前列，主要客户有华为、OPPO、vivo、小米、传音、华勤等。同兴达电子先后建设三期项目，有纬一路和金凤梅园两个厂区，总建筑面积20万余平方米，总投资35亿余元，占地面积8.96万平方米，投资强度2700万元/亩，亩产效益8000万元/亩，是赣州经开区“亩产真英雄”。

赣州市立德电子有限公司 成立于2016年12月，是深圳立德通讯器材科技有限公司投资建设的最大生产基地。企业主要从事电子产品及元器件、显示屏、触摸屏的制造、维修、翻新、销售、进出口等业务，主要产品为中高端彩色液晶显示模组（LCM），广泛应用于手机、GPS、移动电视、平板电脑、数码相框、电子书等消费电子领域，是三星、小米、OPPO、中兴、LG等国内外知名液晶模组品牌的重要供货商之一。公司拥有百级标准洁净标准

赣州市同兴达电子科技有限公司三期（金凤梅园厂区）（2022年，廖万茂摄）

生产车间，建成生产线12条，年产能超4000万片。先后获评国家级高新技术企业、江西企业100强、江西省文化企业二十强、江西省企业技术中心。

赣州市宝明显示科技有限公司 公司成立于2018年6月，是一家专业从事TFT电容式触摸屏研发、生产和销售的高科技企业。公司主营业务包括显示面板玻璃的薄化、ITO镀膜、高阻膜和低阻膜涂布，产品主要应用于手机、平板电脑和智能穿戴等消费类电子领域，以及车载和工控等专业领域。直接客户主要有京东方、天马、TCL、立德通讯、同兴达科技等国内外知名企业；终端客户主要有vivo、OPPO、小米和三星等国内外知名品牌手机生产厂商。公司有玻璃薄化生产线20条，镀膜线2条，高阻膜涂布线3条，日产能达到20000片，成为世界单体最大的减薄工厂。在2022年赣州市项目大会战流动现场会中，宝明显示与耀能（吉利）动力电池、万达商业综合体项目共获全市第一。

赣州市柏瑞凯电子科技有限公司 公司成立于2014年，是一家专业从事固态铝电解电容器制造的国家高新技术企业。公司拥有完备且先进的固态铝电容器制造技术和国内最大规模生产线，技术指标居国际先进水平（产品工作电压范围涵盖2.5—300伏，最长工作寿命可达105℃/23000小时，最高工作温度可达150℃），积累起三星、LG、华为、OPPO、小米、中兴通讯、飞宏、冠德、天宝、奥海、精英电脑、PC－Partner等知名国际和国内客户，年内获评第四批国家级专精特新“小巨人”企业。

赣州金信诺电缆技术有限公司

公司成立于2006年12月，是国内射频同轴电缆品种最全、半柔射频同轴系列产品规模最大、具有较强品牌影响力的中高端射频同轴电缆生产企业之一。公司年产2000万米通信电缆，产品主要涉及半柔电缆、低损电缆、稳相电缆、军标系列电缆、半刚电缆、轧纹电缆等，广泛应用于移动通信、微波通信、广播电视、隧道通信等领域，其电缆产品被第一代预警飞机和神舟系列宇宙飞船采用。公司与爱立信、安德森、耐克森、安弗斯、哈里斯、华为等国内外知名企业建立合作关系。

（陈倩倩）

钨与稀土新材料产业

【概况】 2022年，全区有钨与稀土新材料产业企业41家，其中规模以上企业35家，形成稀土金属—钕铁硼合金永磁材料—永磁电机、稀土氧化物—稀土荧光粉、氧化钨—碳化钨粉—硬质合金棒材—精密刀具等产业链。获评国家新型工业化有色金属（稀土新材料）“四星”产业示范基地，稀土磁性材料及永磁电机产业集群被列为省级重点产业集群。全年钨和稀土新材料产业实现营收同比增长37%。

【重点企业选介】 江西金力永磁科技股份有限公司 公司是一家集研发、生产和销售高性能钕铁硼永磁材料于一体的上市公司，是全球新能源和节能环保领域核心应用材料的领先供应商，获SGS颁发全球稀土行业首张“碳中和”达成宣告核证证书。公司分别于2018年9月在主板创业板上市，于2022年1月14日在香港联交所上市。具备年产能15000吨高性能稀土永磁钢的生产能力，研究开发新样品1000余种，批量供应N58、56M、56H、56SH、54UH、50EH、45AH、38VH等牌号系列高性能烧结钕铁硼磁钢，产品广泛应用于新能源汽车及汽车零部件、节能变频空调、风力发电、消费类电子、工业节能电机、节能电梯等领域，与各领域国内外龙头企业建立长期稳定的合作关系。先后获评江西省制造业单项冠军、江西省省级企业技术中心、江西省工程研究中心。

赣州澳克泰工具技术有限公司车间　（2022年，区融媒体中心供图）

赣州富尔特电子股份有限公司

公司成立于2011年，是一家集研发、生产和销售高性能稀土永磁材料的国家级高新技术企业，具备年产3000吨高性能磁钢的生产能力。连续8年实现产值30%以上的复合增长，先后获评国家绿色工厂（稀土行业首家）、国家专精特新“小巨人”企业、国家知识产权优势企业，38HT、50H、48M牌号产品获得国家绿色设计产品。现拥有江西省企业技术中心、江西省工程研究中心等12个省、市级科研平台，先后承担国家“十四五”重点研发计划“稀土新材料”重点专项（可再生稀土功能材料二次利用技术）等国家、省、市科研项目30余项，申请专利86项。产品广泛应用于消费类电子、智能家电、无人机、新能源汽车、工业节能电机和磁浮轨道交通等领域，在手机扁平振动马达、摄像头自动对焦马达（VCM音圈电机）和磁感继电器等细分领域市场占有率位居全国前列。

赣州澳克泰工具技术有限公司

公司是章源钨业股份有限公司的全资子公司，主要生产硬质合金深加工产品，产品系列基本实现车、铣、钻加工等领域应用全覆盖，具有自主知识产权的高端数控刀具产品填补国内空白，产品广泛应用于石油、电力、钢铁、轨道交通、新能源汽车等领域。是国家高新技术企业、国家级专精特新“小巨人”企业、工信部“工业企业知识产权运用试点企业”、国家知识产权局“国家知识产权优势企业”。先后获准成立博士后创新实践基地、省级技术创新中心、省级专家工作站，拥有授权专利119项，通过ISO 9001质量管理体系认证、ISO 45001职业健康安全管理体系认证、ISO 14001环境管理体系认证。

赣州海盛硬质合金有限公司

公司成立于2011年8月，是一家集研发、生产、销售高性能硬质合金产品的综合型中外合资企业。主要产品包括高性能切削刀片、矿山工具及地质勘探类合金、冷镦模和拉丝模用合金、各种规格型号的硬质合金棒材等常规硬质合金产品以及高性能数控刀片和通过预成型生产各种高附加值的非标异形件硬质合金产品，形成年产1000吨高性能硬质合金产品生产规模，是赣州钨深加工行业的标杆企业。先后获评国家高新技术企业、江西省级技术研发中心、江西省专精特新企业，获批 ISO 9001 质量管理体系认证、ISO 14001 环境管理体系认证和 ISO 18001 职业健康管理体系认证，安全生产标准化三级企业（工贸）证书。

（何祥海）

生物制药产业

【概况】 2022 年，全区有生物医药类规模以上企业 9 家，主营业务收入 7.90 亿元。重点企业主要有江西赣南海欣药业股份有限公司、江西山香药业有限公司、江西赣隆药业有限公司等。

【重点企业选介】 **江西赣南海欣药业股份有限公司** 公司成立于 2001 年 12 月，主要股东是上海海欣集团和青峰医药集团，是集药物研发、生产、销售于一体，以化学药制剂为主的现代化制药企业。产品主要运用于医疗卫生领域，有小容量注射剂、冻干粉针剂、口服溶液剂、颗粒剂、干混悬剂、糖浆剂、原料药七大系列 120 多个药品生产批文。企业先后获评高新技术企业、江西省管理创新示范企业、江西省专业化“小巨人”企业、江西省科技型中小微企业、江西省专精特新中小企业、江西省重合同守信用企业、赣州市发展升级示范企业、赣州市智能制造示范项目企业、赣州市五一劳动奖等称号，“孚泰”牌商标被认定为“江西省著名商标”，主导产品“孚泰”牌转移因子口服溶液获“江西名牌产品”“赣出精品”等荣誉。2022 年，公司实现主营业务收入 4.02 亿元。

江西山香药业有限公司 公司成立于 1998 年，隶属青峰医药集团。2001 年首次通过国家药品 GMP 认证，2016 年 3 月通过 2010 年版 GMP 认证。有药品批准文号 45 个，其中中成药品种 36 个、化学药制剂品种 9 个。公司拥有年产片剂 8 亿片、颗粒 3 亿袋的生产能力，拥有清淋颗粒、山香圆片、山香颗粒 3 个国家中药保护品种，其中山香圆系列的山香含片被授予江西省名牌产品称号，公司自主研发的醋酸阿比特龙片、艾司奥美拉唑镁肠溶片、甲苯磺酸索拉非尼片等 3 个品种均中标国家药品集中采购，其中艾司奥美拉唑镁肠溶片、甲苯磺酸索拉非尼片均为全国首仿。有发明专利 14 项、药品批文 30 余个，先后获评国家高新技术企业、2021 年度江西省“专精特新”中小企业、全市质量管理先进单位、全市发展非公有制经济先进企业。2022 年，公司实现主营业务收入 2.75 亿元。

江西山香药业有限公司外景图 （2022 年，区企工局供图）

江西赣隆药业有限公司 公司成立于 2010 年 1 月，是一家主要从事中药饮片生产经营、医药技术开发、研究和医药技

播恩集团股份有限公司外景图　（2022年，区融媒体中心供图）

术转让的高新技术企业。主要产品有一次性使用医用口罩、医用防护口罩（N95）、防护服、一次性病毒采样管、核酸提取试剂盒、一次性使用氧气湿化瓶等。日产能一次性使用医用口罩150万只、医用防护口罩100万只、医用防护服2000套、一次性病毒采样管20万根、核酸提取试剂盒10万人份，被列入国家和江西省、赣州市等公共卫生应急物资保障供应重点生产企业。

（蔡　晋）

其他产业

【轻工纺织食品类】 2022年，全区有规模以上轻纺类企业11家，包括江西曼妮芬服装有限公司、赣州华坚国际鞋城有限公司、江西慧雯服饰有限公司等。有规模以上食品加工类企业27家，包括江西中烟工业有限责任公司赣州卷烟厂、赣州市倧华菲尔雪食品有限公司、江西章贡酒业有限责任公司、双胞胎饲料有限公司、播恩集团股份有限公司等。

【印刷包装建材类】 2022年，全区有规模以上建材类企业52家，包括赣州市中电新型建材有限公司、江西先峰钢结构有限公司、江西省丰和特种玻璃有限公司等。有规模以上印刷包装类企业9家，包括江西客家彩印包装有限公司、江西亚美达科技有限公司等。有规模以上有色金属企业15家，包括赣州邦辰彩喷科技有限公司、赣州市巨龙废旧物资调剂市场有限公司等。

（袁金风）

集群式项目“满园扩园”行动

【概况】 2022年，赣州经开区科学制定项目推进计划，明确193个“满园扩园”行动项目推进目标，安排155名首席服务员挂点推进，推进江钨产业园、三晶电气、孚能科技年产30GWh、富联精密等67个项目开工，吉利（赣州）动力电池、宝明科技锂电池复合铜箔、西克节能等61个项目竣工投产。

【“招商项目落地马上办”】

年内，赣州经开区组建项目报批报建专业人才队伍，全过程实施跟踪代办。推行项目建设“签约速开工”“审批事项限时办理”“以函代证”模式，对项目引进、开工、建设及竣工验收等流程、审批事项进行一对一帮扶指导。全年开展一线帮扶指导1000余人次，指导企业工商注册、施工许可证办理、消防验收等200余项，协调解决供水、供电、场地平整、道路铺设、挡墙建设等问题110余项。组织挂点责任人、企业负责人进行点对点帮扶指导90余场。

（赖五坡）

标准厂房建设

【概况】 2022年，赣州经开区有工业标准厂房建设项目50个，总建筑面积1000万余平方米，其中新建项目2个，总建筑面积140万平方米。截至年底，全区工业标准厂房在建项目25个、完成建设项目20个，累计开工建设面积729万平方米，其中完成主体建设面积超300万平方米。

【2022年开（竣）工项目】

梨园科技园二期项目 项目于3月开工建设，位于赣州经开区梨园路南侧、华昌路东侧，规划用地面积约2.17万平方米，建筑面积约6.45万平方米，总投资约19354万元，规划建设3栋标准厂房、1栋宿舍楼，容积率2.5，绿地率18.3%。

官田科技园项目 项目于12月开工建设，位于赣州经开区官田大道西侧，岗边大道北侧，占地面积6.64万平方米，总建筑面积约17.6万平方米，总投资额4.5亿元，规划建设标准厂房5栋、办公楼1栋和宿舍楼1栋，容积率2.68，绿地率16.35%。

长岗科技园项目 项目6月开工建设，位于赣州经开区岗边大道北侧、长汀路西侧，规划用地面积约49.33万平方米，建筑面积约12.3万平方米，总投资约29780万元，规划建设标准厂房3栋、宿舍楼1栋、配套仓库1栋，容积率2.33，绿地率15.27%。

金凤智谷一期项目 项目于6月竣工，位于赣州经开区香江大道南侧、金凤西路北侧，规划用地面积2.12万平方米，建筑面积约5.7万平方米，总投资11183万元，规划建设标准厂房4栋，容积率1.97，绿地率25%。截至年底，入驻再生资源行业区块链大数据服务平台项目、园区能源双碳大数据平台项目、便民服务链智慧社区等项目7个。

横江科技园项目 项目于3月竣工，位于赣州现代电子科技城横江大道北侧、涌泉大道东侧，规划用地面积4.54万平方米，总建筑面积11.43万平方米，总投资28799.64万元，规划建设标准厂房5栋、宿舍楼2栋，容积率2.47，绿地率19.96%。截至年底，入驻星际电子、恒玻光电、裕铭电子、佳触宏电子、屹坤科技5个项目。

洋田科技园项目 项目于8月竣工，位于赣州新能源科技城枫林大道南侧、章潭路东侧，规划用地面积约3.43万平方米，建筑面积约7.91万平方米，总投资约19790万元，规划建设标准厂房3栋、研发型厂房2栋、宿舍楼1栋，容积率2.19，绿地率19.8%。截至年底，入驻宏芯聚科技、荣路电子2个项目。

（黄燕燕）

本栏编辑：王 颖

农业农村

综　述

【概况】　2022年，赣州经开区坚持农业农村优先发展，探索“企业+农户”模式推动产业升级。新建蔬菜基地13.33公顷，盘活扩大水产面积19.22公顷，全年农林牧渔业总产值64855万元，其中农业20546万元、林业6410万元、牧业1447万元、渔业33417万元、农林牧渔服务业3035万元。区内3家企业10款产品入选中央、省级消费帮扶农产品。新认定江西省农业物联网示范企业1家、“赣鄱正品”品牌1个、富硒产品7个、市级龙头企业3家，有效期内绿色有机农产品8个。

【巩固脱贫攻坚成果】　精准识别纳入“三类人员”526户2026人，因户施策消除风险68户254人，确保符合条件的监测对象“应纳尽纳”“应消尽消”，脱贫人口年人均纯收入19549元，增长11.3%。储备乡村振兴建设项目100个共7685.2万元，投入5674.88万元财政衔接资金实施项目83个。

乡村产业

【种植业】　2022年，赣州经开区有规模以上蔬菜基地5个，总面积139.47公顷，其中钢架大棚100.33公顷，田头冷库2个497立方米。全年粮食播种面积3653.33公顷，同比增长7%，总产量2.22万吨；油菜种植面积214.67公顷，同比增长44.01%。蔬菜播种面积1260公顷，总产量4.34万吨。示范推广绿肥种植33.33公顷，豆类种植播种面积400公顷。

【林业】　2022年，全区林地面积6693.33公顷，森林面积5940公顷，活立木蓄积量24.2万立方米。“十四五”期间年森林采伐限额蓄积6050立方米，森林覆盖率25.6%。

营林绿化工作　3月12日，赣州经开区在湖边镇涌泉智慧公园举办2022年义务植树活动，营造爱绿、护绿的浓厚氛围。1月15日，印发《关于〈印发赣州经济技术开发区2021—2022年度低质低效林改造实施方案〉的通知》，4月完成低质低效林改造点苗木种植47.4公顷。

森林资源保护工作　全区湿地有害生物防治面积5.5公顷，拆除围网0.03公顷，清理湿地垃圾15.8公顷。强化湿地保护宣传，年内悬挂湿地保护横幅标语6条，张贴公开征集违法违规、破坏湿地问题线索的通告15张，发放湿地保护宣传资料500余份。

森林防火工作　赣州经开区新建湖边镇、凤岗镇45千米防火带，扩宽5.5千米防火带，对25.96千米防火带进行清理。全年发放《致广大林农朋友们的一封信》《防火防疫宣传年历》《禁火令》等宣传资料15.37万份。

野生动物保护工作　开展野生动物保护宣传，打击乱捕滥猎野生动物违法犯罪行为。联合区市监分局在蟠龙镇农贸市场开展打击野生动物违法交易联合执法。全年发放野生动物保护宣传资料2500余份，张贴宣传标语15条，拆除捕鸟网1处，救助野生动物白鹭1只。

林业有害生物防治工作　年内，除治松材线虫病死树（含旱死松树）0.97万株、治理松林面积2700公顷、松林林相改造169.13公顷、打孔注药1900支、采购马尾松毛虫防治生物农药6吨，防治马尾松毛虫面积266.67公顷。

9月5日，三江乡鲈鱼养殖基地丰收景象　（廖万茂摄）

【水产业】　2022年，全区水产面积74.87公顷，养殖品种有甲鱼、鲈鱼、黄牙角、鳊鱼等，年产量约4400吨，产值近亿元。陆基圈桶鲈鱼养殖基地为全市最大的鲈鱼养殖基地，年产量50万千克，产值1500万元。与赣州畜牧水产研究所达成技术培训合作协议，畅通企业对外技术交流学习渠道，对接广东肇庆市观心水产公司并建立长期技术交流合作，为基地产业发展提供了技术支撑。实现从育苗到规模养殖、现代化的陆基圈桶养殖方式的转变，产值较传统养殖方式增加3至5倍。

【果业】　2022年，全区柑橘类果园面积449.46公顷，年产量约3692吨，总产值约3692万元。特色水果29.91公顷，种植种类有蓝莓、百香果、火龙果、葡萄等，产量约583吨。

果园管理工作　1—4月，出动34人次开展圩镇苗木市场巡查，清理不健康苗木1580株，调运苗木18135株。6月29日，举办柑橘黄龙病防控技术培训班，培训果农61人，发放《柑橘黄龙病防控技术手册》200余本。10月，组建专业工作队开展病树普查清理专项行动，普查清理病树7057株，平均病株率2.10%，病树清理率100%。建设疫情监测点1个，木虱虫口基数与往年相比大幅下降；建设柑橘黄龙病防控示范基地1个，通过应用生态隔离、木虱规范防治、常态化清除病树和网棚假植大苗补种等防控措施，控制示范园内柑橘黄龙病和柑橘木虱传播蔓延；建设标准化生态示范园2个，重点推广网棚架植、大苗种植、增施有机肥、智能化灌溉、频振式杀虫灯灭虫、尝试无纺布覆盖防草、简约整形修剪、病虫害综合治理技术。

技术服务与推广工作　加大果园技术服务和推广力度，提高果品质量和果园效益，各乡镇成立由种果大户组成的防控理事会，负责指导辖区内果农开展果园生产管理、识别黄龙病树和防控黄龙病。组织技术人员到果园开展技术推广和服务，在逢圩日深入田间地头，发放技术手册200余份。举办柑橘黄龙病防控技术培训1次、高素质农民培训班1期，培训111人次。

【畜牧业】　2022年，赣州经开区开展“春秋两防”畜禽免疫工作，全区禽类高致病性禽流感和牛羊口蹄疫应免率100%。全年检疫动物A证 2（批）次，动物B证1379（批）次，产品A证 26016（批）次，产品B证151826(批)次,无“隔山开证”(动物检疫人员不到现场检疫，直接开具动物检疫合格证）现象发生。

（陈宣明 聂婷华 曹礼圣 刘军剑）

【休闲农业】　2022年，赣州经开区有休闲农业主体30家，涉及4个乡镇12个村，占地面积约4平方千米，年产值4891万元。休闲农业涵盖农家乐、农庄、果蔬基地、农业合作社、乡村旅游点等门类，涉及种养、餐饮、垂钓、住宿、观光等多种经营业态，年营业收入2657.95万元，接待人数24.5万人次，休闲农业从业人数400人，其中农村居民从业人数300人，带动脱贫户数131户。

【农产品加工及品牌创建】

2022年，赣州经开区有有机绿色农产品8个，规模以上农产品加工企业（年营收2000万元以上）18家，其中饲料加工企业10家、食品加工企业8家。固定资产16亿元、营业收入82亿元、从业人员4000余人，其中亿元以上企业13家（10亿元以上企业1家）、农业产业化市级及以上龙头企业12家，大型加工企业10家，加工产品主要为饲料、大米、禽肉等。1月，江西齐云山油茶科技有限公司获“中国好粮油”称号；江西东坚农业发展有限公司、赣州市凯大脐橙场2家企业新增绿色食品2个。湖边镇坩头村股份经济合作社等6家合作社（企业）新增富硒产品认证11个，有效期内富硒产品12个。

【村集体经济发展】　1月26日，赣州经开区印发《赣州经开区关于进一步推进村集体经济发展壮大的实施意见》，

江西齐云山油茶科技有限公司车间　（2022年，区农办供图）

提高村级组织自我保障、服务群众、推动发展能力。全年召开村集体经济发展调度会4次，推动29个村与赣州建控集团签订留用地指标置换标准厂房协议。推行“1+N+1”（1个强村结对帮带1个弱村，示范引领N个中等村）联村发展模式，引导村集体经济强村结对帮带中等村、弱村，全区村集体经济总收入7169万元，其中经营性收入6808万元，村均经营性收入111.6万元，61个村集体经济经营性收入超过20万元，占比100%。

（陈宣明 刘高斐 吴鹏宇）

黄金岭街道大坪村预留地招引的皓然（赣州）体育文化产业园项目

（2022年，黄金岭街道供图）

乡村建设

【农村道路建设】 2022年，赣州经开区新建、改造农村公路20千米，建设农村公路安防工程15千米。推动农村公路管理体制创新改革，建立推行“两站两员”（乡镇交通安全管理站、农村交通安全劝导服务站，乡镇交通安全管理员、农村交通安全劝导员）、“路长制”（路长责任制）等管理组织体系。截至年底，辖区内有G105国道19.01千米，S226省道升级改造为市政道路（飞翔大道），县道49.924千米，乡道112.5千米，村道251.658千米。

【返迁房建设三年行动】 赣州经开区自2020年实施返迁安置房（保障性住房）项目建设三年行动以来，安排返迁安置房项目35个，总建筑面积约475.5万平方米。其中，完工项目20个（返迁房总建筑面积约218.1万平方米、返迁地基础966块），在建项目15个（总建筑面积257.4万平方米）。2022年完成返迁安置房建设总建筑面积108万平方米。

【农村住房安全保障】 2022年，区住建局开展农村住房问题“全覆盖、大排查、促提升”行动，发现并整治房屋质量问题139个，排查监测农村低收入群体住房6000余户，排查出农村危房83栋，纳入农村土坯房整体提升改造62栋，拆除、修缮加固21栋。组织65名农村个体建筑工匠参加培训，为农村建筑工程质量安全提供人才和技术保障。组织干部深入农户开展农村住房安全宣传，发放农村房屋安全知识宣传手册5000余册，张贴挂图500余张。

【农村人居环境整治】 2022年，赣州经开区建成三江乡斜角村、湖边镇哈湖村、凤岗镇天子地村、科技城范塘村集中连片村庄环境整治点4个，完成大广高速、厦蓉高速、新G105国道沿线农村房屋整治，打造蟠龙镇桃芫村鸭公塘组、湖边镇蛤湖村大坝组、凤岗镇天子地村3组、三江乡斜角村10组、11组和科技城范塘村1组区级“改厕样板村庄”5个，整改户厕问题782个，创建美丽村庄3个、美丽庭院635个。6月，组织开展赣州经开区2022年上半年农村人居环境整治评比、赣州经开区村庄环境整治提升“扫一遍”行动成效流动现场会。整改“清河行动”问题24个，清理河岸线45.28千米，清理垃圾400余吨，处理农村生活污水项目4个。

【美丽乡镇建设五年行动】 2022年，赣州经开区完成美丽乡镇建设项目30个，投资3.35亿元。重点推进蟠龙农贸市场、金凤梅园养老服务、三江乡敬老院和湖边社区教师楼老旧小区改造等项目。秉持“三分建设、七分管理”理念，探索建立圩镇长效管理机制，落实圩镇网格化管理和“门前三包”理念，全域整治“乱扔乱倒、乱停乱放、乱搭乱建、乱挂乱贴”现象。

【农村饮水提档升级】 2022年，赣州经开区聚焦“户户通水、时时有水、处处有达标水”目标任务，投资900万元实施凤岗镇、湖边镇农饮提档升级项目，延伸自来水管道50余千米。落实维养资金165万余元，实现全区所有农村供水工程全覆盖一体化管护。落实农村供水问题反馈监督机制，解决农户反馈问题71件。完善农村区域自来水安装补助政策，全年发放补助资金29.61万元，惠及农户276户。

（温伟荣 钟异苹 邝著萍 吴常铭）

乡村文化

【新时代乡村文化建设】 2022年，赣州经开区持续推进婚嫁领域移风易俗及农村殡葬改革制度。印发《赣州经济技术开发区推进婚丧领域移风易俗三年行动工作方案（2022—2024年）》。通过为新人举行简朴的新婚宣誓仪式、发放《婚事新办简办倡议书》、引导签订《“抵制高价彩礼推动移风易俗”倡议书》、举办“不要彩礼要幸福”集体颁证活动等方式，弘扬传统美德，摒弃婚礼陋习。通过在“欧潭融媒”等公众平台宣传文明祭扫、生态安葬，引导广大群众采取居家追思、网络祭祀、书写寄语、祭祀鲜花等绿色文明低碳祭扫方式缅怀先人。清明节期间免费发放祭祀鲜花20000余支。对全区“三沿六区”进行专项督查，整治“乱埋乱葬”680余穴。全年为

三江乡斜角村村容村貌 （2022年，三江乡供图）

428 名群众免除五项基本殡葬金 90.126 万元。

【乡村文明实践活动】 6月，印发《关于进一步组织开展全区农家书屋提质增效监督检查工作的通知》，建成区乡镇综合文化站、村级综合文化服务中心，构建“一般村镇20分钟公共文化服务圈”；在杨梅村、黄龙村台湾部落建设城市书房2座。开展“三项活动”（送电影、送戏、自办文体）文化惠民活动518场次。建立理论政策宣讲、文艺文化、科学普及等志愿服务队13支，全年开展文明实践志愿活动2700余场，完成“点、派、接、评”闭环流程志愿服务活动2万余次。

（张清雅）

乡村治理

【乡村治理体系建设】 2022年，赣州经开区增强农村基层党组织政治功能和组织功能，为乡村全面振兴提供坚强政治和组织保证。以健全党组织领导的自治、法治、德治相结合的乡村治理体系为目标，持续实施“一村一台戏”等文化兴农举措，完善党建活动室、农家书屋等活动场所，丰富群众精神文化生活。利用“和合调解室”平台积极调解村民纠纷矛盾，提升乡村治理和精神文明水平。制定和完善村级事务小微权利等5项清单，通过“积分超市”平台，增强农民群众参与村级事务、村级活动的积极性。

【乡镇领导班子建设】 2022年，赣州经开区建立驻村工作常态化暗访督导机制，全年开展暗访督导12次，下发督查通报1期、督办函5份。开展乡村振兴模范党组织、乡村振兴担当作为好支书选树活动，金星村党委、长田村党支部被选树为省级乡村振兴模范党组织，金星村党委书记肖承忠被选树为省级乡村振兴担当作为好支书，长田村党支部书记王兰欣被选树为市级乡村振兴担当作为好支书，三江乡斜角村被认定为市级第二批红色名村。全年开展村“两委”干部区级联审5批次23人。组织开展全区村（社区）干部培训班2期470余人，实现区级培训全覆盖。全年发展农村党员107名，轮训区级“新时代赣鄱乡村好青年”57名，配齐配强村党组织纪委书记或纪检委员，确保各村储备后备干部人数在3人以上。

（张清雅 刘宗平）

【乡村人才队伍建设】 2022年，赣州经开区开展“高素质农民培训”1期50人次，开展科技特派员服务4次210人次。开展各类培训9期1118人次，培育“一村一名大学生”3人。推动新型农业农村领域相关人才下沉基层，年内招聘“三支一扶”人员5人，认定职业农民5人，推进公有产权卫生室乡村医生“乡聘村用”，加大基层人才数量。参照区内人才政策，严格兑现各项人才政策，用好“一站式”人才服务平台，保障返乡人才政策落实。

（杨 扬 陈宣明 曹礼圣）

农业机械化

【农机推广与引进】 2022年，赣州经开区围绕“提质增效转方式、稳粮增收可持续”工作主线，以推进全程机械化行动为抓手，推动全区现代农业建设。1月15日，印发《关于切实做好2022年粮食生产工作的通知》，对新购置用于区内粮食和油料作物生产、加工的农机具，除享受国家购机补贴政策外再增加补助20%。以开展农业科技下乡活动、精准扶贫工作等为抓手，深入田间地头、走村入户进行农机推广宣传，多途径向农民群众宣传农机安全信息和农机购置补贴相关政策，提升全区农户的农机购买热情。全年使用中央农机购置补贴资金 103.044 万元，拉动农民购机资金 425.66 万元，补贴机具 112 台（套），受益户数 76 户，新增农机动力 1529 千瓦。

【农机安全与监管】 2022 年，全区新增拖拉机上牌 15 台、收割机 4 台。6 月，开展农机安全生产大检查及拖拉机和联合收割机“牌证”专项整治活动。新增农田作业机械上牌率、检验率和持证率 100%。全年开展农机安全生产检查 4 次，检查农业机械 20 余台，未发生农机安全生产事故。

（杨　扬）

水　利

【防汛抗旱】 2022 年，赣州经开区严格落实区、乡、村各级主体责任和 24 小时值班制度，确保防汛抗旱工作人员到位、管理到位、应急有效。制订全区 9 座水库度汛方案、应急预案，组织 20 名水库“三个责任人”（行政责任人、技术责任人和巡查责任人）参加安全管理网络培训。编制 9 座水库调度规程，强化水库、山塘水资源运用。采取井水提灌、临时抽水、消防车洒水、增压泵等措施消除影响，解决受旱影响农田灌溉 334.27 公顷、帮助受旱影响供水群众 451 人、争取上级抗旱资金 497 万元，实施饮水抗旱和农田保灌项目 31 个，惠及受益人口 12127 人，受益农作物面积 411.93 公顷。

【水利建设与管理】 2022 年，赣州经开区完成约 2 千米的三江圩堤整治防洪工程建设，形成上犹江右岸三江大桥至大广高速桥闭合防洪圈，保护耕地 333.33 公顷，保护人口约 3 万人。推进实施唐江堤项目，项目建成后将达到上犹江左岸科技城段防洪堤 50 年一遇抵御洪水标准。建设农田水利水渠 37.1 千米，投入资金 2945 万元，解决农田灌溉问题 111.33 公顷，惠及 6284 户 24380 人。

【河（湖）长制落实】 2022 年，赣州经开区根据建立的区、镇、村三级河（湖）长组织体系，抓好水安全保障、水岸线管控、水环境治理等工作，推进智慧河湖建设。年内签发区级河（湖）长令 2 份，督办解决问题 2 个。履行区级河（湖）长巡河 20 人次，乡镇级河（湖）长巡河 250 人次，村级河（湖）长巡河 1400 人次。成立“河小青”志愿队伍 78 支 1560 人，聘请“民间河长”9 名，通过公益性岗位聘请 43 名建档立卡帮扶对象担任河道保洁员。

【水生态保护】 2022 年，赣州经开区对辖区内所有河流进行常态化集中清理，对 9 座水库及 3 个“百吨千人”农村饮用水源地开展巡查、检测。强化河流水域岸线管理保护，出动 520 人次，打捞船 107 艘次，清理水葫芦、漂浮物等垃圾 380 吨，整改完成“清河行动”问题 20 个、妨碍行洪问题 2 个、河湖圩堤管理范围内房屋问题 2 个。

（刘军剑　张　藤　黎柏茜）

本栏编辑：王　颖

服务业

综述

【概况】　2022年，赣州经开区有规模以上服务业企业57家，较上年增加11家，全年规模以上服务业全口径营业收入35.62亿元，同比增长10%。其中，限额以上住宿业企业营业额1.95亿元、餐饮业营业额17.91亿元、批发业销售额399.63亿元、零售业销售额200.4亿元。年内出台《赣州经开区金融支持地方经济发展考核奖励办法》《赣州经开区深化QFLP业务试点改革项目实施方案》等政策文件，帮助企业解决资金需求。包括通过银行机构向区内企业提供资金支持、通过供应链解决企业融资需求、通过融资租赁解决企业融资需求、直接融资。

【重点服务产业】　万吉智慧供应链物流二期、传化志申等项目投入运营，圆通物流、中邮邮件处理中心等项目开工建设，智慧物流体系进一步完善。赣州中华汉字文化主题园、台湾部落民俗文化村、金凤梅园等景点成为网红打卡地；智慧牧歌、五彩阳禾基地等项目加快建设，指导台湾部落景区和世客街景区申报国家AAAA级旅游景区。

商贸服务

【概况】　2022年，嘉福·万达城市综合体项目开业，世客街、万达金街等商业集聚街区陆续对外开放；中国跨境电商产业园、冲天跨境电商产业园等跨境电商综试区加速建设，以赣州综保区跨境电商平台为契机，建立美橙跨境电商线下选品中心、进口商品线下体验店。

【嘉福·万达综合体项目试运营】

嘉福·万达综合体位于东江源大道与金岭东大道交会处，是经开区的核心区域。项目由赣州嘉福置业有限公司投资建设，万达商管集团统一运营管理，总建筑面积12.8万平方米，建有AB大小两栋楼宇，地上4层、地下2层，规划停车位1070个。签约品牌172家，其中“有货郎先生”“大玩小乐”“厨子下山”等江西首进品牌7家，“广利来点心局”“楠火锅”“舒麒麟大口茶”等赣州首进品牌16家，“季季红蒂凡尼店”“The Green Party国潮定制点”“屈臣氏首发粉色主题店”等品牌定制店

10家。9月29日，项目试营业，国庆期间日均客流量近10万人次，成为全市商贸消费的新中心、全市商贸消费圈的新核心。

【服务业平台建设】 年内，全区有省级现代服务业集聚区4家、省级服务业龙头企业6家。猪八戒网赣南总部园区获评江西省现代服务业集聚区，江西慧通力合信息技术有限公司、核工业赣州工程勘察设计集团有限公司和江西阿姆源餐饮管理有限公司获评江西省现代服务业龙头企业。

（徐子文 肖辉龙）

金融服务

【概况】 2022年，赣州经开区有银行机构14家、营业网点39个，保险机构8家，小额贷款公司2家，融资租赁公司2家，股权交易中心1家，综合性金融机构1家，数字金融产业平台1家。

【红色金融驿站】 年内，区金融服务中心与赣州农商银行开发区中心支行签订党建联建战略合作协议，在三江乡试点“红色金融驿站”。选派33名“金融辅导员”将金融服务下沉至村组，通过完善“城市+乡村”“对公+个人”“实体+数字”“线上+线下”一体化联动发展的战略新

2022年区内银行基本情况一览表

表4

序号	银行名称	网点数（个）	员工数（人）	年末本外币存款余额（亿元）	年末本外币贷款余额（亿元）
1	中国银行	2	25	13.18	17.05
2	中国工商银行	3	38	30.88	44.56
3	中国农业银行	4	41	27.90	38.70
4	中国建设银行	5	61	35.55	31.07
5	交通银行	1	12	25.47	18.92
6	中国邮政储蓄银行	2	16	1.88	2.30
7	江西银行	1	18	17.69	37.34
8	赣州银行	6	78	79.50	61.09
9	九江银行	1	14	3.27	3.24
10	招商银行	1	6	22.80	12.80
11	兴业银行	1	18	35.58	27.23
12	赣州农村商业银行	9	70	54.68	24.77
13	江西赣州银座村镇银行	2	52	10.00	8.88
14	南康赣商村镇银行	1	9	3.03	0.33

2022年区内各类保险机构基本情况一览表

表5

序号	机构名称	网点数（个）	员工数（人）	保费收入（万元）	赔付支出（万元）
1	中国人民财产保险股份有限公司赣州市经济技术开发区支公司	1	24	16348.25	7808.13
2	中国太平洋财产保险股份有限公司赣州经济开发区支公司	1	8	3245.96	12440.40
3	太平财产保险有限公司赣州中心支公司	1	42	11754.55	6559.81
4	永诚财产保险股份有限公司赣州中心支公司	1	7	8783.34	4472.47
5	华泰财产保险有限公司赣州中心支公司	1	4	2092.05	629.68
6	渤海财产保险股份有限公司赣州中心支公司	1	8	75.66	247.98
7	农银人寿保险股份有限公司赣州中心支公司	1	25	15600.12766	4953.916996
8	阳光财产保险股份有限公司赣州市开发区支公司	1	6	589.95	—

2022年区内现有上市挂牌企业一览表

表6

序号	企业名称	挂牌、上市时间	上市板块
境内外上市企业（7家）			
1	康尔国际控股有限公司	2013.12.23	马来西亚证券交易所
2	趣店集团	2017.10.18	美国纽交所
3	品钛集团	2018.10.25	美国纳斯达克证券交易所
4	江西金力永磁科技股份有限公司	2022.1.14	香港联交所
5	江西金力永磁科技股份有限公司	2018.9.21	深交所创业板
6	孚能科技（赣州）股份有限公司	2020.7.17	上交所科创板
7	天音通信控股股份有限公司	1997.12.02	深交所主板
新三板挂牌企业（5家）			
8	江西恒玖时利电传动系统股份有限公司	2016.1.18	新三板基础层
9	研创应用材料（赣州）股份有限公司	2016.8.8	新三板基础层
10	赣州富尔特电子股份有限公司	2018.3.15	新三板创新层
11	江西江悦新能源科技股份有限公司	2017.5.24（2020.4.28从上海引入）	新三板基础层
12	江西基骏科技股份有限公司	2016.9.13（2020.6.12从深圳引入）	新三板基础层

4 月 12 日，凤凰居·章田人才公寓项目（区融媒体中心供图）

布局，坚持城乡联动发展，为村民提供金融政策宣传、金融业务咨询、整村授信、水电费代缴、社保卡开立与激活、赣州智慧金融平台推广、反诈知识宣讲等全面金融服务，补齐乡村金融服务短板。通过一系列金融服务和公共延伸服务，将更多金融资源向普通群众倾斜，全面提高服务乡村经济的精准性、直达性、普惠性，推动基层党组织在改善普惠金融服务、发展壮大集体经济、助力乡村振兴等工作中发挥战斗堡垒作用。

【金融改革】 3 月 28 日，赣州经开区成为中部六省首个 QFLP 业务落地地区，成功引进外汇资金 7150 万美元，占全区现汇资进资总额约 40%。6 月 30 日，中国进出口银行“保理 E 贷”线上系统向赣州保税实业集团国际贸易公司放款 1000 万元，该行在江西首笔“保理 E 贷”正式落地赣州经开区，解决区内中小微企业融资难、融资贵的问题。7 月 22 日，赣州经开区印发《赣州经济技术开发区开展知识产权证券化试点工作的实施方案》，在全省率先探索开展知识产权证券化试点工作，拟发行规模 2 亿元，3 年期限的知识产权证券化产品，按照“市场主导、政府补贴、企业分担”原则，重点支持区内钨与稀土产业、拟上市企业。

【防范化解金融风险】 8 月，赣州经开区印发《赣州经济技术开发区金融突发事件应急预案》《关于深入推进化解非法集资存量案件风险三年攻坚战（第二轮）的通知》，落实“一案一策一专班”（1 个非法集资案件、1 个化解对策、成立 1 个专班）工作机制，制定个案化解措施，强化存量案件处置工作力度。明确各处置环节时限，协同司法机关加快追赃挽损、司法审理、资金清退，化解陈案积案。全年完成处置完结存量案件 7 件，结案率 87.5%，提前 1 年半完成非法集资存量案件化解任务。

（李　旺）

房地产业

【概况】 2022 年，赣州经开区有在库房地产企业 38 家，房地产项目 50 个。年内新增房地产企业 6 家，房地产项目 7 个。全面推进棚改项目建设，完成 7007（套、户）城市棚户区改造开工以及 926（套、户）基本建成任务。南光凤凰居锦绣和园项目的 1737 套人才住房全面开工建设，全区人才住房在保家庭 183 户。区房管所获评全市房地产高发展考核先进单位，赣州经开区棚户区改造、保障性租赁住房、人才住房建管工作被市住房城市服务中心予以通报表扬。

【房地产市场管理】 2022年，区内商品房均价9696.23元/平方米，同比下降1.22%，其中住宅均价10457.42元/平方米，同比上涨0.94%。全年办理商品房预售39宗，新增商品房供应量47.81万平方米，其中住宅用房39.63万平方米，商业用房8.1平方米。新增房地产开发经营企业9家。

【房地产交易管理】 全年房产交易存量房备案（买卖）收件数量1483宗，办件数量1483宗，网上审批数量1483宗。房产交易存量房其他转移性备案（继承、析产、赠予等）收件数量228宗，办件数量228宗，网上审批数量228宗。购房资格确认收件数量78宗，办件数量78宗，网上审批数量78宗。房产分割、合并、补录等收件数量67宗，办件数量67宗，网上审批数量67宗。房屋租赁备案收件数量35宗，办件数量35宗，网上审批数量35宗。区房管所协助区农办、区民政部门核查贫困户、低保户房屋交易备案信息90余户。

【物业管理】 年内，赣州经开区开展物业管理专项排查整治行动，对物业项目承接查验、物业企业收费公示率进行整治。组织区内物业服务企业申报评选物业管理示范项目，树立物业管理行业标杆。全区45个小区成立业主委员会；3个小区获评2022年市级优秀示范小区。

【保障性住房管理】 2022年，赣州经开区保障性租赁住房筹集（开工）目标任务10000套，年内开工率100%，争取中央预算内投资、保障性安居工程补助资金和债券379163.6万元。建设公租房6302套，分配率100%；入住6229套，入住率98.8%。办理中签公租房家庭入住手续238户，办理公租房承租家庭退房、互换、变更等后续管理业务479户。推进“互联网+住房保障服务”，开展常态化公租房网上受理审核工作，累计受理审核新申请家庭资料1407户。

【既有住宅加装电梯】 年内，区房管所加强对既有住宅加装电梯底数摸排和政策宣传，发放宣传折页5000余份，制作悬挂横幅190条。全区累计受理既有住宅加装电梯申请44台，通过审批41台，在建11台，完工28台（其中已拨付财政补助资金21台420万元），列中心城区第二。

黄金岭街道章江苑小区既有住宅加装电梯 （2022年，阳玉萍摄）

物流产业

【概况】 2022年，赣州经开区有注册登记仓储物流企业410家，其中规模以上仓储物流企业15家，获评A级以上物流企业11家。赣州经开区是全省唯一同时拥有国际机场、高铁站、高速出入口、高架快速路和公路港的国家级经开区。

【物流共享仓】 2022年，赣州经开区启动建设物流共享仓，计划用五年时间建设100万平方米以上符合工业、商贸、物流等企业需求的“标准化、多层次、全方位、智能化”共享标准仓。年内开工建设30万平方米，建成12万平方米，传化志申物流园、万吉智慧供应链产业园二期项目等一批项目投产运营，中国邮政邮件处理中心、圆通（赣南）智创园项目开工建设。

【赣州传化志申物流园】 12月，赣州传化志申物流园完工，项目位于赣州经开区石湾路南侧，石坑路西侧，占地面积8.8万平方米，总投资1.8亿元，建有1号、2号办公楼，1号、2号、3号、4号物流转运中心，7号仓库，总建筑面积约9万平方米。同月，万吉智慧供应链物流园（二期）完工，项目位于赣州经开区华昌路与G105国道交汇处，占地面积约6万平方米，总投资3.5亿元，建有3号物流转运中心，总建筑面积5.6万平方米。

（刘晓龙 杨长盛）

8月20日，2022江西“百城百夜”·赣州经开区文化和旅游消费季暨欧潭首届啤酒节在世客街开幕 （廖万茂摄）

旅游业

【概况】 2022年，赣州经开区有旅游景区景点8个，旅行社7个，星级酒店1个。实施“四色旅游”（绿色旅游、红色旅游、古色旅游、金色旅游）发展战略，确定绿色“增流”、红色“强基”、古色“焕新”、金色“促消”基调，推动赣州世界客家非遗文旅街区、台湾部落民俗文化村、郭大力故居、章贡酒文化园、中华汉字文化公园、凯大樱花农场等15个文旅项目建设。

【旅游服务行业管理】 7月31日，全区旅游产业发展大会召开，会议对旅游服务行业优秀企业和个人进行表彰。组织全区景区负责人参加赣州市旅游景区质量提升培训班，提升景区服务人员专业性。组织开展世客街客家美食品鉴活动，打造经开区美食名片。年内处理旅游服务类投诉18条，满意率100%。

【旅游行业安全管理】 年内，赣州经开区落实旅游安全生产责任制，组织旅游企业签订《责任状》。在春节、“五一”国际劳动节、“十一”国庆节等重大节点开展旅游安全工作检查。在景区、文化馆等文旅场所设置防溺水标识，发放溺水自救方法宣传手册。在各景区、星级酒店分发《旅游者权益保护条例释义》300本。全年开展旅游安全专项检查8次，联合检查6次，查出安全隐患

22个，完成整改22个。

【欧潭首届啤酒节活动】 8月20—28日，2022江西“百城百夜”•赣州经开区文化和旅游消费季暨欧潭首届啤酒节在赣州经开区世客街及台湾部落举办，活动融合客家文化、台湾文化与啤酒文化，设有“放肆吃、放肆嗨、放肆玩、放肆喝”4个板块。世客街主会场突出“客家文化+啤酒文化”，台湾部落分会场突出“台湾文化+啤酒文化”，2个会场接待游客总量10万余人，带动旅游消费千万余元。

【郭大力故居】 郭大力故居位于赣州经开区三江乡斜角村田心组，主体为一座两层连体的土木结构四合院，占地面积640余平方米，共14间房。中国经济学家、教育家和翻译家、《资本论》中文全译本首译者之一的郭大力曾在此完成《资本论第二卷》《资本论第三卷》《剩余价值学说》《恩格斯传》等著作的翻译出版。景区分为宣传长廊区、译著展示区、生活情景区和活动广场四个区域，集中展现了郭大力生平和在动乱年代依旧初心不改、潜心钻研学术的精神，是传承红色基因、展现红色文化的精神家园。

【五彩阳禾劳动教育综合实践基地】

赣州市五彩阳禾劳动教育综合实践基地位于赣州经开区凤岗镇长江村，占地面积1.33平方千米，有农耕土地、活动大草坪和现代农业种植大棚，非遗工坊、水培教室、中草药种植大棚，可同时容纳2000人参加劳动实践。基地秉承“生活即教育，社会即学校”理念，紧扣“劳动育人”这一主线，设置以现代农业、非遗技艺、烹饪课堂为特色，以传统农耕、学做花农、现代服务为基础的六大劳动主题课程，是一个集劳动教育研学、生命教育、文化活动、体育运动于一体的综合性实践基地。年内获评教育部职业体验智慧学习工厂项目试点单位、江西省劳动教育综合实践示范基地、赣州市科普教育基地、赣州市中小学生研学实践教育基地、赣州经开区优秀旅游企业。

【台湾部落民俗文化村】 台湾部落民俗文化村位于赣州经开区凤岗镇长江村，是集“文化旅游、观光农业、休闲度假、研学旅行、红色教育、青年创业、婚庆民俗、两岸文化交流”于一体的大型综合体。建有台湾风情老街、部落饭庄、图腾广场、淘乐宝岛、星空露营、台湾少数民族村落、同心桥等景点。设有围炉煮茶、土灶区、陶艺馆、水上乐园、儿童乐园、红色沙滩、蓝色沙滩、民宿、绳网乐园、台湾奇珍异果和生态农业区等功能区。年内获评江西省少先队校外实践教育基地和赣州市红色教育培训基地。

【赣州中华汉字文化公园】

赣州中华汉字文化公园位于赣州经开区金岭大道以南、赣丰公路以北、清溪南路以东、工业路以西，处于蟠龙镇西城区核心位置，占地面积46万平方米，项目总投资约1.97亿元。主题公园依山而建，绿化以山茶、杜鹃花为主，象征着赣南这片红土地。公园以“中国汉字文化”为主题建设，围绕汉字的起源、演变、进化、发展为主线，建有钟鼎门、福禄寿门、黄帝炎帝雕像、凤凰御天书、麒麟玉书、仓颉造字、甲骨文、蟠龙雕像、百家姓墙等建筑群。主题公园充分挖掘雕塑景观艺术特色和文

赣州世界客家非遗文旅街区　（2022年，区融媒体中心供图）

化内涵，创造出具有人文特色的文化旅游环境，是江西省首个且规模最大的以汉字为主题的公园。

【赣州世界客家非遗文旅街区（世客街）】　赣州世界客家非遗文旅街区（简称“世客街”）位于赣州经开区金凤东路，以客家文化、迁徙历史和世界客家非遗文化传承互动体验为核心主题。街区设有非遗美食展示区、客家文物展示区、非遗产品加工展示区和客家民俗展演区，有赣南客家擂茶、全南熏鸡、定南客家灰水粄等20多家国家级、省级、市级非遗代表性项目以及几十种客家传统小吃、中华名小吃。世客街有各式连锁品牌、清吧、小酒馆、国家级非遗采茶戏剧院，设有特色民俗表演。年内成为赣州“越夜越精彩”的夜经济、夜生活、夜文化的核心街区和特色网红打卡点。

【凯大樱花农场】　凯大樱花农场位于赣州经开区三江乡肖边村，是一个以果蔬种植为基础，以“樱花”为主题，集农旅、研学、休闲、康养于一体的花果蔬综合性农场。农场总面积0.33平方千米，种植有赣南脐橙、南康斋婆柚、泰国红宝石、沃柑、脆蜜金橘、鹰嘴桃等20多个品种共两万余株果树，有3500余株十年以上树龄的牡丹樱和红粉佳人樱。农场设有生态甲鱼养殖场和配套的路亚和垂钓中心，乡村味主题餐厅、儿童游乐、水上乐园等项目一应俱全。年内获评全省优秀农民专业合作社和江西省农民合作社省级示范社。

【章贡酒文化园】　章贡酒文化园位于赣州经开区迎宾大道60号章贡酒业公司内，是省级工业旅游示范点和国家AAA级旅游景区。景区以酒文化传播为核心特点，设有酒文化体验区、园区观光休闲区、白酒酿造及发酵工艺研学区、赣州地域文化体验区等游览项目。

（夏侯婧）

本栏编辑：王　颖

城市建设

综　述

【概况】　2022年，赣州经开区坚持规划引领、远近结合、系统推进，海绵城市建设面积17.9平方千米，达到建成区面积的32.8%。实施城市能级提升行动，全年安排项目326个，总投资877.72亿元，完成投资179.32亿元；纳入市级调度重点项目52个，总投资290.51亿元，完成投资99.01亿元。新改建城市主次干道39条33千米；新开工绿色建筑面积259.49万平方米，装配式建筑面积201.41万平方米。高铁空港新区开工项目37个，长赣高铁开工建设，蟠龙大桥主桥合龙，车都大道、横江大道、金湾大道、飞翔路等项目通车，新能源科技城“七横五纵”新增道路长度33千米和现代电子科技城“两横三纵”路网实现互联互通。泉岗科技园分布式屋顶光伏电站、吉利110千伏变电站工程建成交付。经开万达广场、赣州世客街区开业，涌泉、唐凤、中恒富春园等商业综合体建设快速推进，圆通、万吉、中邮物流园加快建设，城市功能配套日臻完善。赣州经开区“城市功能与品质再提升”工作排名全市第一。

（邓生红　谢慧萍）

建设管理

【工程质量安全监管】　2022年，区住建局持续开展安全生产专项整治三年行动，建立“诚信重诺”预警谈话、“警钟长鸣”警示约谈、“铁拳治乱”批评通报机制。聚焦建筑施工危大工程，督促参建各方严格落实主体责任，严把“方案编审、安全交底、方案实施、工序验收”四个关口，确保危险性较大工程监管及时、有效、到位。全年下发整改通知单625份，其中停工整改通知单26份，发现并督促整改安全隐患3208处。11月12日，印发《赣州经开区进一步提升建设质量安全若干措施（试行）》。开展质量安全标准化创建工作，帮助企业树立精品意识、打造样板工程。年内获评省质量标准化项目10个，占全市25.6%；获评市质量标准化项目14个，占全市20%；获评市安全标准化项目34个，占全市22.7%，获评市优质工程3个，占全市23.1%。赣州经开区文化艺术中心建设项目获评2022年度全省“质量月”活动质量管理标准化观摩工程，美的高速·君兰学府一期工程获评2022年度全省 “质量月”活动智慧工地示范项目观摩工程。

【建筑业绿色低碳发展】 2022年，赣州经开区新开工执行绿色建筑标准项目42个，建筑面积259.49万平方米，城镇绿色建筑占新建建筑比例的100%；新竣工执行绿色建筑标准项目8个，建筑面积54.47万平方米；新开工装配式建筑项目57个，装配式建筑面积201.41万平方米，装配式建筑占新建建筑比例的35%，新开工装配式建筑面积排名全市第一，占全市的24.67%。

【建筑业高质量发展】 2022年，赣州经开区培育9家建筑企业资质升级，其中晋升总承包一级企业2家、总承包二级企业1家、专业承包一级企业6家，获省级企业技术中心认定建筑企业1家。25家建筑企业获建筑业发展奖励336万元，13家建筑企业获市建筑龙头、骨干、重点扶持企业称号，7家建筑企业获区建筑龙头、骨干、重点扶持企业称号。

【工地扬尘治理】 2022年，赣州经开区开展建筑工地扬尘治理行动，巡查项目425个次，下发扬尘治理限期整改通知单158份，发现建筑扬尘问题486条、整改完成469条、整改率96.5%。全面落实建筑施工领域扬尘整治“六个100%”（现场围挡率100%、路面硬化率100%、抑尘洒水率100%、裸土覆盖率100%、驶离工地车辆冲洗率100%、暂不建设场地绿化率100%）。

（莫微 朱亮 熊荣健 朱丽琴）

规划管理

【概况】 2022年，赣州经开区初步建立国土空间规划体系，全面完成“三区三线”划定工作。报批土地面积355.13公顷、收储土地595.47公顷、供应土地102宗554.2公顷，有效保障富联精密、孚能科技、江西理工大学等一大批重点项目、重大民生工程用地需求。

【国土空间规划编制】 10月14日，赣州经开区国土空间规划体系成果经自然资源部批准启用，框定全区国土空间开发保护大盘。配合市级高质量推进赣州市国土空间总体规划编制，划定全区城镇开发边界101.06平方千米。赣州市叶山组团（原铜铝产业园）、赣州经开区三江组团控制性详细规划编制形成初步方案，西城区暨香港产业园北区（长赣铁路沿线区域）、新能源汽车科技城首期、凤岗片区3个控制性详细规划局部调整通过市规委会第11次会议审议。启动全区城镇开发边界外35个村的村庄规划，其中21个村的村庄规划完成专家评审，三江乡斜角村、凤岗镇黄龙村分别获全市村庄规划优秀案例二等奖、优秀奖。

【重点工程项目规划】 2022年，区自然资源分局审批重点工业项目规划方案19个，其中富联精密科技、梨园科技园、国际空港高铁产业园等标准厂房“梧桐树”计划项目8个，好朋友科技、富尔特电子、大田精密科技等“满园扩园”促开工项目11个。审批重点民生工程项目51个，其中第十七中学、飞翔小学、青年科技职业技术学校、职业技术学院学校类项目4个，惠民康复医院建设工程医院类项目1个，中恒·市民体育健身中心体育场馆类项目1个，洋田棚户区、金塘棚户区、金西棚户区棚改项目3个，罗边溪水系公园绿地改造项目1个，综保区停车楼、宝福路停车场、华裕路停车场等停车场项目6个，唐龙大道、洋田路等道路工程项目29个，蛤湖河污水管、迎宾大道污水管雨污管网项目2个，富联精密科技人行天桥等人行天桥工程项目4个。

【人民防空】 2022年，赣州经开区推进人防政务服务规范化建设，办理人防审批项目66件，人防结建面积20.54万平方米，征收人防易地建设费1669.35万元。新建人防工程10个，结建面积7.08万平方米。加速推进中恒体育公园自建人防工程。承接市级下放的人防工程质量安全监管事项，及56个在建人防工程质量监督节点验收、安全管理及竣工验收工作，督促建设、施工、监理等参建单位的质量责任落实，确保人防工程建设质量始终处于受控状态。组建区人防蓝天救援队，参加“5·12”防震减灾应急救援宣传活动及全省“9·18”防空警报试鸣暨“赣盾—2022”实战化演练。

（曾玲 李贤伟）

征地拆迁与安置

【概况】 2022年，区征迁服务中心牵头推进全区征地拆迁工作，攻克职业教育基地、东江源快速路北延、官田科技园、蟠韵路小学等项目难点，保障新能源科技城、现代电子科技城、高铁空港新区等重点项目用地需求，推进城市功能持续扩容提质。下达征迁任务项目79个，完成征收土地5.94平方千米，签订房屋拆迁协议1802栋72.31万平方米，拆除房屋1574栋64.12万平方米，搬迁企业32家，迁坟1560穴。

【征迁指导监督】 2022年，区征迁服务中心出台《赣州经济技术开发区已征收土地移交管理办法》《赣州经济技术开发区征地拆迁测绘工作操作规范》；联合区纪工委印发《关于进一步加强征地拆迁领域廉政风险防控工作的通知》，加强已征收土地管理、队伍管理、征迁工作流程等方面的监管。全年召开企业搬迁评估评审、指导、协调会议38次，现场踏勘被拆迁房屋608栋。抽查完成已测绘房屋411栋208035.41平方米，完成核查房屋拆迁资料126批次1210份，下发整改书面意见119份。

【返迁安置】 2022年，区征迁服务中心指导协调推进返迁安置房分配交付工作，年内交付返迁安置房5836套，店面224间，安置被拆迁户2754户。交付蟠龙镇河坝陈屋棚改小区返迁安置房1278套702户、杨边棚改一期返迁安置房988套482户、湖边镇华鑫北棚改二期返迁安置房1103套749户、涌泉小区返迁安置房935套207户、华鑫北棚改店面123间86户、湖边城中村棚改店面101间60户、黄金岭街道章江E5、E6地块返迁安置房1532套614户。

【失地农民保障】 2022年，区征迁服务中心审批失地农民11批次746户3073人；审核申报失地农民过渡期生活补助73.72万元；审核申报失地农民重病救助146人次305.57万元；审核申报失地农民教育补助7087人次1125.31万元。

（李祯）

【首批安置户实现“交房即交证”】 2月22日，赣州经开区为民办实事·新建返迁安置房首

2月22日，赣州经开区为民办实事·新建返迁安置房首批“交房即交证”仪式在河坝陈屋棚改小区举行　（区征迁服务中心供图）

批“交房即交证”仪式举行。仪式现场向河坝陈屋棚改小区业主发放不动产权证31本，以蟠龙村欧阳湖为代表的15户返迁村民在交房现场拿到不动产权证书。

公用事业服务管理

【概况】　2022年，区公服中心围绕“一年一小变，三年一大变”工作目标，推动公用事业服务管理工作上台阶。获评2022年度江西省市政管理（养护）行业分会先进单位、江西省城市建设管理协会环卫行业分会2022年度先进集体、2021年度深化全国文明城市建设工作先进集体、2021年度创建国家卫生城市工作先进集体。

【市政道路管养】　2022年，区公服中心采取点、线、面方式结合，开展道路达标行动，持续治理道路破损、井盖沉降等市政道路设施各类病害。维修破损人行道约2.65万平方米、破损混凝土道路约1.5万平方米、破损沥青道路约2.8万平方米，更换破损路侧石约3.8千米、破损车阻石约555套、破损树池石约530套，混凝土路面沥青灌缝约330千米。推进道路积水点“动态清零”、窨井盖专项治理行动，保障广大人民群众“脚底下安全”。年内更换破损雨污井盖265套，雨水箅子222套，完成章贡王路与金凤路路口等5个积水点改造项目。

【城市绿化管理】　2022年，区公服中心以创建国家生态园林城市为抓手，推进城市彩化、绿化、美化。新建田心小游园、梨园小游园、唐章路小游园“口袋公园”（面向公众开放，规模较小，形状多样，面积为400—10000平方米，具有一定游憩功能的公园绿化活动场地）3处，新增绿地约3.45万平方米，新增绿道约1.6千米。完成园区主干道及重要景观节点莳花种植及更新约2.48万平方米；完成华坚北路（金马隔板门口—湖边大道）西侧退红线复绿约2.5万平方米；完成金潭大道、蟠龙路等9条路段的行道树缺株补植1280株。

【城市卫生管理】　2022年，区公服中心优化城市道路“机械化清扫、人行道冲洗、快速流动保洁”作业机制，全力做好全区日常保洁和重大活动线路保障工作。组织出动人员37万余人次、车辆26万余辆次、降尘作业2476趟次，冲洗路基尘土约14.15万千米、人行道约1645.3千米、护栏约1048.4千米、双黄线约1269.8千米；清理偷倒垃圾约1.35万处、卫生死角约1.5万处、杂草约2万处、垃圾桶果壳箱约 81.47 万个次。道路机械化清扫率超 95%。持续推进“厕所革命”，新建公厕 20 座，新增厕位 220 个。新增四分类垃圾亭 174 座、就地化厨余垃圾处理设备 4 座，实现建成区小区垃圾分类设施全覆盖。

【垃圾分类全覆盖】 2022 年，赣州经开区印发《赣州经济技术开发区生活垃圾分类 2022 年工作方案》《赣州经济技术开发区生活垃圾分类设施 2022 年工作规划》《赣州经开区垃圾分类工作联席会议制度》《社区、物业、业主委员会生活垃圾分类协商工作制度》《“垃圾分类，党员先行”倡议书》《市民公约》等文件。开展垃圾分类主题宣传活动 12 次，媒体宣传 24 次，志愿者活动 68 人次，“垃圾分类进校园”活动 5 次。组织人员参加业务培训 4 次、网络学院培训 2 次，赴杭州、绍兴、赣县区等示范点考察学习 3 批次。探索“基层组织+志愿者”的垃圾分类模式，提升垃圾分类的知晓率、准确率。

【道路照明管理】 2022 年，区公服中心首次实行路灯设施市场化维修管养，实现远程智能监控、完成路灯杆编号，提升路灯维修效率，亮灯率 98% 以上。重点做好科技城唐龙大道等道路路灯维修工作，全年维修恢复亮灯 4857 盏，检测路灯线路 210 条次，检修路灯控制柜 361 台次，检修路灯变压器 4 台。

3 月 11 日，机械化环卫特种车辆在赣州西站作业 （廖万茂摄）

【管线协调】 2022 年，赣州经开区启动水、电、气、通信迁改及新建项目 160 个（含已启动及续建项目），完成管线迁改及新建项目 79 个。提前完成唐凤大道二期项目红线内 10 千伏杆线迁改工程、科技城汽车零配件检测中心低压线路迁改工程、科技城职教园区项目，为富联精密科技、吉利耀能新能源等重点项目的开工、竣工、投产保驾护航。

（曾宪沛）

供水 供电 供气

【供水】 赣州市第二水厂是赣州水务股份有限公司下属自来水厂，位于赣州经开区东江源大道 229 号，占地面积约 10 公顷。第二水厂保障赣州经开区、河套内老城区、高校园区及章江新区部分区域内生产生活用水。全年总供水量 7528.62 万吨，日平均供水量 20.63 万吨，最大日供水量 25.74 万吨，出厂水浊度合格率、余氯合格率、水质综合合格率均达 100%。第二水厂 12 月被赣州市生态环境局经开区分局评为十佳生态示范企业。

【供电】 2022 年，国网赣州市开发区供电公司负责赣州经开区全境和章贡区水东镇、水西镇、沙河镇、沙石镇4个乡镇的供电服务，供电人口50.5万，供电户数25.80万户，供电面积484.83平方千米。辖区内有国家级工业园区2个（香港工业园、赣州综合保税区），省级工业园区1个（章贡高新技术产业园）。

年内完成配电网投资3695万元，完成售电量21.66亿千瓦时，同比增长8.57%；完成购售同期线损率2.17%，同比下降0.55%；完成主营业务收入净额14.19亿元，同比增长17.26%，缴纳利税1258.66万元。完成线路综合整治35条，台区综合治理26台，高耗能配变改造63台，消除隐患缺陷275处，治理重过载台区46台，治理出口低电压台区23台，治理动态低电压用户612户。

年内，公司出台《关于积极响应经开区重点攻坚项目“沙丁鱼追逐”争先赛活动的通知》，助力吉利项目8月13日投产、富联精密项目1月15日投产1回专线，全面保障重大项目的建设进度。深化“七个自动化”和电网“动态一张图”建设，实现09版电表清零和HPLC电能表全覆盖。开展“云验收”15次，“办电e助手”应用率98.27%，线上办电率97.95%。

赣州深燃天然气有限公司外景图　（2022年，市深燃公司供图）

【供气】　2022年，赣州深燃天然气有限公司完成中压管道定检471千米、老旧钢制管道改造110千米。持续优化用气营商环境，接入政府“水电气网一联办”平台，推进市场客服“网格化”管理模式，畅通各业务环节之间衔接，优化“一站式”客户服务配套机制。年内，公司积极开展“QCC”（品管圈）和创新活动，提升安全和服务效能，1项QC成果获深圳燃气投资系统银奖和深圳燃气集团铜奖，2项创新成果获深圳燃气投资系统三等奖，公司获评深圳燃气投资系统“2022年度实用型研发与创新”先进单位。

（刘志刚　肖　凤　陈孝国）

城市管理

【概况】　2022年，区城管分局坚持数字化转型、制度化创新根本路径，坚持系统性谋划、整体性推进根本方法，聚焦高质量发展、高品质生活、高效能治理，深化城管创新转型，服务经济社会发展。

【市容市貌整治】　2022年，区城管分局常态化开展市容环境整治工作。全年出动执法人员3200余人次、执法车辆190辆次；整治出店经营1900余起，劝离流动摊贩1200余起；整改二轮车和共享单车乱停乱放问题1800余起，清理“僵尸车”300余辆；清理整治有安全隐患、破损废弃店招、落地灯箱广告90余处；清理“牛皮癣”、横幅广告1200余处。按照《江西省生活垃圾管理条例》处罚案件10余起。开展偷倒建筑垃圾专项治理“暴风行动”，对易偷倒地点采取24小时值守，执法队员结合地形和时间段强化执法排查，以强有力的执法形成震慑。“暴风行动”累计出动执法人员2000余人次，设立“严禁偷倒建筑垃圾”警示牌120块，检查各类运输车辆3200余辆，依法查处乱倒偷倒垃圾案件20余起，处罚金额3万余元。

【城市生态环境治理】　2022年，区城管分局对餐饮企业油烟净化设施设置情况进行专项排查，建成区安装油烟净化设施870处，安装率100%。常态化开展油烟净化器开启运行情况督察，督促68家餐饮企业及时清洗油烟净化器，处理餐饮业油烟扰民问题125起。全面排查施工场地，落实围挡、洒水、遮盖、工地道路硬化等防尘措施，排查渣土车2000余辆次，处罚带泥上路10起，处罚金额2.6万元。开展城镇污水处理设施建设及运行管理工作，3月完成工业一路污水提升泵站基础设施建设，污水提升能力设计规模由8万吨／日增至33万吨／日，全年新建改造污水管网15.6千米，投资4506.86万元。完成华亮路与秋实路交叉口以及清溪南路与蟠龙路交叉口排水系统改造工程。新建西城区污水干管工程（电子信息产业园段），管道完成70%，箱涵工程完成100%。电子信息产业园片区污水管修复工程（一期）排水工程完成92%。

【城市运行领域安全生产】

2022年，区城管分局牢固树立安全发展理念，推动城市运行领域安全。每月督促各片区岗报送渣土运输、户外高空广告、建筑垃圾消纳场等方面安全隐患排查情况，全年排查建筑垃圾消纳场约100余次。规范道路开挖、顶管、道路修补、园林绿化等临时占道施工。定期排查围挡设施及工棚安全隐患情况，排查并整

【“两违”整治】　2022年，区城管分局落实“两违”整治属地管理责任，建立健全防违、控违、拆违长效管理机制，聚焦城乡接合部、“三线六边”、工业园区等重点区域加强执法巡查、畅通举报渠道，做到早发现、早制止、早拆除。贯彻落实省委巡视反馈意见整改部署要求，完成违章建筑整改56.95平方米，整改率100%，拆除违章建筑234处，面积3.4万平方米。

9月，区城管分局工作人员在圣地亚哥规范围挡　（区城管分局供图）

改安全隐患4处，责令修复围挡70余起。开展道路运输企业安全生产工作，走访渣土运输企业77次，开展安全生产工作培训82次，其中全区集中培训5次。推动企业建立安全管理基础台账，规范会议记录、车辆检查记录、驾驶员培训记录、车辆维修管养记录等基本台账格式。

【城市行政执法】　2022年，区城管分局利用普法长廊、公园、相关社区、建筑工地、挂点扶贫村等阵地，利用宣传单、宣传栏、新闻报道等形式开展城市管理法律法规宣传活动。全年发放宣传资料2000余份，上门开展法律宣传讲解300余人次，推广安装“国家反诈中心”App3000余次。接到当事人听证申请10次，召开听证会10场。发生一审案件（收到法院传票案件数）8起，上年结转（起诉时间为2021年，出判决结果为2022年的案件）2起；组织领导班子成员出庭应诉2起，应诉胜诉率100%。经过行政复议案件（经过行政复议后提起行政诉讼的案件数）0起。未经过行政复议案件（未经过行政复议直接提起行政诉讼的案件数）8起。

（肖　丹）

城市交通

【概况】　2022年，区交警大队以交通事故预防“减量控大”工作为牵引，统筹推进疫情防控、事故预防、规范执法、便民利企等工作。年内大队获省级荣誉2项、市级荣誉5项。

【交通事故预防】　2022年，辖区道路交通事故起数、事故亡人数、直接经济损失分别同比下降21.88%、21.21%和37.66%。聚焦“人车路企”要素，健全源头隐患排查治理机制。通过短信提醒、上门督促、约谈函告等方式，开展重点车辆和重点驾驶人隐患“清零”工作，提高辖区重点车辆检验率、报废率及重点驾驶人审验率和换证率。进行道路交通安全隐患“全覆盖、零死角、地毯式”排查，全年排查出10处市级督办和26处区级督办的交通安全隐患，运用区道专委平台制发隐患整改函8份，隐患治理率达100%。强化运输企业安全监管，不定期深入客运企业、危化品运输企业，检查车辆安全运行状况、驾驶员安全培训等情况，对内部安全管理薄弱的33家企业下发隐患整改通知书33份。

【交通事故处理】　2022年，赣州辖区内交通事故类警情16325起，简易事故4206起、一般以上事故170起；办理刑事案件302起，刑事拘留21人，取保候审283人，移送起诉261人，行政拘留77人，交通肇事、醉酒驾驶吊销驾驶证263本。发生损失较大交通肇事逃逸案件21起，侦破率95.24%。各类交通事故调处率达90%以上，轻微道路交通事故自行协商处理、现场调解及快处快撤率85%以上。推广道路交通事故互联网在线快处，全年“交管12123”APP开具简易事故认定书1679起，占事故总数的10.28%。“交通速裁法庭”审理交通事故纠纷案件268起，交调委接受调解案件370起，辖区交通事故损害赔偿纠纷上诉率同比下降10%。申报道路救助基金12次、追偿救助基金1次，通过审批并到账10起，涉及金额2.56余万元。深化交通事故深度调查，开展案卷评比整改4次2000余卷。

【交通秩序管控】　2022年，区交警大队开展“和谐2022”、货车超限超载治理、面包车“见人见车”“百日行动”等专项整治行动。全年共查处各类交通违法30.87万起，其中酒醉驾902起，国道现场查处违法4817起、农村地区查处交通违法1835起。以涉牌涉证和重点车辆拦截、查处为重点，提升缉查布控系统应用效能，实现对各类交通违法的精准打击，全年拦截查获预警车辆9944辆，处罚9944辆。以推进道路交通标志标线和信号灯“两化”工作为抓手，完善交通安全基础设施，实施交通组织优化、片区“微循环”改善、路口渠化等项目，提升辖区道路交通文明畅通水平。

【交通安全宣传】 2022年，区交警大队利用传统宣传阵地和政务新媒体平台，在春节、清明节、端午节、高考等重点时段节点开展“一老一小”“一盔一带”“喜迎二十大，忠诚保平安” 等主题宣传活动。推进农村地区交通安全宣传教育，实现辖区内行政村“一栏一标牌”建设全覆盖。全年开展交通安全宣传“七进”活动456场次，宣传直播16次。组织向重点驾驶人、运输企业负责人、安全管理责任人“点对点”发送提示信息。持续推进“五大曝光”行动，通过舆论关注、信用惩戒、跟踪问题整改等对交通违法行为人形成震慑，倒逼整改。加强新媒体矩阵建设和警媒合作、警企合作、警校合作，打造交通安全宣传社会联动格局，年内发表各类报道348篇，其中国家级66篇、省级34篇、市级179篇、区级57篇；微信公众号发布微文497篇。

【交管业务服务】 2022年，区交警大队严格落实“一次性告知”“限时办结”和“延时服务”，简化办理交管业务手续资料和程序时限，推进便民利企“上门办”、优先办、便捷办等更加优质高效的服务举措。全年办理各类机动车业务14.8万起、各类驾驶证业务5186起。深化“互联网+交管服务”，向社会广泛推介和宣传互联网交通安全综合服务管理平台和“交管12123”APP，推行网上面签认证，提高网上办牌办证比例，更多实现“网上办”“刷脸办”“自助办”。配合市公安局交警支队完成公安部新制修订的《机动车驾驶证申领和使用规定》《道路交通安全违法行为记分管理办法》《机动车登记规定》3项部门规章的系统升级试点工作。加快推进中恒黄秋“五小车辆”考场规范化建设。

【重大安保活动】 2022年，区交警大队聚焦重要节日、重大活动、重大项目建设，针对性研究制定切实可行的交通安保工作

4月，区交警大队民警在厚德书院开展交通安全宣传活动 （区交警大队供图）

方案和应急处置预案221个。落实“定人、定岗、定标准、定要求”责任制，推进交通安保模拟演练和总结复盘，全年完成219批次737趟次交通安保任务。在确保重大安保活动绝对安全的同时，力争少封路、不扰民，交通安保形式缓和自然，实现交通安保工作既定目标。

（曾　珺）

城市消防

【队所建设与实战训练】

2022年，区消防救援大队建有文明实践中心1个、乡镇所2个、村级站35个、专职队站11个，消防安全服务中心和7个乡镇级消防所挂牌并实体运行。推进“一警六员”（社区公安民警和中央在京单位执勤武警；各街道、乡镇政府、村（居）委会基层工作人员，安全生产巡查员，物业服务企业职员，保安员，消防安全重点单位及餐饮、娱乐等火灾高风险场所职员，微型消防站、义务消防队和社会志愿力量等多种形式消防队员）消防基本技能实操实训，培训准消防员2235人，开展应急疏散逃生大演练108场。组织指战员考核11次，政府专职队员比武竞赛2次，制定灭火预案90份。开展化工灾害事故应急救援演练12次，水域救援实战演练4次，演练100次。

【火灾隐患治理情况】　2022年，区消防救援大队印发《赣州经济技术开发区火灾事故调查处理规定》。建立参照总队《火调技术中心建设指导标准》配齐火调技术装备，提升火调工作质效。检查单位522家，督促整改火灾隐患254处，下发行政处罚决定书13份，罚款18万余元，责令“三停”（责令停止施工、责令停止使用、责令停产停业）3家，临时查封4家。对两家重大火灾隐患单位上门指导服务，提出整改意见，做好整改跟踪服务。年内清理违规电动车760辆；登记检查经营租住村民自建房265家，发现隐患139处，整改隐患29处；排查高层建筑555栋，发现隐患27处，整改隐患20处。

【消防宣传】　2022年，区消防救援大队开展消防宣传“五进”活动，全年沿街走访8650次，上门入户5430家，发放宣传单25000余份；开展“大喇叭进村”宣传96次，“大篷车进村”宣传235次，在公共场所宣传方面，广告投放980次，开展“亮屏”行动1200次，发送消防提示短信72000余条；开设消防“消防云课堂”15次，通过企业微信平台用直播的方式，向民众宣传消防安全知识，观看9836人次；完成“一警六员”培训、考核2120名；开展社会单位疏散大演练103家；“一警六员”体验站开放25次，接待参观人数1056人次。投入43万元打造消防主题公园，11个政府专职队站全覆盖建成消防文明实践点，在文明实践中心、2个乡镇所、35个村级站增设消防宣传板块。

【应急救援】　2022年，区消防救援大队接处警601起，其中火灾221起、抢险救援177起、社会救助133起、公务执勤54起、其他16起，出动队伍601队次、车辆1182辆次、人员6835人次。处置“6·16”新锐机械厂火灾事故、“10·11”金龙路厂房火灾事故、“10·17”湖边镇森林火灾、“10·29”香溢华府店面爆炸事故和“10·30”金平西路印刷厂火灾事故等重大任务。

（肖　雪）

本栏编辑：王　颖

经济管理

宏观经济

【经济运行监测与分析】 2022年，赣州经开区实现工业营收1235.28亿元，增长16.59%。4月1日，赣州经开区印发《关于印发〈赣州经济技术开发区2022年国民经济和社会发展计划主要指标〉的通知》，明确地区生产总值、财政总收入、消费、固定资产投资、对外贸易和利用外资、收入水平、人口就业与社会保障、安全生产、工业化、服务业、城镇化、信息化、科技与创新、教育、文化体育事业、卫生、社会福利及社区服务、农业农村、旅游、人民防空、土地利用、资源节约和环境保护、工业主要产品产量、农业主要产品产量和播种面积、天然气供应量25项指标年度预期目标。

【保障能源供应安全稳定】 2022年，科技城110千伏输变电工程开工建设，完成线路综合整治35条，台区综合治理26台，高耗能配变改造63台，消除隐患缺陷275处，治理重过载台区46台，治理出口低电压台区23台，治理动态低电压用户612户。推进屋顶光伏建设三年行动，新增光伏新能源装机20.72兆瓦，全区光伏新能源装机27.82兆瓦，江西曼妮芬服装有限公司、涌泉科技园等屋顶光伏电站建成并网。制订实施年度有序用电预案应对迎峰度夏、度冬用电负荷缺口，保障民生及重要客户电力稳定供应。常态化开展天然气长输管道及分输场站、电网安全运行督查，全年区内电力、天然气安全稳定供应。

【项目建设】 2022年，赣州经开区开展省大中型、省重点项目“十天一调度”工作16期，落实重大节假日项目建设不停工。全区49个省大中型项目完成投资289.59亿元，占年度计划投资197.32%；省重点项目完成投资52.73亿元，占年度计划投资210.93%。组织召开全区联动开工活动4场，8月3日在富联精密项目现场承办赣州市“拼搏三季度 奠定全年胜”重大项目联动开工活动。2月，获评全市重大项目建设“百日攻坚”活动先进县（市、区）。

【争资争项】 2022年，赣州经开区争取中央、省财政资金

73.09亿元，其中专项债资金48.29亿元，革命老区转移支付资金181万元。抓住新增政策性开发性基金、扩大专项债规模和投向重大机遇，科学谋划储备项目，争取保障性安居工程、社会事业、产业类等16个项目中央预算内资金1.49亿元。争取国家级支持政策5个、国家部委级支持政策9个、省级支持政策18个、省直部门级支持政策10个。

【综合考评争先创优】 5月5日，江西省发改委发布《江西省促进开发区改革和创新发展领导小组关于全省开发区2021年度争先创优综合考评有关情况的通报》，赣州经开区以总分87.87分的成绩位列全省开发区第二、全省10家国家级经开区第一，获评全省国家级开发区综合先进单位，获得省委、省政府通报表扬。党的建设专项位列全省第一名，科技创新专项位列全省第二名，经济发展专项位列全省第三名。5月5日，中共江西省委 江西省人民政府发布《关于2021年度综合考核结果的通报》，赣州经开区获国家级开发区先进单位。

（成福英 陈正东）

财政管理

【财政收入与支出】 2022年，全区财政总收入92.73亿元，同比增长11.9%，总量首次突破90亿元。一般公共预算收入26.26亿元，同口径增长14.4%，一般公共预算支出45.29亿元，同比增长13.9%。其中，民生方面支出27.3亿元，占一般公共预算支出60.3%。

【防范化解债务风险】 2022年，区财政局采用市场化、法治化方式依法合规化解隐性债务，按照“依法依规、程序规范、手续齐全、责任清晰、动态监控”的原则，做好债务增减变动统计，严防虚假化债和数字化债。年内争取新增政府债券资金50.29亿元。加强国有企业债务风险核查，坚决遏制隐性债务增量。运用信息化手段通过地方政府债务管理系统和全口径债务监测系统两个平台，对全区债务变动情况实施全过程监控。

【财政政策运用】 2022年，区财政局创新优化惠企政策信息化平台，梳理惠企政策“免申即享”“即申即享”等事项清单100余条，实现惠企政策兑现“线上一网、线下一窗”改革。全年通过线上线下兑现奖补资金超10亿元。建立退库快速响应机制，缩短退税时间，完成留抵退税10.46亿余元，涉及企业1543户次。

（郭志强）

税务管理

【税收收入】 2022年，赣州经开区税收入库56.04亿元，同比增收3.96亿元，增长7.6%。地方税收入库18.87亿元，同比减收1.16亿元，下降5.8%。扣除留抵退税因素还原后，税收累计入库66.51亿元，同比增收12.46亿元，增长23.05%；地方税收累计入库22.54亿元，同比增收1.81亿元，增长8.7%。

【社保征收】 2022年，赣州经开区征收非税收入48.08亿元，其中国有土地使用权出让收入45.53亿元。征收社会保险费12.94亿元，其中机关事业单位基本养老保险费1.01亿元，企业职工基本养老保险费（机关事业单位临聘人员）6.91亿元，机关事业单位职业年金0.24亿元，失业保险费0.26亿元，基本医疗保险费3.05亿元，工伤保险费 0.26 亿元。全年征收非税收入和社会保险费 61.02 亿元。

【便民服务】 2022 年，区税务局选派业务骨干组成业务处理中心，通过纳税服务热线、远程交互、行业企业微信群等渠道，实时为纳税人缴费人解答问题。设立“简事易办”窗口，简单事项当即办结，疑难事项容缺办理，办理时长缩短 5 分钟。采取“中午错时、下午延时”措施，配备 10 台自助办税终端，确保 24 小时纳税服务不断档，涉税事项当天受理。成立税收政策定制等服务团队 4 个，组织 90 名首席服务员结对 180 户企业，为招商引资企业提供数据分析、产业链和供应链查询服务。

【“云办税”服务平台】 2022 年，区税务局率先在全省打造跨业务、跨系统的“云办税”服务平台，推行“云上受理、内部流转、限时办结、线上出件”办税新模式，实现办税缴费“零等待、零见面、零距离”。平台汇集“云办税、远程帮代办、呼叫中心、审核审批”四大功能，以“不见面，不求人，不打烊”为目标，以“智能化、可视化、便捷化、无纸化”为原则，同时具备“创新性、安全性、集成性、前瞻性、可推广性”五大特性。12 月 3 日，“云办税”服务平台开具第一张增值税电子普通发票。

审　计

【概况】 2022 年，赣州经开区召开区党工委审计委员会，对 20 家单位开展 7 大类审计项目，出具审计报告 29 份，发现问题 298 个，提出整改建议 100 条，涉及问题资金 45432.42 万元，直接追回及扣减问题资金 1432.23 万元。

【经济审计】 部门预算执行情况审计　对区汽车办、区公服中心等 4 家单位开展 2021 年度部门预算执行情况审计，发现问题 27 个，提出整改建议 11 条。

财政性投资项目审计　完成固定资产投资全过程审计项目 11 个，在工程项目立项、招标投标、签证变更、结算审核以及资金管理使用等方面发现问题 74 个，提出审计建议 33 条，审减问题资金 575.42 万元。

【专项审计】 领导干部自然资源资产审计　对湖边镇原党委书记谢达琳、原镇长王朝开展自然资源资产离任审计，出具审计意见 2 份，发现问题 23 个，提出整改建议 6 条。

领导干部经济责任审计　对 9 名领导干部开展经济责任离任审

11 月 21 日，赣州经开区党工委审计委员会第七次会议在区政中心 6 楼会议室召开　（区融媒体中心供图）

计，出具审计结果报告9份，发现问题111个，提出整改建议35条。

征地拆迁资金专项审计 对黄金岭街道办事处金坪旧城改造项目开展审计，发现7个方面22个问题，提出审计整改建议3条。

区属国有企业审计 对赣州建控集团2021年度财务收支开展审计，发现问题22条，提出审计整改建议5条。

乡村振兴领域及产业引导基金专项审计 对乡村振兴衔接资金及产业引导基金专项资金开展审计，出具审计报告2份，发现问题19个，提出审计整改建议7条。

（颜 剑）

统 计

【概况】 2022年，赣州经开区发挥统计“信息、咨询、监督”三大职能，以提高统计数据质量为目标，精准开展统计监测分析，以高质量统计服务全区高质量发展，助力“三大考评”争先进位。区经发局获江西省第七次全国人口普查先进集体、2022年度全市统计工作先进集体和工业专业单项优胜单位等荣誉。

【统计规范化建设】 2022年，赣州经开区建立基层统计人员常态化培训机制，提高企业统计人员的业务能力和专业水平，助推各项统计数据的及时性、准确性、合理性和规范性。建立健全基层统计电子台账，选取部分规上企业进行电子台账试点。夯实乡（镇）、村（居）统计基础，每村至少配备1名兼职统计员，设有固定办公场所。

【企业入规工作】 2022年，赣州经开区新增入规企业135家。其中，新增规模以上工业企业37家，截至12月底在库302家；新增资质等级建筑业企业36家，截至12月底在库194家；新增限上批零住餐企业42家，截至12月底在库130家；新增规模以上服务业企业11家，截至12月底在库57家；新增房地产企业9家，截至12月底在库41家。截至12月底，在库“四上”（规模以上工业企业、资质等级建筑业企业、限额以上批零住餐企业、国家重点服务业企业）企业724家。

（姚世婕）

价格管理

【价格监测】 2022年，区市监分局在做好常规价格监测的基础上，密切关注春节、两会、新冠疫情防控等重点时段猪肉、蔬菜、粮油等重要民生商品价格情况，做好预警提示。疫情期间，第一时间启动价格应急监测，实行“日监测日报告”制度，及时掌握和报告市场价格动态。

【价格服务】 2022年，区市监分局强化价格形势联合分析研判，抓紧重要民生商品保供稳价与新冠疫情防控期间生活物资保障等工作。协调区商贸流通企业拓宽供货渠道，加大采购力度，增加商品供应储备。严肃查处囤积居奇、哄抬价格、串通涨价等违法行为，全区重要民生商品价格平稳，供应充足。批复由政府投资建设、具有自然垄断经营和公益性特征的停车场收费标准8家。召开清理规范转供电价格提醒告诫会、开展教育收费专项检查、打击稀土违法违规行为专项行动，持续优化营商环境。密切关注CPI（居民消费价格指数）运行情况，落实社会救助保障标准与物价上钩的联动机制。全年为困难群众发放价格临时补贴47.2567万元，惠及22401人次。

【价格认定】 2022年，区市监分局抓好涉纪检监察、涉刑事、涉税价格认定工作，深化价格认定综合业务平台推广应用，加快价格认定业务线上线下一体化办理进程，提高价格服务水平。全年受理涉刑事价格认定案件120件，高效高质出具价格认定报告120件，案值105万元。

【价格监管】 2022年，赣州经开区聚焦重要民生领域价格监管，紧盯重点、难点、热点问题，强化监管力度，规范价格行为。加强对各类培训机构、酒店宾馆、停车出行、无线电市场、考点周边商店巡查检查，坚决杜绝哄抬物价、价格欺诈等违法违规行为。加大对辖区内涉疫药品和医疗用品的检查力度，对特殊时期哄抬价格、违反明码标价规定、价格欺诈、价格串通等价格违法行为坚决予以打击，全年出动执法人员182人次，检查各类商户96家。在全区农贸市场、超市、餐饮行业、药店、洗车、理发等场所，对民生商品及服务价格进行监测，重点关注粮油肉蛋菜等民生商品、酒精免洗液、口罩等防疫物资的价格波动，检查经营户491户。对国务院“互联网+”督查转办线索进行核实，及时处置并做好群众回复工作。

（侯椿鹏　刘　萍）

市场监督管理

【概况】 2022年，区市监分局立足市场监管职能，建立健全“双随机、一公开”部门联合监管机制，明确抽查事项37项，除重点监管外双随机覆盖率100%，低风险市场主体“无事不扰”率90.79%。深化商事制度改革，推进“一网通办”“一照通办”培育壮大市场主体，新增各类市场主体2.4万户，同比增长26.4%。截至年底，全区有各类市场主体68255户。其中，个体工商户47997户、企业20191户、农民专业合作社67户。全年新增各类市场主体24039户，增长26.3%，其中企业增长6374户，同比增长35.16%；个体工商户17664户，同比增长18.55%。

【企业信用体系建设】 2022年，区市监分局实施信用分级分类监管，筑牢企业“守合同重信用”发展理念。建立健全信用监管制度，完善企业信用信息归集“一张网”牵头工作。全区信用数据报送总量171.44万条，“双公示”数据23694条，信用承诺2万条，红黑名单数据810条，涉企信息38944条。

3月15日，区市监分局工作人员在赣州经开万达广场开展“消费维权进商场”活动　（区市监分局供图）

【质量强区】 2月，赣州市同兴达电子科技股份有限公司获评赣州市长质量奖，赣州好朋友科技有限公司获评赣州市长质量奖提名奖。3月，区市监分局制定《2022年赣州经济技术开发区质量强区工作要点》，全面推进质量强区工作。9月，孚能科技（赣州）股份有限公司的《绿色能源引领幸福美好生活》入选全国“质量月”苏浙皖赣沪优秀企业文化；章贡酒业员工获2022年度全国“质量月”苏浙皖赣沪质量品牌故事演讲大赛三等奖。12月2日，江西金力永磁科技股份有限公司获评第四届省井冈质量奖。全区19个产品获评江西名牌产品，年内新增14个，有效期内“江西名牌产品”企业产品55个。全年指导区内44家企业进行标准自我公开声明，指导多家企业参与10项国际、国家和行业标准制修订工作，企业标准话语权和品牌影响力持续提升。

【计量服务中小企业】 2022年，区市监分局实施精准施“测”服务，帮助指导辖区重点用能江西金力永磁股份有限公司、江西江钨稀土科技开发有限公司、孚能科技（赣州）股份有限公司、赣州市同兴达电子科技有限公司4家企业完善计量管理制度、合理配备计量检测设备，夯实“双碳”工作基础。对不具备送检条件的企业开展“一对一”上门指导服务，安排专人现场为企业免费检定计量器具180余台（件）。

【消费维权】 2022年，区市监分局完善消费纠纷多元调处机制，做好消费投诉调解、“12345”政府服务热线、“12315”消费投诉举报平台的受理、转办工作，全年受理各类投诉4176件，调解成功2881件，为群众挽回损失261万元。开展“3·15”国际消费者权益日宣传活动，通过报纸、手机报、微信公众号、网络等媒体广泛宣传，利用农贸市场、商场超市、个体工商户等单位30余个LED显示屏滚动播放宣传标语，营造宣传氛围。组织开展行政调解人员、人民调解员、ODR（互联网+消费纠纷处理）企业消费维权业务技能提升培训交流会，全年培训执法人员37人，人民调解员5人，ODR企业12家，消费教育进企业宣传75家，发放传单2000份，接受群众线上咨询74次。

（侯椿鹏）

国有资产监督管理

【概况】 2022年，赣州经开区加强国企归口统一管理，成立区国资系统党委，新设党支部3个。全区国有企业资产总额1158.72亿元，同比增长13.94%；净资产399.45亿元，增长10.13%；主营业务收入87.66亿元，同比增长62.17%。截至12月底，区属六大平台公司总资产突破1100亿元。

【国资国企改革】 2022年，区国资系统贯彻落实《江西省国资国企改革创新攻坚行动实施方案（2022—2024年）》，完成年度改革任务18项、落实具体举措36条，完成率100%。赣州建控集团总资产破千亿元，区工发集团申请QFLP业务试点，完成外汇进资7150万美元，赣州经开区成为全省首个QFLP业务试点地区及中部六省首个实现QFLP业务试点区域。赣州保税实业集团总资产破百亿，建设物流共享仓，建立1万平方米的赣州综保区跨境电商保税云仓。赣州国瑞新能源公司正加紧新能源检测中心建设工作。区人才集团通过采用线上平台及热线，线下业务办理相结合的方式提供人才政策咨询、人才补贴申报、人才引进、人才评审等全链条服务。区招商公司率先探索走出市场化招商新路径。

【优化国资结构】　2022年，赣州建控集团发挥产业链示范带动效应，形成特色鲜明、优势互补、协同发展的建筑产业供给体系。年内，赣州中恒农业集团有限公司完成组建；区工发集团拓展设立商业保理业务，取得商业保理公司经营牌照；赣州保税实业集团设立赣州跨境电商进口退货中心仓，实现“一站式”流程；赣州国瑞新能源公司实现重组，拓展新能源检验检测、光伏、大型广告等业务版块；8月，组建区人才集团、区招商服务公司，实现独立运行。

【国资国企监管】　2022年，赣州经开区健全国有企业人员招聘、薪酬考核制度。印发《区属国有企业招聘人员管理办法（试行）》，推进国企市场化用工招聘及部门管理人员竞聘上岗。分类优化国有企业考核方案，在区属国有企业2022年度考核方案中，增加人均劳动产值指标，分业务板块核定人均产值，将行政人员占企业总人数比例纳入考核，推进企业减员增效。

【赣州建设投资控股集团有限公司】

2022年，赣州建设投资控股集团有限公司总资产1001.14亿元，同比增长11.09%，净资产343.53亿元。实现主营业务收入74.25亿元，实现市场化营收17.42亿元，同比增长21%。完成项目总投资额82.15亿元，同比增长19.83%。年内计划开工项目167个，实际开工154个，实际开工率92.22%。计划竣工项目60个，实际竣工项目56个，实际竣工率93.33%。

信用评级提升与企业融资　集团利用AA+信用评级优势，拓展多种新型融资方式。1月19日，首笔保障性住房企业债16亿元在发改委获批；2月9日，首笔绿色贷款屋顶光伏发电一期项目1.7亿元在建行获批；5月30日，首个供应链 ABS10亿元获批；8月，首笔商业综合体项目唐风商业中心项目贷款5.6亿元在赣州银行获批。截至12月，实际融资金额242.99亿元。

项目建设　完成“年度目标任务促竣工”的有江奥科技园、洋田科技园、研创光电科技园、秋山科技园、秋月科技园、秋葵科技园6个项目。完成“年度目标任务促开工”的有官田科技园、梨园科技园、叶山科技园（北区）、叶山科技园（南区）、梨园科技园二期、长岗科技园、富联精密、春花科技园8个项目。完成“年度目标任务促投产”的有三杰数码液晶显示模组、旭日科技园二期、江西佳兴车用无纺布、广东安迪智慧消防设备、横江科技园、华昌科技园、涌泉显示模组产业园—涌泉科技园、泉岗科技园、金凤智谷一期9个项目。

市场化改革　集团通过整合重组市场化子公司，组建若干子集团，提升各板块核心竞争力，提高精细化管理水平。截至12月底，集团开工建设商业地产项目15个，总占地面积约1078.09亩，总建筑面积约198.58万平方米，总投资约98.41亿元，总套数7361套。其中人才住房项目28.18万平方米，总套数1478套；商品住宅项目约112.38万平方米，总套数5883套，全年完成产值13.77亿元。10个园区投入运营，总面积100万余平方米，入驻企业93家，总资产管理面积350万余平方米。

2022年，祥善餐饮公司实现营业收入4721.68万元、赣州捷驿为民城市管理有限公司实现营业收入103.38万元、国资公司实现营业收入163.22

万元、美家物业公司实现营业收入10423.78万元、中恒农业集团实现主营业收入497.42万元、鑫泰汽车实现营业收入457.51万元、恒畅汽车实现营业收入228.13万元、赣州恒昇新能源科技有限公司实现总收入119.80万元。

【赣州经开区工业发展投资（集团）有限责任公司】 2022年，赣州经开区工业发展投资(集团)有限责任公司资产总额139.97亿元，同比增长69.14%，净资产54.37亿元，同比增长55.22%，实现营业收入10.67亿元，取得AA预评级。

基金组建及资本招商 新组建梅岭春来、晟富贰号、苏区崛起、阿卡普斯4只基金，规模合计20.32亿元；通过市场化方式投资或争取市级产业基金引入赣州富尔特电子有限公司、深圳微克科技等工业企业；联合区金融服务中心等部门申请QFLP业务试点，引进设立赣州苏区崛起基金、阿卡普斯QFLP基金，规模合计16.35亿元，进资外汇7150万美元，赣州经开区成为江西省首个QFLP业务试点地区及中部六省首个实现QFLP业务试点成功区域。

供应链服务 为赣州立德电子有限公司、赣州市光华有色金属有限公司、赣州市巨龙废旧物资调剂市场有限公司等企业提供供应链金融服务28.78亿元。

融资租赁业务 通过售后回租和直接租赁等业务模式，帮助企业盘活存量固定资产和新购生产设备金额2.7亿元。

资产运营 落实保交楼、稳民生工作，对区内恒大、绿地、新力等6家地产企业提供保交楼专项借款资金3亿元；通过“两个信贷通”“续贷周转金”等惠企业务产品，协助企业解决19.3亿元资金需求。

市场化业务 推动清收对外股权和债权工作，收回对立德委托贷款8500万元；通过司法诉讼，收回对名冠微电子出借款项2000余万元；追回信贷通逾期款991.32万元。成立商业保理公司，增强集团服务园区企业及重大项目的能力。

【赣州保税实业集团有限公司】

2022年，赣州保税实业集团有限公司在建工程项目150.66万平方米，同比增长305.41%。全年建设项目18个，其中年度计划外项目5个，项目涵盖空港产业园、保障性租赁住房、市政道路、停车场等，总投资约38.76亿元。

外贸综合服务 年内，公司完成各类进出口报关单证6565份，服务蓝芯科技、金力永磁、同兴达科技等30余家企业。建设物流共享仓，整合并建立赣州综保区跨境电商保税云仓1万平方米，引进重明鸟、合纵、综保国际物流、烁祺等跨境电商企业10余家。完成跨境电商订单260万单。6月，公司联合赣州海关设立江西省首家跨境电商进口退货中心仓，实现“一站式”退货服务。

争资争项 年内，公司争资争项25.84亿元，其中新增专项债9.94亿元，新增融资14.12亿元，新增补助资金1.7843亿元。全年争取专项债项目7个，已全部发行，其中赣州综合保税区停车场项目和赣州国际空港高铁产业园保障性租赁住房项目作为典型案例被收录在省级发改委和财政厅印发的地方专项债基础知识与项目案例汇编。补助资金中2022年中央财政城镇保障性安居工程补助资金1.63亿元，中央预算内项目资金424万元。

【赣州满园建设开发有限公司】

2022年，赣州满园建设开发有限公司建设项目115个，总投资117.7亿元。建成通车市政道路15.15千米，建设雨污管网8.8公里，投资工程约13.8亿元，年度人均产值4501万元。

基础设施建设 年内完成湖边镇幼儿园装修、华昌路（富强路—新105国道）2个乡村振兴项目；完成中华亮路与秋实路交叉口排水系统改造、电子信息产业园片区污水管修复工程一期等美丽赣州建设项目；完成赞贤路中学、10个公共厕所等民生品质提升项目；完成叶山大道—横江大道—涌泉大道“小循环”、叶山大道—横江大道—金潭大道—长汀路“中循环”、横江大道—忠妙大道——华坚路“大循环”通车，富强路、黄金大道5条市政道路开工，横江大道、西田大道等通车，绿化提升配套一期等城市能级提升项目。

安置房项目建设 年内实施安置房建设项目7个，总投资62.37亿元，建筑总面积约130万平方米，总套数6709套，年内完成交付2038套，达到时序进度要求4671套。

【赣州西城建设开发有限公司】

2022年，赣州西城建设开发有限公司建设项目59个，其中返迁房项目13个、市政项目21个、科教文卫体项目2个，开展前期及其他项目23个，总投资约66.67 亿元，完成投资19.75亿元。

返迁房项目建设 年内，规划返迁房项目13个，其中促开工项目3个，分别为二糖厂棚户区改造安置房项目、蟠龙棚户区改造项目、黄金金星安置房项目。竣工项目2个（944套，18.47万平方米），分别为章江B21项目和溪水六期项目，续建项目8个（4642套，103.8万平方米），分别为黄金E3地块、黄金A8地块、金星棚户区改造项目、黄金A5地块、客家大苑项目、杨边二期、蓝翔二期、溪水七期项目。

市政项目建设 年内，在建市政项目21个。计划新开工项目4个，分别为蟠龙一路（工业路—宝福路）、蟠龙二路（蟠龙一路—客家大道）、东江源大道排水管网改造、人行天桥建设项目。在建项目17个，其中龙岗路（滨江路—栖凤山路段）、清溪南路（龙岗路—欧潭路）、顺风路（客家大道—蟠龙路）、车头路、桃芫路与105国道平交口，杨边路（黄金大道—栖凤山路）、栖凤山路（蟠龙路—朝阳路）、交通信号灯及控制柜更换已完工。

科教文卫体项目建设 年内，建设科教文卫体项目2个。区文化艺术中心（A、C地块）完成主体结构的90%，砌体工程的80%，装饰装修的30%。汉字主题公园体育及配套设施项目完成总工程量的90%。

项目监管 年内，公司结合项目设计情况及施工过程中发现的问题，草拟《赣州经开区返迁房项目避免过度设计节约建设费用的初探》。将项目质量、安全、进度管理等方面新增处罚条款加入《建设工程施工合同》协议。对辖区在建28个项目进行安全检查，建立安全隐患整改台账，整改问题360条、督察检验批次2321次，下发处罚通报28份，罚款149.56万元。

【赣州新能源汽车科技城建设开发有限公司】 2022年，赣州新能源汽车科技城建设开发有限公司实施城市能级提升行动项目49个（含14个储备项目）、提高民生品质行动项目4个、工业倍增升级行动项目9个、乡村全面振兴行动项目3个和美丽赣州行动项目1个，项目总投资约

93.67亿元、2022年度计划投资约18.74亿元。计划外项目34个、计划外项目总投资约2.92亿元。完成投资约20.19亿元（含征拆、建设、设备购置、前期工作费用），投资完成率约107.74%，其中工程建设产值约8.96亿元。

工业厂房建设 推进唐龙科技园项目建设收尾工作，开展厂房内部装修，完成工程量约合建成厂房面积17.1万平方米。协助相关部门完成12家企业签约入驻，其中唐龙科技园签约入驻企业8家、枫林科技园签约入驻企业4家。

市政设施建设 截至年底，龙迳江路、枫树路、梅花路、柳树路完工，金湾大道（谷山路—章田路）、金湾大道（章田路—科技大道）、湘江路（科技大道—车都大道）通车，客家大道三江段完成总工程量的30%。全年新增通车道路约12千米、年度增长约20%。

科教文卫体设施建设 推进科技城医院项目建设，提前建成三江乡斜角村和新红路2座装配式公厕和科技城园区3座公厕，新增厕位50个。

其他项目建设 续建科技城公寓项目（原科技城员工倒班宿舍项目），占地面积50.74亩，总建筑面积98417.32平方米、项目总投资约3.2亿元，包含人才公寓2栋、人才住房188套，年内完成项目两期主体工程施工和装修工程的30%。新建江西省五河治理防洪工程上犹江唐江镇防洪工程（上犹江左岸K左6+590—8+262.634段）项目，总投资约3500万元，实施总长度1.672千米。

服务入驻园区企业项目建设 协助科技城园区重点企业吉利耀能（赣州）项目投产和富联精密科技（赣州）项目建设，提前完成吉利员工临时过渡宿舍交付使用、建成吉利耀能新建110千伏变电站外线供配电工程（星光变电站—吉利耀能变电站段），完成总投资约1.9亿元的富联精密科技赣州园区项目10千伏供配电外线工程量的50%。

【赣州经开区人才发展集团有限公司】 赣州经开区人才发展集团有限公司成立于2021年6月，原为区工发集团下属子公司，于2022年8月重组为区属一级公益类国有企业。8月5日，印发《赣州经开区人才发展集团重组方案》，明确集团功能定位和发展方向、治理体系和组织架构、资产整合、管理制度、要素保障及组建区人才发展研究院等。9月，完成了股权变更事宜。

2022年，公司招引项目6个，其中国家级高层次人才项目5个，引进高层次人才8名，行业紧缺人才27名。与区内近60家企业建立合作关系，年内向区内企业推送用工2200余人，录用1041人，完成目标任务的104.1%。建立全区首个省外招工基地——赣州经开区驻长沙招工驿站，正式接管运营赣州人力资源服务产业园，建设区级零工市场。修缮升级锦绣新天地高层次人才住房的基础设施，优化人才服务36项，为人才住户提供精准、精细、精心的人才服务。全覆盖走访区内高层次人才项目，兑现高层次人才项目资助资金635万元。开通人才服务热线，通过线上平台及热线，线下业务办理相结合方式提供人才政策咨询、人才补贴申报、人才引进、人才评审等全链条服务。全年审核受理生活补贴类、人才津贴类、个税返奖类、引才育才类367位人才的申请，涉及补贴金额600万余元（个税除外）。11月，注册成立欧潭文化传媒公司。

【赣州经开区招商服务有限公司】

8月29日，赣州经开区出台《赣州经济技术开发区招商服务有限公司组建方案》。9月29日，赣州经济技术开发区招商服务有限公司挂牌成立。标志着赣州经开区在全市率先组建招商公司，全面开启市场化招商之路，推动招商方式由传统的行政资源招商向专业化、市场化招商转变。

年内，公司先后对接国际“一带一路”建设发展总商会、昆山（江西）商会、上海中产集团等市场力量招大引强。连同区招商局共同引进维盛复合材料、绿能国际、洲祥光电等工业项目12个，其中投资10亿元以上项目9个（含投资50亿元以上项目2个、投资20亿元以上项目1个），引进麒驿数字经济生活聚合平台开发应用项目。

（郭　芳）

自然资源管理

【自然资源要素保障】　2022年，赣州经开区供应土地103宗8371.09亩。其中出让用地45宗4432.34亩（住宅用地7宗381.88亩、商业用地1宗10.74亩、工业用地37宗4039.72亩），划拨用地58宗3938.75亩，保障富联精密、孚能、空港产业园二期、好朋友科技、恒科环球企业中心、金力永磁等重大工业项目用地，保障江西理工大学二期、赞贤路中学、金西金塘返迁安置房、园区道路等一批重点民生项目用地。

【土地节约集约利用】　2022年，赣州经开区高要求设定用地项目准入标准，亩均投资强度400万余元、营业收入400万余元、亩均税收25万余元，全年供应“标准地”18宗2691亩。加大批而未供、批而未用和闲置土地消化处置力度，通过摸清家底、建立台账、分类施策等方式，全力推进存量土地盘活工作。加快征地拆迁、杆线迁移，严格执行“净地”出让，推动存量土地供应。全年消化2009—2018年批而未供土地约2036.98亩；通过挂点督办，解决项目建设难点、堵点，督促项目开工建设，消化批而未用土地4560.89亩，消化周期降至1.8年；严格落实闲置土地处置要求，核实闲置原因，分类采取针对措施，通过协商收回一批、促开工建设一批、依法处置一批，全年处置闲置土地23宗1259.63亩。

【地灾防治和矿山生态修复工作】

2022年，赣州经开区成立地质灾害防治工作领导小组，严格执行汛期24小时应急值班制度，开展地灾常态化巡查、防治、宣传和培训。完成辖区108.67亩废弃露天矿山治理工作。督促矿山企业完成对持证矿山裸露山体复绿，对排查发现的辖区3公顷矿山裸露山体全部完成复绿。牵头编制《赣州经济技术开发区国土空间生态修复规划（2021—2035）》，推动美丽赣州建设行动提质增效。

【监管执法】　2022年，建立健全执法监察工作机制，启动自然资源智能视频监控系统建设，通过“移动执法”App等技术终端定期开展土地动态巡查工作，对国家下发卫片监测图斑以及群众举报、执法巡查等方式发现的违法用地线索及时核查处理，实现对违法行为的早发现、早制止、严查处。全年立案查处违法用地4宗。

（曾　玲）

本栏编辑：王　颖

公共服务

教育

【概况】 2022年，赣州经开区有中小学59所，其中公办完全中学2所，九年一贯制学校3所，城区初中4所、农村初中5所，城区小学11所、农村小学31所（含村小、教学点），幼儿园81所（其中公办幼儿园36所），民办学校3所。全区中小学在校中小学生52615人，其中高中生5901人，初中生13997人，小学生32717人；幼儿园在园幼儿15702人。有中职院校6所，中职院校学生17703人。

【学校建设】 2022年，赣州市第十二中学、二十一中学、香江学校小学部、紫荆路小学二期教学楼、区第一保育院君逸府分院、章江幼儿园南区、绿地二期幼儿园、杨边幼儿园8所校（园）新增中小学学位7180个、幼儿园学位1080个。加快推进全区9所职业学校建设，其中赣州经开区高级职业技术学校（科技城校区）、赣州现代科技职业学校、赣州应用科技职业学院、赣州市青年科技职业技术学校4所职校开工建设。

【教师队伍建设】 2022年，全区补充中小学、幼儿园教师446人，其中公开招聘录用中小学特岗教师120人，公开招聘录用幼儿园备案制教师183人，接收赣州经开区2022届定向师范生34人、公费师范生2人，因工作需要从区外调入中学教师10人。

【学前教育】 2022年，全区新增公办幼儿园3所，认定普惠性民办幼儿园2所，收回小区配套幼儿园4所，新增普惠性幼儿园学位2600个。12所幼儿园经标准化幼儿园建设，达到江西省标准化幼儿园要求，区第二保育院等2所幼儿园通过市示范幼儿园评估。

【义务教育】 2022年，赣州经开区坚持免试就近入学，实行“户籍优先，住、户、产权一致，划片招生”招生办法，推动本区户籍子女和外来随迁子女按生源类别合法合规依序进入学区学校接受义务教育。秋季开学有46714名义务教育阶段学生入学，其中外来务工子女21083名。坚持班额容量管理，从严把控新生入学关，小学一年级150个班班额全部控制在45人以内，初中七年级108个班班额全部控制在50人以内。

【高中教育】 2022年，赣州经开区实施“名校带动”战略，与清华大学附属中学签订合作协议开展联合办学，清华大学继续教育学院教师通识培训专家扈之霖老师为全区100余名骨干教师作专题讲座。通过名校输出学校品牌、优秀师资、管理模式等，带动全区教育事业快速发展。“清华大学附属中学创新实验班”“清华大学附属中学名校长工作室”“清华大学附属中学名师工作室”相继成立。

【特殊教育】 2022年，赣州经开区保障全区轻度适龄残疾少年儿童平等接受教育的权利，增设蟠龙镇车头小学特教班1个，开设特教班3个，招收特教学生23名，配备专业特教教师6名，生活老师2名。新增因身体原因无法随班就读，须进行教育安置认定送教上门服务的适龄残疾儿童4名，对因身体原因无法随班就读的10名适龄残疾儿童少年，开展每学期不少于30课时的送教上门服务。

【民办教育】 2022年，赣州经开区有赣州市文清外国语学校（十二年一贯制）、赣州市厚德学校（九年一贯制）和赣州立德虔州高级中学3所民办中小学校，在校就读小学生4606人，初中生2376人，高中生3894人，在校教职工616人，其中专任教师559人。有民办幼儿园45所，在园幼儿6055人，在校教师552人。

【职业教育】 10月，赣州市教育局将赣州经开区辖区内中职学校业务管理职权移交赣州经开区社管局。全区有中职学校6所，总占地面积530479.88平方米，建筑面积284657.69平方米，教职工994人，在校学生17697人。高标准规划赣州经开区职教园，包含赣州新能源科技城职教园和高铁新区职教园两个片区，规划建设职业学校9所，新增用地948亩，总投资45亿元。年内全区，有在建职业院校4所。

【平安校园建设】 坚持动态调整疫情防控常态化措施，在全市率先建立下沉挂点学校疫情防控工作机制，成立下沉挂点工作专班。全区中小学校实现校园安防“三个100%”（中小学与城市幼儿园专职保安配备达标率100%、中小学封闭化管理达标率100%、中小学与城市幼儿园一键式紧急报警、视频监控系统安装达标率100%），完成100余个校园外围人脸识别预警系统摄像头点位安装，全年实现溺水“零事故”。定期开展防范中小学欺凌专项治理行动、校园周边环境专项治理、学校安全生产大排查大整治三大行动，及时化解校园安全隐患。

【扶贫助学】 全年为13254人次家庭经济困难学生发放资助资金645.96万元，保障学生不因贫失学辍学。落实助学贷款政策，帮助建档立卡家庭子女圆大学梦，国家生源地信用助学贷贷款1810人次，贷款金额1883.8万元。全区义务教育适龄学生入学率100%。

【校园德育】 扎实推进中小学德育体系建设，组织开展中小学思政课教师专业能力提升培训班，提升教师思想政治理论水平和教学能力。完善家庭、学校、社会“三位一体”的德育机制，利用好博物馆、纪念馆、图书馆、文化馆（站）、美术馆等公益性文化设施作用。加强家校社协同育人，发挥中小学法治副校长法治宣传教育作用，全区中心小学以上的学校聘请法治副校长28名，组织8所学校开展“法治心育进百校　检爱同行护成长”校园宣讲活动，组织全区中小学校开展劳动教育宣传展示月活动，“五彩阳禾”基地项目获选江西省首批中小学劳动教育实践示范基地。

【教育信息化】　全年教育信息化投资3300万元完成赣州市第十二中学、赣州市第二十一中学、赣州市香江学校和章江幼儿园南区、力高水投君逸府等小区配套园的新建学校（园）和新增班级的教育装备采购。添置云计算机教室6间、精品录播教室2间。采购全区图书管理平台。为400余间教室安装LED护眼灯。为两所高中完成图书馆建设，配备新高考改革信息化设备、走班排课系统。年内，全区“三个课堂”（专递课堂、名师课堂、名校网络课堂）应用常态化开展，其中“专递课堂”应用覆盖所有教学点和大多数村小，开设的课程包括音体美、科学等学科，农村教学点开不齐课的问题基本解决。

【“双减”一号工程】　2022年，赣州经开区组织开展各级各类教师培训18期，增设“双减”培训课程，参训教师3000余人次。开展校外培训机构专项整治，划分责任区7个，成立“联片蹲点包干”网格化管理工作组7个，实地查看培训机构80家，发现并整改各类问题130余个，下发整改通知书47份，关停非法校外培训机构24家。查处隐形变异学科类培训机构5家。年内，全区有49所学校（含村小）开展课后服务，每学期学生参与服务约37000人，参与率93%，教师参与服务约2200人，参与率92%。全区有2所幼儿园和5所中小学在全市范围内率先开展中小学晚托服务和幼儿园托管服务试点，遴选“课后服务示范校”8所。

12月11日，赣州经开区2022年新招聘教师线下集中培训在赣州市第五中学举办　（区教体服务中心供图）

【赣州市第六中学】　赣州市第六中学位于赣州经开区龙岗路与曼妮芬路交会处，是区内规模最大的一所公办制完全中学，占地面积10.06万平方米，建筑面积9.4万平方米，办学规模为初中部教学班12个，高中部教学班48个，可容纳初中、高中生3000余人。全年学校有初中生354人，高中生1101人，专职教师115人。年内，学校获评赣州市无烟学校、赣州市绿色学校、赣州市中小幼红色基因传承示范学校、全国青少年禁毒知识竞赛经开区赛区先进学校等荣誉，在江西省第六届青少年书画大赛中获优秀组织奖，在赣州市经开区中小学师生艺术作品大赛中获优秀组织奖，在赣州市经济技术开发区第四届中小学诗词大会中获一等奖。6位教师获评经开区名师工作室主持人。

【赣州市第十六中学】 赣州市第十六中学位于赣州经开区迎宾大道西侧，是赣州经开区与赣州一中联合办学的全日制公办完全中学。占地面积7.34万平方米，建筑面积约4.20万平方米。全年学校有初中学生620人，高中学生909人，在岗教师117人。年内，学校获赣州经开区禁毒知识竞赛一等奖、赣州经开区第四届中小学生诗词大会团体二等奖等荣誉。

【赣州市第五中学】 赣州市第五中学位于赣州经开区金邮路6号，是赣州经开区第一所全日制公办城区中学。占地面积5.07万平方米，建筑面积近3.6万平方米。全年学校开设教学班63个，有学生2956人，教职工193人。年内，学校获评全国陶艺教育教学科研工作先进单位、江西省首批信息科技素养培育项目学校、赣州经开区关心下一代工作先进集体、赣州经开区2021—2022学年度教学质量先进单位、赣州经开区2022年度"双减"(体教融合)工作先进集体。

【赣州市第八中学】 赣州市第八中学位于紫荆路与华裕路交汇处，是一所公办制初级中学。占地面积约6.07万平方米，总建筑面积3.41万平方米。全年学校开设班级56个，有学生2709人，教职工170人。年内，学校获评全国青少年禁毒知识竞赛先进学校、全区五四红旗团支部等荣誉。学校女足、男足分别获全区中小学生足球赛第一名、第二名，其中女子足球队代表赣州经开区参加赣州市U15足球锦标赛获第三名；在2022年赣州市第六届田径运动会中获团体总分第三名。在2022年赣州经开区第五届中小学生象棋比赛围棋比赛中获团体第三名。

【赣州市第十中学】 赣州市第十中学位于赣州经开区客家大道南侧与谷雨路东侧交汇处，是一所公办制初级中学，占地面积2.71万平方米。全年学校开设教学班29个，有学生1274人，专职教师91人。年内，学校获评江西省平安校园、赣州市文明校园、赣州市绿色校园、赣州市新时代文明实践点达标阵地、全国青少年禁毒知识竞赛赣州赛区先进学校、赣州经开区五好关工委、赣州经开区市域社会治理现代化示范点等荣誉；报送的《"双减"背景下基于开展"五润"课程的"五育"评价建构与探索创新》案例获评2022年度省教育厅23个基础教育评价改革优秀案例；"双减"成果展《这世界那么多人》获赣州市第一名。连续四次在赣州经开区诗词大会中获一等奖。

【赣州市第十二中学】 赣州市第十二中学位于赣州经开区信丰路22号，是一所公办初级中学，占地面积6.05万平方米，建筑面积约4.34万平方米。全年学校开设教学班10个，有学生412人，教职工32人。建有5层教学楼3栋、综合楼1栋、实验楼1栋。年内，学校获评全国青少年禁毒知识竞赛先进学校，在赣州市第二十届"英东杯"中小学师生羽毛球比赛中获初中组第三名、在赣州经开区第四届中小学生诗词大会中获二等奖。

【江西理工大学附属金岭学校】

江西理工大学附属金岭学校位于杨梅渡公园西南侧，由江西理工大学冠名办学。全年学校开设教学班61个，有学生2765人，其中，小学生1688人，初中生1077人；教职工170人。教师中副高级教师17人，中级教师72人，.市、区学科带头人、骨干教师22人，研究生以上学历6人。年内，学校获评江西省平安校园、2022年全区综合先进集体、2022年全区教学质量先进单位、全区安全生产先进集体、全区五四红旗团总支等荣誉，在全国少年禁毒知识竞赛赣州赛区中获一等奖，在赣州经开区第四届中小学诗词大会中获一等奖。

【赣州市香江学校】　赣州市香江学校位于赣州经开区香江大道北侧、华昌路西侧，是一所九年一贯制城区学校，占地面积约5.51万平方米，总建筑面积约5.6万平方米。全年学校开设教学班19个，有学生729人，教职工52人，其中，市学科带头人1人、区学科带头人1人、区骨干教师3人、区兼职教研员2人、区名师工作室主持人4人。年内，学校获评全区禁毒工作先进学校、全区五四红旗团支部等荣誉；在全区少先队辅导员风采大赛中获团体特等奖第一名。

【赣州市文清外国语学校】　赣州市文清外国语学校位于赣州经开区客家大道568号，是一所集幼儿园、小学、初中、普通高中、艺术高中、留学培养中心于一体、寄宿与走读相结合的全日制学校。占地面积18.2万平方米，总建筑面积25万余平方米，总投资约8亿元。年内，学校参加江西省第十六届省运会，游泳项目获金牌5枚、银牌8枚、铜牌8枚，足球项目获金牌3.5枚，田径项目获金牌3枚、银牌1枚、铜牌1枚，乒乓球项目获金牌1枚、银牌2枚、铜牌2枚。

【赣州市厚德学校】　赣州市厚德学校位于赣州经开区香江大道南侧与金东路东侧交汇处，占地面积2.67万平方米。有小学生2280人，中学生1137人，专职教师230人。学校实行“五大中心”（教师发展、学生成长、教学科研、家庭教育、后勤服务）管理架构，围绕“五育并举、融合发展”理念，形成外语特色、数学强项、素养亮点、特长培养、研学实践的“五强高地”。

【赣州市蟠龙中学】　赣州市蟠龙中学位于赣州市蟠龙镇蟠龙村张边19号，占地面积3.25万平方米，建筑面积1.22万平方米。全年学校开设教学班12个，有学生517人，教职工54人。年内，学校获评全国青少年校园足球特色学校、全国青少年禁毒知识竞赛赣州赛区先进学校、赣州经开区义务教育学校第一批课后服务示范校、赣州经开区五四红旗团总支等荣誉。在赣州经开区第六届中小学田径运动会教工趣味接力赛中获二等奖。

赣州市厚德学校校园（2022年，区社管局供图）

【赣州市湖边中学】 赣州市湖边中学位于赣州经开区湖边镇湖边村，占地面积 3.72 万平方米，建筑面积 1.2 万平方米。全年学校开设教学班 15 个，有学生 697 人，教职工 59 人。学校坚持“用心温暖每一个教育细节”的办学理念，围绕实现“行以求知，学以致用”知行合一的教育目标，全面实施素质教育。年内，学校获评赣州经开区教育工作重点推进先进集体；在赣州市职工网上问题展播活动中获摄影类二等奖；在赣州经开区师生书画比赛中获中学组团体二等奖、剪纸类一等奖、毛笔类二等奖、国画类一等奖。

【赣州市第二十一中学】 赣州市第二十一中学位于赣州经开区高铁新区振兴大道以南，系原凤岗中学异地新建学校。占地面积 3.73 万平方米，建筑面积 3.54 万平方米。全年学校开设教学班 9 个，有学生 346 人，教职工 32 人。年内，学校获评全区教学质量先进单位、2022 年度综治及平安建设先进集体等荣誉，在赣州经开区第三、第四届中小学生诗词大会中获二等奖。

赣州市三江学校外景图 （2022 年，区社管局供图）

【赣州市三江学校】 赣州市三江学校位于赣州经开区三江乡东红村湖头圩，占地面积 4 万平方米。下辖 5 个完全小学、4 个教学点、1 个中心幼儿园。全年学校有小学生 1097 人，中学生 642 人，教职工 187 人，其中，中小学高级教师 26 人、中级教师 43 人、省骨干教师 1 人、市骨干教师 1 人、区骨干教师 10 人、区学科带头人 2 人。学校开展多项教师课堂教学竞赛活动、“青蓝工程”系列活动，以中心教研组为主，辐射开展新江片区、报晖片区教研共同体活动。年内，学校获评赣州市教育局“最美团队”、赣州经开区工会工作先进集体、赣州经开区五好关工委、赣州经开区普法工作先进单位、赣州经开区教学质量先进单位、赣州经开区社会事务系统先进集体、赣州经开区优秀少先队集体等荣誉；在赣州经开区少先队辅导员风采大赛中获团体二等奖，卢祥金教师获江西省“学习强国”学习平台优秀学员。

【赣州市黄金实验小学】 赣州市黄金实验小学位于赣州金丰路 8 号，是一所现代化公办小学。占地面积 2.87 万平方米，建筑面积 1.49 万平方米。全年学校开设教学班 46 个，有学生 2102 人，在编在岗教职工 111 人。年内，学校获评江西省优秀少先队集体、江西省课后服务百校行示范学校、全国青少年禁毒知识竞赛先进学校、赣州经开区教学质量先进单位、赣州经开区五好关工委等荣誉。在江西省第十三届少儿艺术节（赣州赛区）中获舞蹈组一等奖；在赣州经开区第六届田径运动会中获趣味接力赛一等奖；在赣州经开区党史知识竞赛中获团体一等奖，在赣州经开区第五届中小学中国象棋、围棋比赛荣获一等奖；在赣州经开区第四届中小学生诗词大会中获二等奖；在赣州经开区第二届青少年人工智能普及大赛中获优秀组织奖。

【赣州市赞贤路小学】 赣州市赞贤路小学位于赞贤路与赣康路交叉口东南侧，占地面积约 2.47 万平方米。全年学校开设教学班 46 个，有学生 2149 人，在编教师 113 人。年内，学校省级课题立项 1 个，市级立项 8 个，市级结项 3 个，区级课题立项 2 个，结项 5 个。32 件教师作品在教师优秀教学资源评比活动中获奖，其中省级 27 件、市级 5 件。2 名学生在江西省中小学人工智能编程比赛活动中获省级一等奖。4 名学生作品在 2022 年赣州市学生信息素养提升活动中获三等奖。2 个省级电教课题顺利结题。获评赣州市中小学“智慧校园”、赣州经开区教学质量先进单位、赣州经开区普法先进单位、赣州经开区关心下一代工作最美团队等荣誉。在赣州市校本课程中获一等奖，在赣州经开区诗词大会中获一等奖，在赣州经开区第六届中小学生田径运动会暨教职工运动会中获小学组第一名，教职工组团体二等奖，在赣州经开区少先队辅导员风采大赛中获团体二等奖。

【赣州市金星小学】 赣州市金星小学位于赣州经开区金叶路和天佑路交会处，占地面积 2.67 万平方米。全年学校开设教学班 39 个，有学生 1821 人，在编教职工 97 人，其中市级学科带头、骨干教师 6 人，区级学科带头人、骨干教师 5 人。年内，学校区级以上课题立项 2 个，结题 6 个。在赣州经开区“一校一品”“一校一特色”发展理念的具体行动中，学校打造羽毛球特色校，承办全区中小学教职工、学生多届羽毛球节。获评赣州市绿色校园、赣州市禁毒先进学校、赣州经开区课后服务示范校、赣州经开区五四红旗党支部等荣誉。

【赣州市大坪明德小学】 赣州市大坪明德小学位于赣州经开区金辉路以南。全年学校开设教学班级 39 个，有学生 1800 余人，专职教师 106 人。学校以“文化立校、依法治校、科研兴校、特色强校”为办学理念，“五育并举、立德树人”为办学模式，强化体教融合引领，推行游泳课、足球课、排球课进课堂。年内，学校获评全国排球示范校、赣州经开区教学质量先进单位、赣州经开区社会事务系统综合先进集体、赣州经开区安全生产工作先进集体等荣誉。

【赣州市香江路小学】 赣州市香江路小学位于赣州经开区坪峰岭路 5 号，占地面积 2.08 万平方米。全年学校开设教学班 24 个，有学生 1021 人，在职教师 57 人。获批珠算珠心算鉴定基地、赣南采茶戏传承基地。年内，学校获评赣州经开区 2022 年度教育重点工作推进先进集体。在全国珠心算网络答题活动中获团体一等奖，在赣州市第七届采茶广播操电视大赛中获金奖，在赣州经开区第六届中小学田径运动会教职工趣味接力赛中获一等奖，在赣州经开区中小学“喜迎二十大童心向未来”文艺活动暨市艺术表演节目选拔赛中获优秀组织奖。

【赣州市天骄小学】 赣州市天骄小学位于赣州经开区华鑫路，

占地面积 2.87 万平方米，建筑面积 1.523 万平方米。全年学校开设教学班 58 个，有学生 2670 人，在职教师 142 人。年内，学校获评赣州市级无烟单位、赣州市攀岩后备人才基地训练单位、赣州经开区五好关工委、赣州经开区五四团支部。在江西省青少年攀岩锦标赛中校攀岩队获 18 枚金牌、16 枚银牌、11 枚铜牌，在江西省第十六届运动会校攀岩队获 3 枚金牌、5 枚银牌、9 枚铜牌。

赣州市灌婴小学外景图　（2022 年，区社管局供图）

【赣州市杨梅小学】 赣州市杨梅小学位于赣州经开区金凤东路，占地面积 2.33 万平方米，建筑面积 1.32 万平方米。全年学校开设教学班 49 个，有学生 2321 人，在编教师 123 人。年内，学校获评赣州经开区工会工作先进集体、赣州经开区五四红旗团支部、赣州经开区青少年知识竞赛先进学校等荣誉，在 2022 年赣州经开区中小学（幼儿园）“喜迎二十大童心向未来”文艺活动（暨市艺术表演节目选拔赛）中获优秀组织单位，在赣州经开区第四届中小学生诗词大会中获二等奖，在赣州经开区第六届“落实双减逐梦赛场”中小学生篮球赛（小学女子组）中获第四名，在赣州经开区第七届中小学生足球比赛（小学男子组）中获第五名。

【赣州市紫荆路小学】 赣州市紫荆路小学位于赣州经开区紫荆路 159 号，占地面积 2.73 万平方米，建筑面积 2.57 万平方米。全年学校开设教学班 45 个，有学生 2016 人，在编在岗教师职工 112 人，其中中共党员 31 人，市级以上骨干教师 2 人，区级骨干教师 11 人。年内，学校获评赣州经开区教学质量先进单位、赣州经开区综合绩效评比优秀单位、赣州经开区文明校园、赣州经开区社会事务系统先进集体、赣州经开区社会事务系统党建工作先进集体等荣誉；在江西省中小学“书香校园”系列作品展示中获二等奖。

【赣州市灌婴小学】 赣州市灌婴小学位于工业路东侧、客家大道西延 420 号，占地面积 3.77 万平方米，建筑面积 2.67 万平方米，总投资 9229 万元。全年学校开设教学班 23 个，有学生 995 人，教职工 59 人。年内，学校立项省级课题 1 项，结项市级课题 2 项、区级课题 5 项；在各级各类教学业务竞赛中，获省级荣誉 6 项，市级荣誉 10 余项，区级荣誉 40 余项；获评赣州经开区“六有六规范”“良好”工会及工会工作“先进集体”荣誉。在赣州经开区第三届小学语文综合素养大赛中获团体一等奖，在赣州经开区第三届小学数学教师综合素质竞赛中获团体二等奖，在赣州经开区少先队风采展示大赛中获团体一等奖，在赣州经开区第四届教职工趣味运动会中获团体二等奖。

【赣州市田心明德小学】 赣州市田心明德小学位于赣州经开区金岭西路158号，占地面积2.13万平方米。全年学校开设教学班43个，有学生1941人，在编教职工106人，其中区级学科带头人3人、骨干教师4人。年内，学校区级课题立项3个，结题10个，区级名师工作室2个；编写出版的《你好，数独》校本教材，在2022年江西省第三届中小学（幼儿园）100门出彩校本课程评选中获市一等奖、省二等奖；在全区中小学“英东杯”文艺节目评选活动中，获优秀组织奖；在全区中小学足球比赛中获小学男子组第四名、小学女子组亚军；在“奔跑吧 赣鄱少年”江西省青少年花样跳绳线上锦标赛中获优秀组织奖；在全区少先队风采展示大赛中获团体一等奖；在全区第四届教职工趣味运动会中获团体二等奖。

【赣州市牡丹亭路小学】 赣州市牡丹亭路小学位于赣州经开区牡丹亭路与赣康路交会处，占地面积约4.76万平方米，建筑面积约4.29万平方米，总投资约2.2亿元。全年学校开设教学班7个，有学生293人，有教职工24人，其中特级教师1人，中小学高级教师3人，中小学一级教师9人，中小学二级教师10人。年内，学校师生参与各级竞赛获市特等奖4项，一等奖3项，市级及区级各类奖项若干。

【赣州市湖边中心小学】 赣州市湖边中学位于赣州经开区湖边镇湖边村谢屋坪组。占地面积2.2万平方米，建筑面积0.98万平方米。全年学校开设教学班30个，有学生1310人，教职工73人。年内，学校立项省级、市级课题3个，获评赣州市首批复兴乡村少年宫示范点、赣州经开区五好关工委、赣州经开区工会工作先进集体、赣州经开区首届课后延时服务示范校等荣誉。

【赣州市蟠龙中心小学】 赣州市蟠龙中心小学位于赣州经开区蟠龙圩南侧，占地面积0.73万平方米，建筑面积0.38万平方米。全年学校开设教学班20个，有学生743人，教职工56人。下辖村完小4所（蟠龙车头小学、蟠龙水碓小学、科技城高山小学、科技城龙潭小学），教学点2所（蟠龙桃芫小学、科技城范塘小学），教学班73个，学生2374人，教职工152人。年内，学校获评赣州经开区社会事务系统综合先进集体、赣州经开区五好关工委、赣州经开区五四红旗团支部（总支）；在赣州经开区第二届青少年人工智能普及大赛中获优秀组织奖；在赣州经开区小学生“童心绘安全”主题绘画比赛活动中获优秀组织奖。

【赣州市凤岗中心小学】 2022年，赣州市凤岗中心小学因原址凤岗镇薛屋拆迁，在凤岗中学过渡办学。全年赣州市学校开设教学班18个，有学生788人，教职工51人，专任教师47人。下辖村完小8所和教学点3所，有班级74个，学生1442名，教职工151名。年内，学校获评赣州经开区教学质量先进单位、赣州经开区工会工作先进集体、赣州经开区优秀少先队集体、赣州经开区优秀少先队中队、赣州经开区五四红旗团支部等荣誉。

【赣州立德虔州高级中学】 赣州立德虔州高级中学位于赣州市经开区迎宾大道97号，是一所民办全日制普通高中，占地面积

2.67万平方米，建筑面积约4万平方米。300米跑道标准化运动场，教室50间。全年学校有在校师生1100余人。秉承“高进优出，低进高出，人人成才”的教育教学理念，采用全日制封闭式、半军事化管理。

【赣州经开区第一保育院】 赣州经开区第一保育院位于赣州经开区蟠龙路北侧、清溪南路西侧，占地面积1.20万平方米，建筑面积10.9万平方米。全年学校开设教学班24个，有幼儿677人，教职工91人。9月，创办君逸府分院，两个院区有幼儿810人，教职工115人。年内，学校获评江西省标准化幼儿园；在赣州经开区中小（幼儿园）师生艺术作品大赛中获优秀组织奖。

【赣州经开区第二保育院】 赣州经开区第二保育院位于赣州经开区石门楼路5号，是一所由赣州经开区管委会与赣州市保育院合作办学的院所。全年学校开设教学班19个，其中小班7个，中班6个，大班6个，有幼儿526人，教职工81人。年内，学校获评江西省标准化幼儿园、赣州市示范幼儿园等荣誉。

【赣州经开区翠谷幼儿园】 赣州经开区翠谷幼儿园位于赣州经开区赣通大道888号，占地面积0.39万平方米，建筑面积2.54万平方米。全年学校开设教学班8个，有幼儿260人，教职工38人，专任教师19人。翠谷幼儿园开办分园3所：翠谷幼儿园（华鑫北）分园，占地面积约0.33万平方米，建筑面积0.19万平方米，开设班级6个，容纳幼儿142人，教职工27人；翠谷分园（宜居）分园，占地面积0.30万平方米，开设班级7个，幼儿202人，教职工33人；翠谷幼儿园（新力）分园，占地面积约0.32万平方米，建筑0.28万平方米，开设班级15个，其中托育班2个，容纳幼儿436名，教职工63人。年内，学校在2021—2022学年赣州市青少年儿童电子制作锦标赛中获幼儿组女子百拼图创新电路团体赛第一名，在赣州市青少年儿童电子制作锦标赛中获幼儿组女子百拼图指定电路团体赛第二名，在赣州市青少年儿童电子制作锦标赛中获幼儿组男子百拼图指定电路团体赛第三名。

赣州经开区第二保育院教室（2022年，区社管局供图）

【赣州经开区黄金岭街道办事处中心幼儿园】 赣州经开区黄金岭街道办事处中心幼儿园设一园四址，分为办事处中心幼儿园、章江幼儿园、章江幼儿园南区、温馨家园幼儿园，是赣南师范学院实习基地、质量提升教育实践基地。全年四园开设班级24个，有幼儿654人，教职工94人。年内，学校获评江西省学前教育质量提升计划实验园、赣州市市级示范园、赣州市指南实验园、赣州经开区三八优秀集体、赣州经开区办学绩效优秀单位、赣州经开区优秀名师工作室等荣誉。

赣州经开区赣港康居社区幼儿园（悦龙台园）外景图
（2022年，区社管局供图）

【赣州经开区赣港康居社区幼儿园】

赣州经开区赣港康居社区幼儿园位于赣州经开区黄金大道赣港康居社区内，占地面积0.25万平方米。全年学校开设教学班8个，有幼儿169人，在职教师19人。其中，悦龙台园位于华昌路与纬二路交界处，占地面积0.55万平方米，开设教学班12个，有幼儿353人，在职教师29人；悦府园位于香江大道与华昌路交界处，占地面积0.33万平方米，开设教学班12个，有幼儿323人，在职教师28人；梨园分园位于金潭北大道与坪峰岭路交叉口梨园安居社区内，占地面积0.09万平方米，开设教学班3个，有学生72人，在职教师7人。年内，学校获评赣州经开区中小学（幼儿园）“喜迎二十大童心向未来”文艺活动暨市艺术表演节目选拔赛优秀组织单位荣誉。

【赣州经开区凤岗镇中心幼儿园】

赣州经开区凤岗镇中心幼儿园位于赣州经开区高铁新区绿地小区迎龙路8号复兴路社区旁，占地面积0.33万平方米，建筑面积0.30万平方米。全年学校开设教学班9个，有幼儿186人，教职工38人。其中凤岗之星幼儿园（分园）位于凤岗之星返迁房旁，占地面积0.27万平方米，建筑面积0.24万平方米，开设教学班3个，有幼儿63人，教职工14人。两园设有标准化活动室、睡房、卫生间一体化，保健室、阅读室、科学探索室、雨天活动室、保安室等功能室，户外有大型攀爬玩具、运动器械、塑胶跑道、沙池、种植区、小花园等设施设备。

【赣州经开区蟠龙镇中心幼儿园】

赣州经开区蟠龙镇中心幼儿园位于赣州经开区蟠龙镇下排安居社区内，占地面积0.23万平方米，建筑面积0.19万平方米。设蟠龙镇中心幼儿园蓝翔分园和水碓小学附属幼儿园。全年3园开设教学班19个，有幼儿400余人，在职教师41人。年内，幼儿园园本课程《趣动未来》在2022年全市100门出彩课程中获二等奖；在赣州市中小学幼儿园教师优秀教学资源展示活动中获三等奖。

【赣州经开区三江乡中心幼儿园】

赣州经开区三江乡中心幼儿园位于赣州经开区三江乡新红村新红路。占地面积0.55万平方米，建筑面积0.17万平方米。全年学校开设教学班6个，有幼儿101人，在职教师13人。年内，学校在全省第七届中小幼班主任专业技能展示活动中获二等奖，在赣州经开区公共安全教育骨干教师教学能力展示活动中获二等奖。

【赣州电子工业技术学校】 赣州电子工业技术学校位于赣州经开区赣通大道98号，是一所全日制民办中等职业学校，占地面积13.07万平方米，建筑面积7.44万平方米。全年学校开设软件与信息服务等14个专业，有在校生3748人，教职工235人，专任教师186人。年内，学校学生参加江西省职业院校技能竞赛获省一等奖1个，二等奖1个，三等奖2个；参加赣州市中职学校技能大赛获学生组一等奖6个、二等奖4个、三等奖4个，教师组二等奖1个，三等奖2个；参加省、市教师教学能力大赛获省三等奖1个，市二等奖1个，市三等奖2个。

【赣州华坚科技职业学校】 赣州华坚科技职业学校位于赣州经开区迎宾大道，是一所全日制中等职业学校，占地面积24.4万平方米。全年学校开设直播电商服务、计算机网络技术、计算机平面设计、幼儿教育、会计、高铁乘务、新能源汽车制造与装配、模具数控技术应用、工业机器人技术、工艺美术、工程造价、医学护理、药剂、口腔修复工艺等专业，有学生6000余人，教职工240余人。年内，学校获评全国教育改革创新示范院校、江西省职业教育十佳示范学校、江西省达标学校、江西省A档（优质）中等职业学校。

【赣州光华职业技术学校】 赣州光华职业技术学校位于赣州经开区迎宾大道路66号，是一所全日制民办中等职业学校。占地面积4万平方米，建筑面积 3.36万平方米。有学生1716 人，教师86人，后勤9人。年内，学校参加省级技能大赛获三等奖；参加市级技能大赛项目获奖17个，其中获一等奖5个、二等奖7 个、三等奖5个。

【赣州市军科职业技术学校】

赣州市军科职业技术学校位于赣州市经开区黄金北大道37号，是一所准军事化办学特色的全日制中等专业学校。建筑面积2.91万平方米。全年学校开设法律事务、安全保卫服务、防灾减灾技术、现代通信技术应用、数字媒体技术应用专业、汽车制造与检测专业，有学生1896人，专兼职教师96人。年内，学校获评赣州市红十字救援队“抗洪抢险勇担当、风雨同舟见真情”荣誉。

【赣州市科技学校】 赣州市科技学校位于赣州经开区迎宾大道与东江源大道交界处，是一所全日制综合性职业中等专业学校。设本部、金岭2个校区。本部校区占地面积0.94万平方米，建筑面积0.78万平方米。全年学校开设中药制药、计算机应用、铁路运输与管理、老年人服务与管理、幼儿保育、会计事务、电子商务、工业机器人应用、机电技术应用专业、建筑装饰技术等专业及特色高考班，有学生659人，教职工81人，其中专任教师62人。年内，在赣州市中等职业学校“技能成才强国有我”主题教育中获三等奖，在赣州经开区微团课比赛中获三等奖。

【赣州科汇职业技术学校】 赣州科汇职业技术学校位于赣州经开区纬一路181号，占地面积4万余平方米。全年学校开设幼儿保育、美发与形象设计、护理、医学检验技术、计算机平面设计、电子商务、汽车运用与维修等专业，有学生1804人，教职工150人。年内，学校获评全国青少年禁毒知识竞赛先进学校。

（谢　丰）

劳动保障

【概况】　2022年，赣州经开区坚持化薪优先，打造建筑领域劳资纠纷“暖”薪公园，打造升级“护薪一窗办”劳资纠纷调解平台，设立速裁庭，以党员干部为骨干，带案“下访”“约访”。针对绿地、恒大、嘉福等重点项目，积极协调项目筹措资金，做到“有案化解、无案摸排”。全年开展建筑工程领域实名制检查3次，对全区“八大行动”672个项目监管全覆盖。受理劳动争议仲裁案件435件，审理劳动争议案件350件，工伤申请案件543起，完成调查485起，构建全国和谐劳动关系示范工业园区。

6月17日，赣州经开区劳动争议速裁庭开庭审理案件

（区综合执法大队供图）

【监察执法】　年内，全区接到各类劳资纠纷举报投诉2578次，为13410人追回工资2.3271亿元。开展专项检查执法活动4次，走访在建项目工地、企业286家。协助办理退还建筑项目农民工工资保障金164笔，约4亿元。区综合执法大队与区住建局、区房管所等部门联合，深入辖区在建项目开展劳资纠纷隐患大排查、大化解工作，走访排查在建项目52个，摸排劳资纠纷、欠薪问题线索92条。

【劳资工作】　全年处理群众信访件2571件，其中“12345”政府服务热线2172件，信访系统129件，网络舆情15件，“问政赣州”205件，其他网络信访案件50件，按期回复率100%。

【农民工实名制信息监管】

2022年，赣州经开区围绕根治欠薪目标任务，狠抓农民工工资“实名制”工作。全年协助全区在建项目工地设立农民工工资实名制信息监管系统账户185个，预存资金35.50亿元，为5.8万名民工发放工资33.89亿元，发放民工工资总量全市排名第一。

【法治宣传】　2022年，区综合执法大队将执法办案和普法宣传有机结合，通过日常巡查、专项检查等执法工作，向区内在建项目工地、企业发放《农民工工资保障条例》《劳动保障法律法规汇报》等宣传资料6000余份，促进用人单位自觉规范用工管理，提升农民工依法维权意识。

【劳动仲裁】　4月，建立赣州经开区劳动争议速裁庭，开通工伤待遇、追讨劳动报酬纠纷维权绿色通道，针对欠薪劳动资纠纷优先立案、优先开庭，针对性地开发运用要素式审理，将工伤案件的办案时间从45天压缩至15天以内。通过智慧仲裁系统，实行网上受理、网上审理，提升园区劳动者维权便利度，让劳动者少跑路。全年受理劳动争议仲裁案件435件，调解劳动争议案件185起，调解金额385万元。

【工伤联合调查】 2022年，赣州经开区建立安全生产、劳动监察、劳动仲裁联合调查工作机制，对重大工伤事故优先启用安全生产执法调查，快速确认事故发生原因、经过，通过劳动监察快速调取工伤事故佐证材料，劳动仲裁快速确认劳动关系，全年受理工伤申请案件543起，完成调查485起。

（钟惟章）

就业服务管理

【概况】 2022年，赣州经开区围绕“稳就业”“保民生”两条主线，实施就业优先战略和更加积极的就业政策，精准施策、精准发力，提升服务企业用工水平，加快各项就业惠民惠企政策兑现，全区新增城镇就业11438人，新增农村劳动力转移就业3597人。发放企业招工补贴、企业招工宣传补贴、企业吸纳就业困难人员社保补贴、代招用工补贴等655.15万元，补贴企业4402家次。

【创业担保贷款政策落实】 深入乡镇、社区、小微企业、商户宣传一次性创业补贴、创业担保贷款、创业培训等政策。坚持稳定贷款发放，注重质量提升，及时分解量化各项指标，对带动就业人员较多的企业进行重点扶持，超额完成全年创业担保贷款任务。全年全区新增创业担保贷款任务5000万元，新增发放创业担保贷款8289万元，其中发放个贷创业担保贷款4359万元，扶持个体户276家，发放企业创业担保贷款3930万元，扶持企业12家，还款率100%，贴息187万元。发放大学生、脱贫劳动力、农民工一次性创业补贴18万元，补贴36人，开展创业培训10期，培训272人次。

【基层劳动保障平台建设】 年内，赣州经开区从组织领导、软硬件建设、技能提高、服务功能、制度建设等方面，推进基层劳动保障平台工作建设。截至年底，全区6个乡（镇、街道、管理处）全部建立基层劳动保障平台，配备专职工作人员，为辖区内劳动力转移、劳务输出、就业政策咨询、职业指导、职业技能培训、提供岗位信息以及动态跟踪服务提供保障，促进城乡劳动力转移就业工作深入开展。

【职业技能开发】 2022年，赣州经开区推行“线上+线下”职业技能培训模式，利用网络培训资源，推进线上理论学习与线下实操培训融合发展。支持企业根据生产经营需要，对在岗职工开展岗位技能提升培训。通过“校政企”三方合作，支持企业和职业（技工）院校举办订单班、冠名班培养技能人才储备，鼓励职业（技工）院校学生到园区企业顶岗、跟岗实习，为赣州经开区支柱产业输送技术人才。全年组织开展就业技能培训、创业培训、企业职工岗位技能培训等培训140期，培训4656人，完成培训任务的155.2%。拨付各类培训补贴139.7万元；拨付院校推荐一次性实习补贴3.84万元。指导金力永磁等2家企业获批全省职业技能等级认定企业自主评价资质。

【失业保险征缴】 2022年，赣州经开区协助市就业中心开展失业保险征缴、失业保险稳岗返还等政策宣传，通过微信公众号、首席服务员推介等方式，加大政策知晓率，对可以享受政策但信息不全的企业进行“一对一”摸排，确保相关补贴应享尽享。

【就业帮扶促脱贫】 2022年，赣州经开区发放就业帮扶补贴2501.58万元，补贴20828人次。先后开发公益性岗位860个，拨付公益性岗位补贴1446.85万元，补贴4639人次；稳定510名脱贫劳动力在全区47个就业帮扶车间就近就业，拨付就业帮扶车间运行费补贴120.72万元；鼓励脱贫劳动力外出就业，拨付交通补贴295.11万元，补贴8727人次，岗位补贴616.59万元，补贴7293人次；为脱贫劳动力及三类对象发放培训生活补贴及求职补贴5.61万元，补贴154人次；发放就业技能培训补贴9.2万元，脱贫劳动力一次性创业补贴7.5万元，补贴15人次。

11月15日，区人社养老服务中心工作人员在万达广场招聘会上开展社保卡“一卡通”宣传 （区人社养老服务中心供图）

【社会保障卡签发】 2022年，赣州经开区加大社会保障卡及电子社保卡宣传力度，提高群众对社会保障卡及电子社保卡的认知度，全区各单位在完成电子社保卡申领工作的同时，为亲友申领电子社保卡，推进社会保障工作。全年完成上级下达电子社保卡签发工作9.25万张，完成率73.59%。

（李毅鹏）

社会保险

【概况】 2022年，赣州经开区城乡居民养老保险工作稳步发展，保费征缴及全区年满60周岁以上城乡居民基础养老金发放等工作有序推进。全年全区城乡居民养老保险参保人数79107人，其中应缴费人数43789人，足额缴纳保费人员32136人，保费征收率73.4%。

【待遇发放及核查】 年内，全区养老保险基金支出12517.42万元，其中机关养老保险4457.84万元，城乡居民养老保险8059.58万元；发放养老保险20.75万人次，其中机关养老保险0.87万人次，城乡居民养老保险19.88万人次；为17名“下放知青”发放下放知青补贴12.24万元。

【丧葬费补助金制度】 2022年，赣州经开区建立城乡居民养老保险丧葬补助金制度，政策执行面和享受人数不断提高，人群覆盖质量有效提升。全年城乡居民养老保险丧葬补助金发放

694 人次，丧葬补助金发放金额 213.98 万元。

【政府兜底保障】 年内，对建档立卡的贫困人口、农村低保、重度残疾人、特困人员等困难群体参加城乡居民基本养老保险情况进行精准比对、精准核实、精准掌握，建立工作台账，实施动态、精细化管理，及时代缴，做到应保尽保。落实困难群体参保帮扶政策，减轻困难群体参保缴费负担，为困难群体 7900 人代缴了城乡居民养老保险保费 87.98 万元，政府代缴参保率 100%。

（曾美凤）

医疗保险

【概况】 2022 年，赣州市医疗保障基金管理中心经开区分中心聚焦赣州经开区企业和群众在医疗保障方面的急难愁盼问题，扎实做好各项工作。全年医疗救助基金收入 1708.72 万元，支出 623.63 万元，期末结余 1085.1 万元，滚存结余 1817.25 万元，救助 9982 人次。常态化落实国家和省级集中采购中选药品十二批次，全年采购中选药品采购金额约 271.23 万元，最大降幅达 98%。全区 11 家医疗机构纳入全市 DIP（区域点数法总额预算和按病种分值付费）试点医院，预拨统筹基金 1114.03 万元，其中职工预拨统筹基金 66.99 万元，居民预拨统筹基金 1047.04 万元。新冠病毒疫苗接种 170273 人次，接种金额 119.19 万元。

【巩固医疗保障脱贫攻坚成果】 2022 年，赣州经开区全面落实农村低收入人口住院报销享受基本医疗保险、大病保险、医疗救助三重保障，对经三重保障制度报销后政策范围内个人自付费用后仍然较重的依申请给予倾斜救助。全年全区享受“三重保障制度”住院补偿待遇 2886 人次，医疗总费用 3585.72 万元，医疗基金支付总额 2468.62 万元；享受门诊特殊慢性病报销 10530 人次，报销金额 764.25 万元。

【医保基金监管】 2022 年，赣州经开区开展定点零售药店专项检查、异地就医使用医保基金专项检查、“飞行检查”反馈问题依单自查自纠、全市交叉检查等行动，对辖区内定点医药机构进行全覆盖检查，查处违规定点医药机构 127 家，追回医保基金 17.13 万元，行政处罚 3 家，行政罚款 2.18 万元；接到投诉举报 2 起，主动曝光案例 5 例。

【城乡居民和城镇职工基本医疗保险】 全年全区城乡居民基本医疗保险参保 188057 人，其中资助参加城乡居民基本医疗保险 6444 人，大学生 7111 人。基金收入 1.82 亿元，支出 0.74 亿元，当期结余 1.08 亿元，累计结余 1.53 亿元；统筹报销 1142.28 万元，“双通道”药品统筹基金报销 1502.44 万元。承接城镇职工医保征缴业务企业 2489 家，参保职工人数 6.59 万人，其中月均新增 60 家企业近 400 名职工参保。

（廖 文）

养老服务

【概况】 2022 年，区人社（养老服务）中心印发《打击养老诈骗虚假宣传长效工作机制》，从严筑牢养老机构防控“安全网”，养老机构从业人员和老人按“应接尽接”的要求完成 3 次新冠疫苗接种。

【养老机构及服务队伍建设】 2022年，赣州经开区新建首家公办康养中心，打造集医疗、护理、康复、保健、用餐、文化、娱乐等系列新型养老服务保障于一体的医养综合体。投入资金596.52万元，对3家乡镇敬老院实施“暖心工程”适老化改造，推动乡镇敬老院等级评定全部实现从“零级”到市“二级”养老机构的跨越。组织开办第二期养老护理员培训班、第一届护理员大赛，培训初级养老护理员30余名，提高养老服务行业职业化、专业化和规范化水平，养老护理员持证上岗率100%。

【特殊困难老人关照】 2022年，通过对特殊困难老年人家庭进行局部改造，从行动、坐卧等方面增加设施设备，让老年人在家同样享受到养老机构的照料和健康管理。年内，按照3000元/户标准，完成51户特殊困难家庭老年人居家适老化改造。加强高龄老人长寿补贴、经济困难高龄老人养老服务补贴等资金发放规范化管理，常态化开展高龄老人长寿补贴、经济困难高龄老人养老服务补贴资金发放自查工作。发放高龄老人长寿补贴资金480.92万元，经济困难高龄老人养老服务补贴等资金8.52万元。

【居家及社区养老服务】 2022年，推动全区72个村（社区）居家养老服务中心可持续运营，印发《赣州经济技术开发区村（社区）居家养老服务中心考核办法》，对考核合格的居家养老服务中心发放运营补贴48万元。年内，在湖边镇涌泉村、高铁新区复兴路社区新建居家养老服务中心各1家。

【社保服务】 2022年，赣州经开区采取招聘会、宣讲会、调度会等方式，开展社保政策宣传活动25场；运用小视频、微信公众号等方式，推广文章162篇、挂贴广告横幅69条，覆盖全区90%的居民、95%的企业。组织开展就业技能培训、创业培训、企业职工岗位技能培训等56期，培训的3886人全部实现稳定就业。学习借鉴南京、广州等先进地区经验，引进江苏安康通健康管理服务有限公司，为全区660名家庭困难的失能老人提供专业化、多元化、个性化的居家养老上门服务，构建区—乡（镇、街道、管理处）—村（社区）养老服务推进体系。

（张春华）

体　育

【概况】 2022年，赣州经开区印发《赣州经开区深化体教融合工作实施方案》《赣州经开区足球改革发展实施方案》，深化青少年校园足球改革，推动体育设施场所建设，推进体教深度融合快速发展。开展全民健身活动，激活全区体育消费潜力，把游泳、羽毛球项目列入中秋、国庆期间政府电子消费券。区社管局获评赣州市青少年竞技体育先进单位，赣州市文清外国语学校获评赣州市后备人才培养先进集体，赣州市天骄小学获评攀岩训练单位。

【群众体育】 1月1日，赣州经开区“奋进新征程 喜迎二十大”庆元旦职工亲子跑活动在台湾部落民俗文化村举办。4月30日，赣州经开区“快进二季度强攻双过半”喜迎二十大唐龙公园全民健身活动在欧潭文化园举办。5月12日，“中国梦·劳动美——喜迎二十大建功新时代”江西银行杯职工气排球比赛在金星小学举办，此次比赛历时21天，39支代表队472余名队员参加。7月1日，赣州经开区网球赛在市体育中心举办。7月底，赣州经开区派出5人参加江西省游泳项目一级裁判培员培训班，其中3人获评中国游泳项目一级裁判员。7月，举办首届游泳救生技能大赛，面向全区农村中小学生，区内农村低保、特困、脱贫户家庭子女及孤儿举办2期“泳动假期，情暖童心”农村中小学生公益游泳培训，每期200人（每乡镇50人），游泳装备费用全免。8月8日，在“全民健身日”活动期间免费向公众开放体育场馆和区域内的公共体育场地设施。8月20日，赣州经开区第八届广场舞大赛在金凤梅园举办，黄金岭街道办事处719社区舞蹈队和杨梅新村姐妹花舞蹈队获一等奖，凤岗镇老年体协舞蹈队、蟠龙镇西城广场社区舞蹈队、湖边镇金榜路社区快乐伙伴舞蹈队及蟠龙镇章甫村下排舞蹈队获二等奖，湖边镇赣港社区魅力舞蹈队、凤岗镇路塘村舞蹈队、科技城龙潭村舞蹈队、科技城范塘村舞蹈队及三江乡新红村舞蹈队获三等奖。10月12日，2022年赣州经开区第十届“工会·同兴达杯”职工篮球赛在区第二体育馆举办，此次比赛由55家机关、企事业单位组成40支代表队500余名球员，区城管执法分局获第一名，区公安分局获第二名，赣州市同兴达电子科技有限公司获第三名。11月6日，赣州经开区“学习贯彻党的二十大 奋力开启新征程”万米长跑比赛在横江大道举办。

【竞技体育】 6月，江西省体育局、江西省教育局主办江西省百县足球运动会，赣州市文清外国语学校足球队获全省第四名。7月，赣州市体育局主办赣州市青少年篮球比赛，赣州市第五中学女子组获第二名。7月，赣州市体育局主办“2022年赣州市青少年足球锦标赛”，赣州市文清外国语学校代表队获男子U15组第一名，男子U11组第二名。7月，江西省青少年游泳锦标赛，赣州市文清外国语学校代表队获6枚金牌、13枚银牌、10枚铜牌。7月，江西省第十六届百县青少年（U系列）田径运动会在上饶市婺源县举行，103个参赛县（市、区）中，赣州市第五中学田径队闯进十六强，以171分获“团体总分二等奖”和体育道德风尚奖。8月，赣州市足协举办“2022年赣州市青少年足球联赛”，赣州市文清外国语学校代表队获U10男子组第一名，U8男子组第三名。8月，江西省体育局主办江西省足球联赛（赣州赛区），赣州市文清外国语学校获U10组冠军，U8组季军。11月，江西省第十六届运动会青少年游泳比赛，赣州市文清外国语学校代表队获5枚金牌、8枚银牌、8枚铜牌。

【体育基础设施建设】 6月1日，赣州经开区第二体育馆揭牌仪式暨首届游泳锦标赛开幕式在赣州市大坪明德小学举行。区第二体育馆总建筑面积为7887平方米，总投资2775万元。体育馆共6层，是集标准恒温游泳馆、篮球馆、羽毛球馆、网球馆等于一体的多功能体育场馆。首届游泳锦标赛设比赛项目70个，其中青少组31项、社会组39项；全区83个代表队580人参赛，其中青少组24支，社会组59支。12月，全区新（改、扩）建篮球场6个，门球场2个。其中，黄金岭街道隐龙山庄小区、圣地亚哥小区篮球场各1个，蟠龙镇工业一路西侧赣丰路以北篮球场1个，凤岗镇长江村篮球场1个，科技城范塘村、龙潭村篮球场1个；蟠龙镇蟠龙村重教路门球场、黄金岭街道金星村门球场各1个。

【体育人才队伍建设】 年内，发展省一级社会体育指导员18人、市二级社会体育指导员29人、区三级社会体育指导员751人。有亚足联/中足协B级教练员2人，亚足联/中足协C级教练员2人，中足协D级教练员14人，中足协E级教练员15人。

（周敏华）

6月1日，赣州经开区第二体育馆揭牌仪式举行　（陈科贤摄）

文　化

【概况】 2022年，赣州经开区立足区情实际，通过招大引强、加快培育、重点扶持，积极推进文化事业、文化产业高质量发展。全区有规模以上文化企业19家，全年实现营收199亿余元，同比增长8.27%，增速位居全市前列，总量位居全市第一。年度入规文化企业1家，新申报入规文化企业3家。

【文化产业培育】 2022年，赣州经开区制定《2022年全区文化产业招商引资活动方案》，成立全区文化产业招商引资工作领导小组。参加赣州市旅游产业发展大会，赴厦门、泉州参加赣州红色文化旅游推介会，全年招引文化产业项目20个，其中，开工项目3个、投产项目4个。组织召开光大银行信贷产品专场推介会，召集区内文化企业参加各类专题融资对接会，加大惠企纾困力度，为区内27家文旅企业发放贷款1310.05万元。赣州同兴达科技有限公司新纳入文化产业统计，全年主营业务收入突破百亿元。

【文化产业建设】 赣州立德电子有限公司获评2022年度江西省文化企业20强。3月，制定《2022年全区文化产业招商引资活动方案》，成立全区文化产业招商引资工作领导小组。全年招引文化产业项目20个，开工项目3个、投产项目4个。10月，组织召开光大银行信贷产品专场推介会。11月，召集区内企业参加专题融资对接会，解决文化企业发展融资需求。

【文艺创作】 2022年，赣州经开区拍摄微电影《大力》，创作《国儒1516》《木雕笔筒》等一系列非遗文创作品。其中《木雕笔筒》获赣州市非遗文创设计竞技大赛“最具人气奖”第四名。向市委宣传部推报微电影《大力》、电影剧本《一城目光》等4个文艺作品申报第三届赣州市客家摇篮文艺精品奖、“五个一”工程重点文艺作品项目。参与第八届江西艺术节·2022年江西省广场舞集中展演，赣州经开区文化馆选送节《出水莲》获赣州赛区三等奖；参与江西省第十三届少儿艺术节，赣州经开区选送节目《歌声与微笑》获第二届江西少儿合唱艺术节三等奖。

7 月 11 日，赣州经开区世客街城市书房 （区社管局供图）

【非遗技艺传承】 2022 年，赣州经开区组织非遗项目参加省、市、区相关部门举办的“江西省非遗购物节”“深圳光明区开展客家文化中医知识交流及大型公益义诊活动”等各种非遗交流展示活动，挖掘区级非物质文化遗产代表性项目 3 个，开展非遗进校园活动 4 场，推动全区非遗项目传承发展，提升全区非遗传承保护建设水平。组织制定各类非遗项目传承计划，全年开展传承活动 20 余场。

【公共文化服务体系建设】 2022 年，赣州经开区创新“城市书房 + 景区”模式，在世客街和台湾部落景区建设城市书房 2 座，接待群众 5 万余人，区级文化馆、图书馆、乡镇综合文化站、村级综合文化服务中心免费对外开放，延伸公共文化服务领域的覆盖面。全年开展送戏、送电影下乡、自办文体活动 600 余场，开展“文艺下乡百村行”志愿服务活动 30 余场，“名师带你读名著”系列全民阅读活动 80 余场。

【群众文化活动】 全年组织各乡（镇、街道、管理处）、文化馆以“我们的节日”“非遗文化进万家”等主题开展年俗活动、送戏下乡、文艺志愿活动 150 余场，送电影下乡 518 场。举办“赣州世界客家非遗文旅街开街暨燃情六月消费促进月启动仪式”“世客街举行客家南迁百米长卷笔会活动”“欧潭首届啤酒节”三大特色文旅活动，惠及群众 30 万人次。开展“书香赣鄱”“好书漂流瓶”“名师带你读名著”等全民阅读活动 80 余场，更新 82 个农家（社区）书屋的出版物，带动阅读 3000 余人次。

【文化市场管理】 2022 年，赣州经开区开展文化市场专项整治行动，出动检查人员 224 人次，检查文化经营单位 2240 家次，下发责令整改通知书 68 份。开展“扫黄打非”系列专项整治行动，检查出版物单位 62 家次，收缴非法出版物 10 余本（册）。举办“书香经开 与书相伴”暨“护苗 2022 • 绿书签 • 伴成长”赠书活动，发放“绿书签”1000 余份，受益群众 2000 余人。开展非法卫星电视广播地面接收设施治理行动，拆除非法安装地面接收设施 20 余套。

【文化艺术中心】 年内，区文化艺术中心建设主体结构完成 98%，砌筑工程完成 89%，室内初装修完成 40%。1 号网球馆金属屋面完成 25%；2 号游泳馆金属屋面完成 35%；3 号篮球馆外立面施工完成；4 号羽毛球馆外立面施工完成；5 号图书馆机电安装施工完成；6 号工人文化宫机电安装施工完成；7 号文化馆主体结构封顶；8 号青少年宫主体结构封顶；9号艺术剧院结构封顶；C地块顶棚涂料施工完成。

【《赣州经济技术开发区年鉴（2021）》获奖】 10月8日，在江西省地方志研究院与江西省地方志学会组织开展的江西省第七届年鉴质量评比活动中，《赣州经济技术开发区年鉴（2021）》获评专业年鉴组三等年鉴。《赣州经济技术开发区年鉴》连续3年获评专业年鉴奖项。

【《赣州经济技术开发区年鉴（2022）》编纂出版】 12月，《赣州经济技术开发区年鉴》编辑委员会和赣州经济技术开发区史志档案管理中心编纂的《赣州经济技术开发区年鉴（2022）》由方志出版社出版。全书设特载、专记、大事记、地情概览、营商环境、工业、农业农村、乡村振兴、经贸合作、经济管理、服务业、区属国有企业、城乡规划建设与管理、交通 通信、生态环境、党工委 管委会、纪检监察、民主党派 党外知识分子、群众团体、政治、军事、教育 文化 体育、卫生健康、应急管理、社会保障与事务、乡 镇 街道 科技城 高铁新区、人物 荣誉、附录等内容，119个分目、617个条目，收录168幅图片、19张表格。卷首专题图片设优化营商环境、沸腾工业战场、汇聚创新资源、构建开放新格局、助力乡村振兴、改善生态环境、增进民生福祉、提升党建质量8个板块，卷末附附录、索引。全书45.1万余字。

【大事记收录】 2022年，赣州经开区史志档案管理中心遵循“每月一编、年终成册”工作原则，由专人负责大事记收集、整理、编纂工作。全面、客观、真实、准确记录赣州经开区年度大事、新事、要事，在赣州经开区门户网定时更新公开。

【史志编研】 2022年，赣州经开区挖掘郭大力生平事迹，成功推荐入选第十二届马克思主义中国化论坛研学课程。开发的郭大力故事微党课《真理的魅力》，列入市委党校红色精品课程库。以赣州经开区改革开放探索史为主线，收集史料追溯发展变迁，访谈当年主官理清发展逻辑，积累资政研究素材，奠定史志编研基础。

【档案服务能力提升】 2022年，赣州经开区印发《2022年赣州经开区档案工作要点》，服务方式从“等客上门”向“主动出击”转变。举办全区2022年档案业务工作业务培训班，培训100余人。对区党政办、区财政局、区企工局、区金融服务中心、乡（镇、街道）等20余个单位面对面、手把手开展

9月6日，区史志档案管理中心工作人员开展口述访谈，收集史料
（区史志档案管理中心供图）

12 月 26 日，区消防救援大队、赣州卷烟厂晋升江西省档案规范化管理一级单位 （区史志档案管理中心供图）

档案工作业务指导。组织全区档案工作者参加档案中级职业技术职称考试，通过档案中级职业资格 1 人。跟进疫情防控档案整理、归档工作，主动靠前对接 2 次，发工作提醒函 2 次。加强党史学习教育档案业务指导，完成党史学习教育档案收集、整理、移交。指导赣州澳克泰工具技术有限公司年产 2000 万片高性能硬质合金精密刀具改扩建项目档案通过验收。指导区消防救援大队、赣州卷烟厂顺利晋升江西省档案规范化管理一级单位。印发《赣州经济技术开发区乡（镇、街道、管理处）档案工作规范化建设三年行动计划（2022—2024 年）》，分三年推进全区乡镇档案工作规范化建设。

【档案法治建设】 2022 年，赣州经开区对 6 个乡（镇、街道、科技城）开展监督检查，推动《中华人民共和国档案法》《乡镇档案工作办法》落实。开展 2021 年度档案事业统计调查，完成赣州经开区档案统计年报。组织各单位落实《江西省档案局关于进一步加强档案安全工作的通知》要求，开展档案安全自查，全区未发生档案安全事故。参加赣州市“档案里的赣州——喜迎二十大·档案颂辉煌”线上展览；组织参加国家档案局主办的“宝葫芦杯”2022 年国际档案日主题征文活动，向赣州市档案局报送征文 4 篇，入选 1 篇。举办赣州经开区首次档案知识竞答活动，答题 3300 余人次。联合举办“学习贯彻党的二十大精神，五年发展看变化”摄影图片展。

【档案资源和信息化建设】

2022 年，赣州经开区发布《赣州经济技术开发区史志档案管理中心档案史料征集公告》，向社会广泛征集相关资料丰富档案资源。全年接收区招商局、蟠龙镇、区党史学教办等 5 个单位 5641 件，接收区农办移交脱贫攻坚档案 247 卷。对符合数字化要求的档案进行数字化加工，数字化率 100%；完成脱贫攻坚档案 2775 卷、32.58 万余画幅数字化，录入案卷级条目 2775 条。全年，通过现场查档、电话查档、微信预约查档等方式提供档案查阅利用 220 余次。

（夏侯婧 张清雅 施恩沁 廖宝建）

本栏编辑：施恩沁

卫生健康

医疗卫生机构

【概况】　2022年，赣州经开区管辖医疗卫生机构212家，其中公立基层医疗机构5家（蟠龙镇中心卫生院、凤岗镇中心卫生院、黄金岭街道社区卫生服务中心、湖边镇卫生院、三江乡卫生院），民营医院4家（赣州仙峰医院、虔成医院、赣州瑞宁医院、赣州经开区金星社区卫生服务中心），社区卫生服务站8家，疾病预防控制中心1家，门诊部、诊所、医务室、村卫生室194家，赣南医学院第一附属医院黄金院区（省管）、赣州市妇幼保健院新院（市管）驻赣州经开区。

【赣南医学院第一附属医院黄金院区】　赣南医学院第一附属医院创办于1942年，是江西省独立设置的普通高等本科医学院——赣南医学院直属第一附属医院、第一临床医学院，也是赣州市唯一一家省直省管三级甲等医院，江西省第三周期医院评审首批三级甲等综合医院。黄金院区位于赣州经开区金潭大道128号，于2019年5月启用，设有门诊、急诊、医技、住院、全科医生培训、体检中心、后勤等功能区，总建筑面积25.5万平方米，开放床位2044张。建有直升机标准停机坪，省级重大疫情防控救治基地、省级救援医学中心，医院高标准打造五大中心，建有江西省1级创伤急救中心、江西省1级胸痛中心、江西省1级卒中中心、江西省急危孕产妇救治中心、江西省危重新生儿救治中心。先后获批为江西省会城市外唯一的省级诊疗中心—江西省尿路结石现代治疗中心，以及肺癌规范诊疗质量控制试点医院、产前诊断技术服务项目的综合性医院、超声诊断专业质量控制工作受托单位。拥有区域内唯一的国际最先进的达芬奇（Xi）第四代机器人手术系统和海扶微无创治疗中心，是区域内唯一入选全国罕见病诊疗协作网的医疗机构，成为首批“全国甲状腺疾病联盟医院”“中国创伤救治联盟创伤救治中心建设单位”，入选首批全国儿童血液病定点医院，获批国家临床教学培训示范中心、国家级住院医师规范化培训基地、江西省首批康复医疗服务示范科室建设单位、江西省儿童医学中心。年内，在全国三级公立医院绩效考核评价中国家监测指标等级连续三年保持A+水平，位列全国三级甲等综合医院前10%、江西省前三。获批为国家呼吸医学中心协同单位、江西省推动公立医院高质量发展示范医院、江西省会城市外唯一超声诊断专业质量控制工作受托单位。全年门急诊138.8万人次，出院11.8万人次。

【赣州市妇幼保健院新院】 赣州市妇幼保健院始建于1956年，是一所集医疗、保健、教学、科研为一体的三级甲等妇幼保健专科医院和国家级爱婴医院。担负全市妇幼保健业务指导、科研、教学、人才培训的任务。赣州市妇幼保健院新院位于赣州经开区赣康路，建筑面积13.5万平方米，编制床位990张，于2022年12月对外运营。在辅助生殖方面处于全市领先、省内先进水平。PGT（三代试管婴儿）技术通过评审试运行，成为全市首家、全省第二家获准开展此项技术的医疗机构，实现试管婴儿项目全系列，为提高出生人口素质贡献力量。医院先后获评国家“母婴安全优质服务单位”、国家“改善医疗服务示范医院”、国家“PAC优质服务单位”和国家“先天性结构畸形救助项目优秀定点医疗机构”及省、市级文明单位等荣誉。

9月，赣南医学院第一附属医院黄金院区外景图 （罗赣群摄）

【赣州经开区第二人民医院】

赣州经开区第二人民医院创建于2021年，与湖边镇卫生院合署办公。位于赣通大道与华鑫路交会处，占地面积9133.33平方米，年内有业务用房18254.91平方米，有编制床位200张；项目二期计划新建内科大楼、发热门诊，占地面积3993.33平方米，设置床位300张。医院设门诊部和住院部，开设内科、外科、急诊科、妇产科、儿科、中医科等临床科室、公共卫生服务中心及嵌入式养老院（赣州经开区康养中心）等部门。康养中心建筑面积约1100平方米，设养老用房15间，其中护理型床位30张，可辐射周边半径1.5千米内的社区日间照料及居家养老服务需求。主要设备有CT机、C臂机、数字胃肠机、数字化X摄影(DR)、四维彩色B超、全自动核酸工作站、荧光定量PCR（聚合酶链式反应）仪、全自动核酸提取仪心电图机、全自动生化分析仪、全自动化学发光免疫分析仪、强脉冲光治疗仪、脑循环治疗仪、调Q治疗仪、多功能肺功能仪、中央胎心监护系统（一拖四）等。全院有职工19人，专业技术人员19人，副高职称2人，中级职称6人。全年门诊10.19万人次，同比增长26.61%；收住院1299人次，同比增长21.4%。

【黄金岭街道社区卫生服务中心】

黄金岭街道社区卫生服务中心是一所集社区预防、保健、医疗于一体的综合性公立基层医疗机构，占地面积2793.33平方米，现有业务用房 3160.95 平方米，有编制床位 48 张，开设内科、妇科、儿科、外科、中医理疗康复科等科室。主要设备有 DR 机、全自动化学发光仪、全自动血球分析仪、自动生化分析仪、尿液分析仪、彩超、B 超、心电图机等。中心有职工 70 名，专业技术人员 59 名，副高职称人员 1 名，中级职称人员 23 名。全年门诊 7.5646 万人次，住院 752 万人次，基本公共卫生管理人口 44904 人，累计建立电子居民健康档案 48049 人，建档率 107%，健康档案动态使用 35013 人，管理并体检 0—6 岁儿童 8946 人，管理并体检 65 岁以上老年人 2203 人，管理并体检高血压患者 2768 人，管理并体检糖尿病患者 847 人，管理精神病患者 257 人，管理孕产妇 547 人，老年人中医药健康管理 2199 人，0—36 个月儿童中医药健康管理 2611 人，新增结核病患者 38 例，管理 38 例，全年核酸采样 2492925 人次、新冠疫苗接种 45462 针次、接种免疫规划疫苗 26106 针次。签约服务脱贫人口 937 人、履约 937 人。

【蟠龙镇中心卫生院】 蟠龙镇中心卫生院是一所集预防、医疗、保健于一体的综合性基层医院，设蟠龙分院和杨坑分院两个院区，占地 4200 平方米，年内有业务用房 5591.46 平方米，编制床位 70 张，设门诊部和住院部，开设内科、妇科、儿科、外科、口腔科等科室。主要设备有彩超、DR 机、进口 B 超、全自动生化分析仪、电解质分析仪、碎石机、LEEP（利普）刀等。全院有职工 91 人，专业技术人员 81 人，副高职称 2 人，中级职称 29 人。全年门诊 11.8491 万人次、住院 1458 人次。基本公共卫生管理人口数 37619 人，累计建立电子居民健康档案 39268 份，建档率 100%，管理 65 岁以上老年人 2361 人，管理高血压患者 1836 人，管理糖尿病患者 491 人，管理严重精神障碍患者 143 人，管理 0—6 岁儿童 4394 人，新生儿访视 270 人，管理孕产妇 269 人，老年人中医药健康管理服务 2361 人，0—36 个月儿童中医药管理 1527 人，预防接种 29748 针次。签约服务脱贫人口 1725 人，履约 1725 人。

【湖边镇卫生院】 湖边镇卫生院是一所集医疗、预防、保健、健康教育于一体的综合性公立基层医疗机构。位于赣通大道与华鑫路交会处，占地面积 9133.33 平方米，有编制床位 50 张，开设内科、外科、急诊科、妇产科、骨伤科、儿科、中医理疗科、针灸推拿科等临床科室及公共卫生服务中心等部门。主要设备有 CT、C 臂机、数字胃肠机、数字化 X 摄影（DR）、四维彩色 B 超、全自动核酸工作站、荧光定量 PCR 仪、全自动核酸提取仪、心电图机、全自动生化分析仪、全自动化学发光免疫分析仪、强脉冲光治疗仪、脑循环治疗仪、调 Q 治疗仪、多功能肺功能仪、中央胎心监护系统（一拖四）等。年内有职工 74 人，专业技术人员 66 人，副高职称 5 人，中级职称 19 人。全年门诊 10.1911 万人次，同比增长 26.61%；收住院 0.1299 万人次，同比增长 21.4%。基本公共卫生管理 39566 人，累计建立电子居民健康档案 56482 份，管理 65 岁以上老年人 2153 人、高血压患者 2304 人、糖尿病患者 531 人、严重精神障碍患者 224 人，新生儿访视 262 人，儿童中医调养 1201 人，管理孕产妇 253 人，预防接种 16015 针次。签约服务脱贫人口 2803 人、履约 2803 人。

【凤岗镇中心卫生院】 凤岗镇中心卫生院是一所集医疗、预防、保健、康复、生育技术指导于一体的一级甲等医院，是赣南医学院第一附属医院、赣州市第五人民医院、赣州市市立医院、赣州市中医院医联体单位。先后获评“全国群众满意医院”“赣州市五一巾帼标兵岗”“赣州市五星级中医馆”“赣州经开区三八红旗集体”等荣誉。占地面积5695平方米，年内有职工71人，专业技术人员64人，高级职称3人，其中副主任医师1人，副主任护师2人，中级职称24人，其中主治医师8人，主管护师10人，主管药师3人，主管检验师2人，主管技师1人。有编制床位60张，开设内科、外科、急诊科、儿科、妇产科、全科医学科、中医科等临床科室，常年开展社区居民健康体检、预防接种等服务。主要设备有计算机X线DR机、迈瑞彩超、日本富士能电子胃镜、肺功能仪、全自动血球仪、全自动生化分析仪、免疫发光仪、自动尿分析仪、血凝仪、电解质分析仪、十二导联心电图机、心电监护仪、洗胃机、胎心监护仪、除颤仪、电子阴道镜、上肢关节康复器、极超短波治疗仪、电脑中频治疗仪、远红外理疗床、颈腰椎治疗多功能牵引床等。全年门急诊3.6万余人次，住院患者0.1072万人次。基本公共卫生服务建档66108人，建档率102%，其中65岁以上老年人管理人数3416人、规范管理3363人，高血压患者管理人数4711人、规范管理4627人，糖尿病患者管理人数1067人、规范管理1058人，重性精神病患者管理人数259人、规范管理256人，疫苗接种3541人12347剂次，一类疫苗接种率均≥95%。

三江乡卫生院外景图 （2022年，区社管局供图）

【三江乡卫生院】 三江乡卫生院是一所集医疗、预防、保健于一体的综合性公立基层医疗机构，占地面积6540平方米，年内有业务用房2632平方米，设有门诊部和住院部，有编制床位55张，开设内科、外科、妇科、儿科、中医科、口腔科等科室，其中中医馆被赣州市卫健委授予“四星级中医馆”称号，可开展中医辨识治未病、针灸、火针、艾灸、烫熨敷贴、拔罐、刮痧、牵引、推拿、耳针、中频、超声波等治疗。医院主要设备有全自动免疫化学发光分析仪、血凝分析仪、全自动生化分析仪、全自动血液分析仪、心电监护仪、彩超机、TCD（经颅多普勒超声）、DR、心电图等仪器。全院有职工60人，卫生专业技术人员53人，其中中级职称13人，初级职称40人。全年门急诊4.3276万人次、住院0.1362万人次。完成辖区内居民健康档案建档76434人，管理辖区内孕产妇233人、0—6岁儿童2361人、65岁以上老年人3604人、高血压患者5397人、糖尿病患者1348人、精神障碍患者328人，中医药管理6199人，完成国家免疫规划一类疫苗接种2963人份、二类疫苗接种3181人份、新冠疫苗13294人份。签约服务脱贫人口8676人，履约8676人。

（华　珍）

卫生事业建设

【概况】　2022年，赣州经开区完善医疗机构基础设施建设，有序实施国家基本公共卫生服务，组建专业医疗队伍，逐步构建设施先进、功能完善、队伍强大的卫生服务体系。全区每千人口拥有执业（助理）医师1.35人（不含一附院及妇保院），执业护士2.05人（不含一附院及妇保院）。充分利用赣南医学院第一附属医院黄金院区、赣州市妇幼保健院新院区优质医疗资源优势，形成以各乡镇卫生院（黄金岭街道社区卫生服务中心）和民营专科医院为基础，以村卫生所（室）和社区卫生服务站为网点的区域医疗服务体系，中心城区便民生活圈医疗服务基本全覆盖，满足居民15分钟内看病就医需求。

【疫情防控】　常态化保持应急指挥体系高效运转，统筹推进疫情防控各项工作。9月7日突发输入性新冠疫情后，立即激活区应急指挥体系，13个工作组转入战时状态，坚持每日一调度、每日一研判、每日一提示，实施挂图指挥作战，保持应急指挥体系运转高效、调度有力。在处置“9·7”疫情期间，对风险区域精准研判、快封快解，仅用7天时间即实现社会面“动态清零”，用12天时间解除临时静态管理，创造“经开速度”。提升医疗救治能力，疫情防控进入新阶段后，按照发热门诊（诊室）“应设尽设、应开尽开”的原则，辖区内的赣医一附院黄金院区、赣州市妇保院新院、4家乡镇卫生院、1家社区卫生服务中心均开设发热门诊（诊室），另有7家民营医院规范设置发热门诊（诊室）并向公众开放，各村卫生室（所）设置简易发热诊室（空间相对独立、配备诊查床等）58个。区第二人民医院培养新冠重症救治医护人员25人，配备呼吸机13台，各基层医疗机构配备指夹式血氧仪237台。设置2处“便民医疗服务点”向群众免费发放急需紧缺药品，向园区企业提供“送药上门”服务。统筹全域医疗救治资源，构建分级分类救治体系，全面覆盖三甲医院、区级人民医院、乡镇卫生院（社区卫生服务中心）、民营医院、村卫生室（所）及个体诊所等各类医疗机构，不同病情程度的新冠病毒感染者可就近得到妥善救治。重点强化农村地区重点人群健康管理。截至年底，全区调查统计65岁以上老年人2.7186万人，其中，重点人群（即高风险人

9月，区新冠疫情防控应急指挥部工作照　（区疫情防控应急指挥部供图）

群）0.75 万人，占比 25.83%；次重点人群 0.34 万人，占比 11.85%；一般人群 1.62 万人，占比 55.79%。对被评定为重点人群（红色标识人群）和次重点人群（黄色标识人群）的老年人，各乡镇卫生院（社区卫生服务中心）组织家庭医生通过电话、微信、入户、走访、巡诊等方式分类加强健康监测和巡查服务，筑牢农村地区疫情防线。

【健康经开区建设】 健康教育与促进工作 举办全区卫生健康系统健康科普讲解“达人”大赛、全区 2022 年居民防疫知识和健康素养“达人大赛”。在全市健康科普讲解“达人”大赛中赣州经开区获乡镇医疗机构组一等奖。全区 52 家党政机关、33 家学校、5 家医疗卫生机构获评赣州经开区无烟单位，实现区级无烟单位全覆盖；创建区级无烟家庭 150 个、市级无烟家庭 16 个，超额完成市级下达的创建任务。赣州经开区报送的《以“党建+居家养老健康中心”为抓手，托起幸福“夕阳红”》典型案例被省健康办收录为 2022 年省级典型案例。常态化开展“清洁卫生机关”评比、“全民卫生日”、病媒生物防治等活动，组织开展第 34 个爱国卫生月活动，健全卫生长效管理机制。

医养结合示范点建设及健康养老工作 建成社区居家养老服务中心项目 2 个，建成城市居家养老服务站点 17 个，城市社区全覆盖。

妇幼健康服务工作 持续做好妇女、儿童健康管理工作，推进实施城镇贫困妇女“两癌”筛查、免费婚前医学检查、孕前优生健康检查、新生儿疾病筛查、免费地中海贫血基因检测、预防艾滋病母婴传播等项目妇幼公共卫生服务，为妇女儿童提供全方位全生命周期健康服务。

家庭健康发展工作 全年办理生育登记 1817 例，为计生家庭发放各项指导资金 581.278 万元，为 3 名年满 49 周岁的失独家庭成员发放 5000 元的一次性抚慰金，为 70 名计生特殊家庭成员办理住院护理保险。

普惠托育服务体系建设工作 完成普惠价格定价，首个区级公办托育机构新力帝泊湾示范性托育服务中心投入使用。赣州经开区计划生育协会召开理事会，推进镇、村两级计生协会改革工作。

社会心理服务体系建设工作 举办心理工作者技能专项培训 10 场，开展中小学校心理健康知识讲座 18 场，联合有关单位举办心理健康知识科普讲座 130 场，对重点人员开展个案服务 30 人次。

【区域医疗中心建设】 4 月 26 日，赣州经开区管委会与赣南医学院第一附属医院签订赣州经开区人民医院托管协议。4 月 29 日，赣州经开区第二人民医院正式揭牌运营，是全区第一所正式启用的区级公立医院。推进区内公立医院与名医院合作办医，提升全区医疗服务水平，先后赴康华集团、广东省中医院、武汉同济科技集团、广东省人民医院（赣州医院）等医院考察对接 6 次。提升卫生健康人才队伍力量，通过赣州市 2022 年卫生专业技术人员招聘考试、“三支一扶”招聘考试等招录卫技人员 70 人；开展卫生人才双向交流工作，各乡镇卫生院与赣州市立医院分别选（下）派交流学习 5 人，实现基层医疗机构双向交流全覆盖。抓好基层医务人员能力提升，通过选派 17 名医技人员到上级医院进修，不断提升基层医务人员专业知识及专科技术；遴选 3 名乡镇卫生院（社区卫生服务中心）骨干人员及 10 名乡村医生参加全市基层卫生人才能力提升培训。各级各类医疗机构有在册执业（助理）医师409人，执业护士663人，副高及以上高级职称卫技人员15人。

【乡村卫生健康事业】 全面实施乡村医疗机构一体化管理，确保所有行政村至少有一所卫生室纳入一体化管理，确定乡村医疗机构一体化名单61人，其中43所公有产权卫生室全部纳入，一体化率100%，落实“八统一”（统一竞聘管理、统一工资标准、统一待遇保障、统一业务管理、统一药械管理、统一财务管理、统一交流培训、统一绩效考核）管理制度。落实脱贫人口家庭医生签约履约制度，全区脱贫人口19928人，签约脱贫人口19575人，签约率98.23%，4类慢病患者3922人，签约3922人，签约率100%，履约3922人，履约率100%。落实重大疾病免费救治及专项救治审批工作，办理贫困家庭重性精神病免费救治审批435例；办理儿童“两病”免费救治审批20例，其中儿童白血病5例、先天性心脏病15例；办理尿毒症免费救治审批128 例；实施“光明·微笑”工程，办理唇腭裂免费救治审批3例，办理白内障免费救治审批79例。全年争取区级财政按照每年每所乡镇卫生院50万元的标准安排专项能力提升建设资金；全区各乡镇卫生院全部落实乡镇卫生院人才补贴经费。完成优质服务基层和一级医院创建，其中蟠龙镇中心卫生院、湖边镇卫生院和凤岗镇中心卫生院评定为一级甲等医院，三江乡卫生院评定为一级乙等医院。

【医药卫生体制改革】 全年投入4.6亿元建设科技城医院二期、赣州经开区人民医院、赣州仲易骨科内部装修项目、赣州经开区第二人民医院能力提升改造项目（含核酸检测实验室及方舱检测实验室建设）、惠民康复医院项目、凤岗片区医疗服务能力提升项目等区域医疗设施建设。优化落实家庭医生签约履约服务，全区组建家庭医生团队83个，重点为脱贫户和“三类人员”中患高血压、糖尿病、结核病、严重精神障碍等慢性病的患者落实健康随访服务。深化“三医联动”（医保、医疗、医药）改革，落实药品采购制度和基本药物制度，全区所有公立医疗机构全部加入赣州市联合议价采购，落实药品采购“两票制”（药品从药厂卖到一级经销商开一次发票，经销商卖到医院再开一次发票）一体化管理，村卫生室药品由乡镇卫生院（社区卫生服务中心）统一采购配送，区医保部门给予定点医疗机构医保资金结余留用激励。各公立基层医疗机构明确各单位全国短缺药品信息直报联络员，明确专人负责监测短缺药品情况，加强短缺药品多级联动监测，确保药品供应保障到位。加强医疗机构合理用药管理，规范各医疗机构医疗服务价格项目收费指标控制。深化医疗服务价格改革，动态调整医疗服务价格，合理确定价格调整总量，将符合规定的医疗服务价格项目及时纳入医保支付范围。完善医保支付方式改革。推行以按病种付费为主的多元复合式医保支付方式，开展DIP支付方式改革试点工作。加强定点医疗机构的稽核检查，对定点医疗机构、定点零售药店实施网格化管理。完成定点零售药店自查自纠、“飞检”（随机检查或抽样检查）反馈问题依单自查自纠，两定机构考评、集中宣传月及信用体系建设，两批智能审核违规、两批死亡人员门诊费用及省审计疑似违规数据审核，追回违规基金10余万元。

【公共卫生服务体系】 成立新冠肺炎流行病学调查应急机动队领导小组，组建流调机动队，引入公安、工信等部门进一步强化溯源能力。辖区内有核酸检测机构3所（赣南医学院第一附属医院黄金院区、赣州经开区疾控中心、赣州经开区第二人民医院），设立核酸采样点136个，组建采样队136个、应急采样队2个，常规条件下日最大检测量混检3.1万管。按照满足满负荷运转30天突发疫情需要做好疫情防控和医疗救治物资的储备，落实突发事件应急救援工作。常态化开展慢性病、传染病、职业病防治工作。

2月，区疾控中心工作人员在实验室开展核酸检测实验　（区疾控中心供图）

【卫生健康服务能力建设】 基层医疗卫生机构中医馆服务能力建设　推广中医药适宜技术，提升基层中医治未病服务能力。建立区应急献血者队伍，全年开展大型无偿献血活动4次，无偿献血1250人次，开展以“喜迎二十大 热血献血初心”等系列献血活动。

社会心理服务体系建设试点工作　按照全国社会心理服务体系建设试点重点工作任务的要求，在区级综治中心、辖区内5个乡（镇、街道）、1个科技城管理处综治中心以及74个村（居）建立心理健康服务室（站），在全市率先完成基层公立医院心理咨询室全覆盖。年内，区级财政配套社会心理服务经费7万元，严重精神障碍患者免费救治工作经费7万元。

心理服务宣传培训活动　全年开展心理服务“六进”（进医院、进校园、进村社、进企业、进家庭、进网络）活动130场。开展严重精神障碍管理工作，年内严重精神障碍管理报告患病率4.01‰，规范管理率99.58%，规律服药率95.05%，面访率99.59%，体检率74.24%，精神分裂症规律服药率94.81%。

院感防控工作　开展医疗机构院感防控交叉检查，加强医务人员培训，年内未出现医院内感染事件；落实辖区临床医生合理用药积分卡制度和考核管理，对辖区基层医疗机构使用基本药物进行考核，按时发放基本药物补助资金，区级财政全年补助基本药物资金103.6万元。与赣州市威绿达签署医疗废物转运协议，规范医疗机构医疗废物处置，在各医疗机构设置暂存点，按时将医疗废物交由威绿达处置。各乡镇卫生院、黄金岭街道社区卫生服务中心建立医疗废水处置设施，其他医疗机构（诊所、门诊部等）安装简易医疗废水处置设备，医疗污水全部经处理后排放。

食品安全与营养健康工作　各哨点医院上报食源性疾病病例

完成率100%，餐饮具消毒抽检合格率100%。参与食品安全与营养健康综合试验区活动，对区内唯一一家餐饮具公司的消毒产品进行监督检查，下达监督意见书2份。开展2022年全民营养周暨“5·20”中国学生营养日主题宣传活动，开展野生毒蘑菇等食品安全宣传。5月19—20日，在赣州市金岭学校和赣州杨梅小学开展以“会烹会选 会看标签”“知营养 会运动 防肥胖 促健康 ”为主题的营养健康知识讲座，帮助学生提升营养认知水平，提高全民营养健康素养。

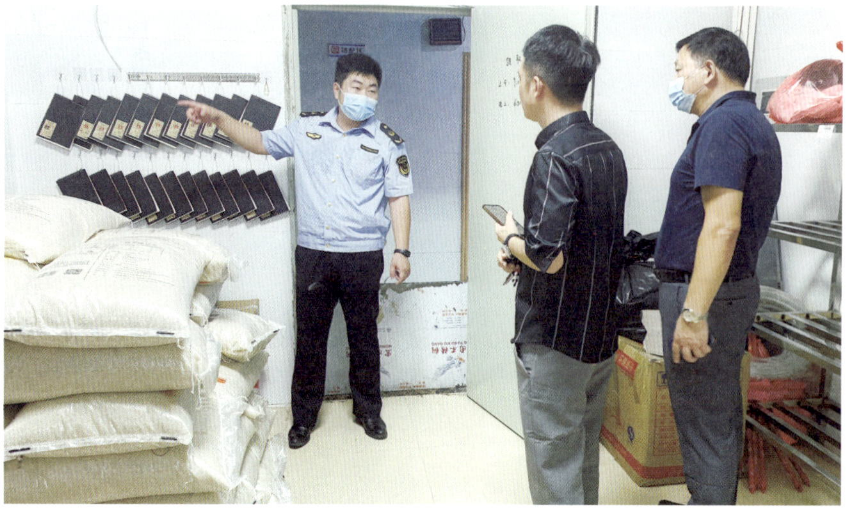

9月6日，区市监分局工作人员对江西理工大学食堂开展秋季开学食品安全监督检查 （区市监分局供图）

【卫生健康法治建设】 严格依法行政，贯彻落实行政执法“三项制度”（公示制度、全过程的记录制度、重大执法决定的法制审核制度），落实“谁执法、谁普法”普法责任制。全年对全区各级各类医疗机构下发卫生监督意见书73份；对全区公共场所下发卫生监督意见书309份；对全区企业开展职业卫生监督检查，对存在问题的16家企业下达卫生监督意见书；对违反《公共场所卫生管理条例》行为的公共场所办理案件26件；对违反《处方条例》《医疗废物管理条例》等行为的医疗机构办理案件4件。制定区级“双随机”抽查方案，完成市级下达的67个“双随机”检查任务和43个“双随机”检测任务。

（华　珍）

卫生健康守护

【概况】 2022年，区综合执法大队重点加强公共场所卫生、学校卫生、饮用水卫生、职业卫生监督监测和医疗机构卫生监管等工作，坚持日常行政执法，营造健康医疗秩序，保障全区公共卫生安全。

【医疗机构监督】 年内，对辖区内各乡镇卫生院（社区卫生服务中心）开展卫生监督协管考核工作，规范实施卫生健康监督协管职责任务落实，提升卫生健康监督协管服务能力。全年监督全区各级各类医疗机构121家，下发监督意见书73份，办理医疗机构案件4件。

【公共场所监督】 定期对全区新增的“四小行业”（小美容美发店、小浴室、小旅店及小歌舞厅）开展公共场所卫生监督量化分级管理工作，按规定填报监督信息，及时更新完善被监督单位档案。全年监督区内公共场所634家，对326家存在问题的公共场所下达卫生监督意见书，量化公共场所225家，均为C级，办理“四小行业”案件26件。

【学校卫生监督】 年内，开展春季学校及校园周边环境卫生监督工作。重点对辖区内中小学校及托幼机构的传染病防控、饮用水卫生、教学生活设施卫生等情况进行监督抽查，下达卫生监督意见书30份。对全区中高考考点学校、考点周边的住宿场所等相关单位开展专项督查。

【生活饮用水监督】 加强对生活饮用水集中式供水单位卫生监督检查，检查城市集中式供水（赣州水务股份有限公司第二水厂）1家、农村集中式供水（凤岗镇南边村生活用水点、凤岗镇黄龙村生活用水点、湖边镇官田村生活用水点）3家。重点对卫生管理制度、供管水人员健康证明、卫生知识培训记录、涉水产品卫生许可批件、水源卫生防护措施、水质净化及消毒设施转运情况等进行检查。

【游泳场所卫生监督】 年内，对辖区内游泳场所下达卫生监督意见书9份，进一步强化经营者法治意识和主体责任意识，要求守法经营，加强卫生管理，加大硬件设施投入和改造，确保游泳场所和游泳池水质符合卫生标准要求。

【职业卫生监督】 以改善劳动者作业环境为主要任务，突出重点，加强监督检查，保障劳动者职业健康，预防、控制和消除职业病危害，推动用人单位落实职业健康主体责任和管理措施，对全区相关企业开展职业卫生监督检查，对存在问题的17家企业下达卫生监督意见书。

（钟惟章）

疾病预防控制

【概况】 2022年，赣州经开区结合疫情形势和季节性特点重点落实新冠肺炎、流感、诺如病毒、手足口病、结核病、艾滋病等传染病防控措施，及时调查处置相关疫情和突发公共卫生事件，开展饮用水卫生监测、职业卫生、免疫规划等工作，适龄儿童国家免疫规划疫苗接种率90%以上。全年开展新冠疫情防控培训及应急演练10次，落实管控江西省疫情防控管理平台外县区转入协查密接、次密接人员、外出指导隔离点、“三站一场”（高铁站、汽车客运站、火车站、飞机场）、企业、重点行业疫情防控工作90余次。及时处置章贡区关联新冠疫情和其他高风险疫情地区返赣输入性新冠疫情，未发生疫情扩散。全年未发生因防控措施不力导致的甲、乙类传染病暴发流行。

【疫情报告管理】 开展医疗机构疫情报告的监督指导与技术培训，对辖区5家疫情直报单位开展传染病报告质量和现状调查，报告及时率和准确率均达到上级要求。全年全区未发生甲类传染病，收到全区5家直报单位及赣州市其他直报单位通过网络直报系统报告现住址在赣州经开区的乙类及丙类传染病3600例，报告发病率1186.94/10万。

【传染病防控】 针对新冠肺炎、甲型流感、登革热、疟疾、手足口病、结核病、艾滋病等重点传染病开展宣传及防控指导。对各级医疗机构发热门诊、肠道门诊传染病防控情况工作进行专项督导并提出整改意见。年内，调查处置学校结核病疫情18起，筛查密切接触者758人（未发现结核病患者），处置及时有效，未造成结核病在学校的暴发与流行；全年追踪疑似结核病患者166人，管理结核病人123人，全部按规范要求开展随访管理。3月24日开展以“生命至上 全民行动 共享健

2月25日，区疾控中心工作人员对新冠病毒疫苗扫码入库 （区疾控中心供图）

康 终结结核”为主题的“世界防治结核病日”线上系列宣传活动。开展传染病散发疫情处置工作，对多起涉及幼儿园、小学等集体聚集性疫情及时调查处置，未发生因处置不力导致的突发公共卫生事件。

【艾滋病防控】 坚持以宣传教育和行为干预为重点，以阻断传播为目的，全面落实各项综合防治措施。为所有符合相关条例的患者落实“四免一关怀”“三免一补助”政策。按要求完成26例吸毒人群的监测工作，查出梅毒阳性人员1人，丙肝阳性人员2人。对全区娱乐场所开展艾滋病防控宣传教育工作，开展各类艾滋病大型宣传活动6次。

【病媒生物防制】 开展全区鼠、蚊、蝇、蟑生态学密度监测与防制指导工作。科学设置监测点，涵盖病媒生物危害主要场所。开展鼠类密度监测夹夜法6次，蟑螂密度监测粘捕法、目测法各6次，蝇类密度监测笼诱法8次，蚊虫密度监测诱蚊灯法16次、勺捕法6次、双层叠帐法6次、布雷图指数法6次。全年采集白纹伊蚊成蚊200只、致倦（或淡色）库蚊成蚊200只、伊蚊孑孓200只、家蝇200只、蟑螂200只送赣州市疾控中心检测，监测样本全部合格。

【免疫规划工作】 全年完成国家免疫规划疫苗接种77957剂次，以乡镇（街道）为单位实施适龄儿童国家免疫规划疫苗接种率达90%以上，非免疫规划疫苗接种97003剂次。3—6月对全区2021年6月30日以前出生的儿童开展免疫规划类疫苗的查漏补种工作，补种率94.17%。全区未发生疫苗针对传染病的暴发疫情，AEFI监测报告覆盖率100%。指定专人负责疫苗、注射器管理，全区各接种单位建立健全疫苗冷链，以及注射器储存、运输管理等各项制度和应急预案。加强预防接种工作人员业务培训，全年未发生接种差错事故。结合“全国儿童预防接种日”和“世界肝炎日”积极开展主题宣传活动；稳步推进大规模人群新冠病毒疫苗接种工作，全区累计接种95.2485万剂次，60岁以上人群疫苗接种。第一剂次接种3.1817万剂次，第二剂次接种3.1259万剂次，第三剂次接种2.9520万剂次，全区第二剂次加强针接种0.6526万剂次。

【实验室建设】 年内，区疾控中心实验室对手足口、疱疹性咽峡炎等肠道传染病做好监测采样工作，采集样品39份。完成羁押场所、娱乐场所、VCT（电压互感器）等HIV筛查84份。完成HIV抗体筛查实验室HIV、梅毒、丙肝的能力验证工作。分批派2人到赣州市疾控中心脱产进修2个月，提高实验室业务水平及检测能力。全年全区检测新冠核酸样本63482份，其中人员样本43315份，环境样本20167份。

【职业健康保障】 年内，完成职业卫生体检网络上报及审核6114人，完成职业危害因素申报企业86家，完成职业性尘肺病患者随访8例，追踪调查疑似职业病病人3例，进入诊断程序完成率100%。开展全国第二十个《中华人民共和国职业病防治法》宣传周宣传活动，发放职业病防治知识宣传单、宣传折页、宣传手册等纸质资料1万余份。在江西曼妮芬服装有限公司、孚能科技（赣州）股份有限公司开展重点人群职业健康素养监测与干预工作，现场调查任务数240人，现场调查审核309人，完成率128.75%。对区内8家存在放射卫生医疗机构及非医疗机构进行摸排调查及监督指导；对区内17家存在粉尘、苯、噪声等危害因素的企业开展工作场所职业病危害因素监测。

【地方病、慢性病防治】 全年开展肿瘤宣传周、全国疟疾日、全民营养周暨“5·20”中国学生营养日主题宣传、知识讲座等活动。区疾控中心对各卫生院、黄金岭社区卫生服务中心的死因监测和肿瘤登记工作进行督导。每月通报乡镇各项指标率完成情况，对发现的问题督促立即整改，提高死因和肿瘤的报卡率。年内，全区各卫生院网络报告死亡者1456例（按死亡日期），报告死亡率4.82‰；各卫生院、区疾控中心网络报告肿瘤发病卡440人，肿瘤死亡卡298人，肿瘤发病率197.67/10万，肿瘤死亡率127.35/10万。

【健康教育宣传】 年内，开展全区卫健系统健康知识普及行动暨2022年健康科普作品征集大赛，选送作品参加市级大赛，获奖作品8个。举办全区卫健系统2022年健康科普讲解“达人”大赛并参加赣州市卫生系统健康科普讲解“达人”大赛，获乡镇（社区）医疗卫生机构组一等奖。举办全区2022年居民防疫知识和健康素养“达人”大赛并参加赣州市2022年居民防疫知识和健康素养“达人”大赛，获二等奖和优秀组织奖。命名蟠龙镇中心卫生院、凤岗镇中心卫生院、湖边镇卫生院3家医疗机构为“赣州经开区健康促进医院”。对全区3个市级测点乡镇（街道）开展2022年居民健康素养水平监测工作。开展以“健康行动——减盐控油助力抗‘疫’”为主题的“爱国卫生月”专项宣传活动。开展以“送烟＝送危害”为主题控烟宣传活动，营造健康、清洁、无烟环境。

（曾紫薇）

本栏编辑：施恩沁

生态环境建设

环境影响评价

【概况】 2022年，赣州经开区全面贯彻落实省、市生态环境部门“放管服”政策措施，围绕环评审批，简化办事流程，优化服务质量，创优发展环境，实现环评审批提质增效，重点做好建设项目环境影响评价、排污许可证核发等工作。

【建设项目环境影响评价】 严格环评审批，全面提高环保审批质量和效率，严格控制新增污染源，积极指导、配合企业办理项目环境影响评价手续。全年审批环评报告书2个、环评报告表44个，企业自行环境影响登记备案项目81个。

【排污许可证发放】 深入贯彻落实《排污许可管理条例》，全年核发重点管理排污许可证7个、简化管理排污许可证36个，企业自行排污登记38个。

污染防治

【概况】 2022年，赣州经开区坚持以习近平生态文明思想为指导，坚决贯彻省、市污染防治攻坚战决策部署，扎实推进污染防治攻坚，统筹推进美丽赣州建设行动，深入开展环保督察问题整改，推动生态环境质量持续改善。年内，区生态环境分局获评“全省生态环境系统2022年度目标考核先进单位”“全市生态环境系统2022年度目标考核先进单位”，美丽赣州建设行动考核得分全市排名第一。

【大气污染防治】 开展挥发性有机物专项治理，推进3家VOCs（挥发性有机物）市重点企业完成“一企一策”综合治理方案评审和绩效分级，完成8家企业油性漆向水性漆转换，帮扶10家汽修企业完成活性炭处理设施升级改造。加强臭氧应急管控，挽救16个污染天。开展“四尘、三烟、三气”（建筑工地扬尘、道路扬尘、运输扬尘、堆场扬尘；餐饮油烟、烧烤油烟、垃圾焚烧浓烟；机动车尾气、工业废气、燃煤锅炉烟气）专项整治，制止露天焚烧17起，整改烟道旁路问题2个；开展路检路查、非道路移动机械抽测18次283台，处罚不合格车辆15辆。帮扶18家次生物质锅炉企业完善废气治理设施。低碳发展走在前列，金力永磁获颁稀土永磁行业全球首张 PAS2060 碳中和达成宣告核证证书；赣州富尔特电子股份有限公司、江西曼妮芬服装有限公司 2 家企业入选赣州市第一批绿色低碳企业试点；蟠龙镇街道、华裕路社区入选市第二批绿色低碳社区试点；紫荆路小学入选市第二批绿色低碳校园试点。全年全区空气质量优良率 91.5%，PM2.5 年均浓度为 22 微克 / 立方米，同比降低 4.3%。

5 月 4 日，市第二水厂水质自动监测站完成建设 （区生态环保分局供图）

【水污染防治】 赣州经开区全力保障饮用水安全，全年开展联合执法巡查 90 余次，整改问题 2 个。完成市第二水厂水质自动监测站建设，实现水质 24 小时在线监测。实施市第二水厂水源地保护标准化建设工程，争取中央水污染防治资金 990 万元。扎实开展污水收集处理专项行动。实施污水排放差别化收费，签订工业园区污水处理纳管标准"一企一议"企业 24 家。推动赣州经开区工业污水处理厂（一期）提标改造及二期扩能建设，完成项目建设前期调研。加强水质监测预警，全面排查各考核断面上游污染源，完成蛤湖河、社官背河上游压力管破损问题整改 3 处。年内，全区 4 个考核断面水质优良率 100%，水质综合指数同比提升 2.63%，其中国考断面水质综合指数全市排名第一，市第二水厂饮用水水源水质达标率 100%。

【土壤污染防治】 推进农用地安全利用和源头管控，完成污染耕地利用任务 340 亩。完成报批地块的场地复核 8 个，完成用地性质变更为"两公一住"（公共管理与公共服务用地、住宅用地）地块的场地调查 8 宗，重点建设用地安全利用率 100%。强化土壤污染重点监管单位管理，完成 2 家土壤重点监管单位隐患排查及自行监测。全年全区受污染耕地安全利用率、污染地块安全利用率均 100%。强化涉重金属行业污染防控，对涉及铅、砷二类重金属污染物的赣州江钨新型合金材料有限公司下达"十四五"时期重金属减排任务，严控重金属污染物排放量。

【固体废物污染防治】 深化固体废物污染防治，督促危险废物产生单位加强内部管理，下达问题整改通知 4 份，发现并整改问题 5 个。提升危险废物环境监管能力，推广省危险废物监管平台，纳入平台企业 169 家，增长 27%，管理计划申报率 100%。推进危险废物经营单位"五全"体系建设，督促 3 家危险废物经营单位在关键位置安装高清视频监控设施，提升全过程监管能力。做好疫情防控期间医疗废物监管，对核酸检测点、医疗机构、隔离酒店等重点场所开展巡查，督促问题整改，安全转移医疗废物52.088吨。

【环保督察问题整改】 历次中央、省环保督察及“回头看”反馈问题整改方面，全区涉及整改问题67个，全部完成整改或达时序进度，其中4个个性问题全部完成整改并销号。历次中央、省环保督察及“回头看”信访件整改方面，全区涉及交办信访件63件，全部完成整改并销号。年内在全区开展为期2个月的区级生态环境保护督查专项行动，受理信访件42件，完成整改36件、整改中6件。

【美丽赣州建设】 推进全区美丽赣州建设行动，涉及45项年度工作措施全部达到时序进度；9个重点项目全部开工建设，竣工1个，年度项目竣工率100%；计划投资1.1亿元，年度投资完成率101%。

环境管理

【概况】 2022年，赣州经开区坚持精准治污、科学治污、依法治污，利用科技、行政、宣教手段系统开展环境管理，落实属地管理责任和行业监管责任，严厉打击环境违法行为，提升企业、单位和个人环保意识。

【环境监控】 2022年，全区有13家企业安装污染源自动监控系统，与生态环境部门进行联网，在江西省污染源自动监控系统平台里企业联网率100%。执法人员通过污染源在线监控平台对数据异常的企业进行督办，定期对企业自动在线监控设施进行现场检查。

【环境监管与执法】 全年查处环境污染犯罪案件1起，环境行政处罚案件12起，其中3个案件入选全市典型案例。妥善处理信访投诉582起，对9起群众反复投诉信访投诉严格依法处罚到位。抽查“双随机、一公开”监管对象81家，开展重点排污自动监控巡查169次，对102家排污单位全覆盖网上监管，发现并查处案件2起。办理生态环境损害赔偿案件11例，公布首个不予处罚典型案例，办理不予处罚案例14例。强化正面示范，纳入正面清单管理企业36家，开展首届“十佳生态示范企业”评选，引导企业自觉履行生态环境保护责任。

【环保宣传教育】 邀请专家在全区党工委理论学习中心组(扩大)学习会上专题辅导习近平生态文明思想和美丽江西、美丽赣州建设。利用“两微”、政务网站等平台宣传环保工作，年内在市级以上媒体上稿100余篇、《中国环境报》上稿5篇。积极报送政务信息60篇，其中生态环境部上稿16篇。

【地灾防治和矿山生态修复工作】

成立地质灾害防治工作领导小组，严格执行汛期24小时应急值班制度，常态化开展地灾常态化巡查、防治、宣传和培训，统筹对危险性较大地灾隐患点实施工程治理，治理完成后消除地灾隐患威胁。深入实施废弃矿山生态保护修复，全面完成辖区废弃露天矿山修复治理。年内完成辖区108.67亩废弃露天矿山治理，督促矿山企业完成对持证矿山裸露山体复绿，对排查发现的辖区3公顷矿山裸露山体复绿。编制《赣州经济技术开发区国土空间生态修复规划》（2021—2035），以规划促落实，推动美丽赣州建设行动提质增效。

（邹保平 曾 玲）

本栏编辑：施恩沁

社会治理

政法与综治

【概况】 2022年，赣州经开区深入推进市域社会治理现代化试点验收，建立市域社会治理示范点库，筛选16个建设点位纳入年度示范点库，其中市级项目2个。推进“雪亮工程”建设，新增建设农村社会治安盲点区域监控点位100个。开展重点领域风险打击整治，破获电信网络诈骗案件249起，返还受害人受骗款146.67万元，止付39751.9万元，冻结2208万元；侦破养老诈骗案件2起。开展平安志愿者行动，发动社会力量参与平安志愿者行动，注册志愿者人数2.4万余人，开展各类活动1600余场次。

【矛盾纠纷排查调处】 2022年，赣州经开区印发《关于开展矛盾纠纷大排查大化解有效防范“民转刑”案件专项行动方案》，依托乡、村综治中心平台，深入开展乡村矛盾纠纷排查化解。推进赣州经开区“和合”调解室建设，擦亮“和合”调解品牌，印发《赣州经开区“和合”调解品牌提升工作方案》，实现乡、村两级“和合”调解工作室全覆盖。三江乡“和合”调解室获评全市首批婚姻家庭纠纷调解示范工作室。

【基层组织网络建设】 建立党建引领“三长”（网格长、楼栋长、单元长）联动机制，整合80名“一村一辅警”、80名专职调解员和法律顾问充实网格员队伍。成立社区网格治理专项组，调整优化现有网格，调整后网格增至357个。建立专职网格员队伍，招聘专职网格员57名，通过“以奖代补”方式拨付120.9万元用于关心和激励网格员工作。采集各类事件约6.13万条，做好99名肇事肇祸精神障碍患者、725名一般精神障碍患者、161名吸毒人员、38名矫正人员、414名刑释人员的管控工作，重点人员服务管理到位。建设完成视联网第五期点位建设5个，推动基层系统全覆盖。

【重大决策社会稳定风险评估】 根据《赣州经开区重大决策社会稳定风险评估办法》，全年完成重大事项社会稳定风险评估60项，其中重大决策政策类16项、重大项目建设类44项。通过评估精准识别重大决策涉稳风险，各决策实施主体贯彻落实预防化解措施。

【社会治安防控体系建设】 年内，赣州经开区完成142个智慧安防小区（含1个智慧园区试点）建设任务，在各小区建成监控点位2314个（含农村100个点位）。推进市域社会治理，印发《赣州经开区市域社会治理工作简报》4期。在工业园区试点推行“企业服务助手”平台，探索解决园区企业流动人口管理难题，经验做法被《赣州改革》报道。持续开展铁路护路联防工作，维护高铁行车安全和沿线稳定。全年在铁路沿线开展宣教活动20余场次，下发涉铁隐患问题《督办函》《工作提示函》10份。

（曾阳明　唐白璐）

公　安

【概况】 2022年，区公安分局以维护安全稳定和加强队伍建设为主线，全力落实保稳定、促发展、争一流各项工作措施，获评全市信访工作先进集体、全市县级公安机关绩效考评突出单位、“双提升”工作成绩突出集体、全市公安机关中共二十大安保维稳三等功集体、全区绩效考核先进单位。

【惩治违法犯罪】 刑事案件侦办　全年刑事案件立案1345起，抓获刑事犯罪嫌疑人424名。年内命案破案率100%。

扫黑除恶专项斗争　做好线索摸排和案件办理，全年办结线索9条，新破“9+1”类案件41起，向行业领域主管部门单位发放公安提示函23份。

毒品案件侦办　全年破获毒品刑事案件8起，采取刑事强制措施29人；查处涉毒行政案件10起，行政处罚18人，社区戒毒3人，社区康复1人。

经济案件侦办　全年破获“非吸”案件1起，抓获嫌疑人2人；工程建设领域串通投标立案2起，涉案金额400余万元；破获涉养老诈骗案件1起，涉案金额428万元，抓获嫌疑人2人；办理协查案件36起。

【社会治安防控】 构建以快警驿站为依托的“1、3、5分钟”快反机制，实行“有警处警、无警巡逻”勤务模式，开展24小时全天候屯警街面、值守备勤，严密防控和高效处置街面违法犯罪。组织开展大功率警用摩托车巡逻9800余次，协助处置警情350余起，救助群众450余人次，调解纠纷180余起，打击违法犯罪20余起，协助交警疏导交通事故120余起，辖区内可防性警情同比下降23.85%。严查严打涉黄涉赌问题，破获涉黄涉赌刑事案件2起、行政案件56起。侦破食品、药品、环境、知识产权、水域、森林案件25起，其中生产销售假冒伪劣产品案件13起，侵犯知识产权案件2起，非法捕

9月29日，区公安分局城市快警在赣州经开万达广场巡逻　（区公安分局供图）

捞（采砂）5起，污染环境案件1起，非法滥伐树木1起。定期分析研判涉爆物品管控形势，办理刑事案件2起，收缴非法枪支28支，子弹800余发，管制刀具11把，收缴军用航弹2枚1000余千克。旅馆业实名登记，规范辖区94家旅馆合法经营，做到实名验证、实数录入、实情填写、实时报送，最大限度挤压违法犯罪空间，办理擅自经营旅馆业案6起，抓获网逃10人。

【户籍行政管理】 完善户籍制度改革政策体系，打造“政策最优、成本最低、服务最好、办事最快”的“四最”营商环境，利用本地制证优势+免费邮寄服务，实现普遍3—5个工作日领证，在全市率先开通居民身份证免费错时投递、邮寄到户、邮寄到企服务，开通申领身份证最快1小时领证“绿色通道”。年内，办理免费邮寄到户13357张，免费邮寄到企1564张，全区免费邮寄占身份证总受理量的90%以上，最快1小时领证“绿色通道”办理身份证52张。全区总户数74477户，总人口245061人，其中城镇人口154545人、乡村人口90516人；办理居民二代身份证18036张，办理居住证7911张、港澳台居民居住证8张。新登记出租房屋数1047户、新登记流动人口4553人，全区登记流动人口62882人。

【出入境及往来港澳台管理】 全年受理中国公民出国（境）申请184人次，其中护照55人次，往来港澳通行证及签注121人次，办理香港、台湾居民回乡证8人次；受理外国人临时住宿登记95人次。打击出入境领域违法犯罪活动刑事案件6起，行政案件11起。

【网络安全监管】 全年处置各类辖区舆情信息350余条，搜集研判各类情报信息430余条，处置本辖区传播涉政类信息7起，处置辖区涉暴恐音视频1起，处置辖区网络谣言2起。参与分析研判、落实核查涉网案事件100余起，为案件侦查和报捕起诉提供技术支撑。

检　察

【概况】 2022年，区检察院受理提请审查逮捕各类犯罪227人，批准逮捕84人，提起公诉509人；办理刑事检察监督案件928件，民事行政案件20件，公益诉讼案件46件。年内，获评全市打造模范机关工作先进单位，被授予“集体三等功”。

【刑事检察】 全年受理审查逮捕案件170件227人，批准逮捕62件84人。受理审查起诉案件758件850人，提起公诉440件509人。批准逮捕故意杀人、故意伤害、强奸、抢劫等严重暴力犯罪13件14人，起诉9件9人。批准逮捕损害群众切身利益的盗窃、诈骗、抢夺等多发性财产犯罪20件33人、起诉67件87人。加大提前介入力度，通过适时参与案件现场勘查、案件分析讨论等方式提前介入侦查案件27件。用好自行补充侦查，用足捕后继续侦查，开展自行补充侦查案件195件。

【民事行政检察】 全年开展涉市场主体保全案件专项监督活动、责令支付劳动报酬非诉执行案件专项监督活动、食品药品领域行政非诉执行专项监督活动等类案监督4次。办理民事行政案件20件，其中，办理民事案件14件，对民事生效裁判监督案件1件，对民事审判监督程序中违法行为的监督案件6件，对民事执行活动的监督案件5件，对民事支持起诉案件2件；办理行政案件5件，其中对行政执行活动的监督案件3件，对行政审判程序监督案件1件。

【公益诉讼检察】 年内，办理的谷山水库水质问题公益诉讼案，江西电视台二套以《赣州经开区：公益诉讼助力水库治理 村民备耕用上放心水》为题，进行专门报道。践行恢复性司法理念，对赣州蓉江新区各医疗机构、牙科诊所医疗废弃物排放问题发出诉前检察建议，对一起非法捕捞水产品案提出附带民事公益诉讼，在全省率先探索巡河等劳务代偿方式承担生态修复责任，填补药品安全领域、民事公益诉讼领域的空白，形成传统公益诉讼领域全覆盖的良性办案结构。

【未成年人检察】 年内，区检察院全面推进未成年人检察业务统一集中办理，加强对未成年人双向保护，受理审查逮捕涉及未成年人案件22件38人、审查起诉案件28件39人。精准帮教涉罪未成年人，不批准逮捕30人、不起诉23人，提供法律援助30人，考察帮教81人次。推动未成年被害人"一站式"

11月20日，区检察院开展法治副校长进校园宣讲活动 （区检察院供图）

办案救助机制在办案中实体化运行，成立家庭教育指导工作站，针对涉案、失管未成年人开展家庭教育辅导81人次，向41名涉案未成年人的监护人制发督促监护令。常态化开展法治进校园宣讲，13名法治副校长前往挂点学校开展法治宣讲、庭审观摩活动30次，受教育师生6500余名。

【提升群众满意度】 年内，区检察院开展线上线下养老诈骗宣传80余次，审查起诉涉养老诈骗案件2件8人。坚持和发展新时代"枫桥经验"，妥善处理来信来访48次，受理控告申诉件43件。全年群众满意度99.84%，位列全省经开区检察院序列第二、全市基层检察院第三。在案件办理中做好追赃挽损工作，追赃挽损2828.061万元。探索司法救助办案模式，加大司法救助案件办理力度。办理司法救助案件89件，同比上升395%，发放救助金52.1万元。办理涉及12名脱贫户受害人的诈骗案，通过司法救助防止返贫，入选最高检典型案例。

（张国翠）

法　院

【概述】 2022年，区法院受理各类案件12047件，增长18.69%，审执结11886件，增长19.45%，结案率98.66%。全年群众满意度98.52%，位列全省开发区法院第一、全市第四，全省基层法院前十。年内，获评全省优秀法院、江西省五一巾帼标兵岗、2016—2020年赣州市普法依法治理工作先进集体、赣州市“夏日风暴”执行专项行动先进法院和“敢于亮剑”法院等荣誉。

【刑事案件审理】 年内，区法院受理刑事案件467件，审结451件，结案率96.57%。开展打击整治养老诈骗专项行动，受理侵害老年人合法权益的诈骗违法犯罪1件1人；遏制电信网络诈骗多发高发态势，审结帮助信息网络犯罪活动罪27件40人；依法打击侵害人民群众生命财产安全犯罪，惩治涉枪涉爆、盗抢骗、黄赌毒等违法犯罪55件61人；践行“绿水青山就是金山银山”理念，打击各种污染破坏环境资源犯罪活动，受理环境资源类案件2件2人。

【民商事案件审理】 年内，区法院受理各类民商案件6014件，审结案件5921件，结案率98.45%。加大对妇女、儿童、老年人等弱势群体保护力度，办理促进家庭和谐，审结婚姻家庭、继承、赡养、抚养等案件277件。贯彻家庭教育促进法，用好“家庭教育令”，依法向未履行好监护职责的陈某发出首份《家庭教育令》。依法审结金融借款和民间借贷案1003件，维护正常金融秩序。深化“分调裁审”机制改革，推动“简案快审、繁案精审”，民商事纠纷速裁快审平均审限4.96天。

【案件执行】 年内，区法院受理各类执行案件4770件，执结案件4720件，结案率98.95%，执行到位金额约5.37亿元。首次执行案件执行完毕率45.47%。建立涉民生案件“绿色通道”，加大涉民生案件执行力度，做到优先立案、优先执行、优先兑付执行款。坚持重拳出击，加大失信惩戒力度，曝光失信被执行人名单46人次，对124名典型失信被执行人设置失信彩铃，强制拘传467人次，拘留3人，拒执罪刑事立案3件3人。推动网络司法拍卖，加快财产处置速度，网拍成交总额约1.58亿元。

【参与社会治理】 加大诉源治理力度，健全“一村一法官”工作联动机制，法官主动下沉指导乡镇、村（居）开展矛盾调处，年内，区法院下沉调解案件27件。利用社会力量，建强特邀调解志愿队伍，组建调解组织3个，选聘特邀调解员78名，调解纠纷3032件。建立健全“法院+工会+仲裁”“法院+行业”多元预防化解机制，推动“劳动争议诉调对接工作室”建设，调解劳动争议案件39件。联合区司法分局打造赣州经开区“和合”商事调解品牌，调解商事纠纷

2月28日，区法院法官在“和合”商事调解室调解纠纷　（区法院供图）

70 起，形成横向全覆盖、纵向专业化的调解网络。

【便民服务与司法公开】 推进智慧法院建设，推行延时服务，实现“让数据多跑路、让群众少跑腿”，全年网上立案 1492 件、网上调解 490 件、电子送达 16568 次。提供延时服务 210 次。回应群众关切，办好民意受理转办单，办理市中院民意受理单 388 件，满意率 95.88%；办理省高院赣法民意受理单 314 件，满意率 100%。完善与人大代表、政协委员联系沟通机制，邀请 30 余名人大代表、政协委员参观了解法院工作、参加人民法庭工作联席会议，听取意见建议。提升司法公开质量，深化裁判文书、审判流程、执行信息、庭审直播四大公开平台建设，网上公开生效裁判文书 1464 份，网上视频直播案件 163 件。加强和规范人民陪审员管理工作机制，人民陪审员参审率 79.39%。依法接受检察机关诉讼监督，办理检察建议 6 件，邀请检察长列席审委会 2 次。

【队伍建设】 赣州经开区法院强化以制度管人、以制度带队伍，将日常政治理论学习、审判执行业务指标等纳入年度目标考评管理办法，实行季通报、年考核，提高队伍建设制度化管理水平；强化能力素质培训，提升队伍司法能力素养，全年组织政治理论学习活动 64 场，特岗干警业务培训交流会 2 场，全体特岗干警政治理论知识考试 1 次。狠抓党风廉政建设，严格落实防止干预司法“三个规定”（《领导干部干预司法活动、插手具体案件处理的记录、通报和责任追究规定》《司法机关内部人员过问案件的记录和责任追究规定》《关于进一步规范司法人员与当事人、律师、特殊关系人、中介组织接触交往行为的若干规定》），开展审务督察 32 次。年内，1 名聘用人员获评全市法院“十佳虔法先锋”，干警获区级以上表彰 30 人次。

（易庆华）

司法行政

【概况】 2022 年，区司法分局充分发挥司法行政职能作用，办理行政复议案件 23 件，审结 21 件，在已审结案件中纠错案件 6 件，促成和解、调解终止案件 5 件。全区各级各类人民调解委员会排查矛盾纠纷 1594 起，涉及金额 2661.14 万元，调解矛盾纠纷 1574 起。全区司法行政满意度在全省开发区排名第二。

【依法治区建设】 6 月 21 日，省司法厅、省民政厅发布《关于第七批“江西省民主法治示范村（社区）”命名的决定》（赣司发〔2022〕7 号），赣州经开区三江乡东红村命名为第七批“江西省民主法治示范村（社区）”。9 月 2 日，市平安赣州建设办、市妇联印发《关于全市首批婚姻家庭纠纷调解示范工作室评选结果的通报》，赣州经开区三江乡“和合”调解工作室获批“赣州市首批婚姻家庭纠纷调解示范工作室”。10 月 12 日，全区“七五”普法总结表彰暨“八五”法治宣传教育工作会议召开，全面总结“七五”普法好的经验做法和存在的不足，明确各责任单位工作任务，推动“八五”法治宣传教育工作落到实处。11 月 17 日，区党工委全面依法治区委员会第四次会议召开，推进落实全面依法治区工作。

【基层法律服务】 深入推进“一村（居）一法律顾问”制度落实，

整合律师、基层法律服务工作者力量为村（居）自治组织提供专业法律意见，面向群众开展普法宣传、法律咨询等线上线下公益法律服务活动，打通基层法律服务的“最后一公里”。

【法律顾问团服务】　全年区法律顾问团参与区内法律咨询、合同审查、重大决策讨论等各类法律事务2687件。其中，审查、修改赣州经开区招商引资项目等各类协议、合同及文件1210余件次，提供法律咨询450余次，起草法律文书、合同及文件325件，参与有关法律论证研判会议112次，为企业和职工提供各类咨询379次，参与调处企业矛盾纠纷211次。

【行政复议案件审理】　贯彻落实《赣州经开区行政复议体制改革实施方案》，由区管委会参照县级人民政府的职责行使行政复议职责。依托区内5个司法所设立行政复议服务点，为群众提供法律法规和政策咨询，代收行政复议相关材料，让群众“少跑腿”。运用和解、调解、协调等方式办案，调整复议工作思路，将疏导申请人思想情绪作为办理案件的首要环节，把可能影响社会稳定的矛盾化解在基层、消除在萌芽状态，引导申请人正确表达利益诉求，发挥行政复议公正高效、便民为民的制度优势和化解行政争议的主渠道作用。

10月24日，区司法分局法律援助志愿者在黄金岭杨梅新村广场进行法律援助法宣传　（区司法分局供图）

【律师管理】　坚持管理和服务相结合，强化律师事务所规范化建设和律师队伍管理，持续提升律师行业整体水平。7月，成立区律师行业综合党委，以党建促所建，确保律师行业正确政治方向。结合日常监督检查、律师年度检查考核等手段，主动查找和发现律师事务所和律师执业过程中存在的不足和问题，做到问题早发现、早解决。开展“做党和人民满意的好律师”主题活动，组织赣州经开区律师公益团队深入多领域做公益、行善举。年内，各律师事务所开展法治宣传及讲座27场次，参加“99公益”活动捐款活动、开展扶残助残暨走访慰问活动。

【特殊人群管理】　严格按照《中华人民共和国社区矫正法》《中华人民共和国社区矫正法实施办法》《江西省社区矫正实施细则》相关规定，加强对社区矫正对象教育管理，每天通过信息化核查等方式对社区矫正对象进行抽查，定期开展集中教育和公益活动。落实刑满释放人员“无缝对接”工作机制，实施帮扶救助、真情关爱等干预措施，强化帮教质量，维护社会稳定。年内，全区接收社区矫正对象 121 人、解除社区矫正 98 人，没有出现脱管漏管和重新违法犯罪发生。发放刑满释放人员生活补助 47120 元，安排服刑人员家属会见 269 人次。

【扫黑除恶常态化】 区司法分局以“法律六进”为依托，通过张贴宣传标语、发放宣传资料等方式做好扫黑除恶宣传工作，全年开展宣传活动 12 场，发放扫黑除恶专项斗争的宣传资料 2 万余份。发挥司法所贴近群众的优势，聚焦涉黑涉恶易发多发的重要节点、重要领域和高危人群，做好扫黑除恶专项斗争线索摸排、法律法规知识宣讲等工作。定期组织社区矫正对象开展集中教育活动，开展谈心谈话活动，教育引导社区矫正对象积极检举揭发涉黑涉恶违法犯罪。

（郭艳红）

交通运输综合行政执法

10 月 17 日，区交通运输综合执法大队执法人员在黄金机场维护出租车秩序 （区交通运输综合行政执法大队供图）

【概况】 2022 年，区交通运输综合行政执法大队全面开展道路运输、公路路政、水路运输等行业综合行政执法工作以及交通运输安全执法。持续保持打击“黑车”非法营运高压态势，补齐道路运输领域执法短板，严查行业各类违法违规行为，全年投入执法车辆 341 辆次，投入执法人员 1364 人次，组织联合执法 60 次，查处非法营运车辆 122 辆（其中非法运营车 71 辆）。在赣州高铁西站、黄金机场等重要城市形象窗口，派出执法人员全天候、全时段维护管理出租车经营秩序，及时查处出租车拒载、不打表等违规经营行为，全年查处出租车违规经营行为 15 起。

【道路路政执法】 开展“守护公路安全、争当服务先锋”路政宣传月活动，发放《公路路政法律宣传手册》1000 余份，发放“拒乘黑车”宣传资料 500 余份。在高速公路进出口、高铁西站、汽车南站、学校、医院附近等人流密集的重点区域对非法营运行为开展道路运输执法。对辖区国省道、县乡道影响通行安全、侵占路产路权的违章现象进行全面整改，全年开展路政巡查 278 次，整治占道、侵占路产路权行为 17 起，消除公路巡查安全隐患 19 项。

【水上执法】 开展全市水路运输企业和运输船舶全覆盖执法检查，推进水路运输“打非治违”，开展船舶碰撞桥梁隐患治理三年行动，集中整治桥区水域水上交通安全风险隐患排查治理，对辖区在建过河隧道、创业大桥水上水下作业许可进行检查，全年出动执法检查人员 200 余人次，开展水上安全执法检查 46 次。

【跨部门联勤联动执法】 会同区经发局、区交警大队等部门，对辖区重点道路定期开展联合执法，严厉查处车辆超载超限违法行为。强化治超源头管控，加强混凝土搅拌、渣土运输等企业源头管控，防范运输车辆超载超限违法行为发生。全年联合区交警大队开展路面治超88次，源头治超45次，投入执法人员457人次，检查车辆4904辆，查处超载货运车辆165辆、改型改装车辆15辆，现场教育责令整改112起。走访源头治超企业23家，从源头杜绝道路运输安全事故的发生。

【强化安全监管】 常态化开展“两客一危”（从事旅游包车、三类以上班线客车和运输危险化学品、烟花爆竹、民用爆炸物品的道路专用车辆）安全生产检查，年内深入辖区内12家道路“两客一危一货”运输企业、客运站（场）开展安全隐患大排查、快整治、严执法，督促运输企业落实安全生产主体责任。协同区安监局、区经发局、区交警大队、市公共交通发展中心等部门开展安全执法检查，检查“两客一危”企业45次，整改13起；开展公交企业检查5次。

成立燃气运输安全专项检查小组，会同区交警大队深入辖区燃气经营场站进行全面摸排，掌握辖区内燃气经营企业安全生产工作开展情况，约谈燃气经营企业4家。每月对从事道路危险品运输的企业及车辆进行执法检查，加大路面货物运输车辆的检查力度，坚决打击非法运输燃气瓶行为。深入辖区内危货运输企业、高铁西站、汽车南站、医院等人员密集地开展宣传活动，全年发放宣传单3000多份，出动宣传车20辆次。

【大气污染防治管理】 深入开展“三气”（机动车排气、工业废气、燃煤锅炉废气）整治机动车尾气治理工作，联合区生态环境分局、区交警大队开展机动车尾气排放检测，全年抽检车辆238台。贯彻落实大气污染防治相关要求，开展臭氧污染应急管控工作，督促汽修行业落实挥发性有机物防治措施。年内，检查一类维修企业15家，二类维修企业56家。

（李　琳）

防灾减灾救灾

【概况】 2022年，区应急管理局在重点时期深入一线，对野外火源、山塘水库、河堤防洪等隐患点开展全面细致的排查，购买政策性农房保险农户21627户，争取自然灾害类救助资金133万元，用于支持各乡（镇、街道、管理处）购置防汛类、抗旱类应急物资及救助受灾困难群众，帮助解决过渡期生活问题。结合“5•12”全国防灾减灾宣传日、“10•13”国际减灾日等重要时间节点，通过线上线下相结合的方式，持续开展防灾减灾“五进”活动，宣讲企业50余家、学校28所、农村61次、家庭400余户，发放宣传资料65000余套，普及群众500余人次，解答问题150余个。年内发生森林火灾1起，未发生人员伤亡事故。指导帮助蟠龙镇西城广场社区创建2021年度国家级综合减灾示范社区。

【应急管理机制建设及救援能力提升】 推进“减灾委+专委会”运行机制，结合全区实际，及时调整减灾委组成人员，下设7个专业委员会，提升灾害防治能力，加速构建“大减灾”应急管理新格局。推进基层应急体系和能力建设，制定基层应急管理体系和能力建设工作方案，指导全区6个乡镇（街道、管理处）落实“六有”建设标准，全区81个行政村（社区）落实“三有”建设标准。提升应急保障能力，建设综合应急指挥中心1处，引入社会救援队伍1支，储备应急救灾物资70余种、近2万件。拟定《赣州经开区突发事件总体应急预案》，制定全区应急预案修编清单，组织开展应急救援演练（含防汛救灾类、地震避险类、安全生产类）3次；指导动员学校、医院、企事业单位开展地震应急疏散应急演练95次；指导企业、建筑工地开展安全生产应急演练200余次；各乡（镇、街道、管理处）牵头开展应急救援演练40次。先后购置无人机、扑火服、风力灭火机、电锯等16类森林防灭火物资和抽水泵、防汛泵车等8类防汛抗旱物资，常态化开展业务技能培训，提升区专业森林消防大队应急救援能力。

6月16日，区应急管理局工作人员在锦辉广场开展安全生产月咨询日活动（罗孝平摄）

【森林防火】 全年全区各林区、村添置固定宣传牌26块、宣传标语35条，发布预警提醒1030余条，引导各乡镇利用广播、宣传车发布森林防灭火法律法规、森林防灭火知识，发放（张贴）《禁火令》3000余份、宣传单页2000余份。周密安排20名区专业森林消防大队队员、180名半专业扑火队员、76名护林员等各级力量，严格按照“盯山头、盯坟头、盯人头、盯火头”思路，加强对管控难度大、往年易发山火坟头、痴聋呆傻癫“五类人员”、外出回乡祭祀人员、进山旅游人员等重点区域、重点人员的管控。在重点时期，各森林防火指挥部成员单位深入各乡镇、村、防火卡点进行明察暗访、督查督办，出动人次1120余人，检查点位2200余处。

【防汛救灾】 全年组织各乡镇及主要成员单位召开防汛工作部署会、会商会16次。入汛以来，发布预警信息373条，积极落实“631”〔省级6小时风险预警，设区市级3小时风险通报，县（市、区）级1小时风险“叫应”〕预警叫应机制。指导各地添置固定宣传牌6块、宣传标语10条、地质灾害防范警示牌34块。落实“雨前巡查、雨中排查、雨后核查”，对全区9条河流、9座水库、79座山塘、2个涵闸、3处堤防、114处地质灾害隐患点以及在建工程、中小学校、养老机构等重点部位、重点场所多次开展巡查摸排，联合各地及时排查处置隐患，主汛期时提前转移安置159户444人。

【防旱抗旱】 年内，受旱情影响，全区采取应急措施，打应急水井6口，购买抽水机63台、输水管12600米，租赁水泵2台。

实施农田水渠新建或提升改造项目27处，提水灌溉泵站3处，山塘维修改造项目2处，小型灌区项目1处，投入资金约2256万元。

【“10·17”赣县区森林火灾】 10月17日18时40分许，赣县区五云镇发生的森林火灾，在北风影响下一路向南蔓延至章贡区水西镇后进入赣州经开区湖边镇善边村、官田村、涌泉村、横江村、蛤湖村5个村交界处。截至10月20日凌晨4：30时，蔓延赣州经开区的山火全部扑灭。此次火灾过火面积约800亩，覆盖6个山头，累计6条断续火线，火线长度3.5千米。火场林相以松林和针阔混交林为主。

【赣州经开区“10·29”爆炸事故】 10月29日20时20分许，位于赣州经开区香溢华府小区4号楼商铺内发生爆炸事故，造成4人死亡、18人受伤，造成直接经济损失约861.92万元。

（杨艺璇）

安全生产监管

【概况】 2022年，赣州经开区发生安全生产事故1起、死亡4人，事故起数较往年下降1起，死亡人数较往年上升2人。其中，商贸领域1起，死亡4人，其他行业领域未发生亡人安全生产事故。全区有266家规模以上企业通过安全生产标准化验收，其中，二级安全生产标准化企业3家，三级安全生产标准化企业263家。

【安全生产责任制】 贯彻落实国务院安委会安全生产“十五条硬措施”，健全安全生产责任体系，实行安委会双主任运行机制，制定党政领导干部安全生产职责清单，及时修订安全生产工作职责规定，推动企业建立全员安全生产责任制。建立《安全生产领域失信联合惩戒和“黑名单”制度》《安全生产领域举报奖励实施办法》《安全生产信用分类分级管理办法》等制度，进一步完善全区安全生产领域制度，落实各类管理措施。

【安全生产宣传教育】 《开展安全生产宣传活动，观看生命重于泰山》电视专题片380余场，学习近平总书记安全生产重要论述活动300余场；开展安全生产法主题宣传、“第一责任人安全倡议书”活动43场；深入全区各地开展安全生产基层宣讲54场；开展安全知识“人人学”、安全风险防范“人人谈”活动124场；开展共谋安全发展建言献策活动4场；开展“主播讲安全”“专家远程会诊”“新安法知多少”“救援技能趣味测试”等活动39场；制作公益广告、海报、短视频、提示语音、文创产品等57条（份）；在报刊、广播、网络、新媒体等平台开设专栏专题5个。开展安全宣传与实践“双五进”活动，组织观看典型事故警示教育片62场，开展应急科普讲解活动7场，开展“进门入户送安全”304次；“安全志愿者在行动”61场；开展企业员工“我为安全做一件事”实践活动27场；开展“农村大喇叭——安全之声”主题宣传6场。组织工贸行业企业主要负责人和安全管理人员培训班2期，全区240余家工贸企业，530名企业主要负责人和安全管理人员参加培训。

（杨艺璇）

安全生产执法

【概况】 2022年，赣州经开区强化风险管控、隐患排查，狠抓专项整治，把好安全生产责任关。开展安全生产执法“精准拆弹”行动，开展燃气安全排查工作，检查经营场所1386家，查出隐患593条，收到协助隐患整改函10份，开展现场检查35次，发出限期整改通知书35份，发现企业隐患132处，下达行政处罚6.5万元。开展“安全生产月”、安全生产“五进”等活动，发放宣传资料1300余份，走访企业45家。集中开展各类安全培训、警示教育活动3场，受教育人员520余人。开展职业技能提升行动，典型违法行为曝光7起。

【安全生产专项整治】 推动安全生产专项整治三年行动和城镇燃气、消防安全等行业领域专项整治，在重点时段、敏感时期开展各类督查检查、联合执法行动，严格执行“双随机、一公开”措施，推动行刑案件衔接，完成三年行动“巩固提升”118项任务，制定制度措施26项，整治隐患3281项。开展“打非治违”安全生产大检查，对全区自建房开展拉网式排查，排查自建房3.5万余栋，发现整治问题危房16栋。开展城镇燃气专项治理，排查各类场所1.6万余处次，整治安全隐患3100余项，推动安装可燃气体检测探头6200余个。开展消防安全大排查大整治行动，摸排各类经营单位8510家，整改隐患2569处。

（钟惟章）

食品药品监管

【食品安全监管】 2022年，区市监分局发挥食安办综合协调作用，突出解决食品企业重点难点问题，推动形成区、乡（镇）、村三级食品安全监管网格格局，筑牢食品安全底线。规范进口冷链食品经营秩序，全年开展冷链食品、外环境及从业人员定期核酸检测1.1万余批次。推进食品生产企业监管全覆盖，打造食品小作坊集中加工示范区。抓好校园及周边食品安全，全年检查117家学校（含托幼机构）食堂和2家集中供餐单位。开展企业食堂、特殊食品、禁捕退捕、粮食制品等专项整治20余次。做好赣州市两会期间等13场重大活动和接待任务的食品安全保障工作。强化食品（农产品）质量安全抽检，全年完成食品（餐饮）抽检任务812个批次，不合格食品报告26个批次。以“食品安全宣传周”为重点，提升群众安全感和参与感，深入开展食品安全知识进机关、进企业、进学校、进农村、进社区、进家庭“六进”活动，开展“你送我检”食品快检活动5场，检测各类食用农产品180余批次，接待群众550余人次。

【药品安全监管】 年内，持续开展药品零售和使用专项检查，对14家存在涉嫌挂证药品企业限期责令整改，检查接种单位45家次，疾控机构6家次。推动“智慧药店”建设，通过验收企业数145家。做好药品抽检工作，上报药品不良反应报告总数465份，完成年度目标的155%。完成省、市抽检计划33批次，区级计划4批次。强化疫情防控巡查力度，全年巡查药品零售经营企业900余家次，召开药品零售经营企业疫情防控告诫提醒会3次，约谈落实疫情防控措施不力的药品经营企业13家。开展“携手共建药物警戒生态”“规范市场秩序，保障群众用药安全”等宣传活动，普及药品安全知识、禁毒知识，提高公众辨别假劣药品能力和安全合理用药意识。

9月7日，区市监稽查分局工作人员在粤客隆超市开展中秋节前“天价”月饼专项执法检查

（区融媒体中心供图）

【化妆品安全监督】 组织开展儿童化妆品、美白祛斑等特殊化妆品高风险产品“线上净网线下清源”专项行动。开展美容美发机构和宾馆经营使用化妆品专项检查，年内，检查化妆品经营使用单位82家。开展化妆品安全科普宣传周活动，通过公众号线上推送有关化妆品知识6篇。开展科普进校园、进企业活动，督促9家化妆品备案企业在国家药监局监管平台进行注册年报（9家均不再经营）。开展化妆品新备案企业备案后检查1家。上报化妆品不良反应报告总数21份，完成年度目标的105%。推动生物医药产业高质量发展，落实促进生物医药产业发展政策，全年有江西山香药业有限公司醋酸阿比特龙片等7个品种、11个规格通过仿制药质量和疗效一致性评价，获得生产批件，其中中标国家药品集中采购品种5个，全国首仿品种2个。

【特种设备安全监察】 开展城镇燃气安全隐患排查整治，对7个燃气充装、燃气输送经营单位开展安全检查25批次，对2021年锦江国际锅炉房隐患问题进行销号整改。深刻吸取“10·29”燃爆事故教训，对辖区内燃气单位开展高频率专项检查16家次，推动2家气站建立气瓶溯源追溯体系，完成赣州深燃有限公司110千米压力管道安全评估检测。开展特种设备领域“打非治违”“安全生产大检查”“百日攻坚”等专项行动，压实企业主体责任，推动62家企业开展“五个一”“十个一”活动，组织5家特种设备使用单位开展安全生产知识技能竞赛和安标化创建。推进电梯应急处置服务平台建设，全区电梯普及96369电梯救援码率95%，对3个小区开展“三无”电梯隐患治理，处理电梯投诉事项110多起。开展全省第一批、全市第一个电梯检测试点工作，年内，有2家电梯检测公司入驻赣州经开区开展检测业务，检测电梯2000多台，检测数量居全省首位。

【计量及认证监管】 开展“计量保春耕”活动，全年检查农资经营户13家，随机抽检农资定量包装商品30余批次。开展“5·20”世界计量日系列主题宣传活动。开展“计量精准服务企业行”活动，组织专家及技术人员为孚能科技、海盛硬质合金等5家企业现场授课，指导企业完善测量管理体系建设。开展实验室开放日活动，邀请区内30余家重点企业、检测机构技术人员走进实验室，增强计量对企业生产发展认识。开展辖区集贸市场、超市、加油站等重点领域计量器具检定情况监督检查，检查集贸市场8家，经营户300余户，各类计量器具360余台（把），加油（气）站18家，加油机84台，加油（气）枪350把，物流、快递公司30家，大小计量器具100余台，签订“诚信计量承诺书”60余份，严厉打击短斤缺两、计量作弊等违法行为。全面摸排检查辖区气站和燃气企业使用的可燃气体检测报警仪7家。开展认证监督检查，对消防器材、电线电缆、燃气灶具企业等10家重点强制性认证生产企业开展认证检查20批次，对55家燃气具170余件燃气具及相关产品进行监督检查，未发现无CCC认证或认证证书被撤销仍生产销售等违法行为。

【检验检测监管】 开展辖区内机动车、环境、建筑等各类检验检测机构全覆盖监督检查，全年检查各类检验检测机构70余家206户次；实施监管前移，参加益康、宝安、保康等13家检测机构的扩项、变更等现场评审监督。对近三年“双随机”检查中发现存在问题的32家检测机构开展“回头看”，守好安全底线。严格落实大气污染防治工作要求，每月不定期对4家机动车检测机构的尾气检测进行专项检查。

【打击传销与规范直销】 制订《赣州经开区2022年打击传销工作要点》，细化各成员单位工作责任，落实联席会议制度，完善信息互通机制，加强对辖区传销行为的情报掌控，将打击传销工作列入社会管理综合治理目标管理考核项目。全年开展“抵制传销从我做起”打击传销进社区宣传活动，普及直销和非法传销常识，发动群众抵制传销、举报传销，在微信公众号推送相关知识5期，在广播、电视、报刊等媒体刊（播）打传专项整治活动宣传稿件6篇。

（侯椿鹏）

信访工作

【概况】 2022年，全区信访工作平稳有序，社会大局安全稳定，获评全市信访工作综合先进县（市、区）等荣誉。

【领导责任制】 年内，区党工委会、区管委会主任办公会研究调度信访工作11次，区党工委、管委会主要领导带头调度信访工作、落实信访工作安排，主持召开全区信访工作调度会 4 次，带头接访下访 14 次，区分管领导定期调度督导信访工作，主持召开全区信访工作联席会议、信访形势研判会议等各类专题会议 22 次。

【信访工作体制机制改革】 践行“五员”（当好机关“组织员”、当好项目“联络员”、当好企业“办事员”、当好村居“宣传员”、当好群众“服务员”）工作法，开展《信访工作条例》进机关、进工地、进企业、进村居、进大厅活动，向全区领导干部发放《信访工作条例》《信访工作条例百问百答》400 余本，安排 99 名项目联络员全覆盖走访 672 个在建工地，364 名党员干部挂点联系 625 家企业，向广大群众发放宣传手册 1.5 万份，掀起学习宣传贯彻热潮。挖掘总结赣州经开区在初信初访办理、首接首办、源头治理、领导干部接访下访、诉访分离、信访工作责任落实等方面的经验做法，在《江西日报》《赣南日报》等主流媒体刊发宣传稿件 8 篇。

【源头预防】 建立信访矛盾常态化滚动摸排化解工作机制，全年排查矛盾纠纷 1468 起，调处化解 1396 起，调处化解率 95.1%。发挥“和合调解”品牌在化解群众矛盾纠纷方面的作用，全区 6 个乡（镇、街道、管理处）、78 个村（社区）实现“和合”调解室全覆盖。聚焦经济社会发展热点难点问题，用好信访信息大数据平台，年内，区信联办向区党工委、管委会报送访情通报 256 条、访情汇要 49 篇。把法治教育贯穿信访工作全过程，引导群众依法行使权利，理性表达诉求，对存在寻衅滋事、缠访闹访等行为依法进行处理，促使群众观念从“信访”向“信法”转变。

【化解积案】 推进集中治理重复信访、化解信访积案专项工作，按照“三不限、三重新、一说明”要求，坚持“三到位一处理”（群众诉求合理的解决问题到位、诉求无理的思想教育到位、生活困难的帮扶救助到位；行为违法的依法处理）工作原则，统筹提级包案、领导接访下访、专班推进等工作措施，按期实现中央信联办交办的 2 批 79 件重复信访事项化解销号。推进信访积案化解“百日攻坚”行动，以“矛盾纠纷大排查、信访积案大化解、信访业务大提升、信访秩序大整治”为抓手，实现“百日攻坚行动”交办的 19 件信访涉稳突出问题全部化解销号。紧盯房地产、劳资纠纷、征地拆迁等重点领域，加大突出问题摸排化解工作力度，科学开展重大决策社会稳定风险评估，妥善化解处置，堵塞监管漏洞，形成运转高效的工作“闭环”，推动问题系统解决。下半年，全区重点领域信访突出问题同比下降 69.5%。

（罗 强）

本栏编辑：施恩沁

政治建设

组织工作

【概况】 2022年，赣州经开区全面贯彻落实新时代党的建设总要求，坚持大抓基层鲜明导向，不断严密基层组织体系，推动全区基层组织建设。年内，向企业派驻首席服务员、科技特派员、上市辅导员364名（其中党员276名）、党建指导员304名，成立党员招商小分队86支，在疫情防控、抗旱救灾等一线，成立疫情防控临时党组织35个、党员先锋队180余个。

【非公企业和社会组织党建】 年内，赣州经开区非公有制经济组织和社会组织党工委下设行业综合党委、园区综合党委14个，基层党组织168个（其中党总支1个，单建党支部78个、联建党支部89个），党员1177名（其中党组织关系在区内的党员619名）。完善两新党工委运行机制，设立区非公企业综合党委具体负责全区非公有制企业党建工作，新成立行业综合党委7个和园区综合党委3个，调整3个党委职责，理顺“两新”领域管理框架。开展区级联合主题党日活动12次，参与党员850余人。印发《赣州经开区非公有制经济组织和社会组织党组织党建指导员选派工作的实施方案（试行）》《关于印发〈赣州经济技术开发区非公企业综合党委成员单位及其主要职责任务（试行）〉的通知》，选派304名党员干部担任“两新”组织党支部兼职党建指导员、联建党支部书记。全年打造新就业群体“红色驿站”14个。

【干部教育培训】 加强政治理论培训，通过“调训”与“自培”相结合，“本地学”与“异地学”相结合，“理论研讨”与“现场体验”相结合的方式，分批次举办重点培训班7期和常规培训班11期。开展业务培训36期，培训干部4000余人，其中调训91人，实现参训干部从县处级领导到村干部全覆盖。

【党建责任制落实】 全年召开区党工委会议研究基层党建工作议题15个，召开党建工作领导小组会议2次，区党工委主要领导召开基层党建工作调度会3次，分领域到基层一线专题调研基层党建5次，覆盖20个基层党支部；到农村、社区、非公企业挂点联系支部调研23次，帮助解决问题24个，协调解决帮扶资金 1900 万余元。参照省市综合考核做法，制定《赣州经开区党建工作绩效考核方案》，单列党建工作考核作为全区各单位绩效考核的“乘数系数”，推动党建工作责任制全面落实。坚持党建工作项目化、项目清单化、清单具体化，全年完成党建具体任务 253 项。每季度开展党的建设季度攻坚行动，评选“奔牛奖”8 个、“蜗牛奖”4 个。

6 月，赣州经开区“两新”领域行业综合党委及园区综合党委组建工作布置会在区政中心 2 号会议厅召开 （区党群部供图）

【党建促乡村振兴】 制定村（社区）干部学历提升和党员致富带头人培养工作方案，新培育农村党员致富带头人 135 人。开展驻村干部、村（社区）干部、赣鄱乡村好青年区级培训全覆盖，推进“党建 + 村集体经济发展”，推动 29 个村通过留用地指标置换标准厂房解决村集体经济增长瓶颈，全区村集体经济总收入 7169 万元，经营性收入 6808 万元，村均经营性收入 111.6 万元，实现 61 个村集体经济经营性收入超 20 万元，占比 100%。6 名区党政班子领导带队摸排软弱涣散村党组织，完成 2 个软弱涣散村党组织整顿验收工作。推进乡村振兴模范党组织和红色名村建设，黄金岭街道金星村党委、凤岗镇长田村党支部被选树为省级“乡村振兴模范党组织”，三江乡斜角村被列为市级第二批红色名村。

【“两新”党建工作】 创新推行“四个一”（行业管一条、园区管一块、属地管一片、兜底管一些）模式，新组建行业综合党委 9 个、园区综合党委 3 个、乡（镇、街道、管理处）“两新”领域党（工）委 6 个。选聘专职党建指导员 7 名，把“两新”组织中政治强、能力强、作风好的党员主要出资人（负责人）或管理层选配到党组织书记岗位上。年内，全区业主担任党组织书记 32 名，中高层管理人员担任“两新”党组织书记占比 81.3%。园区非公企业党委、社会组织党委及“小个专”综合党委分别配备党务工作专干 1 名，全区有“两新”组织党支部党务工作专干 31 名。创新“两新”活动形式，引导各党组织创设“党员示范岗”“党员攻关组”，开展“我为企业献一策”“金点子”志愿者服务企业生产等活动，全年区“两新”党工委牵头开展联合主题党日活动 31 次，参与党员 2100 余人次。

【各领域党建工作】 城市党建领域 按照“多网合一”要求，优化设置网格 71 个，实现网格党组织全覆盖。建立“三长”联动工作机制，社区工作者和专职网格员配备 100%。推动 3066 名在职党员到社区报到。开展组织找党员、党员找组织“双找”活动，引导 125 名新业态新就业群体流动党员参与社会治理，打造暖心“红色驿站”14 个。

机关党建领域　专题调研打造模范机关工作，推动打造市级模范机关示范点 4 个，举办机关党建创新（特色）案例评比大赛。

国企党建领域　成立国资系统党委，推进国有企业“一企一品”创建工作。

学校党建领域　推进 30 个中小学校完成党的领导体制调整，专题听取学校领域党建工作情况汇报，示范带动党政班子成员到学校上思政课 20 次。

医院党建领域　成立区卫生系统党建工作专班，建立“三联三评一报告”工作机制。

（黄伟城　吴鹏宇　叶　婷）

宣传工作

【概况】　2022 年，赣州经开区全面做好理论武装、新闻舆论、文化振兴等工作，为全面推进省委“六个江西”建设、市委“三大战略、八大行动”和区党工委“一极两地四中心”建设营造稳定的舆论和社会环境。全年在中央级媒体发稿 104 条，在省级媒体发稿 375 条，在市级媒体发稿 3378 条，其中，中央主要媒体上稿条数位列市县前三、积分位列小县第一，省级主要媒体上稿条数位列小县前三、积分位列小县第二，市直媒体上稿条数和积分均位列小县第一。“欧潭融媒”微信公众号首次获评“全省 2022 年十佳政府系统政务微信公众号”。

12 月 8 日，赣州经开区党工委理论学习中心组学习（扩大）会在区政中心 1 号会议厅召开　（陈科贤摄）

【理论学习与研究】　印发《中共赣州经济技术开发区工作委员会关于认真学习宣传贯彻党的二十大精神的通知》，对全区学习宣传贯彻中共二十大精神做出阶段性安排，在全区范围内迅速掀起学习宣传热潮。组建以区党工委书记为团长的区党工委宣讲团，深入各地各部门（单位）开展集中宣讲。区党工委主要领导率先垂范，下企业、入社区、到农村，带头宣讲中共二十大精神。三江乡“三句半”宣讲队、蟠龙镇“五老”宣讲团等基层宣讲队用群众喜闻乐见的方式，开展对象化、分众化、互动化宣讲，让中共二十大精神“声”入人心。年内，全区开展集中宣讲、基层宣讲 190 余场，覆盖干部群众 2 万余人。在区属媒体平台开设“学思践悟·党的二十大精神在经开”“学习贯彻党的二十大精神”“全面深入学习宣传贯彻党的二十大精神”“二十大时光”等专题专栏，全方位、多角度展现全区各地各部门（单位）“学习二十大、奋进新时代”的崭新风貌。

【理论武装】　全年坚持“每月学习日”和固定“第一议题”制度，持续深化“3+X”集中学习模式，组织召开区党工委理论学习中心组学习会22次，系统学习中共二十大精神、全面从严治党、《习近平谈治国理政》第四卷等重要内容，围绕习近平法治思想、深刻领会“两个确立”决定性意义、做到“两个维护”等主题邀请专家学者授课13次。各级党（工）委（党组）召开中心组学习会520余次；为区党工委理论学习中心组成员赠阅相关书籍2000余册；区党政领导班子成员带头深入学校讲思想政治理论课17场，覆盖师生3000余人。完成对各级党（工）委（党组）理论学习中心组学习第三轮巡听指导。全区全年“学习强国”人均学习积分在全市同级学习组织中排名靠前，区党群部、黄金岭街道、蟠龙镇蟠龙村获全市“学习强国”学习平台“学习型单位”。

【舆论引导】 牢牢把握意识形态工作领导权、主动权、话语权，持续推进“两中心一平台”（融媒体中心、新时代文明实践中心、“学习强国”学习平台）阵地建设，实现新媒体矩阵建设和内容产品形态的全覆盖。围绕学习贯彻中共十九届六中全会精神、习近平总书记视察江西和赣州三周年、赣南苏区振兴发展十周年、学习宣传贯彻中共二十大精神等重大节点开展主题宣传，举办“赣州这十年”赣州经开区专场新闻发布会，宣传习近平新时代中国特色社会主义思想在赣州经开区的生动实践。开展“奋进新征程·建功新时代”学习强国知识挑战答题大赛、“喜迎二十大·逐梦欧潭”大合唱比赛、“喜迎二十大·奋进新征程”主题演讲比赛、“学习宣传贯彻党的二十大精神·五年发展看变化”等主题活动，引领全区中共党员及群众铭党恩、听党话、跟党走。

（张清雅）

统一战线工作

【概况】 2022年，全区统一战线坚持以习近平新时代中国特色社会主义思想和中共二十大精神为指导，以加强党对统一战线工作的集中统一领导为根本，巩固深化大统战工作格局，发挥新时代统一战线法宝作用。认真学习贯彻中央、省委、市委统战工作会议精神，全年召开区党工委会议2次、区党工委统战工作领导小组会议2次、区党工委统战工作会议1次、党群工作会议1次，印发《关于贯彻〈中共江西省委 江西省人民政府关于铸牢中华民族共同体意识为主线 推进新时代党的民族工作高质量发展的实施意见〉任务分工方案》，加强城市少数民族服务管理。

【民族宗教事务】 年内，完成穆斯林墓区搬迁工作，走访慰问少数民族流动经商户代表和宗教界代表人士。开展民族宗教领域平安建设主题宣传和民族团结进步“六进”活动。落实宗教“三级网络两级责任制”，全年组织宗教干部到宗教场所开展调研走访40余次。开展“五好”宗教活动场所建设和崇俭戒奢教育活动，召开“五好”宗教活动场所建设暨在宗教界深入开展崇俭戒奢教育活动调度会，完成宗教活动场所赋码换证工作。对全区所有宗教场所自建房安全、燃气安全、消防安全进行排查整治。开展“五好”宗教活动场所建设和崇俭戒奢教育活动。8月25日，组织宗教界人士到三江乡郭大力故居开展“喜迎中共二十大 同心共筑中国梦”主题教育；国庆节期间，组织宗教界人士举行升国旗仪式；11月12日，召开贯彻中共二十大精神专题学习会，组织宗教界人士学习宣传贯彻中共二十大精神。

【促进非公有制经济“两个健康”发展】 年内，将5月20日设立为“企业家日”，举办感恩习近平总书记视察三周年暨首个“企业家日”系列主题活动，完成区工商联分会换届选举工作，选优配强新一届领导班子。推荐3人获评优秀中国特色社会主义事业建设者、4人获评2021赣州经济年度人物、4人获评市优秀创业者、10名首届十大经济人物，1家企业获评全省先进非公有制企业，1人获评全省优秀创业者，6人担任赣州市同心圆智库第三届专家，5家企业获评全市先进非公有制企业。区党群工作部获评全市服务非公有制经济发展先进单位。区非公维权服务中心办理维权案件17件。召开政企座谈会、产品推介会、“万企兴万村”行动现场对接会、上下游产品对接交流会、“迎中秋”客商联谊会等系列活动。引导民营企业弘扬“光彩精神”，组织民营企业开展“金秋助学•传递爱心”“温暖童心 护航成长”等爱心助学活动。组织民营企业先后捐赠物资近110万余元助力乡村振兴和疫情防控。开展“留赣干”工作，帮助企业解决用工26978人。

【港澳台服务工作】 全年全区接待和走访港澳资企业和代表人士40批次，2022全国台企联福建•江西片区会长会议与会客商密集组团到赣州经开区考察交流，接待10余批次上百名台商。

【对侨服务工作】 建立侨资企业、侨商和归侨侨眷基本台账，走访联系重点侨资企业16家，印度尼西亚归国侨属1名。在蟠龙镇西城广场社区打造“侨胞之家”。常态化做好侨企服务，为12家侨资企业解决实际问题30个。

【民主党派组织建设】 赣州经开区有民主党派基层组织5个，成员90人。其中，民建赣州经开区总支成立于2015年5月，有会员38人；农工党赣州经开区支部成立于2019年9月，有党员8人；民革赣州经开区支部成立于2019年9月7日，有党员14人；民盟赣州经开区支部成立于2020年5月，有盟员18人；民进赣州市文清实验支部成立于2020年10月16日，有委员12人。赣州经开区整合资源在赣州高层次人才产业园规划近300平方米的场地资源，打造“民主党派之家”，为每个民主党派安排约25平方米的办公用房，配套会议室、多功能厅等共享资源，保障民主党派活动正常开展。6月，全国政协常委、民盟省委会主委刘晓庄为民盟赣州经开区支部“盟员之家”揭牌。年内，推荐民主党派成员担任各级人大代表、政协委员，围绕“三大战略、八大行动”，组织区内的民主党派成员开展2022年专题调研，报送提案、议案或社情民意20篇。其中，民建经开区总支主委钟舒毅在市政协六届二次民主协商会上作《关于支持赣州经开区加大改革创新力度 奋力冲刺全国30强的建议》发言，获得市委主要领导批示；钟骏华撰写的《“双减”政策与“5+2”延时服务 不宜一刀切》社情民意信息被省政协采用，获省领导批示；组织民主党派成员进行理论研究并撰写《中国新型政党制度特点分析》《中国共产党百年奋斗的历史经验对加强参政党自身建设的重要启迪》等理论研究文章。

【民主党派活动开展】 年内，组织各民主党派支部开展学习贯彻中共二十大精神系列活动。支持民进文清实验学校支部开展“1%工程”爱心助学和“矢志不渝跟党走、携手奋进新时代”民进赣州开明画院书法美术作品展等活动。组织民革赣州经开区支部开展“同心博爱助力乡村振兴”爱心捐赠、“矢志不渝跟党走，携手奋进新时代”红色走读专题学习会等活动。组织农工党赣州经开区支部党员到郭大力故居开展红色主题教育等。组织民盟赣州经开区支部开展“学党史、颂党恩、跟党走”主题走访活动。组织民建经开区总支到会员企业开展参观考察及交流活动等。

【党外知识分子联谊会建设】 赣州经开区党外知识分子联谊会成立于2019年，有会员60人，班子成员配备会长1人，常务副会长1人，副会长2人，秘书长1人。在会长单位赣州智能产业研究院建设“党外知识分子之家”，围绕“四有”（有固定场所、有宣传展示、有活动内容、有管理制度）目标，推动“党外知识分子之家”赋能升级。年内，组织党外知识分子专题学习中共二十大精神和中央统战工作会议精神，开展“喜迎二十大、同心跟党走”“访郭大力故居 追寻红色记忆”等主题教育，开展“喜迎二十大 送法到万家”普法宣传、“送法进企业”和数字经济专题调研等一系列活动。加强党外知识分子思想政治学习教育，组织党外知识分子专题学习3次，72人次参加，落实双走访、双报告和联系交友制度，倡导党外知识分子积极参与社会服务和建言献策。截至年底，全区有6名党外代表人士被认定为无党派人士。

（张清雅 徐 祯 姚 菁）

11月17日，赣州经开区知联会深刻领会党的二十大精神专题学习会在赣州智研院召开 （区党群部供图）

机构编制工作

【概况】 2022年，赣州经开区编办在深化机构改革、理顺单位职能、服务中心大局、推动高效运转上下功夫，年内，调整单位职能5个，明确单位职能3个。

【体制机制改革】 深化乡镇（街道）管理体制改革，成立基层治理工作统一指挥协调工作领导小组，建立“街乡吹哨、部门报到”及时响应机制，明确设在乡镇（街道）的派出机构实行双重管理、双重考核机制，制定区乡（镇、街道）“属地管理”事项主体责任和配合责任清单，编制乡镇（街道）、村（社区）责任清单，各项改革任务如期完成。推进章江国家湿地公园管理体制改革，完成杨梅渡公园A标及飞龙大桥至锦江酒店沿江绿地市政设施建设、管养职责移交接工作，区公服中心增加事业编制 5 名。

【机构编制保障】 坚持“严控总量、统筹使用、有增有减、动态平衡、保证重点、服务发展”方针。优先安排空编指标用于基层一线招录，全年招聘事业单位工作人员 15 名，其中乡镇基层工作人员 6 名。公开选聘赣州市第六中学校长、区人民医院副院长和区第二人民医院院长，公开招录卫生系统事业编制人员 11 名，编制外用人控制数 57 名，核定 270 名编制外用人控制数用于区公立医院公开招聘。根据促发展、保稳定要求，聚焦赣州经开区发展需求和各单位工作实际，科学合理配备人员。年内，为 14 个单位增加特殊岗位聘用人员指标 122 名，为 7 个单位调整或核减特殊岗位聘用人员指标153 名。

【机构编制管理】 以“三定”(职能、编制、定员）规定为主要依据，梳理各部门职责履行情况、机制运行情况，加强机构编制管理，严格审批流程，对涉及机构职能划转、人员调整、编制使用等事项均提交区党工委编委会讨论研究，全年召开区党工委编委会 9 次，研究机构编制事项 21 项。加强与纪检监察、审计、巡察等部门的沟通协调，凝聚监管合力，发挥“12380”举报平台作用，畅通线索移交渠道。坚持问题导向，强化结果运用，将机构编制监管结果纳入年底绩效考核，对履职尽责、充分释放效能的单位，视情况给予加分，对履职不到位的单位，相应予以扣分，倒逼部门高效履职。

（黄伟城）

人事人才管理

【概况】 2022 年，赣州经开区坚持正确选人用人导向，营造风清气正选人用人环境。用好事业单位管理岗职员等级晋升制度，完善干部关心关爱机制，出台各项政策激发干部队伍活力。严格开展岗位聘任，实现“干部能上能下”。树牢“人才是第一资源”理念，深入实施人才强国战略，人才工作连续 5 年在全市排名第一。全年全区有国家级高层次人才 53 名，其中院士 18 人，国家“QRJH”专家 22 人，国家“WRJH”人才 2 名，享受国务院政府特殊津贴人才 5 人，国家“百千万人才工程”人选 2 人，国家“优青”1 人，国家“杰出青年”1 人，中国科学院“百人计划”A 类人选 2 人，博士及同等人才 899 名。

【选人用人】 年内，结合“奔牛奖”评选，从乡村振兴、工业和开放型经济主战场等急难险重一线提拔重用表现突出的干部 121 人。落实“奔牛奖”“蜗牛奖”奖惩办法，从获得“奔牛奖”单位提拔、晋升职级或进一步使用干部 77 人。用好事业单位管理岗职员等级晋升制度，完成 31 名县以下事业单位管理岗位职员等级晋升工作。落实“赛马”机制，激励干部在位更在状态，开展“走进赛马场 展现精气神”擂台赛，12 名干部脱颖而出。出台《赣州经济技术开发区机关事业单位借调工作人员管理办法（试行）》，扩大干部监督范围，让干部监督有章可循；发放关于干部提拔任用方面的征求意见 219 份；收到区纪工委等单位抄送的干部违纪违法等方面信息 30 余条，2 名干部因违纪违法被免职，6 名干部因违纪违法被降级，1 名干部因违规经商办企业被清退。为 1 名干部澄清正名。

【《赣州经开区周年纪念章颁发管理办法》出台】 1月15日，赣州经开区出台《赣州经开区周年纪念章颁发管理办法》。年内，通过各单位申报、资料审核、征求有关单位意见，颁发在赣州经开区工作满三十周年纪念章3枚，颁发“在赣州经开区工作满二十周年纪念章”21枚。

10月15日，2022年赣州经开区高层次人才集中疗养（国情研修）活动合影 （区党群部供图）

【人事制度改革】 修订完善《赣州经开区干部夫妻异地分居“团圆机制”实施办法（修订）》，分类分批解决赣州经开区干部职工团圆问题，全年为12名干部及其配偶实现“经开团圆梦”，持续营造拴心留人、干事创业良好氛围。印发《赣州经开区竞争性调任副科级领导干部工作实施方案》，畅通事业编干部调任公务员通道，推动支持区聘、雇员转任国企干部。建立区机关事业单位与区属国企干部职工“双向挂职”交流机制，加大区机关干部职工与乡镇干部的交流力度，持续锻造“理论＋实践”复合型干部队伍。

【雇员职员队伍建设】 6月，印发《赣州经济技术开发区人力资源有限公司雇员职员管理办法（修订）》《赣州经济技术开发区人力资源有限公司雇员职员薪酬管理办法》，雇员职员聘任办（专技）年限由原来的6年缩短为3年，200余名雇员职员提前参加岗位聘任；优化雇员职员招考程序，明确特殊岗位雇员职员招聘可以根据用人单位申请和招聘岗位性质等情况采取先面试后笔试方式进行；加大雇员职员奖励力度，对标事业单位人员管理，明确雇员职员年度考核优秀可以按照《事业单位工作人员奖励规定》，由主管部门给予嘉奖并发放相应物质奖励，调动广大雇员职员干事创业积极性和主动性。补足各用人单位雇员职员缺额，促进高校毕业生就业，全年全区面向社会公开组织开展雇员职员招聘3批次，招聘雇员职员122人。

【“三支一扶”招录】 发挥各级党政机关、事业单位和国有企业接收安置主渠道作用，全年完成“三支一扶”大学生招录5名；完成4名2020届“三支一扶”人员服务期满考核工作，考核均为合格，安置到位。

【人才工作】 引才工作 围绕赣州经开区主导产业，外出招才引智、接待人才300余批次，举办线上线下人才招聘会等29场，引进国家级人才项目10个，引进或培养行业急需紧缺人才300名，各类高层次人才55名，其中，国家级人才14名。

育才工作 年内，组织59名人才（团队）申报省、市人才计划，其中8名人才（团队）入围“省双千”人才计划考察，占全市38%。2家企业获自主评价资质，“订单式”培养各类人才2000余名，农村创业致富带头人118人。3个人才项目获“中国创翼”创业创新大赛省级奖项，占全市1/3。在全省第一届职业技能大赛中获7枚金牌、6枚银牌、2枚铜牌，占全市1/2。61个创新团队208名人才参加区第二届科技创新大赛。

聚才工作　年内，建成赛可韦尔动力电池、江西北正干细胞生物科技等“科创飞地”2个，人才驿站20余个，新增“国字号”人才创新创业平台2个，省级创新创业平台11个。全区有各类聚才平台164个，其中国家级工程（技术）研究中心、科技企业孵化器、众创空间等科技创新及基础服务平台24个，“海智计划”工作站、博士后科研工作站（创新实践基地）等省级服务平台87个。

留才工作　重组人才发展集团，用好“一站式”人才服务平台，严格兑现各项人才政策，全年兑现国家级人才项目支持资金2250万元，发放人才特殊津贴、个税返奖、大学生生活补贴等417万元，建设（筹集）人才住房3215套。组织开展赣州经开区集中疗养（国情研修）、高层次人才联谊会、青年人才交友会等活动，落实区党工委联系服务专家制度，走访慰问高层次人才84人，发放慰问金16.8万元，解决住房、子女（转）入学等问题90余个，发放《赣州经开区人才政策指南》宣传折页及《赣州经开区人才政策汇编》20000余份。

（周加相　黄伟城）

党校工作

【概况】　2022年，区党工委党校以习近平新时代中国特色社会主义思想为指导，深入贯彻落实中共二十大精神，印发《中共赣州经济技术开发区工作委员会党校2022年度主体班次教学方案》，建立“教学方案、培训责任、培训小结”3份清单，形成年初部署、年中督查、年底述职的责任落实闭环机制。全年举办各类主体班10期，分别为关工系统干部培训班、“凝心·强基·赋能”基层干部培训班、科级干部学习贯彻中共十九届六中全会精神专题研讨班、乡村振兴（社会治理）专题培训班、党建专题培训班、“两新”组织干部培训班、工业发展专题培训班、金融服务专题培训班、数字经济发展专题培训班、融入粤港澳大湾区建设专题培训班，培训天数62天、培训人数935人次。

【党性教育】　发挥干部教育主阵地主渠道作用，把“学习习近平新时代中国特色社会主义思想”“党史学习教育”列为所有主体班必修课，党性教育课时占总课程的32%。通过专家辅导、现场教学、分组研讨、撰写学习心得等方式实现分专题学习中共二十大精神和习近平总书记关于党的历史、治国理政、法治、统一战线等方面的重要论述。完善党性锻炼管理，把党性教育融入主体班次的教学组织和学员管理中，形成临时党支部+跟班联络员+纪检监督员“三位一体”班级管理模式，强化学员纪律作风建设，全面提升主体班次党性教育水平。5月，举办科级干部学习贯彻中共十九届六中全会精神专题研讨班，530余名科级干部参加集中轮训。

【专题培训】　围绕推进“三大战略、八大行动”实施、“一极两地四中心”建设、改革发展双“一号工程”建设、加快对接

11 月 9 日，赣州经济技术开发区数字经济发展专题培训班学员合影
（区党工委党校供图）

融入粤港澳大湾区建设和实现赣州经开区高质量跨越式发展开展专题培训。培训结合不同类别、不同层次、不同岗位干部的特点和工作实际，采用本地理论培训与异地培训相结合两种教学模式，先后与深圳市委党校、方志敏干部学院、和君职业学院开展交流合作，设置工业发展、金融服务、数字经济、优化营商环境等专题课程，提高干部服务经济社会发展的能力。

【现场教学】　在主体班次培训中，加大现场教学力度，强化“科技赋能”“红色引领”激发干部培训内生动力，综合运用讲授式、案例式、研讨式、体验式等互动式教学方法，加强全体学员对党的历史，尤其是中央苏区史和改革开放史的学习，增强学员对党的历史政治认同、理论认同和情感认同。年内，带领学员实地走访苏州市智能制造融合发展中心＋苏州市企业服务中心等大型企业和商圈，学习苏州工业创新精神；前往横峰县莲荷乡丁家村、弋阳县绿色研学村、花亭姚家村、千年古镇铅山县石塘镇、大余黄龙镇大龙村等一批乡村振兴示范村，了解新农村建设创新做法；结合井冈山革命烈士陵园、茨坪毛泽东同志旧居、大井朱毛旧居、瑞金叶坪革命旧址群、信丰百石战斗遗址、红三军团营房旧址、赣南游击词主题园、大余红军长征三年游击战争纪念馆、大余县梅岭三章纪念馆等党性教育基地开展红色教育现场教学。

（刘　荔）

机关党建

【概况】　2022 年，区机关党委坚持以习近平新时代中国特色社会主义思想为指导，深入学习贯彻中共二十大精神，制定《赣州经开区机关党委关于认真学习宣传贯彻党的二十大精神的工作方案》，制定 10 个专题的党委理论学习中心组学习计划。组织召开中共二十大报告精神集中学习会 1 期，全区 97 名机关党组织书记、副书记和党务干部参加。为全体机关党员配备《党的二十大报告辅导读本》《党的二十大报告单行本》等辅导书籍 2000 册。围绕全面建设勤廉赣州工作任务，推动党建质量过硬行动，推进打造让党放心、人民满意的模范机关。

【机关政治建设】　落实“第一议题”制度，把学习习近平新时代中国特色社会主义思想和对机关党建的指示批示精神作为党委理论学习中心组和党支部集中学习的首要内容，全年开展学习

5月16日，全区打造“让党放心、人民满意”的模范机关工作推进会在区政中心1号会议厅召开　（区机关党委供图）

24次。加强党员政治理论教育管理，开展机关党员集中培训班3期，1100余名党员（含区公安分局全体党员）参加；赴大余开展集中培训班1期，全区67名机关党组织书记和党务工作者参加；开展发展对象集中培训班1期，49名发展对象（含入党积极分子）参加。

【党史学习教育常态化】　推动机关党组织持续开展“我为群众办实事”实践活动，解决“急难愁盼事项”289件。严格执行党内政治生活若干准则，各党支部重温入党誓词107次。强化过“政治生日”仪式，购买机关党员政治生日贺卡1000份。推动机关党支部赴郭大力故居等地开展“五红”活动181次。

【打造模范机关】　年内，制定《赣州经开区打造让党放心、人民满意的模范机关实施方案》，40个机关单位结合实际制定本级实施方案，开设《模范机关·经开先锋》宣传专栏，筛选刊登20名党组（党委）主要负责人对打造模范机关的工作思路和经验做法。坚持以点带面，打造区综合执法大队、区检察院、区财政局、区市场监管分局4个模范机关示范点。完善调研督查机制，通过座谈交流、查阅资料、现场反馈等形式进行督查指导，开展模范机关工作调研督查1轮。围绕打造模范机关助推中心工作成效，评选“模范机关·经开先锋”，选树12名先进个人和12个先进单位。

【党建质量过硬行动】　制定《2022年度机关党建工作要点和考核细则》，将机关党建工作纳入各单位年度绩效考核的重点任务指标，推动基层党组织书记全面落实党建工作责任。规范党组织设置，新成立党组织4个，完成8个党组织换届，21个党组织调整支委班子成员。全年发展中共党员28名，其中35岁以下中共党员25名，大专以上学历党员27名，女性中共党员12名，完成年初发展计划和结构性要求目标。坚持党员领导干部带头上党课，党组书记（党员主要负责同志）上党课64次，基层党组织书记上党课119次。围绕机关党建基础性工作开展全覆盖督查指导2轮，结合破解机关党建“灯下黑”、机关领域可能存在的形式主义和官僚主义、对照上级关于巡察和暗访调研发现问题等开展举一反三自查整改3轮。发挥党委指导作用，7名机关党委委员对14个基层党组织开展巡听指导，提高机关领域基层党组织“三会一课”学习质量。推进基层党建信息化建设，建立区机关党委基层党建信息化存在问题每周提醒机制，40个机关党组织完善基层党建信息化平台。在机关领域开展党建理论文章调研活动1轮，组织开展机关党建创新（特色）案例大赛评比活动1场。在全区党员范围内开展“学习二十大 党章我来读”活动，促进党员干部树牢尊崇党章意识。组织开展赣州经开区强力推进“六个江西”建设“应知应会”答题大赛，评选一等奖1名，二等奖2名，三等奖3名。

【在职党员进社区】 推动791名机关在职党员到居住地社区完成报到并开展志愿服务。全年全区177名党组（党委）领导班子成员建立党支部工作联系点，通过开展联合主题党日、上党课、参加集中学习、志愿服务等形式，开展各类党建调研活动405次，解决问题266个。推进机关党组织和社区建立社区结对共建组织49个，机关党员编入社区网格参与城市社区基层治理，强化社区党组织的治理能力。

【机关离退休干部党支部建设】 全年全区机关离退休干部党支部有党员19人，支委班子成员5人，配专职党务干部1名。持续把牢党建工作政治方向，贯彻落实《关于加强新时代离退休干部党的建设工作的意见》，通过“三会一课”、专题辅导、“赣鄱党建云”App、座谈交流、“送学上门”等方式，开展党性党风党纪教育13次。坚持问题导向，主动靠前服务，开展走访慰问离退休困难党员2人，精准帮助解决急难愁盼问题3件。

【推进全面从严治党】 全年专题研究部署党风廉政建设工作10次，听取党风廉政建设的工作汇报2次。推动40个机关党组织配备机关纪委书记（副书记）、纪检委员或纪检干事。围绕勤廉欧潭工作目标，牵头打造区检察院、区市场监管分局2个勤廉机关示范点。在机关范围开展“政治家访”活动，加强8小时外的廉政监督，开展走访773次。推动机关单位通过召开干部职工家属座谈会、参观警示教育基地、观看警示教育片等形式，规范机关干部廉洁从政行为。

（黄蔼泉）

人大、政协联络工作

【概况】 2022年，区人大政协联络处落实习近平总书记关于加强和改进人民政协工作的重要思想及中央人大工作会议精神，围绕全区发展大局，积极履职、务实作为。接待上级人大、政协视察调研41批次，组织人大代表、政协委员开展专题调研24批次133人次。新增省人大代表2名、省政协委员4名。

【联络协调工作】 年内，区人大政协联络处筹备服务人民代表大会3次、政协会议2次，建立协商议事室15个，其中“六有”标准议事室9个，开展协商议事活动次数30个，推动解决具体问题35个。建立人大代表之家3个，人大联络站8个，其中新增园区人大代表联络站1个，办理意见建议163件。

【建议提案办理】 印发《关于做好市六届人大二次会议代表建议和市政协六届一次（二次）会议提案办理工作的通知》，按照高标准、高效率、高质量的要求，把建议提案办好、办实、办到位。年内，承办市人大代表建议2条、市政协委员提案8条和省十三届人大六次会议期间群众信访事项来信办理工作4件，按时办结率100%，满意度100%。

（徐 祯 姚 菁）

人大代表、政协委员一览表

表7

序号	姓名	职务	备注
1	邱联昌	赣州澳克泰工具技术有限公司研发工程师	十四届全国人大代表
2	冯家致	吉利科技集团总裁助理、吉利耀能新能源（赣州）有限公司董事长	省十四届人大代表
3	刘南海	赣南医学院第一附属医院国家老年疾病临床医学研究中心江西省分中心副主任、第二临床医学院副院长、民盟赣州市委会副主委（兼）	
4	陈水连	市委常委、赣州经开区党工委书记	市六届人大代表
5	梁丁盛	赣州经开区党工委副书记、管委会主任	
6	郭声琪	赣州市人大常委会委员、赣州经开区管委会一级调研员	
7	钟小平	赣州市同兴达电子科技有限公司董事长	
8	张发饶	宁波能之光新材料科技股份有限公司董事长、赣州能之光新材料有限公司董事长	
9	陈　雪	江西理工大学附属金岭学校副校长	
10	邹仁华	区公安分局国保大队教导员	
11	黄新荣	赣州市人大常委会法制工委主任	
12	杨长斌	赣州市人大常委会财经委副主任委员	
13	周彬	江西九鼎赣饶信息工程集团有限公司董事长	十三届江西省政协委员
14	王奇锋	赣州市智能产业创新研究院院长	
15	申慧强	赣州市开源科技有限公司总经理、赣州市晶格新材料有限公司董事长	
16	喻玺	赣州富尔特电子股份有限公司总经理	
17	卓邦友	赣州经开区管委会二级调研员	六届市政协委员
18	黄光舜	赣州市科技创新服务中心主任	
19	刘丹	赣州经开区综合执法大队大队长	
20	刘钦辉	江西文钦教育产业集团董事长	
21	潘莉玲	赣州经济技术开发区湖边镇康馨幼儿园园长	
22	赖晨鸣	赣州经开区财政局副局长	
23	钟舒毅	赣州经开区招商局副局长	
24	邓卫城	赣州市卫诚火机制造有限公司董事长	
25	朱开椿	江西亚美达科技有限公司董事长	
26	李　麟	江西裕丰智能农业科技有限公司总经理	
27	何　喆	江西曼妮芬服装有限公司总经理	
28	郭晓夏	赣州恒科东方实业有限公司（赣州国际企业中心）总经理	

续表 7

序号	姓名	职务	备注
29	韩金玉	江西冲天互联网科技有限公司董事长	六届市政协委员
30	喻　玺	赣州富尔特电子股份有限公司总经理	
31	滕秀明	赣州泰源富置业有限公司及赣州泰源商业运营管理有限公司董事长	
32	赵之光	赣州市宝明显示科技有限公司总经理	
33	申慧强	赣州市开源科技有限公司总经理、赣州市晶格新材料有限公司董事长	
34	吕　锋	江西金力永磁科技股份有限公司副董事长、副总经理	
35	杨　欣	广东华商（赣州）律师事务所主任	
36	王小红	赣州华坚科技职业学校董事长	
37	王奇锋	赣州市智能产业创新研究院院长	
38	靳　东	赣州赛可韦尔科技有限公司创始合伙人	
39	梁入云	赣州西克节能自动化设备有限公司董事长	
40	许道重	赣州合信印刷包装有限公司董事长	
41	林炳煌	赣州瑞康混凝土有限公司董事长	
42	曾亮生	赣州倧华菲尔雪食品有限公司董事长	
43	李永毅	赣州毅能达电子信息科技有限公司、赣州毅能达金融信息有限公司董事长	
44	谭小彬	赣州宝吉实业有限公司董事长	

群众团体

【总工会】 概况　2022年，赣州经开区总工会在加强思想政治引领、维护职工合法权益、深化工会改革创新、服务保障中心大局等方面，发挥工会组织桥梁纽带作用。年内，赣州经开区被人社部、全国总工会授予全国和谐劳动关系示范工业园区荣誉称号，党建带工建推动新就业形态融入社会治理获评省总工会最佳案例，吴强等10名职工获评省市五一劳动奖章等荣誉，裕丰智能肖坤、网约车司机李广才获评市级“最美劳动者”（全市20名），参加全市职工气排球、网球赛双双夺冠，获评全省《中华人民共和国工会法》知识答题和职工线上运动会优秀组织奖等荣誉。

工会组织建设　印发《赣州经开区“六有六规范”基层工会评比活动实施方案》《全区推进基层工会组织“六有六规范”建设工作方案》，开展基层工会建设攻坚行动，实地验收工会37家，下拨28万元专项资金用于支持基层工会开展“六有六规范”建设，选派366名工建指导员摸排626家挂点企业建会入会情况，动员企业建会职工入会，新增工会组织213家，新增会员26981名。加强村居（社区）工会组建，召开乡镇工会主席会议，推进村居（社区）工会组织建设

10 月 29 日，赣州经开区第十届“工会·同兴达杯”职工篮球赛决赛在区第二体育馆举办　（区总工会供图）

及会员系统录入工作，加强农民工、新业态等群体入会。采取地域相邻、行业相近的原则，先后建立恒科数字经济产业园、数字金融产业园联合工会，发展会员2400 余名。

职工思想建设　开展中共二十大精神进基层一线、进企业班组、进职工群众活动，组织开展赣鄱劳模宣讲团（赣州经开区轻骑兵）先进事迹报告会 30 场次，覆盖职工 6300 余人。

职工文体活动　春节期间，开展学习新修订《工会法》线上知识答题活动，超 2 万人次参与答题。3 月，组织 6400 余人次观看红色电影《三湾改编》《邓小平小道》。4 月，组织开展“奋进新征程·建功新时代”学习强国知识挑战答题大赛，近 7000 人次参加。开展喜迎二十大“快进二季度强攻双过半”八大行动摄影作品展览，展出百余幅精彩摄影作品。7 月，组织开展“喜迎二十大　建功新时代”职工书画作品展览，收到作品 200 多件。11 月，开展学习贯彻党的二十大精神知识问答活动，超 1.5 万人次参与。12 月，开展“学习二十大·党章我来读”活动，刊发作品 50 篇，超 1 万次浏览。投入资金超 7.2 万元向 9 家基层工会赠送职工书屋书籍 6480 册，赣州富尔特电子股份有限公司获评 2021 年度最美赣鄱职工书屋（全省 10 家），孚能科技肖龙海、山东凯马伦宗飞获评 2021 年度赣鄱阅读成才个人（全省 20 名）。开展元旦亲子跑、五一全民健身活动、气排球比赛、篮球赛、演讲比赛、万米长跑等文体活动 10 场次，参与人数超 6000 余人。组织代表队参加市职工网球团体赛，勇夺冠军，组织参加市职工气排球比赛，女队获冠军，男队获第五名，获评优秀组织奖和体育道德风尚奖。9 名职工获评全国职工线上运动会江西赛区“十佳”个人，区总工会获评赣州市分赛区“十佳单位”，个人项目“十佳”被赣州经开区包揽。

产业工人队伍建设改革　区总工会联合多部门，开展产业工人队伍建设重点行动，赣州建控集团入选市级试点单位。围绕重点行业、重点领域，高水平推进产业工人素质提升，开展技能竞赛、技能比武。年内，组织开展数字经济培训班 1 期、健康营养师技能培训 1 期，培训职工 100 余名。组织赣州市同兴达电子科技有限公司、曼妮芬服装有限公司、赣州市柏瑞凯电子科技有限公司、江西裕丰智能农业科技有限公司等企业开展职工技能大赛，参与超 8000 人次。江西裕丰智能农业科技有限公司董事长李麟获评省级数字经济名师。

2022年赣州经开区获评五一劳动奖一览表

表8

序号	公司名称	姓名	奖项类型
1	赣州立德电子有限公司	—	集体
2	江西好学微客教育科技有限公司	—	集体
3	山东凯马汽车制造有限公司赣州分公司	—	集体
4	江西冠英智能科技有限公司	—	集体
5	江西裕丰智能农业科技有限公司	—	集体
6	赣州西克节能自动化设备有限公司	—	集体
7	赣州经济技术开发区招商局	—	集体
8	赣州经济技术开发区黄金岭街道办事处	—	集体
9	赣州市凤岗中学	—	集体
10	赣州经济技术开发区黄金岭街道社区卫生服务中心	—	集体
11	江西金力永磁科技股份有限公司	储银河（成品工序生产总监）	个人
12	赣州市同兴达电子科技有限公司	安明静（工程部副总经理）	个人
13	广东华商（赣州）律师事务所	杨　欣（主任）	个人
14	赣州金信诺电缆技术有限公司	廖书强（设备主管）	个人
15	赣州好朋友科技有限公司	王　杉（算法工程师）	个人
16	赣州毅能达金融信息有限公司	陈传音（设备主管）	个人
17	国网赣州开发区供电公司	杜江龙（信通运检班班员）	个人
18	江西客家人环境管理有限公司赣州经济技术开发区分公司	曾瑞梅（女，快保员）	个人
19	孚能科技（赣州）股份有限公司	许青山（项目副经理）	个人
20	江西荧光磁业有限公司	杨红星（总工程师）	个人
21	京瓷精密工具赣州有限公司技术	刘志伟（研发中心主任）	个人
22	江西裕丰智能农业科技有限公司	张继生（软件主管）	个人
23	赣州经济技术开发区党政办公室	郭　涛（副主任）	个人
24	赣州市公安局交警支队开发区大队	郑小春（机动中队中队长、三级警长）	个人
25	赣州市湖边中学	赵燃红（副校长、班主任）	个人
26	赣州市第十中学	张慧君（女，教师）	个人
27	赣州市蟠龙水碓小学	彭小英（女，教师）	个人
28	赣州市第五中学	段玉兰（女，教师）	个人
29	三江乡卫生院	林　维（医生）	个人
30	凤岗镇中心卫生院	曾红亮（女，党支部书记、院长）	个人

职工维权帮扶 做优做强工会传统“四送”（春送岗位、夏送清凉、秋送助学、冬送温暖）品牌。春节走访慰问10个不停工不停产重大项目重点企业3000余人。端午节到江西裕丰智能农业科技有限公司、区文化艺术中心项目工地、曼妮芬服装有限公司等地走访慰问坚守生产一线职工1200余人。“六一”国际儿童节期间投入1.1万元走访慰问110余名留守儿童。暑期投入6.3万元开展“夏送清凉”，走访慰问3000余名职工。9月，向5名困难职工学子发放2.5万助学金。向偏远地区乡村教师代表赠送价值10.05万元的免费体检卡201个，为全区306名偏远地区乡村教师进行免费健康体检。投入69.48万余元，为7039名机关、企事业单位赠送职工互助保障计划险，为123名职工发放理赔金55.13万元。做好困难职工民生工程，投入21万走访慰问困难职工、劳模237人次，发放困难职工、困难劳模帮扶资金6.29万元。依托“三师一室”（劳动关系协调师、法律援助律师、健康工程师和沙龙茶叙室）和“法院＋工会＋仲裁”劳动争议多元化解机制化解劳动争议120起，挽回职工损失300余万元。开展2021年度“赣州经开区劳动争议优秀调解员”评选活动，表彰奖励优秀调解员5名。组织“尊法守法·携手筑梦”公益法律、安全生产宣传、职业病宣传、“女职工维权行动月”、心理健康讲座活动10次，发放资料8139份。

首届赣州经开区五一劳动奖 年内，组织首届赣州经开区五一劳动奖评选，举办2022年五一劳动奖颁奖典礼，区党工委、管委会主要领导及全体在家区领导出席活动，对10个集体和20名个人进行表彰。

【团工委】 **概况** 2022年，区团工委贯彻落实习近平总书记关于青年工作的重要思想、建团100周年大会精神、共青团第十八次全国代表大会和《关于全面加强新时代少先队工作的意见》要求，带领广大团员青年融入党政中心工作大局。

自身组织建设 组织全区团员青年收看中共二十大和庆祝中国共产主义青年团成立100周年大会，组织学习宣传贯彻中共二十大精神宣讲会和习近平总书记在庆祝中国共产主义青年团成立100周年大会上重要讲话精神座谈会。推动党史学习教育常态化长效化，组织全区475个团组织参加“青年运动史”“建团100周年大会精神”“党的二十大精神”专题学习，覆盖团员青年5285人。弘扬价值引领，结合建团100周年，组织区内各中学积极开展“喜迎二十大 永远跟党走 奋进新征程”少先队员离队入团仪式活动；结合“六一”国际儿童节、“五四”青年节等节点，组织区内各小学开展少先队员分批入队仪式。组织各学校开展“童心向党·情暖六一”“五红”培根铸魂、寻访“六个江西”“五个赣州”等主题活动，传承红色血脉。突出彰显榜样引领，开展全区“两红两优”（表彰在团组织内政治建设好、组织基础好、理想信念坚定、自觉遵守团的章程、模范作用突出、工作能力过硬、工作作风优良的先进团组织和优秀个人）和“红领巾争章表彰”活动，表彰先进集体32个和先进个人代表65个，其中15名少先队员，2个少先队中队，1个少先队大队获江西省“红领巾奖章”四星章；7名少先队员和3个少先队大队获赣州市“红领巾奖章”三星章。夯实“党建带团建队建”，组织召开各级团组织书记综合述职会暨工作推进会；召开“坚定信念、务实担当”专题教育动员部署会；在江西瑞金干部学院举办全区基层团干部、少先队大队辅导员培训班；举办全区学校共青团“微团课”大赛，选派优秀选手刘静参加省级、市级“微团课”大赛，获省、市特等奖。举办全区第四届“红领巾讲解员风采大赛”，选派选手参加市级比赛获评全市优秀组织奖。举办全区少先队辅导员风采展示活动。深化共青团基层组织改革，加强基层团组织和团干部队伍建设，选配挂职、兼职团组织副书记。实施社区青春行动，打造青年之家6个。

融入中心工作　围绕学习宣传贯彻中共二十大精神主题主线，组织赣州经开区青年宣讲团、红领巾巡讲团深入中小（中职）学校、村（社区）、卫生院、企业、青年之家开展中共二十大精神宣讲；开展青年五四奖章、“两红两优”“向上向善好青年”“赣鄱乡村好青年”“乡村振兴青年”等选培评选活动。开展“展翅计划”社会实践活动，提供实习岗位122个，帮助大学生提升社会化技能，提供学习锻炼平台。引领青年服务中心工作，深化青年志愿者协会、青年企业家协会、青年突击队、青年岗位能手等“青”字号品牌内涵，引领广大青年开展青春志愿服务活动。全年招募青年志愿者常态化开展助力疫情防控工作；组织开展“3·12”“携手创绿·共植未来·青年志愿行”和“巡河护河青年志愿行”等活动30余次；常态化开展“净滩行动”40余次。

服务青少年　联合赣州市志愿者联合会等爱心组织开展“温暖冬日行 社会组织助力乡村振兴”走访慰问活动，走访慰问困难学生9人；为困难家庭未成年子女争取免费公益课程学位24个；常态化开展重点青少年走访活动；选送3名特殊青少年获赣州市希望工程基金资助。打造童心港湾项目建设点7个，开展农村留守儿童“亲情陪伴、情感关怀、自护教育、励志教育”主题关爱活动。打造团中央直属的三江乡斜角村“童心港湾”示范点。7月24日，在区婚姻登记处举办2022年赣州经开区“不要彩礼要幸福”集体颁发结婚证活动；在金凤梅园举办2022年赣州经开区“青春向党践初心 扎根经开共成长”青年人才交友联谊主题活动。

【妇联】　概况　2022年，区妇联聚焦“引领、服务、联系”职能，以强化思想政治引领、深化妇联组织改革、服务发展大局、关爱困境妇女儿童、加强家庭家教家风建设为重点，扎实推进全区妇女儿童事业发展。

基层妇女组织建设　深化妇

3月8日，赣州经开区“奋进新征程 巾帼展风采”庆祝“三八”国际劳动妇女节112周年活动在台湾部落民俗文化村举办　（区妇联供图）

联组织建设改革，年内实现全区妇联组织46个机关、3个国企、32个学校、6个医院、81个“两新”组织，五大领域妇联组织全覆盖。打造“五型”巾帼队伍，实施妇女干部能力素质提升工程，举办“凝聚巾帼力量•强国复兴有我”主题培训班7场13个班次。加强妇联干部和执委队伍建设，组织好妇联系统换届工作，发挥妇女在基层作用，选优配强妇联组织班子。

妇女创业就业 以妇女群众需求为导向，开展“技能培训下基层”活动，提升妇女灵活就业能力，组织开展化妆、直播、插花等“无门槛、下沉式”技能培训活动9场，帮助广大妇女在家门口学习一技之长。以乡村振兴巾帼行动为抓手，推报巾帼种粮能手，争取扶持资金3.8万元，创建乡村振兴巾帼示范基地2个，依托产业基地、技能培训带动更多农村妇女走出家庭，帮助更多的妇女依靠科技创业。把“孩子喊父母回家上班”行动纳入赣州经开区2022年“春风送温暖•就业暖真情”大型招聘会，开展线上线下招聘活动29场，为妇女提供巾帼就业岗位，引领妇女增收致富。

妇女文化活动 组织“赣鄱红色娘子军”宣讲团，深入村（社区）新时代文明实践所（站）、文化广场等场所开展各类宣讲活动700多场。深化文明创建，持续开展“赣南新妇女运动”，年内，获评省级“最美家庭”3户、市级最美家庭4户，命名区级“美丽庭院”635户、“清洁家园”2户、“示范家庭”71户。发挥传统媒体和新媒体作用，组织开展“不要彩礼要幸福”集体颁证仪式，拍摄《不要彩礼要幸福》宣传片，宣传引导文明新风尚。落实“家庭教育人才‘千人计划’培养工程”，完善全区家庭教育队伍，全区有家庭教育指导教师25名。

关爱妇女儿童活动 开展“喜迎二十大 巾帼心向党”“五心”关爱服务、“春蕾计划”结对帮扶、“暑期儿童关爱服务”等特色活动，动员全区各级妇联组织开展关爱服务活动800余场，受益群众12000余人。组织实施“春蕾女童”捐助计划，为女童发放“99公益日”春蕾计划公益募捐项目助学金6000元。实施城乡适龄妇女“两癌”免费检查，争取“两癌”救助资金6万元，救助患病“两癌”妇女6人。在全区范围内开展“强国复兴有我 送健康到基层”活动，以巾帼健康服务行动助力乡村振兴。强化关爱维权，利用“三八维权周”“全民禁毒月”“11•25”国家消除家庭暴力日等重要节日开展法治宣传教育活动，发挥区妇女儿童法律援助工作站（区妇女儿童法律服务工作站）作用，增强妇女群众法治意识和依法维权能力。全年接访法律咨询26次、开展普法宣传10场、代写法律文书4件、服务妇女群众3000余人。开展“爱护我们的身体”主题宣传教育活动，组织“女童保护”志愿者讲师深入学校、农村（社区）开展儿童防性侵知识宣讲，提高防护意识。

【科协】 *概况* 2022年，赣州经开区科协团结带领广大科技工作者，围绕全区工作大局，普及科学知识、弘扬科学精神、传播科学思想、倡导科学方法，提高全民科学素质，服务科技工作者。获“十大科技创新人物”荣誉2人，创建科普示范点（基地）11个，开展各类科普活动60余次。

自身组织建设 召开全区全民科学素质工作领导小组会议，协同区全民科学素质工作领导小组成员单位，推进全民科学素质工作。印发《赣州经开区2022

年全民科学素质行动规划工作要点》，举办全民科学素质提升培训班1期。加强科技志愿者队伍建设，成立科技志愿服务大队1支和乡镇科技志愿服务队6支，全区注册科技志愿者约700人。

服务科技工作者　组织种植大户、技术人员及从业人员参加赣州市农村实用技术培训班1期。举荐科技创新人才参加赣州市第六届“十大科技创新人物”评选，播恩集团股份有限公司邹新华、赣州有色冶金研究所有限公司管建红获奖；组织科技工作者参加赣州市科学家精神宣讲微视频大赛，凤岗镇张涛获二等奖。

服务创新驱动发展　指导赣州澳克泰工具技术有限公司获批省级专家工作站，江西裕丰智能农业科技有限公司获批市级海智计划工作站，播恩集团股份有限公司、江西零真生态环境集团有限公司获批市级专家工作站，江西金力永磁科技股份有限公司通过省级海智计划工作站复核。全区建成省级专家工作站1家、市级专家工作站3家、海智计划工作站4家。组织区内10家科技型企业参加广州市“2022年中国创新创业成果交易会”线上参展活动，推动企业融入粤港澳大湾区。新建企业科协20家，累计建设43家。举办“湾区苏区齐携手　科创联盟入赣行”活动，5家广州市企业签署入驻协议，6家企业带来项目展示，推动更多科技成果在赣州经开区落地转化。

科普和科学数字建设　精心筹划全国科技周、全国科普日等各类主题科普活动，开展文化科技卫生“三下乡”（有关文化、科技、卫生方面的内容知识在农村普及，促进农村文化、科技、卫生的发展）、心理健康科普知识“五进”（进机关、进企业、进学校、进社区、进乡村）、乡风文明建设宣传等各类科普志愿服务活动50余次，惠及群众8万余人次。举办全区第二届青少年人工智能普及大赛，各中小学校22支参赛队伍、200多名学生参赛。创建市级科普示范点4个（含村居、学校）、区级科普示范点4个（含村居、学校），2家企业获批市级科普教育基地，1家农业企业获批市级农业科普基地。

【关工委】　概况　2022年，区关工委以立德树人为根本任务，围绕“传承红色基因，争做时代新人”“树家风，育新人”主题教育开展活动，开展中共二十大精神宣传教育，加强关爱服务体系、能力建设，广泛开展结对帮扶、创“五好”关工委、“三防”工程、扩大关爱基金等工作。

青少年思想道德教育　在全区青少年中开展“传承红色基因，争做时代新人”“好家风，育新人”等主题教育，通过“五老”宣讲等形式，组织广大青少年学党史、颂党恩。印发《关于开展“学‘四史’传承红色基因，造就新时代四有新人”主题教育活动方案》《关于在全区进一步深入开展“树家风，育新人”暨争做新时代“三好少年”主题教育实施方案》，召开“树家风，育新人”主题活动推进会、流动现场会。全年全区各级关工委组织“五老”深入各中小学、企业、各村（社区）开展党史宣讲和中共二十大精神宣讲200余场次，参与听讲人数2.3万人次。

关爱青少年行动　坚持动态摸底，精准确定关爱对象268人，组织“五老”开展结对帮扶帮教帮学活动。在重大节日联络挂点部门、驻村工作队及社会爱心人士结对帮扶帮教困境青少年。开展“六一慰问”公益项目、金秋助学活动、“暖冬行动”公益项目等，通过线上募捐、线下配捐等方式扩容关爱基金，全年全区关爱基金累计募集进账资金138.8万元，使用区关爱基金64.22万元。

关爱组织建设　建立健全关工委工作制度，推行区、乡、村（社区）、中小学三级争创“五好关工委”的标准，健全基层关工委组织，44个村（社区）、10所中小学、8家企业获区关工委授予“五好关工委”称号。年内，区关工委获评全省关心下一代工作先进集体，蟠龙镇获评全市关心下一代先进集体。截至年底，全区建立关工组织760个，其中乡（镇、街道、管理处）6个，村（社区）81个，村（居）民小组605个，符合成立关工委条件并成立关工委的部门(单位)4个，中小学26个，园区企业47家。加强青少年红色教育基地建设，将关心下一代工作纳入新时代文明实践所、站、点建设，利用各村（社区）多功能会议厅打造红色影院，搭建关心下一代工作平台。全区有关心下一代教育基地7处，其中红色教育基地4处。

【残联】　2022年，全区有各类残疾人4262人，占全区总人口的2%。其中全年新办残疾人证145人。统一城乡残疾人生活补贴和重度残疾人护理补贴标准，均提高到80元/月，为2246名困难残疾人发放残疾人两项补贴281.05万元。改善残疾人居住环境，增强残疾人幸福指数，无障碍改造残疾人家庭61户；促进残疾人就业增收，选聘残疾人公益性岗位37名；发放残疾人机动轮椅车燃油补贴45人1.17万元；发放困难重度失能残疾人居家照护补贴106人74.4万元；发放残疾人辅助器具适配补贴12人2.7万元。45名0—8岁残疾儿童、4名大龄孤独症儿童在康复定点机构接受康复训练，发放康复补助金90.63万元。利用春节和“全国助残日”等节日开展走访慰问活动。

【红十字会】　2022年，开展区政法工作领导小组主办，区红十字会承办的“虔城勇为”基金公开募捐活动。5月18日，印发《关于在全区开展“虔城勇为”基金公开募捐活动的通知》文件，8月29日基本完成募捐工作，全区48家部门单位参与捐款，筹款19.21万元。

【计生协会】　2022年，区计生协会开展“优生优育进万家”活动，利用元旦、春节、“5·29”会员活动日等重大节日，组织各乡（镇、街道、管理处）在育龄群众较多的社区开展活动，活动以趣味答题的形式宣传优生优育、母乳喂养等知识，发放有奖问答纪念品。向育龄群众提供政策咨询、生殖健康检查、婚前保健咨询、免费婚检、免费孕前健康检查等相关政策及知识。活动提供政策咨询590人次，提供生殖健康检查及健康体检300余人次，发放宣传资料1510余份，避孕药具530盒。

（范　祥　叶芸菲　谢　忠　黄玙静　赖梦瑶　吴媛婷　黄德玺　华　珍）

政务服务

【概况】　2022年，赣州经开区推动“放管服”改革，持续优化各项便民举措，深入推进营商环境优化升级“一号改革工程”。通过全区党政领导班子成员和区直、驻区部门主要负责人“以企业群众身份走流程”“以服务人员身份坐窗口”等形式深入基层一线开展流程体验，全年累计发现问题50余个，制定整改举措36条，倒逼窗口工作人员提升服务水平，努力打造全市乃至全省审批程序最少、办事效率最高、服务质量最优的政务服务大厅。

【惠企政策兑现改革】 通过“互联网+政务服务”，推进惠企政策兑现“线上一网 线下一窗”改革，全年全区有110项惠企政策事项接入“赣服通”“亲清赣商”平台，政策上线数量位居全市第一。实现兑现时限和企业兑付成本“双压减”，整体兑现情况居全市前三。全区65%的惠企政策兑付实现“免申即享”，兑付时间相比改革前压缩30%以上。全区累计兑现和补贴各类惠企利民政策资金10.24亿元，惠及企业2万户余次。

【涉企中介服务及公共资源交易领域质效提升】 全年通过中介服务超市选取中介机构1347家，节支率57.96%，公共资源交易工作站电子化交易率100%。探索推行行政审批和技术审查相分离，年内，组织专家评审项目124个，提升审批的专业性和合理性，堵塞专业漏洞。

【“12345”政府服务热线】 以“12345”政府服务热线为平台，搭建区党工委、管委会紧密联系群众和企业的沟通桥梁，解决群众和企业的有效诉求。每月通报全区“12345”热线平台运行情况，积极协调疑难问题处理，全年群众评价满意率99.63%，按期响应率99.35%。通过专题调度，常态化解决疑难工单20余件。

【政务公开】 全年全区发布信息6237条，政务动态信息更新量2613条，网站总访问量1261031次。与经济、社会管理和公共服务相关的政府信息，均予以公开或者依公民、法人和其他组织的申请予以提供，保障全区公民、法人及其他组织的知情权。

（唐怀智）

网信工作

【概况】 2022年，赣州经开区认真贯彻中央、省委、市委和区党工委网信工作有关决策部署，严格落实网络意识形态工作责任制和网络安全工作责任制，确保全区各领域网络意识形态总体安全。区党工委网信办获评2022年度全市网信工作先进集体、全市优秀网评工作集体、全市网络宣传工作先进集体、全市非公互联网党建工作先进集体；获评全市网络舆情工作先进个人1人、区2022年度“先进工作者”1人。

【网络宣传】 每季度召开网络宣传例会，制定网上重大主题宣传和重要议题设置方案，深入学习宣传贯彻中共二十大精神，持续做好习近平新时代中国特色社会主义思想网上宣传。开展“喜迎二十大”、“学习贯彻二十大精神”、“江西是个好地方——干就赣好”、“奋时新时代 书写新荣光”、“融湾向南”、“三大战略、八大行动”、全区“一极两地四中心”建设等重大主题网上宣传，完成大网上稿625篇21925积分，全市领先；发表网评文章677篇1712积分，居全市第一；组织网评员、网络名人围绕热点转发跟评1400多条，发挥区级新媒体矩阵平台累计发稿26300余条，其中“10万+”浏览量稿件20条。

【网络舆情处置】 建好用好网络应急指挥中心，依托网络舆情监测系统和交办系统，与信访、应急部门建立沟通联系等机制，及时收集网络舆情民意，跟踪督促职能部门线下处置到位，下发《舆情专报》98期，涉及预警舆情事件136起，编发舆情汇要11期，稳妥有序处置疫情防控、燃气爆炸突发事件重大敏感舆情，未造成重大负面影响。

【网络生态治理】 聚焦六大体系建设内容，召开工作推进会，明确责任部门，对39项任务细分措施66项，建立台账和销号制度，推进网络综合治理体系项目落地见效。坚持每月对区内互联网新闻信息服务平台（区融媒体中心）加强考核，“欧潭融媒”微信公众号获评全省2022年第一季度十佳政府系统政务微信公众号，江西省融媒体中心县融App排行中“欧潭融媒”客户端在10月排名全市第二、全省第十。加强党政机关新媒体舆情风险管理，严格信息发布和审查流程，下发通报问题26个，全部整改到位。承接全市互联网违法和不良信息举报平台，联合公安、市监部门开展“清朗”“净网”等系列专项行动，全面加强涉政治谣言、疫情防控、非法宗教、历史虚无主义、淫秽色情等有害信息巡查清理430余条，处置网络谣言8起，依法打击网络违法犯罪，查破涉网类违法犯罪案件279件，抓获违法犯罪嫌疑人362人。

【网络安全保障】 贯彻落实《国家网络空间安全战略》工作任务，严格执行网络安全统筹协调工作机制，落实网络安全工作责任制考核办法。印发《赣州经济技术开发区网络安全事件应急预案》，下发网安风险预警信息10条，编写《网络安全季报》3期，开展网络安全业务培训2期。举办第九届网络安全宣传周活动，参加全市网络安全知识网上答题竞赛活动，发放宣传册2万余册。网安教育纳入区党校主体班教学内容210人次，开展网络以案释法120人次。购买网络安全技术和驻场服务，动态开展属地重要网站、信息系统和App等网络资产摸底15个，对全区11家单位（企业）开展网络安全检查并督促整改到位，对“赣州链”“值淘”等29家新技术新应用进行安全评估摸底，督促区内6家高新技术企业开展网络与数据安全自查工作，稳步推进国产化替代工作，夯实网络安全防线。

（谢晓慧）

融媒体工作

【概况】 2022年，区融媒体中心以“五有”（季季有进步、月月有精品、处处有担当、时时有本账、事事有自省）工作法，守正创新，担当作为，全力吹响欧潭“号角”，凝聚经开“力量”，为加快建设“一极两地四中心”提供坚实的思想舆论支撑。在全市同类县（市、区），中央、省大报大台上稿计分排位第一；“欧潭融媒”微信公众号获评“全省2022年十佳政府系统政务微信公众号”，“欧潭融媒”客户端在全省105个县级融媒体中心排名跃升至全省前10；微信公众号进入全市前8；微博号稳居全市前3。年内，进行市场化改革，成立欧潭文化传媒公司。

【平台建设】 形成“两微一端一抖一报”（微信、微博，欧潭融媒客户端，抖音，手机报）媒体矩阵，构建全媒体舆论宣传阵地。“欧潭融媒”微信公众号用户数72963人，增长119.4%，“欧潭融媒”客户端用户数96231人，增长16.9%。

【新闻采编】 坚持主动对接和深入一线“双轮驱动”，前往省市级媒体对接工作33次，举办各级媒体走基层活动11次，接待媒体记者72人次。

【媒体宣传】 全年外宣发稿3231篇。其中，中央媒体发稿

91篇，增长27%；省级媒体发稿332篇，增长119.9%；市级媒体发稿2808篇，增长208.6%。在区属宣传平台开设专栏73个，刊发全区各地各部门工作稿件19300篇，增长35%。

【媒体+政务融合】 年内，在欧潭融媒媒体矩阵先后开通便民服务、政民互动、问政平台、新时代文明实践点派单等功能；链接赣服通经开区分厅、清廉欧潭"亲清云监督"、在线招聘、社区服务等小程序，全媒体平台粉丝19.5万人。

【校媒合作】 深化和江西理工大学、赣州师范高等专科学院实践教学基地共建工作，在资源共享、人才培养等方面开展持续交流合作，推进媒体融合发展和新型主流媒体人才培养。（张祥旺）

文明实践

【概况】 2022年，赣州经开区健全区、乡（镇）、村三级文明实践工作领导小组。村（社区）文明实践站实现"两个率先"［率先完成每个行政村（社区）实践站配备1名专职文明实践员、率先落实专职文明实践员与村（社区）干部同工同酬］。按照"有场所、有队伍、有活动、有项目、有机制"的标准，建成文明实践中心（所、站）89个，实现区级中心、乡（镇、街道、管理处）所、村（社区）站建设全覆盖目标，其中区级新时代文明实践中心1个，乡（镇、街道、管理处）新时代文明实践所6个，村（社区）新时代文明实践站82个，全域覆盖率100%。延伸打造2个机关单位、1个窗口单位、6个企业、3个学校、1个旅游景区、1个红色教育场馆的文明实践点。

【文明实践志愿服务】 建强区级志愿服务总队，由区党工委书记任总队长，组建13支理论政策宣讲、文艺文化等志愿服务总队分队，吸纳为民志愿者服务协会、阳光志愿者服务协会2个社会志愿者服务组织，整合各方面志愿服务力量，动员群众参与志愿服务。全年在江西志愿服务网上注册志愿者43625人，志愿服务时长1305777时。依托江西省新时代文明实践志愿服务平台，活动项目库更新至5000余个，在平台上完成志愿服务活动"点、派、接、评"闭环流程3万余次。开展各类文明实践活动4600余场，组织志愿者在各集市开展爱心义剪、健康义诊等"文明集市"100余场。

【文明实践品牌建设】 年内，在全国率先探索推行"文明实践+便民快递"服务模式，建立未实现快递直达村"文明实践+便民快递"服务点32个，有效服务快递寄取需求村民群众5万余名，收取快递2.3万件次。"文明实践+便民快递"服务模式经验做法在《赣州改革动态》《江西改革动态》刊发。

【先进典型选树活动】 建立区、乡、村三级联动工作格局，通过"人人做、级级推"的推荐方法，全年全区获得"赣州好人"荣誉称号8人，位列全市第三，江西好人张卿兰、曾祥荣夫妻由省文明办推送至中央文明办参评中国好人。完成第一届赣州经开区文明村镇评选表彰工作，评选出湖边镇等文明镇3个，文明镇占比75%，评选出金星村等文明村41个，文明村占比67%。开展文明单位创建活动，全区有28个单位（部门）、非公有制经济组织及社区获评省市级文明单位，其中9个机关单位、1个街道获评省级文明单位，12个机关单位获评市级文明单位称号，4个非公有制经济组织获评市级文明单位，2个社区获评市级文明单位。

【文明城市常态化建设】年内，赣州经开区围绕《全国文明城市测评体系(2022版)》，出台《2022年全国文明城市常态化管理重点工作安排》《2022年赣州经开区文明城市常态化精细化智能化管理工作方案》《赣州经开区文明城市月度测评考核办法》等文件，构建横向到边、纵向到底、全域全时的责任体系。56个责任部门单位，每周四深入全区81个申报点位和138个工作责任区域开展志愿服务活动。上半年在市创文办委托第三方对中心城区五区实地测评中列第一。开展文明城市月度考核，对24个文明城市创建责任单位和13个城中村，通过日常督查、专项督查、督查整改三个方面进行测评，发挥绩效考核"指挥棒"作用，突出过程考核与结果运用，相互比、相互看，推动文明城市建设常态化开展。发扬"铁脚板"作风，连续102天早上每天6:00开展"啄木鸟"行动，开展全时段、全覆盖、立体式督查，建立台账、总结点评，做到"一日一督一账一评"，督查发现问题9000余个，累计发出督办函、工作提示函81份。开展城中村集中整治行动、文明城市创建短板弱项问题"歼灭战"行动等，刊发每日专报42期，整治一批"基础设施""杂乱线缆""飞线充电""牛皮癣"等突出问题。围绕测评体系高标准完成96个申报点位的打造，集中资源新打造5个大类9个文明城市创建示范点，全年完成市级督查问题872个。

（彭建南　肖厚禄）

机关事务保障

【概况】　2022年，区机关事务管理中心紧扣机关事务治理现代化和高质量发展为目标，以落实"细致、精致、极致"为服务理念，保障全区公务用车、公务接待、办公用房、会务接待、大院管理等后勤保障工作。全年公车安全出行4300余次，安全行驶约22万千米。保障季度性总结表彰大会、誓师大会、项目签约、礼仪庆典等活动197场。年内，赣州经开区获评"全省公共机构节能先进集体""省级公共机构水效领跑者"等荣誉。

【公共机构节能管理】　全年开展全区范围内的节能、垃圾分类和塑料污染治理、反食品浪费检查2次，组织开展2022年公共机构节能宣传周、"世界水日""中国水周""世界粮食日"等主题宣传活动。全国节能宣传周期间，组织收看全国公共机构节能宣传周"云启动"仪式3000余人次，收看云展播2000余人次。开展垃圾分类知识和"限塑"竞答宣传及志愿活动5000余人次。

6月16日，区机关事务管理中心开展"绿色回收进机关"活动
（区机关事务管理中心供图）

开展“绿色回收进机关”暨“节水、节电、节粮我先行”签名活动，回收废弃电器电子产品、废纸和硒鼓、墨盒、废灯管等有害垃圾1822件，废纸250余千克。实行资源再利用，通过线上线下结合的方式在全区普及生态文明、绿色发展理念和节能降碳知识。开展节约型机关创建，区属党政机关申报创建单位2家，预验收通过2家，创建比例目标100%。推动公共机构低碳积分制（绿宝碳汇）工作，动员干部职工践行绿色办公、绿色出行、绿色生活、绿色公益等日常低碳行为，完成绿宝碳汇运用推广4595人次，绿币6.3万余个。

【办公用房管理】　推进以资产管理为基础的集中统一管理、统一政策、统一标准，实行办公用房动态化管理，建立跨部门、跨系统、跨层级调剂机制，推进办公用房共享共用。印发《关于进一步做好规范使用全区党政机关办公用房工作的通知》《关于做好2022年度全区党政机关办公用信息统计报告工作的通知》《关于开展全区办公用房违规配备使用问题整改工作的通知》，落实全区市管、区管干部签订《领导干部规范使用办公用房承诺书》，采取“腾、调、合、改”等方式，调剂办公用房约3865平方米。联合区党政办、区纪工委开展全区办公用房专项督查，实地检查47个单位，协调解决办公用房问题12个。

【公务用车管理】　严格执行公车管理制度，坚持“科学调度、严格把关、合理控制”原则，全面推行公车信息化平台“全省一张网”运行管理，完善网上用车平台建设和派车手续，安装北斗卫星定位系统，实现公车统一管理、统一调配，公车出行更加科学高效。

【优化服务保障】　建立保障服务资源调剂、共享联勤联动机制，为各部门（单位）提供会议保障服务530余场次；强化区政中心进出人员管控，排查车辆1.5万余辆，登记人员1.3万余人次；全年开展消防演练4次，消防设施检查12次，更换机关大院灭火器79个；完成区政广场地面维修改造工程，协助西城公司做好区会议中心顶棚维修改造工程。

【开展反食品浪费行动】　组织开展区机关食堂厉行节约制止餐饮浪费专项检查，设立“光盘行动监督员”，区机关食堂带头开展“限塑”行动，禁止使用一次性餐盒、筷子、水杯等一次性用品。10月16日世界粮食日，组织各公共机构干部职工收看爱粮节粮宣传教育片，大力开展“光盘行动”和制止餐饮浪费自查自纠、节粮宣传进机关、社区、学校等爱粮惜粮活动。

（谭钧翼）

纪检监察

【概况】　2022年，区纪检监察机关充分发挥监督保障执行、促进完善发展作用，成立对口联系监督组8个，分系统分领域对口联系各部门单位。全年围绕学习贯彻党的二十大精神、“三重一大”事项集体决策等开展日常监督132次。疫情期间编发《督查专报》92期，发出《督办函》102份、《工作提示》13份，依规依纪依法追责问责处理62人。全面从严治党、党风廉政建设和反腐败工作取得新成效，纪检监察工作高质量发展迈上新台阶。

【“‘廉’结千企·亲清有我”行动】　开展“‘廉’结千企·亲清有我”行动，建立“纪检+”

营商环境监督模式，创新推出“亲清云监督”平台，助力企业“一键办事”“一键监督”。组建护航监督组24个，开列政商交往正负面清单18条，选聘营商环境“廉情监督员”15名，召开“亲清”圆桌会议3次，开展护航监督10轮次，督促解决涉企问题259个。监督推动政府投资类标准厂房违法转租问题专项治理，督促追缴欠缴租金600余万元，纠正违规转租问题5个。查处破坏营商环境问题36起60人6个单位，列入全市监督优化营商环境的先进案例。

【落实中央八项规定精神】 建立区乡村三级党风政风监督人才库，开展常态化落实中央八项规定精神监督检查，发现问题80个，发出《工作提示》40份。督促职能部门深化精文简会，防止考核中的形式主义问题，切实为基层减负。查处违反中央八项规定精神问题36起64人，其中享乐主义、奢靡之风问题15起18人，形式主义、官僚主义问题21起46人，点名道姓通报曝光7批次。

【维护群众利益】 坚决整治群众身边的不正之风和腐败问题，派出工作组进驻湖边镇龙岭村指导处理重点信访处置不力问题，立案6起6人，问责党组织2个、党员领导干部3人。紧盯教育、医疗、社会保障等民生领域开展突出问题集中整治，组织16个行业主管部门自查问题65个，向区领导和单位“一把手”发出《履责提示》6份、《工作提示》28份，查处群众身边的不正之风和腐败问题39起76人5个单位，实名曝光5批次。

【反腐败斗争】 调整优化反腐败协调小组，严格落实审查调查安全责任，紧盯国资国企管理、项目建设、行政执法等重点领域，严惩违纪违法问题。全年处置问题线索112件，立案79件81人，给予党纪政务处分68人，运用“四种形态”（党内关系要正常化，批评和自我批评要经常开展，让咬耳扯袖、红脸出汗成为常态；党纪轻处分和组织处理要成为大多数；对严重违纪的重处分、作出重大职务调整应当是少数；严重违纪涉嫌违法立案审查的只能是极少数）处理171人，办理留置案1起，循案深挖24名干部违纪违法问题线索，处理非监察对象行贿人员12人。

【以案促改】 做好做足审查调查“后半篇文章”，推进留置专案以案促改、以案促治，止损、挽损1200余万元。开展党员干部、公职人员参赌涉赌专项治理，拍摄制作《赌输的人生》警示教育片，召开全区警示教育大会暨全面建设勤廉欧潭推进会，用身边事教育身边人。指导国资系统召开全区国有企业警示教育大会，监督推动综保区标准厂房项目节约建设成本、止损挽损约7200万元。指导职能部门加强征地拆迁领域廉政风险防控机制建设，督促进一步规范聘用人员组织关系管理。

【勤廉建设】 全年党风廉政建设经验做法被中央纪委国家监委网站、中国纪检监察报宣传报道8次，在《江西日报》、省纪委省监委网站刊载19次，在市级媒体刊载125次，“清廉欧潭”微信公众号推送廉政动态280次。建设西城“廉”社区勤廉教育基地、华裕路廉政诊所、恒科产业园勤廉园区等一批勤廉单元，发动各部门单位广泛参与勤廉建设。创新开展“廉洁文化月”，组织全区开展“3·23”警示教育活动，组织17名“一把手”参加“勤廉欧潭·书记谈”，运用“五个一”（一场谈话、一份廉洁承诺书、一封家书、一部警示教育片、一场考试）模式开展新提任干部廉政教育3批次73人次，加强对年轻干部的全周期全流程教育监督管理。

【纪检监察队伍建设】　举办全区纪检监察系统业务“大比武”，选派2名干部参加全市纪检监察业务大比武并获表彰。实行“蓝青结对”全员办案，选派干部到上级纪委帮助工作5人次，参与留置专案12人次、参与巡察16人次、参与监督检查126人次。建立周例会、周报告、牵头负责人等工作制度，坚持“日学周议”，开展“最佳纪言纪语”评选，开办“清廉欧潭”大讲堂13期，举办纪检监察干部家属座谈会、光荣退休仪式，开展“敲警钟明底线守忠诚做卫士”警示教育活动，持续塑造讲政治、讲学习、讲实绩、讲服务、讲品质、讲规矩的模范纪检监察机关。

（廖　春）

巡　察

【概况】　2022年，区党工委巡察机构紧扣“三个聚焦”，对标对表市委巡察工作安排，开展三轮巡察工作，对2个区直单位、4家区属国有企业、4个乡（镇、街道）、54个村（社区）、5所公办中小学校、4所基层医疗卫生机构等73个党组织开展常规巡察，发现各类问题1857个，移交问题线索31件33人，推动立案4件5人，组织处理4件4人。首次与宁都县委巡察机构开展交叉巡察，区党工委巡察办获评2022年度赣州市巡察成果运用先进单位。

【履行巡察工作主体责任】　年内，先后召开区党工委会研究巡视巡察工作9次、书记专题会听取巡察情况汇报3次；区党工委书记对巡察发现的问题点人点事106次，明确提出整改要求和处置意见，向有关单位发送书记专题会点评事项督办函45件。区党工委巡察工作领导小组严格落实组织实施责任，全年召开6次领导小组会议研究部署巡察工作、听取巡察情况汇报。压实被巡察党组织巡察整改责任，发放履责提示函10份，约谈“一把手”8人。

【巡察工作高质量发展】　建立健全巡察工作考核评价体系，出台《赣州经济技术开发区巡察工作考核评价办法（试行）》及其实施细则，在全区年度绩效考核中将巡察工作单列考核，年度先进评选表彰中，设置“巡视巡察工作”先进单位3个和“全面从严治党（巡视巡察方面）”先进个人4名。开展“上下联动试点”工作，在全市牵头制定《社区巡察工作流程图和规范》，与章贡区联合制定《社区巡察精准分类的操作指南》，为“试点工作”贡献“经开经验”。探索创新村级巡察整改方式方法，总结提炼巡察整改区、镇、村三级联动经验做法，在中央纪委国家监委网站、省纪委省监委内部工作网站和市《提升对村（社区）巡察质效试点工作简报》上刊载，并在全市推广运用。年内，在中央宣传平台上稿3篇，省、市级媒体上稿18篇，撰写的《无人问津的押金》等3篇文稿分别在中央纪委国家监委网站、《中国纪检监察报》上刊载，讲好经开巡察“小故事”，传递经开巡察“好声音”，提升赣州经开区巡察工作影响力。

【巡察整改和成果运用】　坚持巡察整改材料“面对面”联合会审机制，对被巡察党组织的巡察整改方案、整改进展情况报告等材料开展“面对面”联合会审5批次，集中审核、完善被巡察单位整改方案和整改进展情况报告50份。坚持巡察整改督查督办机制，巡察整改专项督查2轮，发现32个被巡察党组织各类巡察整改方面问题61个，下发《巡察整改工作提示》15份，对整改工作不重视、边改边犯的4名党组织负责人作出组织处理。加强共性问题通报力度，全年开展共性问题通报3批次，通报问题322个，“以点带面”督促全区各地各单位深入开展自查自纠，推动未巡先改。统筹“当下改”与“长久立”。监督推动被巡察单位建章立制118条，督促相关职能部门开展专项治理12次，其中开展全区征地拆迁领域突出问题专项治理行动中追回补偿款81万元，国有标准厂房租金、物业费集中清缴等专项治理行动中追缴欠费143万元。

【巡察干部队伍建设】 选优配强巡察组副组长、正科级巡察专员、巡察办科长各1名，面向社会公开选聘数名巡察办雇员，增设巡察机构集中办公点办公室7间，巡察工作经费预算由30万元增加至60万元。

建立巡察“学习+复盘+研讨”机制，组织抽调巡察干部召开经验交流座谈会，复盘当轮巡察工作；探索建立抽调巡察干部“延时跟踪”机制，督促抽调巡察干部继续发挥巡察优良作风，助推原工作单位各项工作规范化。

建立特聘巡察专员制度，选聘9名科级以上干部为特聘巡察专员，其中5人参加2022年区党工委巡察。修订完善《赣州经济技术开发区关于抽调优秀干部参加区党工委巡察工作实施办法》，2名抽调巡察干部年度考核直接评为优秀，6名表现突出的抽调巡察干部得到提拔重用。

（卢育成）

6月7日，2022年区党工委第二轮巡察工作动员部署暨业务培训会议在区政中心2号会议厅召开 （区巡察办供图）

人民武装

【概况】 2022年，全区武装工作贯彻落实上级部署要求，坚持强基固本，完成国防潜力调查、民兵整组训练、兵员征集、基层规范化建设、军民融合和双拥共建等工作，充分发挥民兵队伍的组织优势和力量优势，积极参与全区经济社会建设，在乡村振兴中发挥民兵脱贫致富示范兵的作用，在“疫情防控”“复工复产”“保文创卫”等活动中发挥民兵生力军作用，在维稳处突、森林防火、防汛抗洪等突击任务中发挥民兵的突击队作用。先后协调解决涉军维权或军地矛盾纠纷事件4起。

【思想政治建设】 坚持用党的创新理论和中共二十大精神武装全区专武干部和广大民兵头

脑，认真开展思想政治教育，打牢民兵思想政治基础。选准配强专武干部和民兵干部队伍，预建和完善民兵基层党组织。注重抓好新闻宣传和国防教育工作，先后发表新闻稿件30余篇，全年派出军训教官，完成6所学校近1万人的军训和国防教育任务。对立功受奖的现役军人和新兵入伍家庭，开展送喜报、送慰问金和悬挂光荣军属牌活动。

4月25日，区人武部组织防汛骨干在上犹江三江河段开展训练
（区人武部供图）

【征兵工作】 2022年，赣州经开区坚持以“五率”（报名率、上站率、合格率、择优率、退兵率）量化考评为抓手，以大学毕业生兵员征集为重点，以征集优质兵员为目标，高标准超额完成兵员征集任务。

【基层武装部建设】 2022年，落实基层武装部日常管理8项制度，结合调整换届，配齐配强专武干部和民兵干部，选送1名新任职专武干部前往省人武学院、军分区参加任职培训，组织召开专武干部例会6次，有效帮带和提升专武干部的能力素质，4名专武干部得到提升或重用。下拨专项征兵工作经费用于各乡（镇、街道、管理处）基层武装部“两室一库”和民兵营（连）部规范化建设。

【战备训练】 2022年，区人武部协助上级勘查机场、高速服务区，准确核查上报国防潜力数据，研究制定相关方案。推进基层武装部和民兵营（连）部规范化建设，选送1名新任职武装部部长赴省人武学院参加培训。派出9批次人员参加各类基干民兵骨干集训、演练活动，组织民兵应急分队开展防汛训练、演练和群众性练兵比武活动，各基层武装部开展以编兵单位为基础的入队训练，以工作岗位为平台的民兵岗位自训、演练活动，提升赣州经开区民兵队伍遂行应急应战任务的快速处置能力。

【国防动员】 严格按照“急时应急、战时应战”要求，全年全区组建应急、支援2类基干民兵力量。优化总体编组，改善兵员结构。重新构建集应应急战于一体的新型民兵力量体系，完成年度全区国防动员潜力统计调查和重点潜力核查工作。

【党管武装】 2022年，区人武部积极履行“县级人武部”的职能作用，严格落实党管武装原则和党工委议军、述职等制度，组织全区领导干部过“军事日”活动，开展“国防专题教育”。选派基层武装部政治教导员参加党管武装知识培训，将基层党管武装工作纳入全区年底绩效考核。

（李　莉）

退役军人事务

【概况】 2022年，区退役军人服务中心贯彻落实习近平总书记关于退役军人工作重要论述和中共二十大精神，聚焦重点任务，用心用情服务保障。联合中国人寿保险公司，免费为辖区生活困难退役军人办理防癌抗癌专属保险业务。为烈士遗属等困难退役军人申请困难救助3000元／人。年内，赣州经开区获评优待证申领制发工作全省先进单位，赣州经开区退役军人服务中心获评全市拓展“尊崇工作法”先进单位。

【健全服务保障体系】 加强退役军人服务保障体系建设，为全区村（社区）配备退役军人服务专干。完成黄金岭街道办事处七一九社区退役服务军人服务站的标准化创建工作。组建区、乡、村三级“新长征”退役军人志愿者服务队，开展各种学雷锋志愿服务活动，营造拥军优属、尊崇军人、无私奉献的志愿者服务氛围。引导退役军人参与乡村振兴和基层治理，推动村党组织带头人队伍整体提升。

【“尊崇工作法”拓展】 2022年，组建赣州经开区老兵宣讲团，开展“七进”红色宣讲活动5次，受众2420余人。开展“老兵红色记忆”系列宣传活动，采访区内参战老兵，将老兵们的参战故事和经历汇编成册进行巡展。区、乡、村三级退役军人服务中心（站）常态化开展“一周一活动”“一月一堂课”“一季一走访”等活动，“尊崇工作法”的主要内容在全区落地推广。

【拥军优属工作】 2022年，赣州经开区每月按标准向优抚对象发放优抚资金，落实退役军人带病回乡退伍军人待遇，办理优抚对象城镇居民医疗保险，解决重点优抚对象实际问题。5月，召开全区退役军人和其他优抚优待证申领制发工作动员会，成立赣州经开区退役军人和其他优抚优待证申领制发工作领导小组，制定《赣州经开区退役军人和其他优抚优待证申领制发实施方案》，完成优待证申领制发工作，春节、八一建军节走访慰问退伍军人、现役军人、驻区部队、烈士遗属、优抚对象、军转干部等。安排区内重点优抚对象到大觉山进行休养，组织重点优抚对象进行健康体检。在三江乡斜角村郭大力故居处设置全区军人荣誉墙。提升赣州经开区英雄烈士纪念设施，整修烈士墓3处，投入资金23.9万元。9月30日，在烈士公祭日开展公祭活动，组织区内领导干部在赣州市天竺山革命陵园参加市委组织的革命烈士纪念日活动，共同缅怀革命先烈。

【移交安置】 2022年，赣州经开区通过开展职业技能培训、参加适应性培训、退役士兵复学等方式做好退役士兵返乡接收工作，完成军转干部、转业士官安置、退役士兵自主就业一次性经济补助资金发放工作。6月25日，举办退役军人夏季专场招聘会，提供适合退役军人及随军家属等就业岗位。联合中国工商银行银行办理军人专属卡业务，开展银行金融服务及相关政策咨询，拓宽退役军人的就业渠道。

（陈旺平）

本栏编辑：施恩沁

辖区建设

黄金岭街道

【概况】 黄金岭街道位于赣州经开区东部，东毗章贡区章江街道、西接蟠龙镇、南邻章江、北靠湖边镇，辖区面积16.54平方千米。下辖金星村、黄金村、大坪村、杨梅村4个行政村，金岭路、金东南路、香江、金坪路、民生路、滨江南路、金丰路、金东北路、七一九9个社区，以及七一九社区管委会。

【基层党建“三化”建设】 持续推动党建引领“三长联动”（网格长、楼栋长、单元长）机制改革，优化社区网格设置，重新划分网格94个，选优配强网格长71名、楼栋长1100名、单元长1967名，配齐社区工作者87名，构建集党建宣传、安全生产、公共服务等功能于一体的基层治理新模式，提升基层治理精细化精准化水平。深化党建引领村集体经济发展，村集体经济总收入超3000万元，江西皓然高尔夫俱乐部有限公司正式入驻大坪村原公安大楼，大坪四期留用地完成协议签订和交付，杨梅村与中恒集团签订74866.67平方米留用地合作开发框架协议。推动党建和便民服务进一步融合，打造“红色驿站”13个，为辖区居民特别是快递员、外卖员等户外工作者提供更加暖心的服务。开展“在职党员到社区报到”，完成2368名在职党员到社区报到工作，按“六个一”（提高一个思想认识、清理一个工作思路、找准一个着力点、把握一个工作方法、狠抓一项制度落实、找准一个着力点）模式开展志愿服务活动68次，认领“微心愿”358个。发挥中心城区的地理优势，提升阵地建设，最大限度保障服务群众基础，街道9个城市社区办公场所面积均达到每百户30平方米标准数，在七一九社区推出“文明大篷车”流动公益集市；在幸福时光小区新建党史学习教育长廊，打造成“重走长征路”主题教育小区。

【脱贫攻坚与乡村振兴衔接】

全年召开乡村振兴工作会议32次，严格落实“四个不摘”（摘帽不摘责任，防止松劲懈怠；摘帽不摘政策，防止急刹车；摘帽不摘帮扶，防止一撤了之；摘帽不摘监管，防止贫困反弹）要求，开展“三类人员”全面摸排12次，识别纳入“三类人员”7户29人，做到“应纳尽纳”。落实兜底保障帮扶政策，发放城乡低保

9 月，黄金岭街道招商金星棚改预留地商业板块外景图　（黄金岭街道供图）

261.42 万元，社会救助资金 7.22 万元，城乡特困资金 23.99 万元，孤儿及事实无人抚养儿童资金 30.67 万元，残疾人两项补贴资金 26.5 万元。落实教育帮扶政策，资助家庭经济困难学生 245 人次 9.25 万元，落实“雨露计划”政策 84 人次 12.9 万元。落实产业帮扶措施，新增“农业产业振兴信贷通”贷款 16 户 80 万元。落实就业帮扶政策，发放岗位补贴 753 人次 31.04 万元，交通补贴 360 人次 11.63 万元，扶贫车间运行费补贴 6.27 万元。

【民生保障】　探索返迁房“交房即交证”改革，年内完成黄金村福瑞、福临 2 个返迁小区交房 1435 套，交付办证材料 1087 套。在 9 月新冠疫情中建立街道、村（社区）、小区三级防控工作责任网格体系，每天为辖区 13 万名群众提供核酸采样服务、保障生活物资供应。推动居民就业服务，全年开展劳动力培训 389 人次，向园区企业输送有效劳动力 2314 人次，办理各类创业补贴 27 人次 5 万元，办理就业、创业、失业登记 3099 人次，办理创业担保贷款 942 万元。保障劳动者权益，申报受理“4050”（截至 2011 年 12 月 31 日前，达到男性年满 50 周岁、女性年满 40 周岁标准，没有单位给交社会保险的灵活就业者，都可以申请并参加国家给予的社会保险补贴）人员灵活就业社保补贴 67 人次 26.1811 万元，办理失地农民退休待遇核算 189 人次，失地农民重病救助 26 人次 57.8004 万元，失地农民教育补助 891 人次 152.3716 万元，失地农民养老生活补助 1369 人次 121.65 万元。

【城乡环境整治】　坚持专项整治和常态化治理相结合，在深化全国文明城市工作中，开展管线和环境卫生专项整治，推动解决专业市场、背街小巷、无物业小区管理痛点难点问题，通过全国文明城市复检。全年清运垃圾 1.23 万吨，整治占道经营 2400 余处，整治清理破损广告、牛皮癣等 5100 余处，整治老旧线缆、线路乱拉、飞线充电等 3600 余处。

【平安建设】　开展自建房安全大排查大整治 2 次，全面排查辖区 1655 栋自建房，整治存在“两违”情形的经营性自建房 26 栋，整改率 100%。开展燃气和消防安全大排查大整治 1 次，排查各类场所 1068 家，排查问题 884 处，整改率 100%。高效回应群众诉求，在“12345”热线平台受理诉件 991 件，按期办结率 100%、满意率 99.9%。在问政赣州平台受理诉件 117 件，按期办结率 100%、满意率 100%。化解遗留十多年的信访积案 1 件。

（赖训才）

蟠龙镇

【概况】 蟠龙镇位于赣州经开区东北部，是江西省100个重点建设的小城镇之一，镇政府所在地距赣州市中心7千米，距赣州高速西出口3.3千米，赣州高铁西站5.8千米，赣州黄金机场9千米。下辖桃芫村、水碓村、杨坑村、车头村、田心村、杨边村、蟠龙村、章甫村、河坝村9个行政村，蟠龙居委会、西城广场社区、金凤社区、栖凤社区居委会4个社区，户籍人口29703人，流动人口2.5万人，区域面积27.915平方千米，耕地0.35平方千米，林地1.76平方千米，水面0.08平方千米。主要民族为汉族，有车头村兰屋、谢塘2个畲族村民小组。辖区有金力永磁、孚能科技、赣南卷烟厂、章贡王酒业等大中小企业170多家，有赣州市第六中学、赣州文清国际学校等40余所中小学校（幼儿园）和赣州中华汉字文化公园1座。

【基层党建“三化”建设】 年内，蟠龙镇党委严格落实“三会一课”制度，开好专题民主生活会，开展基层党组织书记述职评议。发展党员18名，落实在职党员到社区报到制度，打造章甫村“党性体检中心”。构建“一条赛道、三项动能、六项机制”的“136”（创先争优是唯一赛道，每季考评比先进、年度竞聘定中层、职级晋升看积分，竞岗双选机制、层级管理机制、周例会调度机制、季度考评机制、后进预警机制、每周战报机制）工作机制。打造“西城说事”工作站，全年为群众办实事30余件，协调解决居民诉求近400件。构建大统战格局，支持民主协商建设，打造章甫村乡贤馆、西城广场社区“侨之家”。打造“文明实践+”品牌，结合“我们的节日”等活动主题，开展线下文明实践活动30场次。开展“送教上门”“日间照料”等贴近群众的特色主题活动20余次，开展中共二十大精神宣讲活动29场，惠及党员、群众5000余人。围绕疫情防控、优化营商环境、“八大行动”等中心工作开展各类监督检查60余次，下发通报5期，推动解决问题178个。打造的全区首个勤廉文化教育基地——西城“廉”社区，获全区党建现场观摩会第一名。

【脱贫攻坚与乡村振兴衔接】 全年纳入三类对象21户90人，新增小额信贷315万元，发放贫困劳动力岗位补贴1088人次68.04万元、交通补贴804人27.15万元，消除风险4户18人，未出现返贫致贫现象。紧扣“产业兴旺、生态宜居、乡风文明、治理有效、生活富裕”乡村振兴总要求推进五个方面振兴。完成早中晚稻种植476.33亩，整治

5月18日，蟠龙镇在勤廉文化教育基地——西城说“廉”夜话室开展西城说“廉”夜话活动 （蟠龙镇供图）

抛荒撂荒 237.8 亩，超额完成油菜生产任务 271%；人才振兴方面，动员 9 个村 13 人参加“一村一名大学生”计划、组织 10 名“高素质”农民参加区级果业技术、水稻种植技术培训 3 次。首创“文艺轻骑兵”文化振兴队伍，开展文艺下乡演出 5 场、文艺辅导 2 次、创作村歌 1 首，建立涉及书法、曲艺、雕刻等 46 名专业特殊人才的蟠龙乡村文化振兴智库队伍。推进乡村建设，完善农村生活垃圾收运体系，率先实行城乡环卫“全域一体化”，引进第三方管理，增强环卫保洁及垃圾清运能力。全镇 9 个村提前一个季度实现村集体经济经营性收入 20 万元以上，村均经营性收入全市排名第一，经营性收入超 50 万元的村占比全市排名第二。

【征地拆迁与安置】 全年签订房屋拆迁协议 129 户 79 栋 29457.75 平方米，完成征地 178666.67 平方米、迁坟 99 穴，征迁企业 3 家。完成河坝陈屋安置小区 634 户 1278 套公寓楼交付和 500 间杂间分配，完成杨边一期 988 套公寓楼竣工交付。整合村组闲置留用地资源、蟠龙棚改返迁安置房、桃芫返迁安置房、蟠龙智慧停车场、章甫科技园、杨坑科技园等 6 个项目通过省、市级评审。

【民生保障】 完成车头、章甫、河坝、田心返迁安置点供水管网建设，建成投入使用车头、章甫、河坝返迁安置点供电管网。投资 58 万元建设老赣丰路、桃芫村入组道路 2240 平方米，惠及居民 2000 余人。建成投入使用村（社区）居家养老服务中心 13 个，其中，章甫村居家养老服务中心获评第三批“党建+农村互助养老服务”省级示范点。开展自建房安全鉴定，将辖区内 3100 余栋自建房划成 32 个网格，由全镇 18 个部门 240 名镇村干部挂点入户。成立工作专班，3 天内完成蟠龙老街骑楼 35 栋房屋 190 余人腾空搬离工作。动态监测全镇 603 户脱贫户、监测户住房情况，全覆盖整治辖区内危旧土坯房，全年拆除危旧土坯房、空心房 31 栋 2625.09 平方米。全年核酸检测 41.3 万人次，按照“应接尽接、梯次推进、突出重点、保障安全”的原则，推进全镇 60 岁以上人群新冠病毒疫苗接种工作，完成第一剂疫苗接种 4501 人、第二剂疫苗接种 4388 人、第三剂疫苗接种 4172 人。发放城乡低保及补贴 526.69 万元、特困金 29.57 万元。为各类救助对象发放民政救助款 105.59 万元、临时救助金 3.83 万元。发放小额贴息贷款 637 万元，脱贫劳动力稳定就业 870 人，就业率达 86.31%；开发公益性岗位 48 个，发放岗位补贴 68.04 万元。发放 32 名优抚对象抚恤及生活补助 55.71 万元，发放 35 名 60 周岁农村籍退役士兵生活补助 10.5 万元，为辖区退役军人及其他优抚对象办理优待证 506 张。选举成立蟠龙镇残疾人协会，10 个村（社区）同步设立村级残疾人协会，完成 468 户残疾人基本状况信息采集，为 3 户贫困残疾人家庭建设无障碍改造项目。

【城乡环境整治】 加大“两违”整治力度，常态化开展拉网式夜巡，全年拆除违建 21 处，面积 2152 平方米。其中，拆除历史违建 16 处，面积 1924 平方米，拆除新增违章搭建 5 处，面积 228 平方米。建立每月城乡人居环境现场流动评比机制，每季度对城乡环境整治成绩突出的村（社区）奖励 2.3 万元，推动整治工作长效长治。年内，获评一季度赣州市中心城区城市管理考核核心组第二名，6 月全区文明城市月度测评 A 类考核单位第一名，章甫村获评 C 类考核单位第一名。在全区农村人居环境整治评比中，返迁小区河坝小区获第一名，桃芫安居小区获第三名。全区村庄环境整治提升“扫一遍”行动成效流动现场会评比中，水碓村获返迁小区第二名。

【平安建设】 全年接待群众来信、来访300余批380余人次，受理市转办、区转办、镇访等信访件62件，办结率100%。抓好全国两会、中共二十大等重要节点维稳工作。召开矛盾纠纷排查工作会13次，调解各类矛盾纠纷151起，化解率达100%。开展安全隐患排查治理专项行动，检查辖区“九小”场所等重点领域、重点场所各类生产经营单位1348家，整改隐患932处，辨识风险点66处。组建30人的半专业扑火队伍，在重点防火区域设卡设点，严防严控火种进山。制定应急预案4个，开展防汛救灾演练，强化应急装备物资保障，完成镇“六有”（有机构、有机制、有预案、有队伍、有物资、有培训演练）和村（社区）“三有”（有场地设施、有物资装备、有工作制度）应急管理体系建设。西城广场社区获评全国综合减灾示范社区。

（廖筱真）

湖边镇

【概况】 湖边镇位于赣州经开区北部、章江下游，东北面与章贡区水西镇毗邻，南面与黄金岭办事处、蟠龙镇接壤，西南面与蟠龙镇、凤岗镇交接，境内有105国道、厦蓉（瑞赣）高速及昌赣客运三大交通干线。全镇总面积70.6平方千米，常住人口11万人。下辖湖边村、龙岭村、社前村、梨园村、涌泉村、官田村、善边村、岗边村、叶山村、横江村、圳头村、蛤湖村12个行政村和湖边社区、803社区、金榜路社区、华昌路社区、华裕路社区5个社区，有村民小组172个，居民小组41个。

【基层党建“三化”建设】 全年镇党委专题研究党建工作50余次，各村定期召开“三会一课”、党员活动日、组织生活会和民主评议党员等工作，推进党内组织生活正常化。开展党建示范点创建工作，打造华裕路社区“五心创五星”党建示范点。发起“党建联盟”，实现社区与12个党组织共建，“10分钟为民服务圈”扩容升级。开展在职党员到居住地社区报到，镇机关61人在居住地社区报到。各村（社区）开展微党课拍摄，华裕路社区报送的微党课获得全区“喜迎二十大 奋进新时代”微党课比赛第一名。

【脱贫攻坚与乡村振兴衔接】

全年纳入三类对象116户432人，新增小额信贷464.6万元，发放贫困劳动力岗位补贴587人次37.88万元、交通补贴985人次31.94万元，消除风险9户25人，未出现返贫致贫现象。投入50万元，集中育秧162亩，完成水稻等粮食种植11395亩，建设富硒水稻基地3个。投入资金580万元实施农业产业项目7个，推动脐橙、蔬菜、油茶等特色产业提档升级。打造蛤湖1200亩油茶产业种植基地，投入资金500万元建设1334千瓦光伏发电站。置换62486.66平方米留用地指标为标准厂房，盘活各类资源，12个村集体经济全部达到20万元以上，4个村达到30万元，实现经营性总收入482.26万元，同比增长17.12%。

【征地拆迁与安置】 全年完成征迁项目销号20个，征地1713亩，拆迁房屋402栋16.21万平方米，迁坟426穴。攻克吉祥路小学、华坚大道北延等一批节点难点项目，解决长达16年的赣州市青年职业学校项目用地历史遗留问题。经过多轮商谈，推动解决历经5年未成功开发的社前村商住留用地问题。破解叶山村、梨园村2宗工业留用地历史遗留问题。龙岭村、湖边村、梨园村等村商住留用地开发取得突破性进展。

湖边城中村安居社区返迁房　（2022年，廖万茂摄）

【民生保障】　全年发放城乡低保资金447万元、特困人员供养资金60万元、残疾人两项补贴37万元、临时救助金14.81万元。推进湖边镇敬老院适老化改造工程，对5户特殊困难老年人家庭进行适老化改造。申报失地农民养老保险补贴827人，发放城乡居民养老保险3863人次96万元。组织开展就业招聘会4次，鼓励劳动力在家门口就业，富联精密项目送工226人。办理创业担保贷款550万元。完成418套公寓楼、231间店面、47间杂间分配工作。抓好806块返迁地建设管控，开工建设488块，未发生施工安全事故。投入128.24万元完成公路、桥梁项目4个，分别为横江村通组路硬化项目、穆斯林公墓区道路拓宽改造项目、善边村禾公组桥加宽项目、官田村013乡道至村委会增加会车道项目。

【城乡环境整治】　全年开展村庄环境整治提升"扫一遍"行动，拆除旱厕29户，拆除土坯房430平方米，完成房屋外墙整治18栋3134.29平方米，完成户厕改造66户。圳头村、梨园村、涌泉村、善边村等在全区环境整治评比中名列前茅，蛤湖村获评2022年全区"美丽村庄"。投入699万元改造江边巷、教师楼小区、石油公司宿舍楼3个老旧小区。全年拆除违章建筑50处4673平方米。完成松材线虫病除治13200亩，除治疫木2900株，在省检中获评"优秀"。改造低质低效林700亩。投入15万元对境内河道进行集中整治，守护岸清水绿。

【平安建设】　全年调解各类矛盾纠纷209起，涉案金额1500余万元，未出现"民转刑"案件。化解历时10年和3年信访积案各1起。开展燃气安全专项整治，排查餐饮企业249家，整改隐患257处。开展自建房安全专项整治，摸排房屋5268栋，整治隐患房屋22栋。对企业、非煤矿山、地质灾害点开展专项排查整治7次，整改隐患102处。发放禁火令公告2000余张、安全提示短信12000余条。

（欧阳景春　王　菲）

凤岗镇

【概况】　凤岗镇位于赣州经开区西部，东与蟠龙镇相依，南临上犹江与三江乡隔河相望，西与南康区唐江镇为邻，北与南康区十八塘乡相连，有厦蓉高速、大广高速、赣丰线、迎宾高架快速路穿境而过。下辖朱家村、大塘村、岗孜村、路塘村、横岭村、龙泉村、塘屋村、长江村、长田村、长胜村、黄龙村、天子地村、南边村、峨眉村、龙江村、蔗山村16个行政村和凤岗社区1个社区，246个村民小组。版图呈弯长条形，辖区东西最大距离8千米，南北最大距离14千米，总面积63平方千米。其中陆地54.6平方千米，占86.6%；水域8.4平方千米，占13.4%。经济以农业为主，境内耕地面积为574.7公顷，山林面积2177.91公顷。主要农作物为水稻，兼种花生、豆类、瓜果蔬菜等。早稻种植面积6700亩，产量2642吨；晚稻种植面积7150亩，产量2817吨。赣州黄金机场、赣州高铁西站坐落于辖区内。驻有市场监督管理所1个，卫生院1个，村级卫生所32个，敬老院1个，供电所1个，广播电视站1个，粮管所1个，中学2个，中心小学1个，中心幼儿园1个，邮政所1个，农村商业银行2个，农业银行1个，赣商村镇银行1个，新时代文明实践站17个，农家（社区）书屋17个，棋类活动室14个。小学、教学点共13所，幼儿园12所，适龄儿童入学率100%。

【基层党建“三化”建设】 年内，对照年度基层党建“三化”任务清单，新建南边村党群服务中心。全面推进党建信息化建设，发展党员29名，完成党员贴息贷款任务，全镇16个行政村年度村集体经营性收入全部突破20万元。开展“基层党建‘割稻子’工程暨基层党建工作质量提升季”行动，推进“拆迁不拆心、人散情不散”拆迁村党建工作模式，基层堡垒更加过硬。

【脱贫攻坚与乡村振兴衔接】

年内组织驻村工作队、帮扶干部学习上级巩固拓展脱贫攻坚成果有关政策文件精神6次，发放赣州经开区《巩固拓展脱贫攻坚成果同乡村振兴有效衔接政策汇编》2000本，确保脱贫户、监测户及帮扶干部人手一本。聚焦“两不愁四保障”（不愁吃、不愁穿，教育、医疗、住房、饮水有保障），兑现政策，发放教育资助1159人46.25万元，发放雨露计划2批次229人70.8万元，基本医疗保险应保尽保，协助及时办理慢性病证。提升改造土坯房24户，推进城乡供水一体化。发放“农业产业振兴贷”168户742.1万元。全镇9个扶贫车间吸收55名脱贫劳动力稳定就业，开发公益性岗位268人。发放脱贫劳动力岗位补贴1669人次108.76万元，发放脱贫劳动力交通补贴2240人77.48万元，政策兑现全面落地。按照“早发现、早纳入、早帮扶”的要求，规范“三类人员”识别和监测系统风险消除机制，15天内完成“三类人员”识别纳入。年内新增“三类对象”84户336人，消除风险9户39人。全镇有“三类对象”106户427人，其中，边缘易致贫户5户15人，脱贫不稳定户4户14人，突发严重困难户97户398人。

【重大项目建设】 组建8支招商小分队赴深圳、东莞、珠海、佛山、宁波等地开展招商引资工作。年内，签约工业项目8个，总投资63.87亿元，其中10亿—50亿元项目3个，1亿—10亿元项目4个。年度启动征迁项目30个，完成项目27个，销号项目20个，共征地1516.2亩，征收房屋615栋28.8万平方米，搬迁企业1家，迁坟564穴。全年实施各类项目53个、总投资1.13亿元。其中，圩镇改造项目1个、总投资6000万元，道路交通项目4个、总投资938万元，衔接资金项目28个、总投资2128万元，民生保障类项目20个、总投资2260万元。

【民生保障】 全面落实兜底保障、临时救助等政策，全年发放各类社会救助资金787余万元。推进基本养老服务体系建设，指导11个村级养老服务站点开展各类养老服务。争取上级资金232万元用于凤岗镇敬老院适老化提升改造，提升全镇养老服务工作水平。完成“卫惠宝”参保1972人。网上办理生育服务证287件，发放计生救助资金61户6.1万元。发展村集体经济，全镇16个村集体经营性收入全部突破20万元，累计483.87万元，村均30.2万元，增长51.12%。实施农村道路项目4个，投入64万元，排除道路安全隐患处106处，安装护栏1828米，清理路边沟27千米，维修破损路面1079平方米，新设减速带67.65米、警示桩55根、方管38米，养护维护全镇74千米县乡村公路。投资114万元在塘屋村、大塘村、凤岗社区、蔗山村和岗孜村开展自来水管网延伸工程，安装到户430户，开户195户。建成全区第一个“新时代文明实践+快递”服务点，4月15日在长江村率先试点运行，实现17个村（社区）全覆盖。

【城乡环境整治】 持续整治农村人居环境，完成投资额350余万元旅游公路沿线人居环境整治项目规划设计，开展“三清一拆”（清水塘、清沟渠、清杂物，拆乱搭乱建）行动，清理村内水塘6口，清理水沟130余千米，清理乱堆乱放360余处，拆除乱搭乱建260余平方米。持续提升城乡一体化垃圾清运服务，加强农村生活垃圾治理，落实生活垃圾“日产日清”，全镇生活垃圾转运率100%。拆除“空心房”15栋，启动105国道沿线整治，整治“赤膊房”5栋。投入300余万元，通过密植脐橙、柚子等果树，改善路域环境以及整治脏乱死角。投入235万元在天子地村第3、第10组建设生态环境整治示范点，完成立面改造1.7万平方米、披檐2000平方米，道路白改黑1700米，新建及修缮道路2300米，路灯50盏，拆除危旧土坯房9间、猪牛栏4处、乱搭乱建30余处，清理出被占用公共土地约10亩，户厕改造58户。

【平安建设】 年内，开展安全生产月、安全生产万里行及燃气安全等安全知识宣传活动7次，安装智能独立烟感报警器263个。开展应急演练8次，参与演练180余人次。开展燃气、自建房等行业领域安全检查及“三合一”“多合一”企业、场所隐患排查整治，执法人员出勤执法1200余人次，检查生产经营场所520余家，发现隐患1005条，下达整改通知206份，下达行政处罚4次。扎实做好森林防灭火工作，拓宽林区防火带，全面清理机场周边杂草，消除森林火灾隐患。受理上级转办、网上访件及来镇访365件，到期办结率100%。搭建村（社区）网格70个，配优配强网格员70人，开展业务培训6次，通过“以奖代补”方式，发放奖励津贴12.03万元。持续推进矛盾调解，排查调解各类矛盾纠纷114件，调解成功96件，调解成功率84%，未发生“民转刑”案件。组织开展《中华人民共和国反有组织犯罪法》学习19次，在“聚力凤岗”公众号设立专栏宣传，开展打击整治养老诈骗专项行动。建立全民反诈宣传工作站19个，推广注册国家反诈中心App27455人。

【农旅产业发展】 年内，构建“政府+高校+企业”模式，助推农旅产业提质增效，建成五彩阳禾劳动教育综合实践基地，获评“江西省劳动教育实践示范基地”“赣州市中小学研学实验教育基地”。通过抖音、微信等新媒体社交平台宣传，开展粉色沙滩等主题游乐活动，“五一”国际劳动节期间，台湾部落游客量达90268人，日均近2万人，销售收入260万元。

凤岗镇五彩阳禾劳动教育实践基地 （2022年，凤岗镇供图）

【农业产业发展】 围绕“山上有果、田间有米、水里有鱼、四季有花”智慧生态产业圈建设理念，与数字经济企业江西裕丰智能农业科技有限公司合作，引入环境数据传感、轨道机器人、区块链溯源等五大系统，新增果园生产环境的智能感知、智能预警、智能决策、智能分析，实现传统农业向科技农业的质变，脐橙每年产量提升11%，精品果率提升17%，避免经济损失10万元以上，综合减少人工成本22%，大幅提高数据准确率和产品收益率，打造全区首个智慧果园黄龙村共享智慧农场。投入90余万元打造全区首个机械化育秧基地，基地日均可产2000多盘育秧盘，可供100亩大田种植，每亩稻田可增产50千克以上。引进赣州五彩阳禾劳动教育综合实践基地、赣州田园牧歌生态农业有限公司、江西东坚米业有限公司、赣州菲尔雪食品有限公司、赣州坚强量贩有限公司、江西亚美达科技有限公司、赣州锦晖实业集团有限公司、赣州市卫诚火机制造有限公司等10多家经营主体，发展特色休闲农业项目，打造脐橙基地1000亩、富硒水稻基地320亩、蓝莓基地100亩、杨梅基地40亩、草莓基地35亩。

（陈杨菁）

三江乡

【概况】 三江乡地处赣州经开区中部，上犹江与章江在境东汇合，形成三江交叉口。东与赣州蓉江新区潭东镇交界，西与南康区唐江镇为邻，南与赣州蓉江新区潭口镇、潭东镇及南康区太窝乡3个乡镇接壤，北与凤岗镇隔河相望。全乡面积27.35平方千米，下辖伍岭村、伍村村、新红村、东红村、饶家陂村、谷山村、赤湖村、肖边村、斜角村、南坑村、新江村11个行政村，127个村民小组、人口3.45万人。整体地势南高北低，沿江地势低洼，上犹江和章江沿岸为冲积平原，其余属丘陵。最低点为东红村三江口，海拔106米。三江乡气候温和，年均气温19℃，无霜期约286天（2月中旬至11月下旬），年降水量1314毫米左右。全乡耕地面积10812.1亩，林地面积2860亩。经济以农业为主，主种水稻、兼种花生、豆类、黄麻、瓜果蔬菜等。全乡有敬老院、卫生院、派出所等站所各1个。有九年一贯制学校1所，含小学部、中学部、伍岭校区、中心幼儿园，下辖村小10所。

【基层党建“三化”建设】 制定全年党建工作要点23个、党建质量过硬项目清单57条，推动基层党建高质量发展。年内，鼓励7名村干部提升学历，发展党员17名，其中35岁以下大专学历13名。新增党员致富带头人22名，鼓励贷款创业党员39名。举行“光荣在党50年”纪念章颁发暨新党员入党宣誓仪式，为78名党龄满50周年农民党员发放生活补助。先后举办党小组组长、村民小组组长、入党积极分子、普通党员培训班。选培新江村党总支书记罗华林为省级“赣鄱先锋”。完成11个村村集体经济经营性收入全部达标。完成斜角村党建示范点创建，斜角村获评赣州市第二批红色名村。郭大力故居被授牌为赣州市青少年爱国主义教育基地、南康区人大代表红色教育基地、赣州农商银行党员干部红色教育基地。

11月2日，三江乡肖边村脐橙园橙农采摘脐橙　（三江乡供图）

【脱贫攻坚与乡村振兴衔接】 全年开展巩固拓展脱贫攻坚成果大排查及全市巩固拓展脱贫攻坚成果年中自查评估“大排查”5轮次，将符合条件的困难群体纳入监测帮扶范围，根据风险类别因户施策制定针对性帮扶措施，落实帮扶责任。年内，新识别纳入三类监测帮扶对象145户560人，其中边缘易致贫户1户1人，突发严重困难户140户546人，脱贫不稳定户4户13人。三类监测帮扶对象167户637人，其中边缘易致贫户4户8人、脱贫不稳定户8户26人、突发严重困难户155户603人；已消除致贫返贫风险14户41人，未消除致贫风险153户590人。理赔防贫保险14件10.39万元，发放教育扶贫资金1146人次35.70万元；“雨露计划”补助232人次36万元；脱贫劳动力岗位补贴1601人次105.34万元；脱贫劳动交通补贴2344人次81.08万元；城市低保补助227人次11.43万元；农村低保补助13336人次491.48万元，特困补助1188人次96.96万元；残疾人两项补贴4885人次50.27万元。指导4个村进行村级光伏收益分配，设置光伏公益性岗位4类，吸纳脱贫户与三类对象10名，光伏收益中的80%以上用于公益性岗位开发与公益性事业建设。实现就业帮扶，提升脱贫户与三类对象的经济收入；新增公益性岗位开发28个，人员稳定218人，脱贫劳动力就业率88.20%，岗位补贴发放105.34万元；4家就业帮扶车间吸纳脱贫人员、“三类人员”26人。每季度开展1次老人住老房问题排查，组织第三方对349栋房屋进行安全鉴定，解决住房安全问题。全年申报入库衔接资金项目31个，总投资764.1万元，资金拨付741.17万元，资金拨付率97%，完工率100%。其中，修建机耕道类项目5个，总投资68.68万元；修建水渠、灌溉类项目15个，总投资257.02万元；桥梁扩宽改造类项目2个，总投资156.03万元；在9个行政村建设光伏项目，总投资282.36万元。全年种植水稻6241亩，打造新红村、东红村、肖边村、谷山村等水稻示范点及三江乡富硒水稻种植示范点，早中晚稻种植面积6241.88亩，其他农作物种植面积2400亩，整治抛荒撂荒面积1338.84亩。年内，通过产业振兴贷扶持发展规模种养产业138户685.16万元。引进本地餐饮品牌企业江西阿姆源餐饮管理有限公司在赤湖村种植辣椒，引进赣州源楠哥业农业发展有限公司在赤湖、谷山种植葛根，基地面积约100亩；引进江西红一种业科技股份有限公司在赤湖村建设农作物种子生产基地，基地面积约130亩；完成建控集团在斜角村蔬菜基地的土地流转200亩。

【征地拆迁与安置】 年内，完成客家大道（三江段）、上犹江拦河坝等7个项目征迁工作，征收房屋305栋、土地886.58亩。争取湖边城中村改造安居小区两栋房源作为三江乡安置房，完成26户、51套房屋的安置工作。

【城乡环境整治】 持续开展松材线虫病疫木除治扫尾工作和高铁沿线两侧裸露地的复垦复绿工作。乡环境空气质量优良率100%。水质均达Ⅲ类以上，乡级饮用水水源地水质达标率100%。乡、村河（湖）长巡河460次，伍村村、新红村、伍岭村、斜角村成功申报创建赣州市“水生态文明示范村”，乡级成功申报全市“河长制工作先进集体”并进入公示阶段。完成郭大力故居周边165栋房屋10万余平方米外立面粉刷，1.1万余平方米披檐建设，整治空心房废墟8000余平方米。拆除违章搭建26处4460平方米。整治圩镇乱搭乱建70余处。

【平安建设】 坚持和发扬新时代“枫桥经验”，创新人民调解工作方式方法，依托“和合”调解品牌，每村至少配备专职“和合”调解员1名。完善调解制度和机制，畅通群众表达诉求、反映问题渠道，发动有威望、有经验、有方法的群众参与纠纷调解。全年调解矛盾纠纷183起（含重复访），调处成功172起，调处成功率93.9%。开展“民主法治示范村”创建，4月，三江乡在2016—2020年全市普法依法治理工作中获评“普法依法治理工作先进乡镇”；6月，三江乡东红村被司法厅、民政厅评为“第七批江西省民主法治示范村”；9月，三江乡“和合”调解室获评“赣州市首批婚姻家庭纠纷调解示范工作室”；11月，赣州市司法局命名三江乡肖边村人民调解委员会为“和合”调解室。

（罗　圆　徐雄丽）

赣州新能源科技城

【概况】 赣州新能源科技城位于赣州经开区西南部，东与三江乡相邻，西与南康区太窝乡相连，南与南康区镜坝镇接壤，北与南康区唐江镇毗邻，大广高速、京九铁路等国家交通大动脉穿境而过。下辖章良村、中边村、高山村、横江村、洋田村、村尾村、太窝村、范塘村、龙潭村9个行政村及唐龙社区，村民小组123个，辖区总面积33.6平方千米，户籍人口2.6万余人，流动人口约2万人，内有小学5所。

【基层党建“三化”建设】 全年组织召开党建专题研究会5次，细化党建工作任务60项，补选村“两委”干部6名，超额完成党员创业金融扶持任务14名。整合资金412万元建成章良等5个村（社区）组织活动场所，整合资金70余万元建成范塘村“五星级”及章良、龙潭“三星级”新时代文明实践站。谋划“一村一品”党建工作思路，打造章良村党支部“同心章良”党建工作品牌，建设辖区内首个“赣事好商量·我有章良计”村级民主协商议事平台。建设范塘村党员教育示范基地，推进高山村软弱涣散党组织整顿验收工作。常态化组织人员对法界禅寺、天主教堂等宗教活动场所开展巡查工作，督促宗教活动场所严格落实疫情防控举措，抓好基督教私设聚会点及宗教活动场所隐患排查工作。

【脱贫攻坚与乡村振兴衔接】 严格落实“四个不摘”要求，建立“点线片面”立体防止返贫监测体系，辖区内有监测对象102户382人，其中，年内新识别纳入76户286人，消除风险28户119人。建设扶贫资产项目75个，总投资3869.08万元。其中，公益性资产51个，总投资2118.62万元；经营性资产24个，总投资1750.46万元。完善救灾救济机制，全年临时救济43户10.32万元，清理农村低保64户84人，新增农村低保47户90人，发放各类补助资金3820人次326万元。组织300余名就业困难人员参加春季、夏季、秋季大型招聘会，公益性岗位安置152人，开展技能培训31人。全年投入24.6万元为769名困难群体代缴城乡居民基本医疗保险，参保率100%；教育资助家庭经济困难学生325人次33.29万元；排查3444户农村人口安全饮水问题，饮水安全问题实现清零；住房安全性鉴定140栋，整改问题59个；建设衔接资金项目9个，总投资367万元。

【征地拆迁与项目交地】 全年完成征地1300.48亩，拆除房屋287栋126416.03平方米，企业搬迁21家。完成科技公园、赣州光华职业技术学院及周边道路、科技城二期截污干管工程、车都大道以东地块、唐龙大道扩征项目销号交地工作、保障孚能科技、富联精密等8个项目用地。完成新105国道改线（科技城段）、横江加油站、横江搅拌站、科技城互通连接线项目结算工作和赣深高铁科技城段的后续计价工作。

【民生保障】 社会救助工作加强医保、农业农村、乡村振兴等部门联动，运用江西省数字民政系统汇聚失业人员登记、医疗救助、大病患者、免费救助、受灾救助等平台信息进行比对，强

科技城范塘村党性体检中心 （2022年，科技城供图）

化低收入人口动态监测，健全家庭经济状况审核管理，全年救助农村低保对象5030人次，发放农村低保金197.59万元；分散特困户642人次，发放农村分散特困资金15.59万元；核查调整清出农村低保67户88人，分散特困6户8人；新增农村低保48户93人，分散特困15人；临时救助43户，发放急难临时救助资金10.32万元。殡改亡故人员火化补助结算报销11人，发放金额2.09万元。建立完善村（社区）错时延时制度、帮办代办事项清单，实现辖区内村（社区）党群服务中心（便民服务站）“365天服务不打烊”工作落实全覆盖。

残疾人福利政策 做好农村“三留守”（留守老人、留守儿童和留守妇女）人员关爱服务，全年开展儿童主任培训6场次，开展未成年人保护活动6次，对事实无人抚养儿童6人、发放救助补贴11.29万元；发放残疾人补助3394人次32.64万元。

养老服务设施建设 推进基本养老服务体系建设，开展助餐、助娱、助安等各类养老服务。辖区内6个居家养老站点平均面积200平方米，设有休息床铺或躺椅20余张。各居家养老服务中心站点有配套的居家养老服务，设有老年人娱乐棋牌室、图书阅览室、文化娱乐室、餐饮服务室、日间照料室。

疫情防控工作 组建党员先锋队12支，划分党员网格32个，选派党员干部47名、动员无职党员75名奔赴抗疫一线，强化网格化管理，督促企业落实疫情防控主体责任，保障园区重点企业不停工不停产，所辖的40个建筑工地、16个企业实现复工复产。

【平安建设】 化解信访工作积案，化解罗开青、罗开庭、罗天明、刘光福征地拆迁信访问题，化解各类矛盾纠纷127起。推动“三长”（网格长、楼栋长、单元长）联动工作机制，打造范塘村“三长”联动工作示范点、唐龙社区综治中心示范点、范塘村发挥德治教化作用社会治理示范点、章良村党建+社会治理示范点和“和合”调解示范点、龙潭村无邪教示范村示范点。

（刘燕萍）

高铁新区

【概况】 高铁新区位于赣州经开区凤岗片区辖区内，核心区规划面积14.77平方千米。北接赣州黄金国际机场，南临章江和上犹江，东至保税大道和虎笑岭路，西至飞翔大道。辖区内有赣州高铁站赣州西站，建成通车的昌赣、赣深2条高铁在此交汇，日均车次100余趟。建成新时代广场1座、公园2个（朝阳公园和下雨塘水系公园）、中小学校3个（赣州市第十六中学、赣州市第二十一中学、振兴小学）、幼儿园4个、农贸市场1座（中恒绿地农超）、快速路3条（迎宾高架、创业路高架、客家大道西延高架）、城市主次干路7条，贯通赣州经开区、章贡区、南康区、赣县区、蓉江新区，距中心城区约12.5千米、距赣州黄金机场约4.5千米、距赣州综保区5千米、距新能源科技城10.5千米。远景规划面积31平方千米，范围扩至赣州黄金机场、赣州综保区，依托区位优势、产业基础和主体功能区划分，引导产业和人口聚集，形成“一核两带五组团”（空铁超级枢纽核心区，产城融合带、产业聚集带，会展商务组团、总部经济组团、职业教育组团、跨境自贸组团和数字经济组团）总体空间结构。

【基层党建“三化”建设】 全年组织中心组理论学习会15次、

支部主题党日学习会13次，开展支部活动12次，上党课4次。发展中共党员2人，入党积极分子1人，8名在职党员到居住地社区报到。联合赣州高铁西站党支部，在赣州高铁西站开展党员志愿服务、红色文化宣传、中共二十大精神宣传等形式多样的“党建进高铁”活动。组建三支党员先锋队（疫情防控党员先锋队、项目攻坚党员先锋队、纠纷调解党员先锋队），开展“我为群众办实事”“党建进高铁”“党建结对共建”等活动，我为群众办实事”工作清单办结11项。

【脱贫攻坚与乡村振兴衔接】 落实“四个不摘”要求，常态化抓好挂点凤岗社区防止返贫监测。组织参与保春耕、走访慰问、农业技能培训、抗旱等活动8次，下拨帮扶工作经费2.8万元。每月在所辖复兴路社区开展消防演练、天然气使用培训、文明创建、反电诈宣传、关爱老人等活动。

【高铁空港新区建设】 聚焦高铁空港新区托幼园位、上学学位、医疗床位、养老点位、停车车位等群众急难愁盼问题，加速推进高铁空港新区项目建设。对规划建设的37个项目组建服务专班，采取“一对一”的形式召开项目推进会，每个项目明确施工图和时间表，坚持清单化、图表化细化落实工作责任。对重大项目，及时启动“一事一议”支持政策。年内，规划建设的37个项目全部开工。赣州市第二十一中学、绿地农超、社区医院、居家养老服务中心投入使用。

【民生保障】 强化疫情防控工作调度，加强赣州高铁西站疫情防控队伍管理，严格落实市、区疫情防控各项措施，工作到岗、责任到人。全年赣州高铁西站排查旅客325万人次，排查转运各类人员9600余人，落地检78万人次。

【城乡环境整治】 全年安排志愿者在赣州高铁西站开展志愿者服务，加强赣州高铁西站便民服务中心应急药品、物品的储备。针对网约车无接客专区情况，对接运管和网约车公司平台，在赣州高铁西站南侧300米处划分专区接客，保障旅客出行安全。年内，辖区道路保洁率100%，垃圾分类标识实现全覆盖，完成裸土复绿、复耕11.6万余平方米。

【平安建设】 加强对赣州高铁西站区域营运秩序监管及交通秩序管理，联合区交警、城管、运管等部门开展“维护西站文明形象，整治西站周边乱象”联合执法行动，阻止违规拉客现象。年内，驱离违停车辆1000余次，查处出租车、网约车无证及违规载客340余起，阻止违规拉客120余起，查处违法行为3起。组织开展消防演练安全生产教育活动3场，每月安排专人对辖区工地、便利店、自建房进行安全排查。加强汛期值守，发现整改安全隐患6处。加大矛盾纠纷化解力度，通过领导包项目地块、会议调度、信访预警、排班接访等措施，化解绿地欠薪信访人员13批次93人，绿地项目逾期交房、房屋质量等纠纷信访事件8批次19人。开展各类反电诈宣传活动12场次，发放普法、防养老诈骗等宣传单5000余份。全年辖区内未发生安全生产事故。

（陈　俊）

本栏编辑：施恩沁

附　录

组织机构和负责人名录

（本名录信息以截至 2022 年 12 月 31 日的机构设置和人事任免文件为准）

中共赣州经济技术开发区工作委员会

书　记：陈水连
副书记：梁丁盛（1 月任）
　　　　欧阳巧文
　　　　郭声琪（任至 12 月）
　　　　宋　鹏（任至 1 月）
委　员：刘文秋
　　　　夏寿宏（3 月任）
　　　　吴汉波
　　　　冯　钰（女）
　　　　万利龙（挂职）
　　　　魏清胜（兼职）
　　　　董　枫（挂职）

赣州经济技术开发区管理委员会

主　任：梁丁盛（1 月任）
副主任：欧阳巧文
　　　　郭声琪（任至 12 月）
　　　　宋　鹏（任至 2 月）
　　　　夏寿宏（4 月任）
　　　　万利龙（挂职）
　　　　董　枫（挂职）
　　　　黄晓明
一级调研员：符艳冬（女）
　　　　　　郭声琪（12 月任）
二级调研员：黎佐绩
　　　　　　卓邦友
　　　　　　吴汉波
　　　　　　曾　辉（1 月任，任至 6 月）
四级调研员：吴小梅（女）

中共赣州综合保税区工作委员会

副书记：温荣喜
委　员：毛瑞林（任至 10 月）
　　　　谢卫东
　　　　陈华洪
二级调研员：毛瑞林（10 月任）

赣州综合保税区管理委员会

主　任：温荣喜

副主任：谢卫东

　　　　陈华洪

委　员：肖壬新（任至 7 月）

　　　　邱晓峰

　　　　杜克鹏（9 月任）

　　　　丁　懿

党政综合部门

赣州经济技术开发区党政办公室

主　任：周兆东

副主任：郭　涛

　　　　温建勋

　　　　张　辉（3 月任）

四级调研员：翁毅军

赣州经济技术开发区党群工作部（赣州经济技术开发区机构编制委员会办公室、赣州经济技术开发区人力资源和社会保障局、赣州经济技术开发区民族宗教事务局）

部　长（主任、局长）：余少卿

副部长（副主任、副局长）：谢达琳

　　　　李　奎（土家族）

　　　　杨　瑾（女）

四级调研员：刘志红（女）

中共赣州经济技术开发区机关委员会

书　记：郭声琪

专职副书记：邹泽军

中共赣州经济技术开发区纪律检查工作委员会（赣州市监察委员会派出赣州经济技术开发区监察组）

书　记、监察组组长：刘文秋

副书记：廖振华

中共赣州经济技术开发区工作委员会巡察工作领导小组办公室

巡察办副主任：丁　懿

第一巡察组副组长：杜克鹏（2 月任）

第一巡察组正科级巡察专员：曾　嵘（女）

第二巡察组副组长：邱晓峰

第二巡察组正科级巡察专员：揭振辉（6 月任）

赣州经济技术开发区机关事务管理中心

主　任：肖　婷（女）

党组书记、副主任：田　汉

副主任：郭称生

党组成员：解小杰

中共赣州经济技术开发区工作委员会党校（赣州经济技术开发区行政学校、赣州经济技术开发区史志档案管理中心）

校务委员会主任：涂　英（女，2 月任）

校务委员会副主任、校长（主任）：邹　赟（2 月任）

校务委员会委员、副校长（副主任）：蔡　莹（女，2 月任）

校务委员会委员：肖　琼（女）

赣州经济技术开发区新时代文明实践促进中心

党组书记、主任：刘德清（2 月任）

党组副书记、副主任：谭　侃（任至 8 月）

赣州经济技术开发区融媒体中心
党组书记、主任、总编辑：邱九龙（3 月任）
党组副书记、副主任、副总编辑：钟　豪

赣州经济技术开发区综治中心
主　任：郭孝尧
副主任：郝夷桑

经济综合部门

赣州经济技术开发区经济发展局（赣州经济技术开发区苏区振兴发展工作办公室）
党组书记、局长（主任）：冯　钰（女）
党组成员、副局长（副主任）：杨　梅（女）
廖丕显
许永忠
党组成员：王新文（任至 1 月）
邱景文
陈　军
卢辉敏（3 月任）
谢信明（7 月任）

赣州经济技术开发区招商局（赣州经济技术开发区商务局）
党组书记、局　长：黎　俊
党组成员、副局长：江海平（任至 2 月）
刘　芳（女，1 月任）
党组成员：刘慧萍（女）
敖宇海
王新文（1 月任）
黄朝阳（1 月任）
黄惠友（1 月任）
副局长：钟舒毅

赣州经济技术开发区行政审批局（赣州经济技术开发区企业服务和工信局、赣州经济技术开发区政务服务管理办公室）
党组书记、局长：熊忠森
党组成员、四级调研员：郭惠银
黄照凡
党组成员、副局长：钟万龙
钟德福（2 月任）
张　秀（女）
党组成员、电子信息办主任：黄朝阳
（任至 1 月，任至 2 月）
蔡华峰（2 月任）

赣州经济技术开发区财政局
党组书记、局长：胡　昊（1 月任）
党组成员、副局长：肖　靓（女）
许　琼（女）
钟祥飞（任至 1 月，任至 3 月）
党组成员：王清华
副局长：赖晨鸣（女，3 月任）
党组成员、国资办主任：裴红燕（女）

赣州经济技术开发区金融服务中心
党组书记、主任：钟才明（8 月任）
黄光舜（任至 7 月）
党组成员、副主任：刘　慧（6 月任，1 月任）

新能源汽车产业办公室
党组书记、主任 ：温世伟
党组成员：刘建春（3 月任）

许满桂
副主任：张　辉（任至3月）

规划建设部门

赣州经济技术开发区住房和建设局

党组书记、局长：黄爱民（8月任）
翁毅军　（任至8月）
党组副书记、副局长：肖上清（8月任）
党组成员、副局长：戴立青（任至7月）
汤明亮（3月任）
张绵洪
党组成员：李义柱（任至7月）
副局长：赖晨鸣（女，任至3月）

赣州经济技术开发区公用事业服务中心

党组书记、主　任：徐晓鸿
副主任：刘　丹（女，任至3月）
党组成员、副主任：廖麟麟
钟韦华　（3月任）
李坊慧（8月任）
党组成员、机关党总支专职副书记：薛　广

赣州市自然资源局赣州经济技术开发区分局

党组书记、局长：张　韬
党组成员、综合服务中心主任：刘洪健
党组成员、副局长：刘丽蓉（女）
何见智（4月任）
钟修盈
党组成员　、综合服务中心副主任：汤　凡
王元光
党组成员：肖承琦
党组成员、市不动产登记中心直属一所所长：林嘉鲁
综合服务中心副主任：钟宇翔（4月任）
监察大队队长：朱　伟（8月任）

赣州经济技术开发区征收搬迁与项目建设服务中心

党组书记、主任：黎明莉
党组成员、副主任：吴荣亮
邓心平
黄　静（女）
党组成员：陈上海
郭起兵
王春红

赣州经济技术开发区房地产管理所

党组书记、所长：谢建忠
党组成员、副所长：高艳玲（女）
刘显云
党组成员：胡　东
丁　旺

社会事务及综合服务部门

赣州经济技术开发区农业农村工作办公室

党组书记、主任：申志文
党组副书记：叶福平（2月任）
党组成员、副主任：江海平（2月任）
林　斐（女）
邓　锴（女）
钟德福（任至2月）
党组成员：王小宁
周秋萍（女，任至1月）

赣州经济技术开发区社会事务管理局

党委书记、局长：钟明光（1 月任，任至 11 月）

主要负责人：翁毅军（11 月任）

党委副书记兼纪委书记、副局长：舒国腾

党委委员、副局长：刘福田

阳作忠

程贤金

戴立青（7 月任）

党委委员：肖隆飞

四级调研员：叶建荣

赣州市科技创新服务中心（赣州市小企业创业基地、赣州市科技企业孵化基地、赣州市大学生创业园）

党组书记、主任：黄光舜（7 月任）

刘　钧（任至 3 月）

党组成员、副主任：刘清春（任至 2 月）

邱九龙（任至 2 月）

李春兰（女，3 月任）

党组成员：简清平

杨辉臻（6 月任）

副主任：黄绍斌（7 月任）

赣州经济技术开发区教体服务中心

党组书记、主任：肖隆飞

党组成员、副主任：杨　洁（女，3 月任）

党组成员：李　春（女，6 月任，任至 11 月）

赣州经济技术开发区退役军人服务中心

党组书记、主任：连毓霆

党组成员、副主任：喻　春（女，11 月任）

赣州经济技术开发区疾病预防控制中心（赣州经济技术开发区卫生健康服务中心、赣州经济技术开发区健康教育所）

副主任（副所长）（主持工作）：张　斌

党组副书记、副主任（副所长）：张华斌

党组成员、副主任：吴燕群（女，8 月任）

赣州经济技术开发区人力资源和社会保障中心（赣州经济技术开发区养老服务中心）

党组书记、主任：刘清春（3 月任）

钟韦华（任至 2 月）

养老服务中心党组书记、主任：邹　赟（任至 2 月）

党组成员、副主任：李　亮

党组成员：李凤群

张福兰

赣州经济技术开发区政务服务中心

党组书记：熊忠森（兼，5 月任）

主　任：段之棱（2 月任）

黄绍斌（1 月任，任至 2 月）

党组副书记：钟声灵（6 月任）

党组成员、副主任：王名日（1 月任）

党组成员：黄　芹

钟　君

赣州经济技术开发区高铁新区服务中心

党组书记、主任：薛　淞

党组成员、副主任：李　娟（女）

唐长生

韩喜娟（女）

党组成员：郭晨花（女）

赣州市医疗保障基金管理中心赣州经济技术开发区分中心

负责人：傅　勤（女，1月任）

综合执法部门

赣州市公安局开发区分局

党委书记、局长：黄晓明
党委副书记、政委：陈式松（任至3月）
　　　　　　　　　黄　震（12月任）
党委委员、一级警长：毛忠春
党委委员、副局长：张少华（任至12月）
　　　　　　　　　罗　菲（任至12月）
　　　　　　　　　刘　云（12月任）
　　　　　　　　　董显光　（12月任）
党委委员、纪委书记：刘　云（任至12月）
党委委员、政工科科长：钟海斌（任至12月）
党委委员、副政委：钟海斌（12月任）
党委委员、治安大队长：董显光（任至12月）
　　　　　　　　　　　邱　坚（12月任）
党委委员、刑侦大队长：黄振隆（任至12月）
　　　　　　　　　　　曾元祥（12月任）
党委委员：黄振隆（12月任）
党委委员、黄金岭派出所所长：隗恭麟（12月任）

赣州经济技术开发区人民检察院

党组书记、检察长：郭复彬
党组成员、副检察长：张　伟
党组成员、政治部主任：曾　群（女）
副检察长：李春生
检察委员会专职委员：温　慧（女）

赣州经济技术开发区人民法院

党组书记、院长：张文洲（女）
党组成员、副院长：曾燕星
　　　　　　　　　邓文科
党组成员、审判委员会专职委员：范　兴
党组成员、执行局局长：范勇军
党组成员、政治部主任：范赣丽（女）
审判委员会专职委员：陈瑜青（9月任）

国家税务总局赣州经济技术开发区税务局

党委副书记、副局长：朱书胜
　　　　　　　　　　（主持工作）（3月任）
温美松（主持工作）（任至3月）
党委委员、副局长：袁应发
　　　　　　　　　易美琴（女）
　　　　　　　　　李道昌
　　　　　　　　　李兆春
党委委员、纪检组长：黄锦春（8月任）
肖　霜（女，任至8月）

赣州市市场监督管理局赣州经济技术开发区分局

党组书记、局长：王玉椿（女）
党组副书记：杨国国
党组成员、副局长：徐俊彪
　　　　　　　　　唐镇宇
　　　　　　　　　郭世峰
　　　　　　　　　叶才旺
党组成员：李灿林（任至12月）
　　　　　林永革
　　　　　潘　智
　　　　　李　晨（女）

赣州市生态环境局赣州经济技术开发区分局

局　长：刘广锦

副局长：朱官平

李芸莉（女，2 月任）

吉　永（8 月任）

曾　丹（女）

袁祥勇（12 月任）

钟　康（12 月任）

综合执法大队大队长：刘志海

赣州市城市管理局赣州经济技术开发区分局（赣州市城市管理综合行政执法支队赣州经济技术开发区大队）

党组书记、局长：廖　钦（5 月任）

党组书记、大队长：廖　钦（任至 5 月）

党组成员、副局长：黄　斌（8 月任）

朱晓峰（8 月任）

党组成员：黄忠华（5 月任）

陈光荣（5 月任）

赣州经济技术开发区应急管理局

党委书记、局长：李干军

党委委员：吴永祯

杜贤庆

陈雪刚

钟桂三（10 月任）

赣州市司法局赣州经济技术开发区分局

副局长：刘　巍（主持工作）

黄　明（6 月任）

赣州市公安局交通警察支队开发区大队

党总支书记、大队长：沈春明（12 月任）

党总支副书记、教导员：卢伟华

党总支委员、副大队长：熊　锋（任至 12 月）

钱　明（任至 12 月）

党总支委员：熊　锋

钱　明

胡洪俊

赣州经济技术开发区综合执法大队

党组书记：刘罗前

大队长：刘　丹（女，2 月任）

党组副书记：张　建

党组成员、副大队长：王彦超

赖福明

陈　喆（女，8 月任）

党组成员：孙　勇（5 月任）

赣州经济技术开发区消防救援大队

党委书记、政治教导员：何增辉　（1 月任）

朱　亮（任至 1 月）

党委副书记、大队长：汪　华　（4 月任）

冯英平　（任至 4 月）

党委委员、副大队长：卢吉洲

党委委员：刘广林

陈文生

赣州市市场监督管理执法稽查局赣州经济技术开发区分局

负责人：舒　磊

协助负责人：彭艳琪（女）

何　寅

协助班子工作：朱先明

刘小玉

赣州市交通运输综合行政执法大队赣州经济技术开发区大队

临时负责人：李粹明（4 月任）

龙　敏（任至 4 月）

副科级干部：戴　明

刘　敏（女）

黎学军

易鹏国

万贤卿

区属国有企业

赣州建控投资控股集团有限公司

党委书记、董事长：肖日华（2 月任，挂职）

胡　昊（任至 2 月，挂职）

党委副书记、董事、总经理：曲斐斐（女，挂职）

党委副书记、董事：阳贻春（挂职）

党委委员、董事、副总经理：张瑞平（5 月任）

赖友先（2 月任）

党委委员、总工程师：庄　彬（5 月任）

张瑞平（任至 5 月）

党委委员、纪检书记：钟宏波

董事、副总经理 ：凌　云（挂职）

刘地长

刘俊芳（女）

王林玥（女）

董事：谢　慧　（任至 5 月）

赣州经济技术开发区工业发展投资（集团）有限责任公司

董事长：杨泽宸（挂职）

董事、总经理：赖志华

董事、副总经理：刘　锋

副总经理：刘事强（任至 5 月）

赣州保税实业集团有限责任公司

董事长：钟祥飞（2 月任，挂职）

肖日华（任至 2 月，挂职）

董事、总经理：温　泉①（3 月任，挂职）

毛添钿（任至 2 月）

董事、副总经理：温　泉①（任至 2 月，挂职）

温余燕（女，任至 7 月）

副总经理：卢继芬（女，3 月任）

刘翔宇

吴娟娟（女，7 月任）

总经济师：刘有琪（7 月任）

赣州国瑞新能源汽车产业发展有限公司

董事长：刘普海

总经理：毛添钿（2 月任）

赣州满园建设开发有限公司

执行董事兼总经理：刘旦明（10 月任）

谢　慧（任至 5 月）

副总经理：刘旦明（5 月任，任至 10 月）

王　玺

马　玲（女，3 月任）

许培君（挂职）

赣州西城建设开发有限公司

执行董事兼总经理：肖　晖

副总经理：卢继芬（女，任至 3 月）

刘旦明（任至 5 月，挂职）

胡铁生（3 月任，挂职）

曾庆燚（5月任）
温　泉②（7月任）
谢佐东

赣州新能源汽车科技城建设开发有限公司
执行董事兼总经理：凌　云（4月任）
阳贻春（任至4月）
副总经理：曾庆燚　（任至5月）
游亮亮
钟　华

赣州经济技术开发区人才发展集团有限公司
董事长：唐远林（5月任，挂职）
总经理：欧阳苑汶（7月任，挂职）

赣州经济技术开发区招商服务有限公司
董事长：黄朝阳（7月任）
总经理：温余燕（7月任，挂职）
副总经理：谭　侃（7月任，挂职）
叶青青（女，7月任）

人民团体

赣州经济技术开发区总工会
工会主席：吴小梅（女）
专职副主席：高　松
副主席：温　芳（女，8月任，挂职）
张　旭（任至8月，挂职）
王新宇（兼职）
常　委：王玉椿（女）
李　萍（女）
蔡　林
郭孝尧
王金秀（女）

赣州经济技术开发区妇女联合会
主　席：谢丽华（女）
副主席：黄玙静（女，8月任，挂职）
温珠艳（女，任至8月，挂职）
邓丽萍（女，8月任，兼职）
郭云倩（女，任至8月，兼职）
支鲁凡（女，兼职）

共青团赣州经济技术开发区工作委员会
书　记：李义柱（6月任）
唐远林（任至6月）
副书记：谢　忠（8月任，挂职）
陈仙柏（任至8月，挂职）
张福兰（女，兼职）
周敏华（兼职）
黄孝林（8月任，兼职）

赣州经济技术开发区科学技术协会
主　席：黄光舜（7月任，兼职）
刘　钧（任至3月，兼职）
副主席：赖梦瑶（女，9月任，挂职）
刘光银（任至8月，挂职）

赣州市工商联赣州经济技术开发区分会
党组书记：何　源
主　席：郭晓夏（3月任）
朱开椿（任至3月）
专职副主席：朱丰华（女）

副主席：刘钦辉（任至 5 月）
杨铁群（任至 5 月）
李建明（任至 5 月）
郭晓夏（任至 5 月）
何　喆
邓卫城
陈小军（5 月任）
喻　玺（5 月任）
曾亮生（5 月任）
李　麟（5 月任）
何武宜（5 月任）
申慧强（5 月任）
秘书长：支鲁凡（5 月任）

赣州经济技术开发区关心下一代工作委员会

主　任：舒向阳
常务副主任：肖国平
陈式松
刘仁平
钟丽华（女）
黄建英（女）

社会团体

赣州经济技术开发区红十字会

会　长：夏寿宏（5 月任）
卓邦友（任至 5 月）
常务副会长：翁毅军（5 月任）
秘书长：阳作忠
办公室主任：廖志平

赣州经济技术开发区残疾人联合会

理事长：阳作忠
副理事长：廖志平

乡（镇、街道、管理处）

黄金岭街道

党工委书记：黄爱民（任至 7 月）
党工委副书记：卢　嵘
刘小斌
党工委委员：刘旭东（9 月任）
钟灵花（女，任至 9 月）
党工委委员、纪工委书记、纪检监察工委书记（兼）：彭　亮
党工委委员、组宣委员、统战委员：刘佐军
党工委委员、人武部长：黄军雄
党工委委员、派出所所长：隗恭麟
人大工委专职主任：曾　诚
人大工委专职副主任：涂　珺
办事处主任：卢　嵘
办事处副主任：刘旭东（9 月任）
钟灵花（女，任至 9 月）
罗海明
党群服务中心主任：麦燕明
综合行政执法大队大队长：林列国

蟠龙镇

党委书记：聂慧洁（女）
党委副书记：黄利坚
张选桂
党委委员：陈国飞
党委委员、人武部长：陈　敏

党委委员、组织委员：郑　敏（女）
党委委员、政法委员：邝盛彦
党委委员、宣传委员、统战委员：舒璐云（女）
党委委员、纪检书记：彭昊轩
党委委员、派出所所长：周逸勇
人大主席：刘华铿
人大专职副主席：刘赣龙
镇长：黄利坚
副镇长：李雪丰（女）
　　杜金水（任至5月）
　　邱　毅
　　刘　健（7月任）
综合行政执法大队队长：刘翼伟
综合便民服务中心主任：邓静远（女）
司法所所长：吴中海

湖边镇
党委书记：王　朝（8月任）
　　肖上清（任至8月）
党委副书记：毛伟求
　　钟　华（女）
党委委员：董　威
党委委员、政法委员：廖云嵩
党委委员、纪委书记、监察办主任：张希良
党委委员、人武部长：谢宝玲
党委委员、组织委员：谢腾飞
党委委员、宣传委员、统战委员：叶泽彬
党委委员、派出所所长：邱　坚
人大主席：欧阳景春（8月任）
　　谢鹏飞（任至8月）
镇　长：毛伟求
副镇长：董　威
　　梁燕辉
　　陈　琼（女）
　　陈思竹（女）
四级调研员：王学忠
便民服务中心主任：曾小嵩（女）
综合行政执法大队大队长：束梓桑

凤岗镇
党委书记：刘昌平
党委副书记：谢鹏飞（7月任）
　　王　朝（任至7月）
　　钟灵花（女，8月任）
　　欧阳景春（任至7月）
党委委员：陈景福
党委委员、纪委书记：林　涛
党委委员、人民武装部部长：杨　志
党委委员、组织委员：曹性明
党委委员、宣传委员、统战委员：张　涛（女）
党委委员、政法委员：吴启军
人大主席：吴　琼（女）
人大主席团副主席：张小峰
镇　长：谢鹏飞（7月任）
　　王　朝（任至7月）
副镇长：陈景福
　　何文婷（女）
　　谢　媛（女）
　　王建红

三江乡
党委书记：张　欣
党委副书记：刘　浚
　　宋智强

党委委员：王建权
党委委员、政法委员：李智渊
党委委员、组织委员：罗智慧（女）
党委委员、人武部长：李明金
党委委员、纪检书记、监察办公室主任（兼）：李海锋
党委委员、宣传委员、统战委员：曾晋
党委委员、副乡长：王建权
党委委员、派出所长：董健敏
人大主席团主席：曹承斌
人大主席团副主席：王　诚
乡　长：刘　浚
副乡长：刘嗣维
　　　　刘　红（女）
　　　　宋世斌
司法所所长：黄　明
综合便民服务中心主任：刘小兰（女）
综合行政执法大队队长：康　伟

新能源科技城管理处

党委书记：黄　峰
党委副书记：谢一洪
　　　　　　李　亮
党委委员、宣传委员、统战委员：谭　君
党委委员、纪检组长：李　慧
党委委员、组织委员：胡　云
党委委员、人武部长：林　聪
党委委员、政法委员：蒙贤荣
党委委员、派出所所长：刘昊敏
党委委员：蔡　林
　　　　　李阿李
主　任：谢一洪
副主任：蔡　林
　　　　李阿李

（注：领导名单内一个姓名多次出现，若为同一人，则不另作标记；若非同一人，且不便区分，则在右上角加注①②等标记区分。）

（各地各单位供稿）

市级机关（部门）以上表彰荣誉

2022 年获国家级机关（部门）奖励命名集体单位一览表

表 9

序号	单位	奖项	授予机关（部门）
1	区综合执法大队	赣州经开区获评“全国和谐劳动关系创建示范工业园区”	人力资源和社会保障部、中华全国总工会、中国企业联合会 / 中国企业家协会、中华全国工商业联合会
2	区税务局	节约型机关	国家机关事务管理局、中共中央直属机关事务管理局、国家发展和改革委员会、财政部
3	市科创中心 区企工局	赣州市小微企业创业孵化基地、赣州西城科技园获评“2022 年度国家小型微型企业创业创新示范基地”	工信部
4	区工商联	2021—2022 年度全国“四好”商会	全国工商联办公厅
5	区企工局	区内 4 家企业获评国家级专精特新“小巨人”企业	工信部
6	区应急管理局 蟠龙镇	蟠龙镇西城广场社区获评“2021 年度全国综合减灾示范社区”	应急管理部
7	区社管局	《赣州经开区“三个课堂”常态化应用模式探究》被推荐为创新案例	国家教育资源公共服务体系联盟
8	市科创中心	市科创中心运营的中国创新创业成果交易会（赣州）成果转化基地在中国创交会 2021 年度考核评价中被评为 A 类	中国创新创业成果交易会办公室
9	市科创中心	市科创中心孵化器在 2021 年度国家级科技企业孵化器中获评优秀（A 类）	科技部火炬中心
10	区疾控中心	健走省级赛公共卫生系统行业奖项、全国优秀健走组织单位奖	中国疾控中心慢病中心

2022 年获省级机关（部门）奖励命名集体单位一览表

表 10

序号	单位	奖项	授予机关（部门）
1	区经发局	赣州经开区获评“国家级开发区先进单位”	省委、省政府
2	区企工局	赣州经开区获园区发展专项奖，为 20 个先进单位之一；区内企业同兴达科技、立德电子、金力永磁获优强企业专项奖	省政府
3	区招商局	赣州经开区获评“全省开放平台先进单位”	省商务厅
4	区企工局	赣州经开区获评“省级两化融合示范园区”	省工信厅
5	区教体服务中心	赣州经开区获评“2022 年‘国培计划’项目县”	省教育厅
6	区党政办	2021 年度全省政府系统“五型”政府建设先进集体	省“五型”政府建设领导小组
7	三江乡	平安江西建设示范乡镇	省平安江西建设领导小组
8	黄金岭街道金星村党委 凤岗镇长田村党支部	2021 年度全省乡村振兴模范党组织	省委组织部
9	区财政局	2021 年度全省财政系统信息宣传工作优秀单位	省财政厅
10	三江乡	三江乡东红村获评第七批“江西省民主法治示范村（社区）”	省司法厅、省民政厅
11	区市监分局	江西金力永磁股份有限公司获评“江西省井冈质量奖”	省政府
12	区融媒体中心	“欧潭融媒”微信公众号获评“全省 2022 年第一季度十佳政府系统政务微信公众号”	省政府政务公开办公室
13	区法院	全省优秀法院	省高院
14	区城管分局	省城管执法行业疫情防控工作突出贡献单位	省城市建设管理委员会
15	区机关事务中心	全省公共机构节能先进集体	省机关事务管理局
16	区机关事务中心	第一批“省级公共机构水效领跑者”	省机关事务管理局、省发展和改革委员会、省水利厅

续表 10

序号	单位	奖项	授予机关（部门）
17	区企工局	区内 37 家企业获评 2021 年省级“专精特新”中小企业，总数居全市第一；36 家企业获评 2022 年省级“专精特新”中小企业，总数居全市第一	省工信厅
18	市科创中心 区企工局	赣州市小微企业创业孵化基地获评“2021 年江西省小型微型创业创新示范基地”；赣州西城科技园、恒科产业园获评“2022 年江西省小型微型企业创业创新示范基地”	省工信厅
19	区企工局	区管委会获评“2022 年省级数字化转型促进中心”	省工信厅
20	区企工局	有色金属（稀土新材料）江西赣州经济开发区国家新型工业化产业示范基地获评“四星”基地	省工信厅
21	区企工局	赣州经开区电子信息产业集群获评“2021 年度省级产业集群综合评价优秀等次产业集群”“江西省 2022 年四星级产业集群”	省工信厅
22	区企工局 区汽车办	区内 3 个产业集群获评“江西省省级产业集群”	省工信厅
23	区经发局	区内 5 家企业获评省级瞪羚企业	省科技厅
24	区企工局	区内 6 家企业创建省级企业技术中心	省工信厅、省财政厅、省税务局
25	区人社（养老服务）中心	蟠龙镇章甫村居家养老服务中心获评第三批“党建 + 农村互助养老服务”省级示范点	省委组织部、省民政厅、省财政厅
26	区公安分局 区交警大队	区公安分局香港工业园派出所获评“全省优秀公安基层单位”、区交警大队机动中队获评“全省公安系统爱民模范集体”	省人社厅、省公安厅
27	区交警大队	全省交警系统党建带队建示范单位	省公安厅
28	区经发局	省第七次全国人口普查先进集体	省第七次全国人口普查领导小组
29	区党群部	民建赣州经开区总支部获评“2021 年度先进集体”	中国民主建国会江西省委员会
30	区公服中心	省市政管理（养护）行业分会先进单位	省城市建设管理协会市政管理行业分会
31	区公服中心	省城市建设管理协会环卫行业分会 2022 年度先进集体	省城市建设管理协会环卫行业分会

续表 10

序号	单位	奖项	授予机关（部门）
32	凤岗镇	江西魅力乡镇	江西日报社、江西报业传媒集团
33	区应急管理局	赣州经开区专业森林消防大队在扑救赣州市“10·17”森林火灾表现突出被通报表扬	省森林防灭火指挥部
34	黄金岭街道 蟠龙镇	赣州经开区 1 个社区获评“2022 年度江西省幸福社区五星社区”，3 个社区获评“2022 年度江西省幸福社区四星社区”，1 个社区获评“2022 年度江西省幸福社区三星社区”	省民政厅
35	区史志档案管理中心	《赣州经济技术开发区年鉴（2022）》在江西省第七届年鉴质量评比活动中获评“三等专业年鉴”	省地方志研究院
36	区教体服务中心	第二十二届华人少年作文交流展示活动江西省赛区优秀组织奖	省教育厅教学教材研究室

2022 年获市级机关（部门）奖励命名集体单位一览表

表 11

序号	单位	奖项	授予机关（部门）
1	区企工局	赣州经开区获评“2021 年度主攻工业先进县（市、区）”	市委、市政府
2	区经发局	赣州经开区获评“2021 年度高质量发展先进县（市、区）”	市委、市政府
3	区招商局	赣州经开区获评“2021 年度开放型经济工作先进县（市、区）”	市委、市政府
4	黄金岭街道 区城管分局 区公服中心 区交警大队 区招商局 区企工局 区党群部	2021 年度深化全国文明城市建设工作先进集体	市文明城市创建指挥部
5	区机关事务中心 赣州综保区	在 2021 年度全市公共机构节能工作考核中，赣州经开区及赣州综合保税区管委会考核优秀	市政府办
6	区招商局	上半年赣州经开区实际利用外资增速排名全市第一；利用省外 2000 万元以上项目资金总量排名全市第一	市政府
7	区企工局	上半年规上工业营业收入净增额全市第一，营业收入 10 亿元以上企业数量全市第一，新入规企业数量第一	市工业倍增升级行动领导小组办公室

续表 11

序号	单位	奖项	授予机关（部门）
8	区经发局	全区中长期贷款项目签订合同数、发放贷款项目数及发放金额均列全市第一	市发改委
9	区招商局 区党政办	一季度引进台资项目总数排名全市第一	市委台办
10	区房管所	上半年赣州经开区城市棚户区改造开工率及城镇住房保障家庭租赁补贴发放排名全市第一	市城市住房服务中心
11	区人社（养老服务）中心	赣州经开区全市创业担保贷款还款率 100%，排名全市第一	市就业创业服务中心
12	区党群部	2022 年上半年文化产业营收总量全市排名第一	市文化强市建设工作领导小组办公室
13	区企工局	赣州经开区 17 家企业获评 2022 年（第 1 批）赣州市市级企业技术中心	市工信局、市财政局、市税务局
14	区经发局	赣州经开区 2 个科创飞地获评“2022 年赣州市‘科创飞地’”	市科技局
15	区党群部	在 2021 年度人才强市高质量综合考评一类县中排名第一	市委人才办
16	区市监分局	赣州经开区 2021 年度质量强市工作考评第一	市质量强市工作领导小组
17	区市监分局	赣州经开区 2021 年药品安全考核结果 A 级，排名第一	市市场监督管理局
18	区住建局	2021 年城市功能与品质提升工作综合考核排名全市并列第一	市城市功能与品质提升工作领导小组办公室
19	区公安分局	在全市公安机关党的二十大安保维稳工作中成绩突出记集体三等功	市公安局
20	区党政办	赣州经开区获评“全市党的二十大信访保障工作先进县（市、区）”	市信联办
21	区党群部	赣州经开区 2021 年在全市党委（党组）书记抓基层党建述职评议考核中，被评为“好”的等次	市委党建工作领导小组
22	区党政办	2021 年度全市扫黑除恶斗争先进单位一等奖	市扫黑除恶斗争领导小组
23	区司法分局 赣州综保区 区党群部 区财政局 区法院 区农办 三江乡	赣州综保区、区党群部、区财政局、区法院获评“普法工作先进单位”，区农办获评“依法治理创建活动先进单位”，三江乡获评“普法依法治理工作先进乡镇（街道）”	市法治宣传教育工作领导小组

续表 11

序号	单位	奖项	授予机关（部门）
24	区党政办	赣州经开区获评“2021 年度全市党委国家安全工作先进县（市、区）”	市委国安办
25	区党政办	赣州经开区在全市常态化扫黑除恶特色亮点培树工作中评定为优秀等次	市扫黑办
26	区金融服务中心	赣州经开区 2021 年度赣州市普惠金融改革试验区建设工作考核评估结果为优秀	市普惠金融改革试验区领导小组办公室
27	区社管局 区疾控中心	赣州经开区获评“2021 年全市新冠病毒疫苗接种工作先进单位”，区疾控中心获评“2021 年全市慢性病防控工作先进单位”	市卫健委
28	区党群部	赣州经开区在 2022 年企业薪酬调查工作中表现突出获通报表扬	市人社局
29	区党群部	2021 年全市党内统计“优秀”报表单位	市委组织部
30	区经发局	2021 年全市统计工作先进集体	市统计局
31	区党群部 区企工局	全市服务非公有制经济发展先进单位	市促进非公有制经济发展领导小组
32	区纪工委	在市纪委市监委派驻（出）机构 2021 年度工作考核等次为优秀	市纪委
33	赣州综保区	在 2021 年度全市网络安全工作责任制考核等次为优秀	市委网信办
34	区经发局	2021 年赣州经开区社会信用体系建设工作获得市发改委（市信用联席办）通报表扬	市信联办
35	区党政办	湖边大道工程审计项目获评 2022 年度全市优秀审计项目	市审计局
36	区党群部	民盟赣州经开区支部获评“2020—2021 年度先进基层组织”	民盟赣州市委会
37	区党政办	全市信访工作先进集体	市信访工作联席会议
38	区党政办	2021 年度市委督促检查工作先进单位	市委办
39	区纪工委监察组	2021 年全市纪检监察信息工作先进单位	市纪委市监委
40	区融媒体中心	2021 年度赣州市十佳政务微博	市委宣传部、市委网信办、赣南日报社、市融媒体推进中心

续表 11

序号	单位	奖项	授予机关（部门）
41	区工商联	2021 年度县（市、区）工商联综合先进单位	市工商联
42	区法院	区人民法院综合审判庭、执行局各被赣州市中级人民法院记集体三等功一次	市中级人民法院
43	区党政办	2021 年度全市铁路护路联防工作先进单位	市铁路护路联防工作小组
44	区人社（养老服务）中心	赣州经开区 3 所公办养老机构等级评定全部实现从“零级”到“二级”（市评最高级）的跨越	市民政局
45	区社管局	2021 年全市职业健康工作先进单位	市卫健委
46	区交警大队	全市公安交通管理成绩突出单位	市交警支队
47	区公安分局	2021 年度全市县级公安机关绩效考评成绩突出集体	市公安局
48	区生态环境分局	2021 年度全市生态环境系统目标管理考核单项先进单位	市生态环境局
49	区司法分局	2021 年度行政执法监督先进单位	市司法局
50	赣州建控集团	赣州市模范职工之家	市总工会
51	赣州建控集团	赣州市职工职业道德建设标兵单位	市总工会
52	区新时代文明实践促进中心	赣州经开区 7 人获评 2022 年度“赣州好人”	“文明赣州”官方
53	区妇联	2021 年度妇女发展工作先进单位	市妇联
54	区招商局	2021 年度赣州市贸促工作先进集体	市贸促会
55	区团工委	2021 年度全市共青团基层建设工作先进单位	团市委
56	区机关党委 蟠龙镇团委 湖边镇团委 区检察院团支部	2021 年全市五四红旗团委	团市委

续表 11

序号	单位	奖项	授予机关（部门）
57	区党群部	全市社会舆情信息工作先进单位	市委宣传部
58	区党群部 区融媒体中心	2021 年度赣州市新闻宣传工作先进集体	市委宣传部
59	黄金岭街道 科技城管理处	赣州市第七次全国人口普查先进集体	市第七次全国人口普查领导小组
60	区社管局 区教体服务中心	2021—2022 学年度全市中学教学质量综合评价优胜单位	市教育局
61	区党群部 黄金岭街道	赣州市第一批“学习型单位”	市委宣传部、市直机关工委、市委教育工委、市国资委、“学习强国”学习平台用户服务中心（寻乌）
62	区党群部	民建赣州经开区总支部获评“2021 年度先进集体”	中国民主建国会赣州市委员会
63	区交警大队	赣州市五一劳动奖状	市总工会
64	蟠龙镇	2021 年度妇女工作先进集体	市妇联
65	黄金岭街道	黄金岭街道杨梅村、滨江南路社区获评全市“五四红旗团支部（总支）”	团市委
66	区检察院	民事调解类监督案入选“2021 年度全市检察机关优秀民事行政检察案件”	市检察院
67	三江乡	三江乡“和合”调解工作室获评首批婚姻家庭纠纷调解示范工作室	市平安办、市妇联
68	区总工会	第九届全省百万职工学法、用法知识答题竞赛暨“百万网民学法律”工会法专场知识竞赛优秀组织单位	省总工会
69	区党群部	赣州市网络信息安全技能大赛优秀组织奖	市委网信办、市总工会、市人社局、市公安局、赣州电信
70	区党群部	赣州市学习贯彻党的二十大精神“学习强国”挑战答题擂台赛总决赛优秀组织奖	市委宣传部、市直机关工委、市委教育工委、市国资委、“学习强国”学习平台用户服务中心（寻乌）
71	区住建局	赣州经开区城镇既有房屋“安全生产月”知识竞赛获评全市组织奖	市城市住房服务中心
72	区社管局	赣州市学生信息素养提升实践活动最佳组织奖	市教育局

续表 11

序号	单位	奖项	授予机关（部门）
73	区总工会	“中国梦·劳动美—永远跟党走 奋进新征程”全国职工线上运动会赣州分赛区十佳单位	市总工会
74	区党群部	在 2022 年第一季度网评、网宣工作全市排名第一；第二季度网评工作全市排名第一	市委网信办
75	区社管局	赣州市青少年竞技体育先进单位	市实施全民健身计划领导小组
76	区疾控中心	赣州经开区代表队获评“2022 年赣州市居民防疫知识和健康素养‘达人’大赛二等奖”，区疾控中心（健康教育所）获评“2022 年赣州市居民防疫知识和健康素养‘达人’大赛优秀组织奖”	市卫健委
77	黄金岭街道 蟠龙镇	赣州经开区 7 个社区获评“2021—2022 年度全市“绿色社区和谐家园”创建活动示范社区”	市民政局
78	蟠龙镇 湖边镇	赣州经开区 2 个单位被确定为赣州市第二批（2022 年）市级低碳试点	市生态环境局
79	区总工会	体育道德风尚奖、优秀组织奖、“女子组第 1 名”	市总工会、市体育局、市直机关工委
80	区融媒体中心	报送的《够拼！他们加班加点为广大师生安装空调》在 2021 年度赣州新媒体传播力评选中获评“新媒体优秀作品”	市委宣传部、市委网信办、赣南日报社、市融媒体推进中心
81	区团工委	优秀组织奖	市教育工委、团市委
82	赣州建控集团 赣州保税实业集团 满园公司 西城公司 区公安分局	赣州经开区 11 个项目获评“2021 年下半年—2022 年上半年赣州市建筑安全生产标准化示范工地”；赣州经开区 7 个项目获评“2022 年下半年赣州市建筑安全生产标准化示范工地”	市住建局
83	赣州建控集团 满园公司 西城公司 区公安分局	赣州经开区 3 个项目获评“2022 年上半年赣州市工程质量管理标准化示范工地”；4 个项目获评“2022 年下半年赣州市工程质量管理标准化示范工地”	市住建局
84	赣州建控集团 赣州保税实业集团 西城公司	赣州经开区 4 个项目获评“赣州市 2021 年下半年建筑施工安全生产‘流动红旗’”	市住建局安委办
85	区疾控中心	赣州市健康科普讲解“达人”大赛优秀组织奖	市卫健委

2022年获市级以上先进个人一览表

表12

序号	姓名	奖项	授予机关（部门）
1	王小宁	江西省农业和农村工作先进个人	省委、省政府
2	范　兴	第六届全省审判业务专家	省高院
3	沈海辉	江西省检查机关宣传舆论业务标兵	省检察院
4	黄　明	第四批省级人民调解专家	省司法厅
5	董显光	江西省扫黄打非先进个人	省“扫黄打非”工作领导小组
6	黄　明	2016—2020年全省普法工作先进个人	省普法教育工作领导小组
7	谢　勇	江西最美城乡社区工作者	省委宣传部、省民政厅
8	肖承忠	省级乡村振兴担当作为好支书	省委组织部
9	黎　俊 李三星	2021年度全市“招商标兵	市委、市政府
10	郭声琪、符艳冬、卓邦友、吴小梅、熊忠森、申志文、黎　俊	郭声琪、符艳冬、卓邦友、吴小梅、熊忠森、申志文、黎俊考核等次为优秀	市委
11	郭声琪、曾　辉、谭　侃、肖含锋、夏侯婧、郭永平、许　琼、王　毅、李　豪、朱建宇、叶泽彬、张　涛、黄金河、廖振志	2021年度深化全国文明城市建设工作先进个人	市文明城市创建指挥部
12	罗才夭、蒙贤荣、付雪梅、邱　坚	全市党的二十大信访保障工作先进个人	市信联办
13	郭声琪、黄晓明、温荣喜、陈华洪、温建勋、张　华	2021年度平安赣州建设先进单位平安建设责任人嘉奖	市平安赣州建设领导小组
14	吴敞洋	2021年度全市党委国家安全工作先进个人	市委国安办

重要文件题录

赣州经开区 2022 年重要文件一览表

表 13

序号	文件标题	发文字号	发文时间
一、党工委名义印发文件			
1	关于表彰 2021 年度争先创优工作先进集体和先进个人的决定	赣经开党字〔2022〕9 号	1 月 27 日
2	关于印发《赣州经开区党工委、管委会 2022 年工作思路》的通知	赣经开党字〔2022〕11 号	1 月 29 日
3	关于印发《赣州经济技术开发区进一步做优做强数字经济实施方案》的通知	赣经开党字〔2022〕28 号	3 月 11 日
4	关于印发《赣州经开区 2022 年实施乡村全面振兴行动加快建设革命老区乡村振兴示范区工作方案》的通知	赣经开党字〔2022〕30 号	3 月 23 日
5	关于印发《关于进一步加强生态环境保护深入打好污染防治攻坚战的实施方案》的通知	赣经开党字〔2022〕34 号	4 月 2 日
6	关于印发《赣州经济技术开发区安全生产工作职责规定》的通知	赣经开党字〔2022〕37 号	4 月 8 日
7	关于印发《赣州经济技术开发区法治政府建设实施方案（2022—2025 年）》的通知	赣经开党字〔2022〕39 号	4 月 18 日
8	赣州经开区关于奋力打造全国一流现代化国家级经开区助力“六个江西”建设的实施意见	赣经开党字〔2022〕40 号	4 月 18 日
9	中共赣州经济技术开发区工作委员会关于认真学习宣传贯彻党的二十大精神的通知	赣经开党字〔2022〕83 号	11 月 13 日
10	关于印发《赣州经开区意识形态问责办法（试行）》的通知	赣经开党字〔2022〕104 号	12 月 25 日
二、管委会名义印发文件			
1	关于表彰 2021 年度优秀企业和十大经济年度人物、招商引资信息奖获奖人员的决定	赣经开政字〔2022〕7 号	1 月 28 日
2	关于修订《赣州经济技术开发区征兵工作奖惩实施办法（试行）》的通知	赣经开政字〔2022〕20 号	3 月 11 日
3	关于印发《赣州经济技术开发区“十四五”生态环境保护规划通知》	赣经开政字〔2022〕28 号	4 月 13 日

续表 13

序号	文件标题	发文字号	发文时间
4	关于印发《赣州经济技术开发区产业经济政策研究院工作架构及职责》的通知	赣经开政字〔2022〕40 号	5 月 24 日
5	关于印发《赣州经济技术开发区稳经济促发展保就业若干措施》的通知	赣经开政字〔2022〕47 号	6 月 13 日
6	关于印发《赣州经济技术开发区突发事件总体应急预案》的通知	赣经开政字〔2022〕59 号	6 月 30 日
7	关于印发《赣州经开区区属工业标准厂房管理暂行办法》的通知	赣经开政字〔2022〕64 号	7 月 25 日
8	印发《赣州经济技术开发区关于促进跨境贸易电子商务加快发展的若干政策（试行）》的通知	赣经开政字〔2022〕70 号	8 月 5 日
9	关于印发《赣州经开区深入实施城市功能与品质再提升行动工作方案》的通知	赣经开政字〔2022〕74 号	8 月 25 日
10	关于印发《赣州经开区村（社区）居家养老服务补贴办法》的通知	赣经开政字〔2022〕81 号	9 月 23 日
11	赣州经开区管委会关于新形势下进一步推进“五型”政府建设走深走实的意见	赣经开政字〔2022〕82 号	9 月 26 日
12	关于印发《赣州经济技术指标切实稳住经济发展若干接续措施的通知》	赣经开政字〔2022〕86 号	10 月 2 日
13	关于印发《赣州经济技术开发区“十四五”国土空间生态修复规划》的通知	赣经开政字〔2022〕101 号	12 月 8 日
三、党政办名义印发			
1	关于印发《赣州经开区培育“百亿领航企业”的若干扶持措施》的通知	赣经开办字〔2022〕19 号	1 月 21 日
2	关于印发《区属国有企业招聘人员管理办法（试行）》的通知	赣经开办字〔2022〕25 号	1 月 27 日
3	关于印发《赣州经济技术开发区招商引资项目评审办法（2022 年修订版）》的通知	赣经开办字〔2022〕46 号	2 月 7 日
4	关于印发《赣州经开区加快工业企业入规入统的若干措施》的通知	赣经开办字〔2022〕52 号	2 月 17 日
5	关于印发《赣州经济技术开发区机关事业单位借调工作人员管理办法（试行）》的通知	赣经开办字〔2022〕63 号	3 月 2 日
6	关于印发《赣州经济技术开发区深化“放管服”改革 打造新时代“第一等”营商环境工作方案》的通知	赣经开办字〔2022〕75 号	3 月 11 日

续表 13

序号	文件标题	发文字号	发文时间
7	关于印发《赣州经开区高质量拓展新时代文明实践中心建设实施方案》的通知	赣经开办字〔2022〕100 号	3 月 30 日
8	印发《关于推进全区基层协商民主建设工作方案》的通知	赣经开办字〔2022〕117 号	4 月 12 日
9	关于印发《赣州经济技术开发区体制机制改革创新实施方案》的通知	赣经开办字〔2022〕131 号	4 月 14 日
10	关于印发《赣州经开区打造让党放心、人民满意的模范机关实施方案》的通知	赣经开办字〔2022〕132 号	4 月 15 日
11	关于印发《赣州经济技术开发区精文减会八条及其实施细则》的通知	赣经开办字〔2022〕152 号	5 月 7 日
12	关于印发《赣州经济技术开发区支持数字经济加快发展若干政策措施》的通知	赣经开办字〔2022〕159 号	5 月 24 日
13	关于印发《赣州经济技术开发区人力资源有限公司雇员职员管理办法（修订）》的通知	赣经开办字〔2022〕169 号	6 月 2 日
14	关于印发《赣州经济技术开发区人力资源有限公司雇员职员薪酬管理办法（修订）》的通知	赣经开办字〔2022〕170 号	6 月 2 日
15	关于印发《赣州经开区干部夫妻异地分居“团圆机制”实施办法（修订）》的通知	赣经开办字〔2022〕173 号	6 月 6 日
16	关于印发《赣州经开区探索与大湾区国家级经开区的合作共建新模式实施方案》的通知	赣经开办字〔2022〕208 号	8 月 4 日
17	关于印发《赣州经开区创新管理体制加快推进乡镇经济发展实施意见（试行）》的通知	赣经开办字〔2022〕235 号	9 月 18 日
18	关于印发《赣州经济技术开发区巡察工作考核评价办法（试行）》的通知	赣经开办字〔2022〕238 号	9 月 26 日
19	关于印发《赣州经开区推进中小学教师“区管校聘”管理改革实施意见》的通知	赣经开办字〔2022〕263 号	10 月 10 日
20	关于印发《赣州经济技术开发区高层次人才住房申报和管理办法（修订）》的通知	赣经开办字〔2022〕264 号	10 月 11 日
21	关于印发《赣州经济技术开发区防范和惩治统计造假、弄虚作假责任制实施办法》的通知	赣经开办字〔2022〕269 号	10 月 16 日
22	关于印发《赣州经济技术开发区水利高质量发展建设实施方案》的通知	赣经开办字〔2022〕290 号	12 月 6 日

赣州经开区2022年重要会议一览表

表14

序号	会议名称	时间、地点	重大决策或成果
1	赣州经开区党工委“八大行动”务虚会暨推动高质量发展调研成果交流会	1月5日（星期四）14：30 区政中心2号会议厅	把握稳中求进工作总基调，完整、准确、全面贯彻新发展理念，科学制定发展目标，充分挖掘增长潜力，确保圆满完成省委、市委交办的任务。科学统筹发展和安全两件大事，牢牢守住不发生重大风险的底线，着力构建大安全格局，为全区高质量跨越式发展营造安全稳定的环境
2	赣州经开区党工委党史学习教育总结会议	1月18日（星期二）16：40 区政中心2号会议厅	深入学习贯彻习近平总书记重要指示精神，更加紧密地团结在以习近平同志为核心的党中央周围，以作示范、勇争先的昂扬斗志，担当实干、踔厉奋发，积极投身“营收突破两千亿、挺进全国三十强”新征程，以优异成绩迎接党的二十大胜利召开
3	赣州经开区2021年工作总结表彰暨2022年工作动员会	1月28日（星期五）8：30 赣州六中学术报告厅	会议表彰23类先进集体和先进个人，书面通报2021年赣州经开区民生工程实事完成情况和2022年赣州经开区民生工程实事计划安排，2021年“双提升”和扫黑除恶省民调测评结果，有关单位和先进个人代表作发言。以“作示范、勇争先”的昂扬斗志，踔厉奋发、笃行不怠，担当实干、勇毅前行，奋力建设“一极两地四中心”，以优异成绩迎接党的二十大胜利召开
4	赣州经开区2022年第一季度八大行动“虎啸欧潭”誓师大会	2月6日（周日）9：00 区政中心1号会议厅	为开展好2022年第一季度“征战两千亿，强劲开新局”八大行动举旗帜、明方向、强使命，会上八大行动牵头单位主要负责人作誓师发言，八大行动工作组组长向八大行动牵头单位主要负责人授旗
5	赣州经开区重大项目廉洁风险防控暨“‘廉’结千企·亲清有我”行动启动会	3月1日（星期二）8：30 区政中心1号会议厅	以高度的政治责任感、良好的精神状态和扎实的工作作风，深入开展“‘廉’结千企·亲清有我”行动，加快推进全区重大项目建设，纵深推进营商环境优化升级“一号工程”，为奋力建设“一极两地四中心”保驾护航，以优异成绩迎接党的二十大胜利召开
6	赣州经开区2022年安全生产工作部署会	3月8日（星期二）9：00 区政中心1号会议厅	传达学习习近平总书记关于安全生产工作的重要论述，深入贯彻落实中央、省、市安全生产工作会议精神，认真总结2021年安全生产工作，全面部署2022年及当前安全生产工作

续表 14

序号	会议名称	时间、地点	重大决策或成果
7	赣州经开区深化发展和改革双“一号工程”推进会	3 月 12 日（星期六）10：30 区政中心 2 号会议厅	深入学习贯彻全省、全市深化发展和改革双“一号工程”推进大会精神，以崭新的姿态、创新的精神、冲刺的劲头，大力实施好双“一号工程”，全力拼夺第一等成效，为全区高质量跨越式发展注入强劲动力
8	赣州经开区政法工作会议	3 月 15 日（星期二）11：00 区政中心 2 号会议厅	深入贯彻中央、省委、市委政法工作会议精神，全面总结全区 2021 年政法工作，深入分析当前面临的形势和风险挑战，研究部署 2022 年各项重点工作。区党工委书记陈水连出席会议并讲话
9	赣州经开区党工委农村工作会议	3 月 17 日（星期四）16：30 区政中心 2 号会议厅	深入学习贯彻习近平总书记关于“三农”工作的重要论述，认真落实中央一号文件精神以及中央、省委、市委农村工作会议精神，大力实施乡村全面振兴行动，全力促进农业稳产、农民增收、农村安定，全力打造全市乡村振兴的“经开样板”，以优异成绩迎接党的二十大胜利召开
10	赣州经开区 2022 年第一季度项目大会战“大比武”、“征战两千亿，强劲开新局”八大行动总结大会暨 2022 年第二季度“快进二季度，强攻双过半”八大行动动员大会	4 月 10 日（星期日）14：30 区政中心 2 号会议厅	紧密地团结在以习近平同志为核心的党中央周围，万众一心加油干、越是艰险越向前，奋力奏响“快进二季度、强攻双过半”的交响乐，不断开创“一极两地四中心”建设新境界，以优异成绩迎接党的二十大胜利召开
11	赣州经开区 2022 年第二季度八大行动“快进强攻”誓师大会	4 月 15 日（星期五）15：00 区政中心 1 号会议厅	动员全区上下进一步拿出“快进大干”的火热架势、“强攻紧追”的猛烈态势，迅速投身二季度八大行动，奋力夺取全年工作“双过半”
12	赣州经开区强力推进“六个江西”建设工作推进会	4 月 19 日（星期二）20：00 区政中心 2 号会议厅	认真落实省委省政府和市委市政府的部署要求，以舍我其谁的担当、抓铁有痕的韧劲、踏石留印的干劲，全面落实“六个江西”建设重点任务，为建设社会主义现代化江西贡献更大的“赣州经开区力量”

续表 14

序号	会议名称	时间、地点	重大决策或成果
13	赣州经开区管委会廉政工作会议	4 月 26 日（星期二）16：30 区政中心 2 号会议厅	深入学习贯彻习近平总书记在十九届中央纪委六次全会上的重要讲话精神，认真落实国务院、省政府第五次廉政工作会议和市政府第一次廉政工作会议以及省纪委十五届二次全会、市纪委六届二次全会的各项部署要求，持续深入抓好全区政府系统党风廉政建设和反腐败工作，为夺取疫情防控和经济社会发展“双胜利”、建设“一极两地四中心”保驾护航，以优异成绩迎接党的二十大胜利召开
14	2022 年全区文明委全体（扩大）会议暨深化全国文明城市建设工作总结部署会	5 月 9 日（星期一）10：30 区政中心 1 号会议厅	传达学习中央文明委第五次全体会议、省文明委第一次全体会议及市文明委全体（扩大）会议暨深化全国文明城市建设工作总结部署会议精神，审议《赣州经开区文明委 2022 年工作要点》
15	赣州经开区 2021 年度争先创优总结表彰暨 2022 年度综合考评工作动员部署大会	5 月 28 日（星期六）14：30 区政中心 1 号会议厅	紧密地团结在以习近平同志为核心的党中央周围，进一步提振“跳起摸高”的勇气、提升“善作善成”的本领、增强“万众一心”的合力、完善“奖优罚劣”的机制，全面加快“一极两地四中心”建设，以优异成绩迎接党的二十大胜利召开
16	赣州经开区“感恩有您长相伴·携手挺进三十强”干部家属代表座谈会	5 月 28 日（星期六）16：30 区政中心 2 号会议厅	经开区是一个风雨同舟的大家庭，家属们要当好“贤内助”“廉内助”。家庭是每个人事业成功的坚强后盾。要把好“三道关口”，做“幸福家庭”的引领者。高度警醒，多吹风、多提醒，督促帮助配偶把好人情关、金钱关、权力关。要守住“五条底线”，做“幸福家庭”的监督者。督促配偶绝不与管理服务对象有任何形式的不正当往来，绝不过问、插手各类司法执法活动，绝不利用配偶的职权和职务影响违规从事经营活动或谋取其他利益，绝不违规参股借贷、违规参与营利性活动，绝不违规操办婚丧喜庆事宜，共同筑牢家庭“防线”。要算好“七笔细账”，做“幸福家庭”的守护者。与配偶一起算好人生政治账、经济账、名誉账、家庭账、自由账、健康账、友情账，让干部职工堂堂正正做人，清清白白做官，干干净净做事

续表 14

序号	会议名称	时间、地点	重大决策或成果
17	庆祝赣州经开区关工委成立 15 周年暨全区关心下一代工作表彰大会	6 月 9 日（星期四）10：30 区政中心 1 号会议厅	注重政治引领，把稳关心下一代工作的“方向盘”。全区各级各单位要从忠诚捍卫“两个确立”，始终做到“两个维护”的高度，认真贯彻落实习近平总书记关于做好关心下一代工作的重要指示精神，按照中央、省、市决策部署，扎实做好青少年的教育引导和关爱保护工作，努力培养担当民族复兴大任的时代新人
18	赣州经开区 2022 年第二季度项目大会战“大比武”、“快进二季度，强攻双过半”八大行动总结大会暨“拼搏三季度，奠定全年胜”八大行动誓师动员大会	7 月 23 日（星期六）14：30 区政中心 1 号会议厅	三季度是全年承上启下的关键之季，也是奠定“全年胜”的重要之季。我们要认真落实省委、省政府及市委、市政府工作部署，围绕“拼搏三季度、奠定全年胜”主题，深入推进“八大行动”，以拼搏姿态，坚持咬定目标不动摇、抢抓机遇不放过、攻坚克难不懈怠，以优异成绩迎接党的二十大胜利召开
19	赣州经开区警示教育大会暨全面建设勤廉欧潭推进会	7 月 29 日（星期五）8：30 区政中心 1 号会议厅	始终保持“赶考”的清醒和坚定，切实增强勤廉欧潭建设的政治自觉。全面建设勤廉欧潭是强力推进“六个江西”建设的具体行动，是坚定理想信念的内在要求，是营造良好政治生态的现实需要。要准确把握反腐败斗争阶段性特征，紧盯重点领域和关键环节，密切关注苗头性、倾向性问题，坚决把反腐败斗争进行到底，全力维护风清气正、健康向上政治生态
20	赣州经开区“招大引强大会战”动员大会	8 月 4 日（星期四）10：30 区政中心 1 号会议厅	深入学习贯彻市委六届三次全会精神，落实全市“招大引强大会战”动员大会部署要求，总结上半年招商引资工作，动员部署开展全区“招大引强大会战”
21	赣州经开区 2022 年第三季度项目大会战“大比武”、“拼搏三季度，奠定全年胜”八大行动总结大会暨 2022 年第四季度“决战四季度，夺取全年胜”八大行动誓师动员大会	10 月 7 日（星期五）14：30 区政中心 1 号会议厅	考核评比三季度八大行动项目建设，盘点总结三季度八大行动，部署安排四季度八大行动，动员全区上下铆足干劲、开足马力，决战四季度，夺取全年胜，以优异成绩向党的二十大献礼

续表 14

序号	会议名称	时间、地点	重大决策或成果
22	赣州经开区 2022 年教育工作暨教育系统表彰大会	10 月 16 日（星期日）15：00 区政中心 1 号会议厅	全面总结部署全区教育工作，大力表彰教育系统先进，扎实推动全区教育事业高质量发展。会议表彰教学质量先进学校、优秀教师、优秀班主任、优秀教育工作者、教学能手、教坛新秀
23	赣州经开区领导干部会议	10 月 25 日（星期二）17：00 区政中心 2 号会议厅	传达学习党的二十大精神，全面部署学习宣传贯彻落实各项工作。要更加紧密地团结在以习近平同志为核心的党中央周围，迅速把思想和行动统一到党的二十大各项决策部署上来，坚定信心、同心同德，埋头苦干、奋勇前进，奋力谱写社会主义现代化建设赣州经开区篇章
24	赣州经开区冬春火灾防控暨消防安全大排查大整治工作动员部署会	11 月 25 日（星期五）17：00 区政中心 2 号会议厅	深入学习贯彻党的二十大精神和习近平总书记重要指示精神，切实抓好冬春火灾防控和消防安全大排查大整治工作，为今年工作圆满收官和明年工作良好开局，加快建设“一极两地四中心”营造更加安全稳定的社会环境
25	赣州经开区建设工程质量安全大会	11 月 28 日（星期一）14：30 区政中心 1 号会议厅	深入学习贯彻党中央、国务院和省、市关于工程质量安全工作的部署要求，总结部署当前全区建设工程质量安全工作
26	赣州经开区学习贯彻党的二十大精神区党工委宣讲团首场报告会	12 月 7 日（星期三）16：30 区政中心 1 号会议厅	紧密团结在以习近平同志为核心的党中央周围，在习近平新时代中国特色社会主义思想的科学指引下，解放思想、担当实干、奋勇争先，为全面建设社会主义现代化国家、全面推进中华民族伟大复兴作出新的更大贡献

赣州经开区2022年在省级以上媒体重要报道一览表

表15

时　间	媒体	标题	版面/栏目
1月3日	《江西日报》数字报	一棵树 一条龙 一头狮——赣州擦亮名片加速“融湾”掠影 赣州经开区“经快办”	（综合）5
1月11日	《江西日报》	10日起南铁实施新运行图赣深高铁将迎来春运首秀	7
1月11日	《江西日报》数字报	星光不负赶路人 （用图孚能科技（赣州）有限公司新能源汽车锂离子动力电池智能工厂）	（综合）5
1月12日	《江西日报》	积极推进返迁安置房建设	8
1月13日	《江西日报》	工业强省建设实现“六个突破”中国中车、吉利科技	（综合）1
1月13日	《江西日报》数字报	勇挑重担促发展 踔厉奋发开新局（用图第三届世界赣商大会成果丰硕）	（综合）3
1月15日	《江西日报》数字报	金力永磁在港交所主板上市	4
1月17日	《江西日报》数字报	加速融湾 干就赣好	（综合）5
1月30日	《江西日报》	“联姻”富士康赣州经开区迎来百亿开门红	7
1月30日	《江西日报》	作示范勇争先铺展千亿园区新画卷	（专版）8
2月7日	《江西日报》	比照“湾区”“干就赣好”	（综合）1其他
2月9日	《江西日报》	开展食品安全快检活动	11
2月10日	《江西日报》	赶订单	2
2月11日	《江西日报》	今年我省重点推进3455个大中型建设项目	2
2月13日	《江西日报》	敢为人先谋发展 担当作为抓落实全省深化发展和改革双“一号工程”推进大会引发各地干部群众热烈反响	（综合）1其他
2月13日	《江西日报》	春节期间全省“三请三回”活动“不停步”	（综合）2
2月14日	《江西日报》	融湾崛起　向南而兴	（综合）1其他
2月14日	《江西日报》	喜看城市新变化 绘就幸福新画卷	7
2月18日	《江西日报》	赣州经开区：春季开学第一天“冬奥会”成热门主题	3
2月20日	《江西日报》	我省全国人大代表开展集中视察活动（金力永磁）	（综合）1其他
2月23日	《江西日报》	去年全省园区营业收入首破4万亿元	（综合）2
2月24日	《江西日报》	铆足“虎劲”开新局 ——我省聚焦“主战场”以项目集聚构建产业生态圈	（综合）1

续表15

时　间	媒体	标题	版面/栏目
2月24日	《江西日报》	敢折东风第一枝	（综合）8
2月24日	《江西日报》	赣州经开区“四个转变”获赞誉	8
2月25日	《江西日报》	马克思主义真理的“播火者”—— 寻访《资本论》中文全译本首译者郭大力	9
2月27日	《人民日报》	改革向纵深推进，国企活力更足中国稀土集团	1版综合
3月1日	《江西日报》	对标一流勇破冰	11
3月1日	《江西日报》	赣州经开区：锻造高素质纪检监察铁军	6
3月4日	《江西日报》数字报	踔厉奋发新征程	头版头条1
3月4日	《新华每日电讯》	跨越南岭的追逐 赣南老区新春走访实录	（综合）10版头条
3月5日	《江西日报》	赣州：在数字产业中发展赶超 在营商环境上深化改革（富士康项目落地情况以及数字金融产业园照片）	（综合）5
3月8日	《江西日报》	千亿之上再出发——赣州经开区开放型经济高质量发展纪实	4
3月8日	《江西日报》	项目为王实干为先——赣州深入打好项目大会战	（综合）13
3月9日	《江西日报》	‘廉’结千企·亲清有我” 赣州经开区开展优化营商环境助力行动	8
3月9日	《江西日报》	赣州经开区“首席服务员”破解企业发展难题	11
3月10日	《江西日报》	“作示范、勇争先”深耕数字产业赛道	（综合）10
3月10日	《江西日报》	赣南春来早——赣州大力实施工业倍增升级行动掠影	（综合）16
3月10日	《江西日报》	坚决锚定更高目标 奋力迈进全国一流	16
3月12日	《经济日报》	江西赣州加快赣粤产业合作试验区建设——融湾合作再升级	（综合）8
3月16日	《江西日报》	图片新闻《项目施工忙》	（综合）1其他
3月21日	《江西日报》	减税降费春风劲 助力企业焕生机	8
3月25日	《人民日报》	启程（赣州经开区高铁西）	14
3月28日	《人民日报》海外版	赣州经开区金融部门推动产融对接常态化，打造一流营商环境，促进企业健康发展。	（综合）3
3月29日	《人民日报》海外版	工人在赣州经开区同兴达电子科技有限公司数字化生产车间加工智能穿戴设备	5
3月30日	《新华每日电讯》	“印章退休”见证老区追赶特区速度	（综合）5

续表 15

时　间	媒体	标题	版面 / 栏目
4 月 6 日	《江西日报》	图片新闻	5
4 月 6 日	《经济日报》	碳酸锂一年内涨价 10 倍，偏离供需基本面——引导动力电池价格回归理性	头版头条综合
4 月 7 日	《江西日报》	赣州经开区：“云”上招商成效喜人	8
4 月 8 日	《江西日报》	赣州高铁新区 29 个重大项目开工	7
4 月 16 日	《光明日报》	浓浓春意满赣南	1 其他
4 月 16 日	《人民日报》	以实干赢得实绩（一线感悟）	（综合）6
4 月 17 日	《江西日报》	放眼此关山 今朝更好看——赣闽粤原中央苏区奋进高质量发展观察	（综合）3
4 月 17 日	《新华每日电讯》	放眼此关山　今朝更好看赣闽粤原中央苏区奋进高质量发展观察	1 其他
4 月 17 日	《经济日报》	奋楫扬帆再出发——赣南原中央苏区纪行（下）	（综合）2
4 月 19 日	《江西日报》	赣州：打造新时代“第一等”营商环境	（综合）2 版头条
4 月 19 日	《江西日报》	赣州经开区：以“三变”促“五明” 持续推动初信初访办理提质增效	12
4 月 19 日	《经济日报》	商业银行创新金融服务——打通“专精特新”企业融资堵点	（综合）7
4 月 20 日	《新华每日电讯》	《两张“作战图”见证老区新风》	（综合）9
4 月 21 日	《江西日报》	让科技创新之花竞相绽放——赣州大力实施科技创新赋能行动掠影	8 版头条
4 月 21 日	《江西日报》	赣州经开区：做大做强特色农业	8
4 月 21 日	《江西日报》	以善意高效执行护航企业发展	10
4 月 22 日	《江西日报》	图片《流光溢彩快速路》	5
4 月 22 日	《江西日报》	易炼红在赣州调研时强调 坚定不移沿着习近平总书记指引道路奋勇前进 充分展现革命老区振兴发展奋进风采勃勃生机	1
5 月 2 日	《江西日报》	赣州建控集团：开展“双抢”专项大擂台评选活动	4
5 月 6 日	《江西日报》数字报	打造新能源汽车“强心脏”	2
5 月 10 日	《江西日报》	搭平台筑牢发展之基 攻难关拓宽服务之路江西理工大学以科技创新赋能有色产业高质量发展	（综合）5
5 月 10 日	《江西日报》	图片新闻	8
5 月 12 日	《江西日报》	赣州经开区：进位赶超 再获佳绩	7

续表 15

时　间	媒体	标题	版面 / 栏目
5 月 15 日	《江西日报》	新能源汽车产业蓬勃发展	1 版其他
5 月 15 日	《江西日报》	赣州“映山红”行动次第花开	（综合）2
5 月 16 日	《江西日报》	强化组织功能 争创一流业绩 赣州经开区党政办深化模范机关创建	7
5 月 16 日	《新华每日电讯》	江西新能源汽车：逆风跑出“加速度”	（综合）7
5 月 17 日	《江西日报》	赣州经开区：推进信访诉求“接诉即办”	7
5 月 18 日	《江西日报》	技术创新激活跨越赶超密码	头版其他
5 月 18 日	《经济日报》	江西经济增速何以居全国前列	头版头条综合
5 月 19 日	《江西日报》数字报	文明乡风入田畴	（综合）8
5 月 19 日	《江西日报》	赣州经开区：对外贸易高速增	8
5 月 20 日	《江西日报》数字报	感恩奋进勇争先 壮阔征程更向前	1 版其他综合
5 月 20 日	《江西日报》数字报	在新时代“作示范、勇争先”	T02 综合
5 月 20 日	《经济日报》	视觉整版刊发赣州新闻并配发 8 张新闻图片	8
5 月 21 日	《江西日报》数字报	集群发展	2
5 月 21 日	《江西日报》数字报	老区不老 风华正茂	8
5 月 25 日	《光明日报》	人民史诗的文化底色	16 综合
5 月 26 日	《江西日报》	赣州经开区：外商投资热度持续增长	12
5 月 29 日	《江西日报》	施工忙	1
6 月 2 日	《江西日报》	赣州经开区：推广“文明实践 + 快递”服务	8
6 月 6 日	《江西日报》	赣州经开区：优营商环境促项目落地提速	12
6 月 8 日	《江西日报》数字报	红土地上的新崛起　“技术创新是企业的命根子”	1 综合
6 月 8 日	《人民日报》	在推动中部地区崛起上勇争先	头版报眼综合
6 月 8 日	《新华每日电讯》	红土地上的新崛起	1 综合
6 月 8 日	《新华每日电讯》	江西之进	4 综合

续表 15

时 间	媒体	标题	版面 / 栏目
6 月 8 日	《光明日报》	红土地上的新崛起——沿着总书记的足迹之江西篇	头版报眼综合
6 月 8 日	《经济日报》	红土地上的新崛起	1 版报眼综合
6 月 8 日	《经济日报》	掌握更多关键核心技术	3
6 月 9 日	《江西日报》数字报	破案“尖刀”	6
6 月 9 日	《江西日报》数字报	禁毒巡回宣讲进高校	10
6 月 12 日	《江西日报》	江西首个跨境电商退货中心仓启用	2
6 月 13 日	《江西日报》	赣州经开区：拉网式整治群众身边“微腐败”	12
6 月 16 日	《江西日报》	大道如虹满霞光——赣州建设全国性综合交通枢纽纪实	8 综合
6 月 16 日	《江西日报》	凤岗镇：产业之花遍地开	8
6 月 17 日	《江西日报》	忙生产	7
6 月 26 日	《人民日报》	江西赣州快速融入粤港澳大湾区　弘扬苏区精神，推进经济社会高质量发展	8 综合
6 月 27 日	《江西日报》数字报	澎湃动能扑面而来	1 其他综合
6 月 27 日	《江西日报》数字报	新时代革命老区振兴发展的根本遵循	10 用图
6 月 28 日	《江西日报》	情润红土满目新——赣南等原中央苏区振兴发展大事记	5
6 月 28 日	《人民日报》	江西赣州　十年振兴促蝶变　奋楫扬帆谱新篇	12 综合
6 月 28 日	《经济日报》	江西赣州市提升发展能级——扎实建设区域性中心城市	12 综合
6 月 28 日	《光明日报》	真情润红土　携手促振兴——中央单位对口支援赣南等原中央苏区纪实	（综合）7
6 月 30 日	《江西日报》	还是当年那份情——赣南等原中央苏区传承红色基因弘扬优良作风述评	1 版其他综合
7 月 3 日	《江西日报》数字报	金力永磁成为全球稀土永磁行业首家“零碳工厂”	2
7 月 6 日	《江西日报》	体教融合助成长　赣州经开区加强发展体育教育工作纪实	7
7 月 7 日	《江西日报》	打造桥头堡　融湾再提速——赣州加快对接融入粤港澳大湾区掠影	1 版其他综合
7 月 8 日	《江西日报》	江西试水公务员聘任制释放“鲇鱼效应”	1 版其他综合
7 月 12 日	《江西日报》	仰望星空　脚踏实地——记赣州富尔特电子股份有限公司总经理喻玺	7

续表 15

时　间	媒体	标题	版面 / 栏目
7 月 14 日	《江西日报》	税惠“春风起”　企业“乘风行”	8 综合
7 月 14 日	《江西日报》	赣州市开展校车驾驶员毛发毒品检测	（综合）10
7 月 19 日	《江西日报》	“数”造江西	4
7 月 19 日	《光明日报》	做工友心中的定海神“珍”，一直做下去	12
7 月 20 日	《江西日报》数字报	用使命护佑生命——记全省优秀共产党员袁小亮	2
7 月 22 日	《江西日报》数字报	“迟到”的土地流转金终于到账了	11
7 月 22 日	《江西日报》数字报	洋田科技园食堂正式开业	11
7 月 26 日	《江西日报》数字报	赣州经开区　外向型经济保持长期向好	8
7 月 28 日	《江西日报》	万般精彩入画来——赣州打造新时代“第一等”城市功能品质纪实	8 版综合
7 月 28 日	《江西日报》	赣州经开区：打响“经心办”品牌	8
8 月 2 日	《江西日报》数字报	让党旗在基层阵地高高飘扬	1 综合
8 月 4 日	《江西日报》数字报	江西普遍实行“企业安静日”制度	1 综合
8 月 5 日	《江西日报》	赣州经开区举办国有企业干部专题培训班	3
8 月 11 日	《江西日报》	赣州经开区智慧农业谱新曲	B4
8 月 14 日	《经济日报》	刊发新闻图片	1
8 月 15 日	《江西日报》	赣南荣光	5
8 月 15 日	《人民日报》	在高质量发展之路上勇立潮头（这十年，总书记这样勉励企业高质量发展）	1
8 月 16 日	《江西日报》	欧潭劲吹“勤廉风”——赣州经开区以高质量监督护航高质量发展纪事	12 版头条
8 月 17 日	《江西日报》	赣州建控集团开展系列主题党日活动	11
8 月 18 日	《江西日报》	大桥施工忙	5
8 月 22 日	《新华每日电讯》	江西：多“力”齐发，创新加强基层社会治理	6
8 月 23 日	《江西日报》	梧桐正茂凤凰栖——赣州经开区推进人才工作纪实	12
8 月 23 日	《人民日报》	改善生态环境就是发展生产力（这十年，总书记这样勉励企业高质量发展）	1

续表 15

时　间	媒体	标题	版面 / 栏目
8 月 23 日	《人民日报》	高质量发展 澎湃新动能	10
8 月 25 日	《江西日报》	厚植沃土 激活动能——赣州市场监管系统持续优化营商环境助力高质量发展	8
8 月 31 日	《经济日报》	国产手机创新谋高端	6
9 月 5 日	《江西日报》数字报	探索监督优化营商环境新模式	12
9 月 7 日	《江西日报》	赣州经开区做强法治服务保障 优化法治化营商环境	9
9 月 7 日	《经济日报》	踔厉奋发向未来	报眼
9 月 8 日	《江西日报》数字报	赣州市：禁毒宣传进社区	10
9 月 17 日	《江西日报》数字报	赣台围绕电子信息产业深入对接	3
9 月 18 日	《江西日报》数字报	农行助发展 稀土变黄金	7
9 月 22 日	《人民日报》	重视自主创新 优化创新环境（人民政协新实践）	18
9 月 29 日	《江西日报》	“四个一”模式提升“两个覆盖”水平	6
9 月 29 日	《江西日报》	赣州经开区让主题党日活动“红”起来	7
9 月 29 日	《经济日报》	赣州经开区：坚持以“质”取胜 打造品质经开	（专版）12
10 月 2 日	《江西日报》	赣州经开区重大项目不停工、重点企业不停产	3
10 月 8 日	《江西日报》	“赣”出精彩 奔向未来	5
10 月 8 日	《江西日报》	奋进有“数” 厚植沃土	6
10 月 13 日	《江西日报》	赣州经开区畅通便民服务“最后一公里”	8
10 月 15 日	《人民日报》	江西赣州 奋力打造高质量发展示范区 书写新时代革命老区新篇章	15
10 月 16 日	《江西日报》	今日赣南 如您所愿	5
10 月 16 日	《江西日报》	《江西日报》数字报—聚焦发展扬帆搏浪	9
10 月 17 日	《江西日报》	文明新风拂风岗 乡村振兴绘蓝图	（专版）14
10 月 17 日	《江西日报》	赣州海关通关提速 让“老区”变“特区”	15
10 月 19 日	《江西日报》数字报	“赣”出新答卷之卫健篇	T06

续表 15

时　间	媒体	标题	版面 / 栏目
10 月 27 日	《江西日报》数字报	赣州新能源汽车产品创新孵化产业园项目即将开工	11
10 月 31 日	《江西日报》数字报	唱响社会治理“和合”之歌	10
11 月 4 日	《江西日报》数字报	开展高品质惠民法律援助 营造优质法治化营商环境	10
11 月 9 日	《经济日报》	刊发图片新闻	4
11 月 9 日	《经济日报》	在中国赛道上竞技——从进博会看“高水平对外开放”	4
11 月 11 日	《江西日报》数字报	为 220 余名农民工讨薪 450 余万元	11
11 月 14 日	《江西日报》数字报	首席服务员集中帮扶助企“加速跑”	7
11 月 16 日	《江西日报》	深化诉源治理 推进诉访分离	6
11 月 25 日	《光明日报》	“红轨”：开启现代化轨道交通新征程	4
11 月 28 日	《光明日报》	让中国家具之美被世界看见	7
11 月 29 日	《江西日报》	国家级大院大所落户赣州经开区	12
11 月 29 日	《人民日报》	世界技能大赛特别赛画上句号，中国代表团蝉联金牌榜第一——看！金牌工匠这样炼成	6
12 月 8 日	《江西日报》	赣州经开区 优化配套促高铁空港新区发展	8
12 月 8 日	《江西日报》	赣州经开区以“三心”高效落实领导接访工作	10
12 月 14 日	《江西日报》	赣州经开区客家大苑安置房项目主体完成	9
12 月 21 日	《江西日报》	乘“速”发展 “临空”起航	11
12 月 21 日	《江西日报》	赣州建控集团吹响富士康项目冲锋号	11
12 月 21 日	《江西日报》	图片新闻	6
12 月 22 日	《江西日报》数字报	赣州经开区乡村振兴持续注入新动能	7
12 月 26 日	《江西日报》数字报	赣州经开区“小巨人”铸就大发展	10
12 月 28 日	《光明日报》	“调”出一方和谐安宁	7
12 月 29 日	《江西日报》	潮头登高再击桨	3

索　引

说　明

一、索引采用主题分析法编制，大部分选用关键词。

二、索引按标引词汉语拼音字母顺序排列。

三、由类目、分目提取的索引采用黑体字，条目采用宋体字。标引词后面的数字表示内容所在页码，数字后的a、b、c分别表示页码从左至右的第一、二、三栏。标引词后第二个页码起，表示该索引同一主题参见内容所在位置。

四、为便于读者检索，“概况”和在赣州经开区发生的事件名称前的“赣州经开区”五字，除非产生歧义，均省略。特载、大事记及附录等内容未作索引。

主题索引

2022年开（竣）工项目　85a
“10·17”赣县区森林火灾　169a
“12345”政府服务热线　195a
“‘廉’结千企·亲清有我”行动　199c
“两违”整治　107a
“两新”党建工作　175b
“三办一园”工作机制　57a
“三支一扶”招录　181c
“双创”赋能　62b
“双减”一号工程　124b
“双首位”产业招商　71c
“四个一”招商机制建设　70a
“一企一码”项目　55a
“云办税”服务平台　113a
“招商项目落地马上办”　84c
“专精特新”企业培育　76c
“尊崇工作法”拓展　204b
《赣州经济技术开发区年鉴（2021）》获奖　142a
《赣州经济技术开发区年鉴（2022）》编纂出版　142a
《赣州经开区周年纪念章颁发管理办法》出台　181a

A

艾滋病防控 154a
安全生产监管 169a
安全生产宣传教育 169b
安全生产责任制 169b
安全生产执法 169c
安全生产专项整治 170a
案件执行 163b

B

办公用房管理 199a
包容审慎监管 58a
保障能源供应安全稳定 111b
保障性住房管理 97b
便民办税服务 54a
便民服务 113a
便民服务与司法公开 164a
标准厂房建设 85a
病媒生物防制 154b
补强发展链条 71a

C

财政管理 112b
财政收入与支出 112b
财政政策运用 112b
参与社会治理 163c
残联 194a
产业发展 74c, 79c
产业链招商 77a
产业数字化 66c
诚信政府建设 53a
城市管理 106c
城市建设 101
城市交通 108b
城市绿化管理 104c
城市生态环境治理 107b
城市卫生管理 104c
城市消防 110a
城市行政执法 108a
城市运行领域安全生产 107c
城乡环境整治
206c, 208c, 210b, 212b, 215b, 218b
城乡居民和城镇职工基本医疗保险 137c
惩治违法犯罪 160a
出口预警监测 73c
出入境及往来港澳台管理 161b
传染病防控 153c
创业担保贷款政策落实 135b
创业孵化体系完善 60c
促进非公有制经济“两个健康”发展 178a
村集体经济发展 88c

D

打击传销与规范直销 172c
打造模范机关 184b
大气污染防治 156b
大气污染防治管理 167b
大事记收录 142b
大学生创业指导 62c
待遇发放及核查 136c
党管武装 203c
党建促乡村振兴 175a
党建责任制落实 174c
党建质量过硬行动 184c
党史学习教育常态化 184a
党外知识分子联谊会建设 179a

党校工作 182b
党性教育 182c
档案法治建设 143b
档案服务能力提升 142c
档案资源和信息化建设 143c
道路路政执法 166b
道路照明管理 105a
地方病、慢性病防治 155b
地情概览 46
地灾防治和矿山生态修复工作 121c,158c
电子信息产业 79c
东盟直通车 75b
队所建设与实战训练 110a
队伍建设 164a
对接融入粤港澳大湾区 71b
对侨服务工作 178b

F

法律顾问团服务 165a
法院 162c
法治环境 58a
法治宣传 134c
反腐败斗争 200b
反垄断和反不正当竞争 52a
返迁安置 103c
返迁房建设三年行动 89b
防范化解金融风险 96b
防范化解债务风险 112b
防旱抗旱 168c
防汛救灾 168b
防汛抗旱 92a
防灾减灾救灾 167b
房地产交易管理 97a
房地产市场管理 97a
房地产业 96c
非公企业和社会组织党建 174a
非遗技艺传承 141a
凤岗镇 210c
凤岗镇中心卫生院 146c
扶贫助学 123c
服务业 93
服务业平台建设 94a
服务业数字化转型升级 67a
妇联 191c

G

概述 162c
干部教育培训 174c
赣南医学院第一附属医院黄金院区 144a
赣州保税实业集团有限公司 118b
赣州传化志申物流园 98a
赣州电子工业技术学校 133a
赣州光华职业技术学校 133b
赣州华坚科技职业学校 133a
赣州建设投资控股集团有限公司 117b
赣州经开区“10·29”爆炸事故 169a
赣州经开区翠谷幼儿园 131b
赣州经开区第二保育院 131b
赣州经开区第二人民医院 145b
赣州经开区第一保育院 131a
赣州经开区凤岗镇中心幼儿园 132a
赣州经开区赣港康居社区幼儿园 132a
赣州经开区工业发展投资（集团）有限责任公司 118a
赣州经开区黄金岭街道办事处中心幼儿园 131c
赣州经开区蟠龙镇中心幼儿园 132b
赣州经开区人才发展集团有限公司 120b

赣州经开区三江乡中心幼儿园 132c
赣州经开区招商服务有限公司 120c
赣州科汇职业技术学校 133c
赣州立德虔州高级中学 130c
赣州满园建设开发有限公司 119a
赣州市大坪明德小学 128b
赣州市第八中学 125a
赣州市第二十一中学 127a
赣州市第六中学 124c
赣州市第十二中学 125c
赣州市第十六中学 125a
赣州市第十中学 125b
赣州市第五中学 125a
赣州市凤岗中心小学 130c
赣州市妇幼保健院新院 145a
赣州市灌婴小学 129c
赣州市厚德学校 126b
赣州市湖边中心小学 130b
赣州市湖边中学 127a
赣州市黄金实验小学 127c
赣州世界客家非遗文旅街区（世客街） 100a
赣州市金星小学 128b
赣州市军科职业技术学校 133b
赣州市科技学校 133c
赣州市牡丹亭路小学 130a
赣州市蟠龙中心小学 130b
赣州市蟠龙中学 126c
赣州市三江学校 127b
赣州市天骄小学 128c
赣州市田心明德小学 130a
赣州市文清外国语学校 126a
赣州市香江路小学 128c
赣州市香江学校 126a
赣州市杨梅小学 129a
赣州市赞贤路小学 128a
赣州市紫荆路小学 129b
赣州西城建设开发有限公司 119b
赣州新能源科技城 215c
赣州新能源汽车科技城建设开发有限公司 119c
赣州中华汉字文化公园 99c
赣州综合保税区 74b
港澳台服务工作 178b
高速网络宽带 64b
高铁空港新区建设 218a
高铁新区 217b
高中教育 123a
各领域党建工作 175c
工程建设项目审批改革 54c
工程质量安全监管 101b
工地扬尘治理 102b
工伤联合调查 135a
工业 76
工业倍增升级行动 76a
工业数字化转型升级 67a
公安 160a
公共场所监督 152c
公共法律服务体系建设 58b
公共服务 122
公共机构节能管理 198c
公共卫生服务体系 151a
公共文化服务体系建设 141a
公务用车管理 199b
公益诉讼检察 162a
公用事业服务管理 104a
供电 105c
供水 105c
供水 供电 供气 105c
巩固脱贫攻坚成果 86a
巩固医疗保障脱贫攻坚成果 137b

供气 106b
固体废物污染防治 157c
雇员职员队伍建设 181a
关工委 193b
管线协调 105b
规划管理 102b
郭大力故居 99a
国防动员 203c
国家区块链创新应用综合性试点 67c
国土空间规划编制 102b
国有资产监督管理 116c
国资国企改革 116c
国资国企监管 117a
果业 87b

H

河（湖）长制落实 92c
红色金融驿站 94c
红十字会 194b
宏观经济 111a
湖边镇 209b
湖边镇卫生院 146b
户籍行政管理 161a
化解积案 173b
化妆品安全监督 171a
环保督察问题整改 158a
环保宣传教育 158c
环境管理 158a
环境监管与执法 158b
环境监控 158b
环境影响评价 156a
黄金岭街道 205a
黄金岭街道社区卫生服务中心 145c
惠企政策 51a
惠企政策兑现 54a
惠企政策兑现改革 195a
火灾隐患治理情况 110b
获评2022年度国家小型微型企业创业创新示范基地 61a

J

机构编制保障 180a
机构编制工作 179b
机构编制管理 180a
机关党建 183c
机关离退休干部党支部建设 185a
机关事务保障 198b
机关政治建设 183c
基层党建“三化”建设 205a, 207a, 209b, 211b, 214a, 216a, 217c
基层法律服务 164c
基层劳动保障平台建设 135b
基层武装部建设 203a
基层组织网络建设 159b
疾病预防控制 153b
集群式项目“满园扩园”行动 84c
计量服务中小企业 116a
计量及认证监管 172a
计生协会 194b
纪检监察 199c
纪检监察队伍建设 201a
既有住宅加装电梯 97c
嘉福·万达综合体项目试运营 93c
价格服务 114c
价格管理 114b
价格监测 114b
价格监管 115a
价格认定 115a

监察执法 134a
监管执法 121c
监管制度创新 58c
检察 161b
减税降费 54b
检验检测监管 172b
建设管理 101b
建设项目环境影响评价 156a
建议提案办理 185c
建置 区划 46a
建置沿革 46a
建筑业高质量发展 102a
建筑业绿色低碳发展 102a
健康教育宣传 155b
健康经开区建设 149a
健全服务保障体系 204a
江西金力永磁科技股份有限公司香港交易所主板挂牌上市 60a
江西理工大学附属金岭学校 125c
交管业务服务 109b
交通安全宣传 109a
交通事故处理 108c
交通事故预防 108b
交通运输综合行政执法 166a
交通秩序管控 108c
教师队伍建设 122b
教育 122a
教育信息化 124a
金融服务 94b
金融改革 96a
金融环境 56c
金融助企 57c
经济管理 111
经济审计 113b
经济运行监测与分析 111a
竞技体育 139b
就业帮扶促脱贫 136a
就业服务管理 135a
居家及社区养老服务 138b
聚才平台搭建 62a

K

开放合作 70
开展反食品浪费行动 199b
凯大樱花农场 100b
科创载体 60b
科技成果转化 63c
科技创新 60
科技创新环境 63a
科技活动 62b
科技交流 63a
科技企业 60a
科技人才 61b
科技政策 63a
科协 192c
跨部门联勤联动执法 167a

L

垃圾分类全覆盖 105a
劳动保障 134a
劳动仲裁 134c
劳资工作 134b
理论武装 176c
理论学习与研究 176b
利用省外资金 72b
联络协调工作 185c
林业 86c
领导责任制 172c

落实中央八项规定精神 200a
旅游服务行业管理 98b
旅游行业安全管理 98c
旅游业 98b
履行巡察工作主体责任 201b
律师管理 165b

M

矛盾纠纷排查调处 159a
媒体+政务融合 197a
媒体宣传 196c
美丽赣州建设 158a
美丽乡镇建设五年行动 90a
免疫规划工作 154b
民办教育 123a
民商事案件审理 163a
民生保障 206a, 208b, 210a, 212a, 216c, 218b
民事行政检察 161c
民主党派活动开展 178c
民主党派组织建设 178b
民族宗教事务 177c

N

内资外资 72a
农产品加工及品牌创建 88b
农村道路建设 89a
农村人居环境整治 89c
农村饮水提档升级 90b
农村住房安全保障 89b
农机安全与监管 92a
农机推广与引进 91c
农旅产业发展 212c
农民工实名制信息监管 134b
农业产业发展 213a
农业机械化 91c
农业农村 86
农业数字化转型升级 67b

O

欧潭首届啤酒节活动 99a

P

排污许可证发放 156a
蟠龙镇 207a
蟠龙镇中心卫生院 146a
平安建设 206c, 209a, 210b, 212b, 215b, 217b, 218c
平安校园建设 123b
平台建设 77b, 80a, 196c

Q

其他产业 84a
企业创新 60b
企业挂点帮扶 56a
企业入规工作 114b
企业数字化转型 67c
企业信用体系建设 115c
企业用工指导 52c
气候 50b
强化安全监管 167a
勤廉建设 200c
轻工纺织食品类 84a
区块链产业发展 66a
区域医疗中心建设 149c
区招商服务有限公司成立 70c

区政企圆桌会议 56c
群众体育 138c
群众团体 187a
群众文化活动 141b

R

人才工作 181c
人才引进及培育 61c
人才政策兑现 62a
人大、政协联络工作 185b
人民防空 103a
人民武装 202c
人事人才管理 180b
人事制度改革 181a
融媒体工作 196b

S

三江乡 213b
三江乡卫生院 147b
丧葬费补助金制度 136c
扫黑除恶常态化 166a
森林防火 168a
商贸服务 93b
社保服务 138b
社保征收 112c
社会保险 136b
社会保障卡签发 136b
社会信用体系建设 58b
社会治安防控 160c
社会治安防控体系建设 160a
社会治理 159
涉企检查监督 59a
涉企收费专项整治 52a
涉企司法保护 59a
涉企中介服务及公共资源交易领域质效提升 52b，195a
涉企专项执法 59b
审计 113b
生活饮用水监督 153a
生态环境建设 156
生物制药产业 83a
失地农民保障 103c
失业保险征缴 136a
实验室建设 154c
食品安全监管 170b
食品药品监管 170b
史志编研 142b
市场环境 51b
市场监督管理 115b
市场秩序维护 52c
市场准入门槛清理 51c
市区同权改革 53c
市容市貌整治 106c
市政道路管养 104b
首个房建工程实现“不见面开标+远程异地评标” 55c
首批安置户实现“交房即交证” 103c
数字产业化 66a
数字化基础设施建设 64a
数字教育（互联网+教育） 69a
数字经济 64
数字经济技术平台 64a
数字社会建设 68a
数字综保 75c
水产业 87a
水利 92a
水利建设与管理 92b
水上执法 166c

水生态保护 92c
水文 48a
水污染防治 157a
税收收入 112c
税务管理 112c
司法行政 164b
思想政治建设 202c

T

台湾部落民俗文化村 99b
特殊教育 123a
特殊困难老人关照 138a
特殊人群管理 165c
特种设备安全监察 171b
提升群众满意度 162b
体育 138c
体育基础设施建设 139c
体育人才队伍建设 140a
体制机制改革 179c
通信业 66a
统计 114a
统计规范化建设 114a
统一战线工作 177b
土地节约集约利用 121b
土地资源 50c
土壤污染防治 157b
团工委 190b
推进全面从严治党 185b
退役军人事务 204a
脱贫攻坚与乡村振兴衔接 205c,207c,209c,211b,214a,216a,218a

W

外贸工作 73a
外贸企业服务 73b
外贸企业选介 73c
外资创新 73a
外资引进 72b
外资政策兑现 73a
网络安全保障 196a
网络安全监管 161b
网络生态治理 196a
网络宣传 195c
网络舆情处置 195c
网信工作 195b
维护群众利益 200a
卫生健康 144
卫生健康法治建设 152a
卫生健康服务能力建设 151a
卫生健康守护 152b
卫生事业建设 148a
未成年人检察 162a
文化 140a
文化产业建设 140b
文化产业培育 140a
文化市场管理 141c
文化艺术中心 141c
文明城市常态化建设 198a
文明实践 197a
文明实践品牌建设 197c
文明实践志愿服务 197b
文艺创作 140c
稳经济促发展 55a
污染防治 156b
钨与稀土新材料产业 81c
五彩阳禾劳动教育综合实践基地 99b

物联网基础设施 64c
物流产业 97c
物流共享仓 98a
物业管理 97b

X

辖区概况 47c
辖区建设 205
先进典型选树活动 197c
现场教学 183a
乡村产业 86b
乡村建设 89a
乡村人才队伍建设 91c
乡村卫生健康事业 150a
乡村文化 90b
乡村文明实践活动 91a
乡村治理 91a
乡村治理体系建设 91a
乡镇领导班子建设 91b
项目建设 75a,80a,111c
项目建设情况 78a
消防宣传 110b
消费维权 116b
校媒合作 197a
校园德育 123c
新能源汽车产业 77a
新签约落户重大项目选介 71c
新时代乡村文化建设 90b
新闻采编 196c
信访工作 172c
信访工作体制机制改革 173a
刑事案件审理 163a
刑事检察 161c
行政复议案件审理 165a
休闲农业 88b
畜牧业 88a
宣传工作 176a
选人用人 180c
学前教育 122b
学校建设 122a
学校卫生监督 153a
巡察 201a
巡察干部队伍建设 202b
巡察工作高质量发展 201b
巡察整改和成果运用 201c

Y

养老服务 137c
养老机构及服务队伍建设 138a
药品安全监管 170c
医保基金监管 137b
医疗保险 137a
医疗机构监督 152b
医疗卫生机构 144a
医药卫生体制改革 150b
依法治区建设 164c
移交安置 204c
以案促改 200c
义务教育 122c
疫情报告管理 153c
疫情防控 148a
印刷包装建材类 84b
营商环境 51
营商环境领域作风问题专项治理 53b
营商环境主题宣传 55b
应急管理机制建设及救援能力提升 167c
应急救援 110c
拥军优属工作 204b

优化服务保障 199b
优化国资结构 117a
游泳场所卫生监督 153a
舆论引导 177a
源头预防 173b

Z

在职党员进社区 185a
战备训练 203b
章贡酒文化园 100c
招大引强 74c
招商引资 70a
争资争项 111c
征兵工作 203a
征地拆迁与安置 103b,208a,209c,215a
征地拆迁与项目交地 216c
征迁指导监督 103b
整车领域发展 77c
政策扶持 73b
政法与综治 159a
政府兜底保障 137a
政务服务 194c
政务公开 195b
政务环境 53c
政治建设 174
知识产权保护 63b
职业技能开发 135c
职业健康保障 155a
职业教育 123b
职业卫生监督 153b
质量强区 116a
智慧城管 68b
智慧农业 69a
智慧司法 69b
智慧医疗 68c
智慧政务 68a
智慧住房保障 68c
重大安保活动 109c
重大决策社会稳定风险评估 159c
重大项目建设 211c
重点服务产业 93b
重点工程项目规划 102c
重点企业选介 77c,81c,83a
重点项目、企业选介 80a
种植业 86b
专题培训 182c
专项审计 113c
自然地理 48a
自然资源管理 121a
自然资源要素保障 121a
综合考评争先创优 112a
综述 51a,76a,86a,93a,101a
总工会 187a
组织工作 174a

表索引

表 1 2022 年赣州经开区管辖区域情况表 48
表 2 赣州经开区 2022 年完成 IPv6 升级商业网站一览 64
表 3 2020—2022 年赣州综保区外贸进出口情况表 74
表 4 2022 年区内银行基本情况一览表 94
表 5 2022 年区内各类保险机构基本情况一览表 95
表 6 2022 年区内现有上市挂牌企业一览表 95
表 7 人大代表、政协委员一览表 186
表 8 2022 年赣州经开区五一劳动奖一览表 189
表 9 2022 年获国家级机关（部门）奖励命名集体单位一览表 231
表 10 2022 年获省级机关（部门）奖励命名集体单位一览表 232
表 11 2022 年获市级机关（部门）奖励命名集体单位一览表 234
表 12 2022 年获市级以上先进个人一览表 240
表 13 赣州经开区 2022 年重要文件一览表 241
表 14 赣州经开区 2022 年重要会议一览表 244
表 15 赣州经开区 2022 年在省级以上媒体重要报道一览表 249